Wirtschaftslehre 11/12

Gymnasium

Sachsen-Anhalt

Herausgeber
Hans Kaminski

Autoren
Hans Kaminski
Simone Malz
Claudia Verstraete

westermann

Verwendete Symbole

In diesem Buch findet ihr immer wiederkehrende Symbole.
Sie sollen euch helfen, den Überblick zu behalten.

Aufgaben

Quellentext

Lernbilanz
am Ende eines Kapitels zur Wiederholung

Methodenseiten

Ergänzende Informationen

Druck: A [1] / Jahr 2010
Alle Drucke der Serie A sind im Unterricht parallel verwendbar.

Redaktion: Annette Wiegmann
Herstellung: Andreas Losse
Umschlaggestaltung: Jürgen Brohm, Grafik Design Studio
Satz: AndersARTig Werbung & Verlag GmbH, Braunschweig
Druck und Bindung: westermann druck GmbH, Braunschweig

ISBN: 978-3-14-116091-8

I Wirtschaftliche Grundsachverhalte

1 **Warum ökonomische Bildung?**

2 **Das ökonomische Grundproblem**

3 **Ausgewählte Grundbegriffe**

4 **Handwerkszeuge für die Analyse wirtschaftlicher Sachverhalte**

Wirtschaft ist spannend. Sie werden schnell erkennen, dass es sich dabei um keine trockene, weltfremde Wissenschaft ohne Bezug zu Ihrem Lebensalltag handelt, sondern dass wir alle in vielfältiger Weise täglich mit dem wirtschaftlichen Geschehen in seinen unterschiedlichen Dimensionen befasst sind. Um dieses Geschehen auch so durchschauen zu können, um mehr als „Stammtischweisheiten" zu gewinnen, müssen wir uns allerdings zunächst mit dem „Kleinen Einmaleins" auseinandersetzen, um dann tiefer in die wirtschaftlichen Prozesse eintauchen zu können. In diesem Kapitel erarbeiten Sie also die Grundlagen für ein besseres Verständnis der nachfolgenden Kapitel. Es

- untersucht, in welchen Rollen die Bürgerinnen und Bürger am Wirtschaftsgeschehen teilnehmen,
- setzt sich mit dem zentralen Begriff der Knappheit auseinander,
- erarbeitet die wichtigsten Begriffe (z. B. Bedürfnisse, Nutzen, Arbeitsteilung, Opportunitätskosten), die für das Verständnis wirtschaftlicher Vorgänge notwendig sind,
- stellt wichtige Werkzeuge bzw. Denkinstrumente für die Auseinandersetzung mit wirtschaftlichen Sachverhalten (z. B. Denken in Modellen, Wirtschaftskreislauf) vor.

Ein Unternehmer:
„Ich benötige Mitarbeiterinnen und Mitarbeiter, die ökonomische Prozesse verstehen, damit sie beruflich vernünftige Entscheidungen treffen können. Meine Mitarbeiter müssen auf veränderte Bedingungen richtig reagieren können, sie sollten betriebliche Abläufe verstehen sowie politische Ereignisse beurteilen können. Dafür benötigen sie eine solide ökonomische Bildung."

Ein Wirtschaftswissenschaftler:
„Die heutige Welt ist ohne ökonomische Kenntnisse ein Buch mit sieben Siegeln, so etwas wie eine Geheimwissenschaft. Das darf nicht sein. Deshalb sollte jede Schülerin und jeder Schüler des allgemeinbildenden Schulwesens über ökonomische Grundkenntnisse verfügen und wissen, welche Auswirkungen wirtschaftliche Sachverhalte auf ihre bzw. seine Situation als Berufswählerin oder Berufswähler, als Konsumentin oder Konsument, als Wählerin oder Wähler usw. haben."

1 Warum ökonomische Bildung?

Wirtschaft überall
Täglich werden Menschen mit ökonomischen Fragen konfrontiert, ob es nun im beruflichen Alltag ist, als Unternehmerin oder Unternehmer, in der Politik, als Konsumentin oder Konsument, als Wählerin oder Wähler, als Steuerzahlerin oder Steuerzahler usw. Sie sehen Politiker im Parlament um die Zukunft des Systems der sozialen Sicherung streiten, insbesondere um die Rente und das Gesundheitssystem. Da hierbei immer auch die sehr persönlichen Interessen der Bürgerinnen und Bürger eines Landes betroffen sind, verwundert es nicht, dass es sehr unterschiedliche Sichtweisen für die Lösung solcher Fragen gibt. Die einen fordern höhere Steuern für die Unternehmen und die Reichen eines Landes, die anderen behaupten, dass sich dadurch die ökonomischen Probleme nur verschlimmern.

Auf der einen Seite gibt es sehr viele Arbeitslose, die nicht nur Schwierigkeiten mit der materiellen Sicherung ihrer Existenz haben, sondern auch mit ihrer persönlichen Wertschätzung, wenn sie sich als Außenseiter der Gesellschaft fühlen. Auf der anderen Seite gibt es Jugendliche, die nicht einmal einen Ausbildungsplatz finden und befürchten müssen, keine Chance zu erhalten, um zukünftig für sich und ihre Familie ein ausreichendes Einkommen erwerben zu können. Auch zahlreiche Unternehmen leiden unter einer Last administrativer Vorschriften und einige fühlen sich im internationalen Wettbewerb benachteiligt. Es gibt Gewerkschaften, die überzeugt sind, dass mit der Senkung der Arbeitszeit für alle mehr Beschäftigung erreicht werden könnte, und Wirtschaftswissenschaftler entgegnen, dass sie dies für einen groben ökonomischen Unfug halten. Wir sehen Aktionsgruppen, die sich gegen die Globalisierung stemmen und es tagen internationale Konferenzen, die gerade die Globalisierung als eine Möglichkeit sehen, die Probleme dieser Welt besser als bisher lösen zu können.

In den Talkshows des Fernsehens wird täglich um all diese Fragen gestritten. Und leider zeigt sich oft, dass bei der Diskussion ökonomischer Probleme häufig wenig Sachkompetenz vorhanden ist, aber dennoch alle eine Meinung vertreten. Manchmal wird sogar von einem ökonomischen Analphabetismus in weiten Bevölkerungskreisen gesprochen, was angesichts der Ernsthaftigkeit der Probleme schon bedrohlich ist.

Privatkunden zahlen offenbar zu viel für Strom

BERLIN. Private Haushalte zahlen einer Studie zufolge zu viel für Strom. „Für Großkunden sind die Preise am Sinken, für Privatkunden steigen sie kontinuierlich", sagte Dagmar Ginzel vom Verbraucherportal Verivox am Dienstag der Nachrichtenagentur AP. Ausweislich der Studie müssen Verbraucher trotz halbierter Großhandelspreise an der Leipziger Strombörse derzeit 5,8 % mehr ausgeben als im Vorjahr. Nach den Zahlen des Statistischen Bundesamts sanken die Erzeugerpreise für Strom dagegen im August 2009 um 9 % im Vorjahresvergleich.

Privatkunden stünden den steigenden Preisen aber nicht hilflos gegenüber, sagte die Verivox-Sprecherin. „Ich als Verbraucher muss nur mal schauen, ob es einen günstigeren Tarif gibt." 58 % der Privatkunden zahlten trotz der Liberalisierung des Strommarkts immer noch den teuersten Tarif des Grundversorgers. Es lohne sich also, nach einem günstigeren Tarif des gleichen Anbieters zu fragen. Ansonsten komme auch ein Wechsel in Frage. [...]

Im Rahmen der Studie untersuchte das Verbraucherportal die Preise der lokalen Grundversorger, ihrer Wettbewerber und die Beschaffungspreise an der Leipziger Strombörse „European Energy Exchange" (EEX). Der Verivox-Verbraucherpreisindex Strom weist demnach für Oktober 2009 einen Kilowattstundenpreis von 22,36 Cent aus. Ein Haushalt mit einem Stromverbrauch von 4.000 Kilowattstunden bezahle durchschnittlich knapp 900,– Euro pro Jahr. Holger Karwinkel vom Bundesverband der Verbraucherzentralen sagte auf AP-Anfrage, auch mehr als zehn Jahre nach der Liberalisierung funktioniere der Strommarkt nur unzureichend. [...]

Die Strukturen auf dem deutschen Strommarkt bieten Unternehmen nach Einschätzung von Krawinkel nur geringe Anreize, mit deutlich niedrigeren Preisen auf den Markt zu gehen. „Wenn fünf Bäcker in der Nähe sind und ihre Brötchen für 15 Cent anbieten, dann gehe ich doch nicht hin und biete meine für fünf Cent an", sagte der Verbraucherschützer, um das Wettbewerbsproblem zu veranschaulichen. Ein neuer Anbieter könne auch noch mit Brötchen für zwölf oder 13 Cent punkten.

Auf die Diskrepanz zwischen den Strompreisen für Privat- und Großkunden hatte am Dienstag die „Bild"-Zeitung hingewiesen. „Hier sind die Kartellbehörden gefragt. Sie müssen prüfen, ob das mit rechten Dingen zugeht", zitiert das Blatt Peter Blenkers von der Verbraucherzentrale Nordrhein-Westfalen.
Quelle: www.handelsblatt.de vom 06.10.2009

Ein Konsument:
„Für mich ist es manchmal sehr verwirrend, das Marktgeschehen zu beobachten ... Ich will mein Einkommen so ausgeben, dass ich möglichst meine Bedürfnisse befriedigen kann. Ökonomische Kenntnisse würden mir helfen, mich in der Fülle der wirtschaftlichen Erscheinungen besser orientieren zu können."

Deshalb ist es einleuchtend, dass

- ohne ökonomische Grundkenntnisse gesellschaftliche Strukturen und Prozesse nicht zu verstehen und zu beurteilen sind,
- die Bürgerin oder der Bürger häufig auf ihr bzw. sein Gefühl angewiesen ist, und das ist sehr häufig nur eine sehr unzuverlässige Richtschnur, ein sehr schlechter Ratgeber,
- zahlreiche ökonomische Fragen nur auf den ersten Blick eindeutig zu beantworten sind. Vielmehr verlangen sie nach sehr differenzierten Betrachtungsweisen, für die man entsprechendes Handwerkszeug benötigt, das richtig einzusetzen ist.

Wichtige Inhaltsbereiche
Die Auseinandersetzung mit wirtschaftlichen Sachverhalten und Phänomenen findet in fünf Kapiteln statt.

Das erste Kapitel führt noch einmal in **grundlegende wirtschaftliche Fragen** ein und stellt wichtige Denkwerkzeuge für die Analyse von wirtschaftlichen Sachverhalten vor.

An einem einfachen Beispiel aus dem Alltag wird Schritt für Schritt ein ausdifferenziertes Gefüge aus wirtschaftlichen Zusammenhängen entwickelt. Dies soll in den weiteren Kapiteln zum besseren Verständnis von ökonomischen Prozessen und Strukturen beitragen.

Im Mittelpunkt des zweiten Kapitels stehen **Unternehmen**.
Für private Haushalte sind sie in zweierlei Hinsicht eine große Bedeutung: Zum einen dienen sie der Einkommenserzielung und zum anderen wegen ihres Angebotes an Gütern und Dienstleistungen. Unternehmen müssen sich in einer arbeitsteiligen Welt organisieren, sie sind aber auch Orte der Beschäftigung und damit nicht nur Zentren ökonomischen, sondern auch sozialen Geschehens.

Im dritten Kapitel dreht sich alles um **Geld und Währung**.
Damit wird ein wichtiger, aber auch schwieriger Teil der Wirtschaftspolitik berührt. Sie werden sehen, warum in einer Volkswirtschaft das Verhältnis von Geldmenge und dem Angebot an Waren und Dienstleistungen großen Einfluss auf die wirtschaftliche Entwicklung hat.
Es wird auch darum gehen, wie sich die verschiedenen Währungen der Länder zueinander verhalten und welche Möglichkeiten es gibt, aus wenig Geld mehr zu machen.

Im vierten Kapitel **Markt und Marketing** wird ein sehr spannender Themenbereich mit hoher Bedeutung für die Praxis behandelt.
Dass Angebot und Nachfrage auf Märkten die Preise regeln, wissen Sie, doch die Zusammenhänge sind komplexer, als es auf den ersten Blick erscheint. Verschiedene Phänomene werden deshalb noch einmal genauer unter die Lupe genommen.
Daran anschließend werden zum einen wichtige Aspekte des Marktgeschehens aus der Sicht der Verbraucher, aber auch aus der Perspektive eines Unternehmens betrachtet. Dabei stehen das Marketing und die Werbung im Mittelpunkt.

Abschließend wird im Kapitel **Wirtschaftspolitik** der Fokus auf die Rolle des Staates in einer marktwirtschaftlichen Ordnung gelegt.
Im Mittelpunkt stehen Ziele, Akteure und Inhalte. Am Beispiel der Energiepolitik wird ein Politikfeld genauer beleuchtet, das vielfältige Verflechtungen zu anderen wichtigen Politikbereichen aufweist und angesichts von Ressourcenknappheit und Klimawandel künftig immer mehr an Bedeutung gewinnen wird.

2 Das ökonomische Grundproblem

Knappheit als technisches Grundproblem des Wirtschaftens

Weshalb müssen wir wirtschaften? Die Summe der Bedürfnisse, die Menschen täglich haben, ist stets größer als die Mittel zu ihrer Befriedigung. Anders ausgedrückt: Es herrscht universale Knappheit.

Im weiteren Verlauf unserer Überlegungen werden wir von Knappheit als eine Grundannahme des Wirtschaftens ausgehen. Begrenzte Ressourcen in einer endlichen Welt können zwar durch die Kooperation vieler Individuen optimal genutzt werden, es wird dennoch die Knappheit nicht beseitigt.

Q

Robinson Crusoe bei der Arbeit

Alle Tage füllten sich mit regelmäßigen Beschäftigungen, und mir blieb selten Zeit müßig zu sein. Einige der angenehmsten Pflichten waren das Beten und das Lesen der Bibel. Kein Tag verging, wo ich nicht zwei- oder dreimal mich diesem widmete. Auch der tägliche Jagdgang mit der Flinte erforderte in der Regel drei Stunden. Hinzu kam das Zubereiten, Kochen, Herrichten und Aufbewahren dessen, was ich geschossen hatte. Dadurch war schon ein großer Teil des Tages ausgefüllt. Außerdem muss man berücksichtigen, dass die Mittagsstunden für Arbeiten jeglicher Art nicht geeignet waren, weil es während dieser Tageszeit viel zu heiß und drückend war. So kam es, dass meine tägliche Arbeitszeit für andere Dinge nur vier Stunden betrug. Manchmal machte ich es auch umgekehrt, ich arbeitete am Morgen und ging abends auf die Jagd.

Hinzu kommen die außergewöhnlichen Schwierigkeiten, mit denen alles verbunden war, was ich in Angriff nahm. Manche Stunde ging verloren, weil ich meist nicht die geeigneten Werkzeuge hatte, für manche Arbeiten einen Helfer gebraucht hätte und auch nicht immer die notwendige Geschicklichkeit vorhanden war. Beispielsweise benötigte ich nicht weniger als zweiundvierzig Tage, um ein Brett herzustellen, das ich in meiner Höhle anbringen wollte. Mit entsprechenden Werkzeugen versehen, würden normalerweise zwei Männer während eines halben Tages sechs Bretter aus einem einzigen Stamm geschnitten haben.

Meine Methode erwähnte ich schon: Je nach der benötigten Breite des Brettes suchte ich mir einen entsprechend starken Baum aus. Für das Fällen brauchte ich drei Tage, für das Entästen zwei Tage. Nur durch mühsames Behauen gelang es mir, auf beiden Seiten so viel zu entfernen, dass er leichter wurde und ich ihn dadurch bewegen konnte. Dann drehte ich ihn um und behobelte die eine Seite wie ein Brett. Mit der anderen Seite machte ich es genauso, und als Ergebnis meiner Arbeit erhielt ich ein etwa sieben Zentimeter starkes Brett. Sicher kann sich kaum jemand vorstellen, welche Geduldsproben und Mühseligkeiten dies mit sich brachte. Nur durch Fleiß und Ausdauer konnte ich diese Arbeiten zum Abschluss bringen. Ich habe das auch nur deshalb erwähnt, um zu zeigen, wie viel Zeit manchmal für Dinge aufgewendet werden muss, die im alltäglichen Leben kaum der Mühe wert sind, erwähnt zu werden.

Quelle: Defoe, Daniel: Robinson Crusoe, Diogenes Verlag AG, Zurüch 1985

i

Daniel Defoe

* Anfang 1660 (Datum ist nicht genau bekannt) in London
† 26.04.1731 in London

Defoe hätte ursprünglich puritanischer Geistlicher werden sollen, entschied sich dann aber für die kaufmännische Laufbahn.
Er wollte die praktischen Lebensbedingungen seiner Landsleute verbessern; er gab mehrere Zeitschriften heraus und verfasste zahlreiche, zum Teil satirische Artikel.
Ein heftiger Angriff gegen die religiöse Unduldsamkeit der anglikanischen Kirche brachte ihn in große Bedrängnis, das Volk war jedoch auf seiner Seite.
Nach einem Gefängnisaufenthalt änderte er seinen ursprünglichen Namen (Daniel Foe) in Defoe.

1. Erstellen Sie aus dem Text „Robinson Crusoe bei der Arbeit" einen fiktiven Arbeitsplan für Robinson.
2. Nennen Sie die wesentlichen Gesichtspunkte, die Robinson Crusoe bei seiner Arbeit beeinflusst haben.

Robinsons Handlungsmöglichkeiten und Entscheidungstypen

1. Wirtschaftliche Entscheidungen sind **Auswahlentscheidungen**. Sie hängen ab von den zur Verfügung stehenden Ressourcen (z. B. die zur Verfügung stehende Zeit, das Handwerkzeug und die eigene Arbeitskraft).

2. Robinson kann Entscheidungen auf drei verschiedenen Ebenen treffen:
   a) **Produktionsentscheidungen**
   Er trifft Entscheidungen über den Einsatz von Produktionsfaktoren nach dem Rationalprinzip.
   b) **Investitionsentscheidungen**
   Er teilt Güter auf jetzigen und künftigen Konsum auf, um den künftigen Konsum zu sichern. (Was esse ich im Winter?)
   c) **Entscheidungen unter Risiko**
   Er plant Güter für den künftigen Lebensunterhalt, ohne immer sicher zu wissen, ob diese auch tatsächlich benötigt werden.

Aus einem technischen Grundproblem wird ein soziales Problem

Robinson Crusoe – Ankunft Freitags

Am nächsten Tag hatte ich vor, einen richtigen Ziegenbraten aufzutischen. Um das Fleisch fachgerecht zu braten, hing ich es über dem Feuer an einer Schnur auf, dann steckte ich an beiden Seiten der Glut einen Stock in die Erde und quer darüber legte ich einen dritten. An dem letzteren befestigte ich die Schnur mit dem Fleisch so, dass sich dieses ständig drehte. Ich hatte diese Einrichtung in England häufig gesehen. Freitag war entzückt darüber. Nachdem er von dem Braten gekostet hatte, gab er mir durch sehr viele Gesten zu verstehen, dass ihm das Fleisch vortrefflich schmecke. Noch mehr erfreut war ich, als ich seinen Reden und Gebärden entnahm, dass er nie wieder Menschenfleisch essen wolle.

An einem der nächsten Tage ließ ich ihn mit meinem Mörser Getreide zerstampfen. Diesem Naturburschen fiel die Arbeit nicht schwer und er hatte großen Spaß daran. Schon nach kurzer Zeit konnte er es fast besser als ich. Das steigerte sich noch, nachdem er das erste Mal gesehen hatte, wie ich aus dem Mehl Brot buk. Ich ließ ihn dann auch beim nächsten Mal den Teig kneten und diesen im Ofen backen. Bald brauchte ich mich um diese Arbeiten überhaupt nicht mehr zu kümmern.

Der Zuwachs in meinem Hause erforderte künftig größere Ernten. Leider hatte ich die schon einmal vorbereiteten Felder nicht mehr in Ordnung und so musste ich gemeinsam mit Freitag ein größeres Stück Land für die Mehraussaat vorbereiten. Das neue Feld erforderte auch die gleiche Umzäunung wie ich sie um die anderen Äcker hatte. Es ging alles viel schneller voran, weil Freitag mit großem Eifer mitarbeitete. Ich machte ihm auch den Zweck klar, indem ich ihm sagte, diese Arbeit wäre notwendig, weil er jetzt dazugekommen wäre. Das schien er sehr gut zu verstehen und meinte, dass er gern noch mehr arbeiten wolle. Durch die Anwesenheit von Freitag wurde dieses Jahr das angenehmste von allen während meines Aufenthaltes auf der Insel.

Quelle: Defoe, Daniel: Robinson Crusoe, Diogenes Verlag AG, Zurüch, 1985

Robinson rettete einen „Wilden" auf der Insel davor, von Menschenfressern verspeist zu werden, und nannte ihn „Freitag".

Solange Robinson alleiniger Bewohner der Insel war, musste er zwar die gesamte Arbeit allein bewältigen, er konnte aber auch die Erträge seiner Arbeit verwerten.

Unabhängig davon, dass der Mensch als ein soziales Wesen geradezu auf das Zusammenleben mit anderen Menschen angewiesen ist und für jede menschenwürdige Existenz andere Menschen eine soziale Bedingung darstellen, so ändert sich durch die Ankunft von Freitag doch einiges mehr.

Das Phänomen **Knappheit** tauchte schon oder gerade erst recht bei Robinson Crusoe auf. Individuen haben sich immer wieder neu zu entscheiden, wie ihre **Bedürfnisse** befriedigt werden könnten. Die vorhandenen Ressourcen müssen effizient eingesetzt werden und jede Gesellschaft wird entsprechend mit der Frage konfrontiert, wie ein effizienter Einsatz der vorhandenen Mittel organisiert werden kann.

Das Robinson-Beispiel zeigt es in vereinfachter Weise: Robinson hatte täglich Entscheidungen über den Einsatz seiner Zeit, seiner materiellen Ressourcen usw. zu treffen. Und auch Robinsons Zeit addierte sich nicht zu mehr als 24 Stunden pro Tag, d. h., er musste seine Zeit auf die Präferenzen verteilen, die er hatte: Arbeit, Spaziergang, Ruhe und die tägliche Bibellektüre. Entsprechend ist in jedem Zeitpunkt der Gesamteinsatz von Nahrungsmitteln beschränkt auf die verfügbaren Mengen. Denkbare Verwendungsentscheidungen sind der Verbrauch, das Horten (also die unveränderte Aufbewahrung von Gütern) und der Einsatz in der Produktion (also die Verwendung von Gütern, zumeist mit einer quantitativen oder qualitativen Verbesserung verbunden).

Daher ist Robinsons Enttäuschung über den fehlgeschlagenen Versuch ein Boot herzustellen, mit dem er die Insel verlassen könnte, nachzuvollziehen. Seine bittere Erkenntnis: Es ist eine Torheit, ein Werk zu unternehmen, ehe man den Aufwand berechnet und sich geprüft hat, ob die eigenen Kräfte zur Vollendung desselben hinreichend sind.

Robinson ist bis zur Ankunft seines Gefährten Freitag nichts anderes als ein Ein-Personen-Betrieb. Seine Möglichkeiten werden bestimmt durch seine Fähigkeiten sowie durch die Handwerkszeuge und Materialien, mit denen er ausgestattet ist. Aber das Grundproblem des Wirtschaftens haben wir mit dem bisherigen Robinson-Beispiel nicht beschrieben. Im Gegenteil: Es kann sogar eine angemessene Einsicht verhindern. Aus ökonomischer Sicht wird die Robinson-Geschichte erst mit einem weiteren Akteur interessant: Durch die Ankunft Freitags auf Robinsons Insel kann das kleine, bescheidene Beispiel erweitert werden, mit dem modellhaft Probleme der realen Welt abgebildet werden sollen. Die Menschen haben gemeinsame und miteinander in Konflikt stehende Interessen einerseits wie auch Kooperationsmöglichkeiten andererseits. Für uns steht damit die soziale Beziehung zwischen mindestens zwei Parteien im Mittelpunkt der Betrachtung.

Nicht die technische Knappheit stellt das Kernproblem dar, sondern der Konflikt um den Anspruch auf Güter zur Befriedigung von Bedürfnissen. Aus der Interaktion zwischen Akteuren um knappe Mittel entstehen gemeinsame und widerstreitende Interessen. In diesem Zusammenhang wird nicht von technischer, sondern von sozialer Knappheit gesprochen.

!

1. Welcher entscheidende Vorteil für die Sicherung der materiellen Existenz ergibt sich mit der Ankunft von Freitag auf Robinsons Insel?

2. Inwiefern könnte am Beispiel von Robinson und Freitag die Aussage von John Rawls, dass Gesellschaft eine Zusammenarbeit von gegenseitigem Vorteil ermöglichen muss, aufgezeigt werden?

i

John Rawls,
Philosoph
* 21.02.1921 in Baltimore
† 24.11.2002 in Lexington

Werke u.a.:
„A Theory of Justice", „Political Liberalism"

Es geht um die Interaktion der Akteure Robinson und Freitag sowie um das Zusammenleben und Zusammenarbeiten in einer Gesellschaft, bestimmt durch Arbeitsteilung und die dadurch bedingte gegenseitige Abhängigkeit, bzw. Interdependenz. Und es wird im weiteren Verlauf um die Frage gehen, wie die Ordnung einer Gesellschaft gestaltet sein sollte, damit alle Beteiligten daraus für sich Vorteile erzielen können, ohne anderen zu schaden.

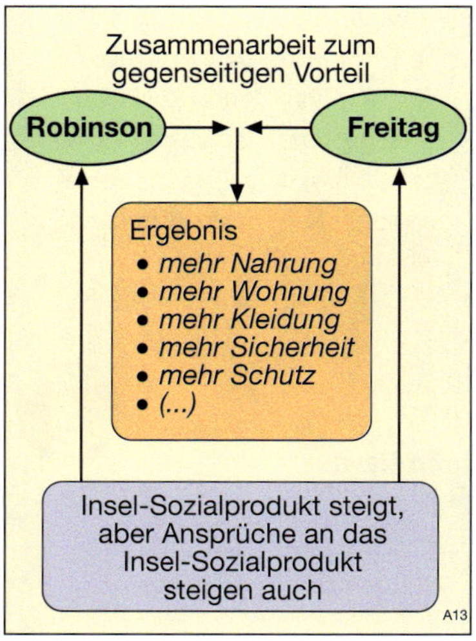

Im bisherigen Beispiel war dies keine Frage: Durch die Zusammenarbeit zwischen Freitag und Robinson steigt zwar das „Sozialprodukt" auf der Insel, aber es steigen auch die Ansprüche an das „Sozialprodukt". Dies kann zu Verteilungsproblemen führen: Wer hat welchen Anspruch in welcher Höhe auf das Ergebnis, das Robinson und Freitag zusammen erwirtschaftet haben?

In der überschaubaren „Robinson-Welt" mag dieses Problem nicht sonderlich groß sein, aber in einer Volkswirtschaft mit 80 Millionen Einwohnern wie in der Bundesrepublik Deutschland entstehen dadurch erhebliche Probleme für die Organisation des Wirtschaftsprozesses. Auch mit begrenzten Ressourcen in einer endlichen Welt kann zwar durch die Kooperation vieler Individuen Knappheit reduziert werden, es kommt jedoch zu vielfältigen Macht- und Verteilungsproblemen in allen Gesellschaften, die das wirtschaftliche Handeln entscheidend beeinflussen. Schließlich will jedes Individuum am erstellten Kuchen „Sozialprodukt" sein Stück abhaben.

Knappheit überall
Die nachfolgende Karikatur ist der humorvolle Versuch für den Nachweis, dass Knappheit wohl auch von Kindern schon deutlich gespürt wird, und man deshalb nach Lösungsmöglichkeiten sucht, diese zu verringern. Zwar wird der „Lösungsversuch" des Jungen in der Karikatur wohl kaum erfolgreich sein, aber Tatsache ist, dass das Knappheitsproblem auf allen wirtschaftlichen Ebenen vorhanden ist und zur Frage führt, wie es verringert werden kann.

1. Stellen Sie dar, welche ökonomischen und gesellschaftlichen Sachverhalte mithilfe des Robinson-Beispiels verdeutlicht werden können.

Walter Eucken haben wir einen Text zu verdanken, der sehr anschaulich die wesentlichen Wirtschaftsfragen aus den Alltagserfahrungen der Menschen entwickelt:

Q

Ich stehe vor dem Ofen, der mein Zimmer heizt. Ein durchaus gewöhnlicher Ofen. Und doch genügt sein Anblick, um die wichtigsten Fragen zu entzünden. Heute habe ich Brot, Fleisch und Gemüse in bestimmten Mengen gegessen, habe den Ofen geheizt und habe einige Stunden elektrisches Licht in meinem Zimmer gebrannt. Einen Teil meiner heutigen Bedürfnisse habe ich damit befriedigt. Auf die Befriedigung von anderen Bedürfnissen musste ich verzichten, weil mir die Mittel dazu fehlten. Genau so ging es anderen Menschen.
Quelle: Eucken, Walter: Die Grundlagen der Nationalökonomie, 9. unveränderte Auflage, Springer Verlag, Berlin, Heidelberg u. a., S. 1 (erschienen 1939)

Bedenkt man, dass das Buch von Eucken im Kriegsjahr 1939 erstmals erschien, so wird deutlich, dass sich unabhängig von der historischen Situation das Knappheitsproblem immerwährend in allen Fragen des Wirtschaftens stellt.
Durch das Spannungsverhältnis zwischen unbegrenzten Bedürfnissen und begrenzten Mitteln entsteht das Knappheitsproblem. Es können eben nicht alle Bedürfnisse der Menschen erfüllt werden. Knappheit bedeutet in diesem Zusammenhang nichts anderes, als dass die Nachfrage nach Gütern von den Preisen und dem zur Verfügung stehenden Einkommen bestimmt wird. Nur derjenige kommt in den Besitz eines Gutes, der bereit und in der Lage ist, den geforderten Preis zu zahlen. Selbst dann, wenn die Supermärkte von Produkten geradezu überquellen, herrscht Knappheit, und zwar für diejenigen, die über das notwendige Einkommen nicht verfügen, um sich diese Produkte kaufen zu können. Das Knappheitsproblem ist unveränderlich in seiner generellen Bedeutung, und seine Lösung wird von vielfältigen ökonomischen, politischen und kulturellen Bedingungen beeinflusst.

Menschen benötigen Güter, um ihre physische Existenz zu erhalten. Sie müssen essen, trinken, benötigen Kleidung und ein Dach über dem Kopf. Die notwendigen Güter müssen jedoch erst produziert werden. Man benötigt menschliche Arbeitskraft, Roh- und Hilfsstoffe, Maschinen usw. Diese Produktionsfaktoren kosten etwas, sie sind nicht – wie im „Schlaraffenland" – frei verfügbar. Es stellt sich deshalb die Frage: Warum und wie werden die vorhandenen Böden, die Arbeitskräfte und die vorhandenen halbfertigen und fertigen Produkte in bestimmte Verwendungsrichtungen gelenkt?

Gleichzeitig sind die menschlichen Bedürfnisse nicht einfach „da", sondern sie entwickeln sich und werden von einer Vielzahl von Faktoren beeinflusst. So muss der Mensch sich zwar ernähren, ob dies jedoch mit Graubrot oder feinsten Torten, mit Wurst vom Metzger oder aus einem Feinkostladen geschieht, wird von Situation zu Situation verschieden sein. Hier spielen die sozialen Beziehungen in der Familie, im Freundeskreis, die Essgewohnheiten, aber vor allem die Verfügbarkeit von Gütern und die Höhe des Einkommens eine wichtige Rolle. Wie sich leicht feststellen lässt, sind dabei die Bedürfnisse der Menschen grundsätzlich unbegrenzt.

i

Walter Eucken
* 17. Januar 1891 in Jena
† 20. März 1950 in London

Prof. Dr. Walter Eucken war von 1927 bis 1950 Professor für Nationalökonomie an der Universität Freiburg.
Eucken galt als so genannter „Ordo-Liberaler", der für eine Ordnung der Wirtschaft und ein „Denken in Ordnungen" eintrat. Bereits 1943 formulierte er gemeinsam mit anderen Ökonomen die Denkschrift „Politische Gemeinschaftsordnung", in der bereits wichtige Prinzipien einer sozialen Marktwirtschaft angesprochen wurden. Nach dem Krieg beriet er unter anderem Ludwig Erhard.

Das Knappheitsproblem betrifft deshalb nicht alle Menschen in gleicher Weise. Eine Familie mit geringem Einkommen kämpft mit dem Problem, wie alle Familienmitglieder satt werden sollen, die Miete bezahlt oder die notwendige Kleidung beschafft werden soll. Eine andere Familie steht vor dem „Knappheitsproblem“ zu entscheiden, welches Haus oder welcher PKW angeschafft werden soll.
Für einen Ökonomen sind die Ursachen des Knappheitsproblems zunächst ohne Bedeutung: Beide Familien haben aus seiner Sicht ein Knappheitsproblem. Dessen Lösung erfordert wirtschaftliches Handeln; es sind **Entscheidungen über die Verwendung knapper Ressourcen** zu treffen.

Die Nachfrager müssen jeweils entscheiden, ob ein Gut unter Berücksichtigung der ihnen zur Verfügung stehenden Mittel geeignet ist, ihre Bedürfnisse zu befriedigen. Gleichzeitig ergibt sich aus der Knappheit der Güter die Notwendigkeit, dass der wirtschaftende Mensch die vorhandenen Produktionsfaktoren Arbeit, Boden, Kapital nicht verschwenden darf, sondern ökonomisch für eine bestimmte Zielsetzung kombinieren (Allokation) und im Produktionsprozess einsetzen muss.
Die Betrachtung vieler wirtschaftlicher Situationen zeigt, dass keiner der Akteure, ob es sich um Konsumentinnen oder Konsumenten, Unternehmerin oder Unternehmer usw. handelt, auf Dauer **allein** in der Lage ist, ein gewünschtes Ergebnis zu erreichen. Dieses ist nur dann möglich, wenn die Handlungen der Akteure koordiniert werden. Eine solche Koordinierung kann z. B. durch gesetzliche Regelungen oder – wie man in der Fachsprache sagt – durch **Institutionen** wesentlich beeinflusst und gesteuert werden. Dazu gehören auch allgemein akzeptierte Normen und Werte, z. B. das Gebot „Du sollst nicht stehlen!“.

1. Kennzeichnen Sie präzise, was unter dem „Knappheitsproblem“ zu verstehen ist.

3 Ausgewählte Grundbegriffe

In der Auseinandersetzung mit wirtschaftlichen Sachverhalten stoßen wir immer wieder auf Begriffe, die als ständige „Begleiter“ betrachtet werden können. Es handelt sich um solche Begriffe wie Bedürfnisse, Produktionsmöglichkeitenkurve, Opportunitätskosten, Minimal-, Maximalprinzip, Arbeitsteilung, Tauschwirtschaft, Geld und seine Funktionen.
Diese Begriffe sollen hier noch einmal zusammenfassend in aller Kürze erläutert werden.

Bedürfnisse und Bedürfnispyramide
Menschen müssen nicht allein ihre physiologischen Bedürfnisse befriedigen. In einem Modell des Sozialwissenschaftlers Maslow werden verschiedene Ebenen von Bedürfnissen dargestellt. Maslow unterscheidet fünf Ebenen von Bedürfnissen und stellt sie zu einer Bedürfnispyramide zusammen:

Die physiologischen Bedürfnisse
[...] Ohne Zweifel sind diese physiologischen Bedürfnisse die mächtigsten unter allen. Das bedeutet insbesondere, dass in einem menschlichen Wesen, dem es im Leben extrem an allem mangelt, am allerwahrscheinlichsten die physiologischen Bedürfnisse vor allen anderen die Hauptmotivation darstellen werden. Jemand, dem es an Nahrung, Sicherheit, Liebe und Wertschätzung mangelt, würde wahrscheinlich nach Nahrung mehr als nach etwas anderem hungern. [...]

Die Bedürfnisse nach Sicherheit
Sobald die physiologischen Bedürfnisse relativ gut befriedigt sind, taucht ein neues Bedürfnisensemble auf, das wir grob als Sicherheitsbedürfnis katalogisieren können (Sicherheit, Stabilität, Geborgenheit, Schutz, Angstfreiheit, Bedürfnis nach Struktur, Ordnung, Gesetz, Grenzen, Schutzkraft und so fort). [...] Der Organismus kann genauso gut in seiner Gesamtheit von ihnen dominiert werden. Sie können das Verhalten ebenfalls fast ausschließlich organisieren und alle Fähigkeiten des Organismus in ihre Dienste stellen. Dann kann man den Organismus zu Recht als einen Sicherheit suchenden Mechanismus beschreiben. [...]

Die Bedürfnisse nach Zugehörigkeit und Liebe
Wenn sowohl die physiologischen wie auch die Sicherheitsbedürfnisse zufriedengestellt sind, werden die Bedürfnisse nach Liebe, Zuneigung und Zugehörigkeit auftauchen, die auch als soziale Bedürfnisse bezeichnet werden. Man fühlt nunmehr, so stark wie nie zuvor, die Abwesenheit von Freunden, der Geliebten, der Ehefrau, der Kinder. Man wird nach liebevollen Beziehungen mit den Menschen im Allgemeinen hungern, also nach einem Platz in der Gruppe oder Familie, und man wird sich sehr intensiv darum bemühen, dieses Ziel zu erreichen. Man wird sich mehr als alles andere wünschen, einen solchen Platz zu erhalten und wird sogar vergessen, dass man einst, als man hungrig war, sich über Liebe als unwirklich, unnotwendig oder unwichtig lustig gemacht hat. Jetzt hingegen wird man Einsamkeit, Ächtung, Zurückweisung, Isolierung, Entwurzelung besonders stark empfinden. [...]

Abraham Harold Maslow
* 01.04.1908 in Brooklyn, New York
† 08.06.1970 in Menlo Park, Kalifornien

Sohn von aus Russland ausgewanderten jüdischen Immigranten. Maslow studierte Psychologie am City College of New York, an der Cornell University und an der University of Wisconsin.
Er unterrichtet für 14 Jahre am Brooklyn College.
1968 wurde Maslow zum Präsidenten der American Psychological Association gewählt.
Maslow ist vor allem durch die Entwicklung der „Bedürfnispyramide", die in fünf Stufen aufgeteilt ist, bekannt geworden.

1. Diskutieren Sie die Eignung der „Bedürfnispyramide" zur Analyse unterschiedlicher Bedürfnisse.
2. Versuchen Sie, die Maslowsche Bedürfnispyramide auf die Möglichkeiten der Bedürfnisbefriedigung in einem Unternehmen zu übertragen.

Die Bedürfnisse nach Achtung
Alle Menschen in unserer Gesellschaft (mit einigen pathologischen Ausnahmen) haben das Bedürfnis oder den Wunsch nach einer festen, gewöhnlich recht hohen Wertschätzung ihrer Person, nach Selbstachtung und der Achtung seitens anderer. Solche Bedürfnisse kann man deshalb in zwei Untergruppen einteilen. Erstens gibt es das Bedürfnis nach Stärke, Leistung, Bewältigung und Kompetenz, Vertrauen angesichts der übrigen Welt und Unabhängigkeit und Freiheit. Zweitens gibt es, was man den Wunsch nach einem guten Ruf oder Prestige nennen könnte (definiert als Respekt oder Hochachtung seitens anderer Leute), nach Status, Berühmtheit oder Ruhm, nach Dominanz, Anerkennung, Aufmerksamkeit, Bedeutung, Würde oder Wertschätzung. [...]

Die Bedürfnisse nach Selbstverwirklichung
Auch wenn alle diese Bedürfnisse befriedigt sind, wird man häufig (wenn auch nicht immer) erwarten können, dass neue Unzufriedenheit und Unruhe entsteht, wenn der Einzelne nicht das tut, wofür er, als Individuum, geeignet ist. Musiker müssen Musik machen, Künstler malen, Dichter schreiben, wenn sie sich letztlich im Frieden mit sich selbst befinden wollen. Was ein Mensch kann, muss er sein. Er muss seiner eigenen Natur treu bleiben. Dieses Bedürfnis bezeichnen wir als Selbstverwirklichung. [...]
Das deutliche Auftreten solcher Bedürfnisse beruht gewöhnlich auf der vorherigen Befriedigung der physiologischen Bedürfnisse und jener nach Sicherheit, Liebe und Achtung.
Quelle: Maslow, Abraham Harold: Motivation und Persönlichkeit, Rowohlt, Reinbek bei Hamburg, 1981, S. 62f.

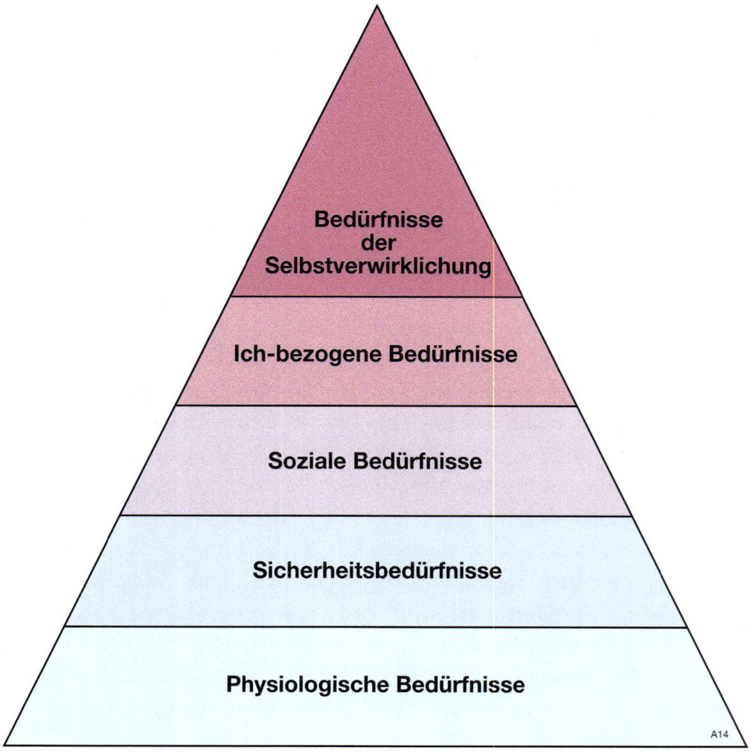

Während als Bedürfnis der Wunsch der Menschen beschrieben wird, einen empfundenen Mangel zu befriedigen, bezeichnet man als Bedarf die tatsächlich am Markt auftretende Nachfrage. Ein Beispiel: Menschen haben Bedürfnisse nach unendlichen vielen Sachgütern und Dienstleistungen. Aber wegen ihres begrenzten Einkommens können sie ihre Bedürfnisse nur teilweise befriedigen. Die Nachfrage am Markt wird immer geringer sein als der ganze Korb der menschlichen Bedürfnisse.

Grenznutzen und Grenzkosten

Wir nehmen an, dass Güter, die wir erstellen oder kaufen, für die Befriedigung von Bedürfnissen einen Nutzen stiften. Über den Preis, den wir bereit sind zu zahlen, zeigen wir, was uns diese Güter für die Befriedigung von Bedürfnissen wert sind. Sie sind schließlich der Grund für ihre Erstellung. Welche Gründe sollte es sonst geben?

Wer hungrig ist, wird sich über das erste Schnitzel, das er isst, besonders freuen und seinen Wert für die Befriedigung seines Hungers hoch einschätzen. Ein Leistungssportler jedoch, der täglich eine hohe Kalorienzufuhr benötigt, könnte sich vermutlich auch noch über das zweite und dritte Schnitzel freuen. Mit jedem weiteren Schnitzel wird der Nutzen geringer sein als derjenige, den das erste Schnitzel gestiftet hat. Je mehr der Nachfrager von einem Gut besitzt, umso weniger ist er bereit, dafür zu zahlen. Man spricht hier von einem abnehmenden Grenznutzen. Diese Beobachtung verdanken wir einem Ökonomen des 19. Jahrhunderts, Heinrich Gossen. Er formulierte die berühmten Gossen'schen Gesetze.

1. Gossen'sches Gesetz oder das Gesetz vom sinkenden Grenznutzen

Mit der zunehmenden Menge eines Gutes sinkt der Nutzen, den jede weitere Mengeneinheit stiftet.
Als Grenznutzen wird der Nutzen bezeichnet, den eine zusätzliche Einheit eines Gutes stiftet, d. h., es ist der Nutzen aus der letzten konsumierten Einheit eines Gutes.

2. Gossen'sches Gesetz oder das Gesetz vom Ausgleich der Grenznutzen

Ein Individuum maximiert seinen Gesamtnutzen, wenn der Nutzen der letzten ausgegebenen Geldeinheit für sämtliche Verwendungsarten gleich groß ist.

Q

Wir sehen den Vorgang in voller Deutlichkeit bei einem so trivialen Anlass wie dem des Kofferpackens für eine Reise. Da wir nicht die ganze Habe mitnehmen können, überlegen wir zunächst, welche Dinge wir am dringendsten brauchen [...]; zugleich aber wägen wir ein Mehr an Büchern gegen ein Weniger an Anzügen so gegeneinander ab, dass alles in einem vernünftigen Verhältnis zueinander steht [...]. Es klingt ein wenig komisch, aber es ist tatsächlich so, dass der Koffer dann ideal gepackt ist, wenn das Niveau des Grenznutzens für die Anzüge, Hemden, Socken, Taschentücher, Schuhe und Bücher gleich hoch und höher als der Nutzen der zurückgelassenen Gegenstände sind.

Quelle: Röpke, Wilhelm: Die Lehre von der Wirtschaft, Erlenbach-Zürich/Stuttgart, 9. Aufl., 1961, S. 31

i

Hermann Heinrich Gossen (1810–1858)

Bei den Entscheidungen zur Einkommensverwendung, die ein privater Haushalt zu treffen hat, spielt die Einschätzung des Nutzens eines Gutes, also seine Eignung, ein subjektiv empfundenes Bedürfnis zu befriedigen, eine wesentliche Rolle. Hermann Heinrich Gossen, preußischer Ökonom, entwickelte in der Mitte des 19. Jahrhunderts eine subjektive Wertlehre, deren wesentliche Aussage darin bestand, dass der Nutzen eines Gutes mit steigender Verbrauchsmenge abnimmt, bis der so genannte Grenznutzen erreicht wird. An einem Beispiel ausgedrückt: Bei Hungergefühl erfüllt das erste verzehrte Brot einen großen Nutzen, der mit jedem weiteren Brot abnimmt. Der Grenznutzen ist dann erreicht, wenn Sättigung eingetreten ist. Jedes weitere Brot würde Übelkeit und Magenschmerzen, also negative Effekte, verursachen.
Der private Haushalt erreicht nach Gossen dann die Maximierung der Bedürfnisbefriedigung, wenn der Nutzen aus der letzten konsumierten Einheit eines jeden Gutes identisch ist.

!

1. Erläutern Sie anhand von Beispielen die Gossen'schen Gesetze.

Produktionsmöglichkeitenkurve

In welchem Maße kann eine Bedürfnisbefriedigung erfolgen? Dies hängt wesentlich von den vorhandenen Produktionsfaktoren ab. Mithilfe eines kleinen Denkmodells lässt sich die Frage verdeutlichen. Dafür gelten folgende Annahmen:

Die Produktionsfaktoren eines Landes werden für die Erstellung von nur zwei Gütern eingesetzt, entweder für das Konsumgut Butter (100.000 Tonnen) oder für das Investitionsgut Webmaschine (1.000 Stück). Interessant ist die Frage, welche Güterkombinationen in der Volkwirtschaft mit den beiden Produktionsfaktoren erstellt werden könnten. Werden zum Beispiel nur 80.000 Tonnen Butter, d.h. 20.000 Tonnen weniger, produziert, wie viele Webmaschinen lassen sich dann mehr produzieren?

Die Abbildung unten zeigt uns, welche Möglichkeiten eine Volkswirtschaft theoretisch hätte, die Produktionsfaktoren auf Butter und Maschinen aufzuteilen. Diese Kurve wird als **Produktionsmöglichkeitenkurve** bezeichnet.

Die Lesart der Kurve ist einfach. Sie gibt alle Güterkombinationen an, die in einer Volkswirtschaft mit den vorhandenen Produktionsfaktoren erstellt werden können.

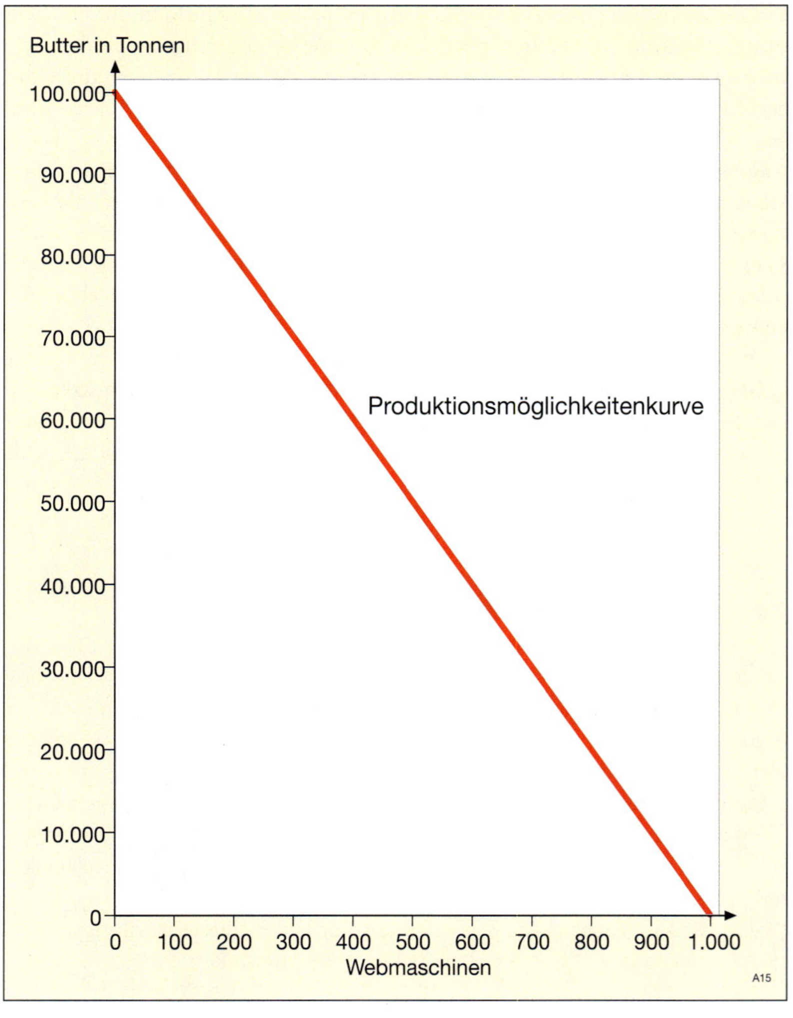

1. Stellen Sie anhand eines Beispiels aus Ihrem eigenen Lebensbereich eine potenzielle Produktionsmöglichkeitenkurve auf.

2. Beispielrechnung:
   Wenn 60.000 t Butter produziert wurden, sind insoweit noch Produktionskapazitäten frei, dass noch 400 Webmaschinen hergestellt werden können.
   Die Berechnungsformel lautet
   $f(x) = 100.000 - 100x$
   wobei x die Anzahl der Webmaschinen darstellt.
   Spielen Sie ein paar Beispiele durch.

Opportunitätskosten
Die Produktionsmöglichkeitenkurve führt zu einem weiteren zentralen ökonomischen Begriff, den der Opportunitätskosten.
Noch einmal zurück zur Produktionsmöglichkeitenkurve: Soll von einem bestimmten Produkt mehr erstellt werden, kann von einem anderen Produkt weniger produziert werden, d. h., die Mehrproduktion von Butter bedeutet gleichzeitig Verzicht auf die Produktion einer bestimmten Menge Maschinen.

Aufgrund der generellen Knappheit der Güter besteht die Notwendigkeit zu wirtschaften. Wirtschaften heißt, wie wir schon wissen, Entscheidungen über den Einsatz knapper Produktionsfaktoren zu treffen. Diese Entscheidungen erzeugen Kosten, genauer gesagt Opportunitätskosten. Sie sind die Kosten der zweitbesten Verwendung. Die Kosten eines Gutes bestehen in dem, was man dafür an anderen Gütern aufgibt. Oder anders ausgedrückt: Opportunitätskosten sind die Kosten, die durch den Verzicht auf die beste Alternative entstehen.
Wer sich für den Kauf einer CD in Höhe von 15,– € entscheidet, kann dieses Geld nicht mehr für den Besuch eines neuen Kinofilmes verwenden, der ebenfalls 15,– € kostet. Die vorhandenen Finanzmittel reichen eben nicht für beides aus, d. h. der entgangene Kinobesuch entspricht den Opportunitätskosten für den Erwerb einer CD. Wer ein Brett im Kamin verheizt, kann es nicht mehr für den Bau eines Bücherregals o. Ä. verwenden.

Da die menschlichen Bedürfnisse offensichtlich unbegrenzt und die Ressourcen begrenzt sind, werden ständig Auswahlentscheidungen erforderlich, was bedeutet, dass alle wirtschaftlichen Güter Opportunitätskosten haben. Auch die Zeit ist ein hochwertiges ökonomisches Gut, mit dem nur zu häufig unökonomisch umgegangen wird: Die zwei Stunden im Kino oder in der Eckkneipe können nicht für das Lesen eines Buches verwendet werden.

In den früheren zentralverwaltungswirtschaftlichen Systemen beispielsweise wurde Zeit buchstäblich verschwendet. Konsumenten verbrachten, auf die Lebenszeit berechnet, mehrere Jahre damit in Schlangen anzustehen, um den Bedarf an Gütern des alltäglichen Bedarfs zu decken.

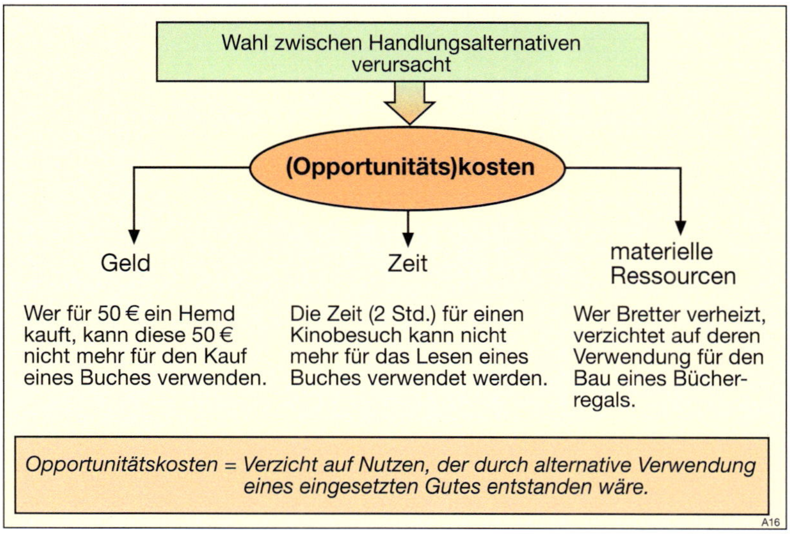

Wirtschaften heißt entscheiden

Da nicht genug Mittel vorhanden sind, um alle menschlichen Bedürfnisse zu erfüllen, müssen immer Entscheidungen für den Einsatz von Produktionsfaktoren getroffen werden. Darin zeigt sich erneut das Grundgesetz des Wirtschaftens, das Gesetz der Knappheit.

Ein wesentliches Ziel des Wirtschaftens ist es, immer wieder nach Möglichkeiten zu suchen, durch eine entsprechende Kombination von Produktionsfaktoren, Koordination und Organisation der Wirtschaft, die Knappheit zu verringern. Es gibt eben kein Schlaraffenland, in dem Hühner in offene Münder von Menschen fliegen.
Die Knappheit an Zeit, natürlichen Ressourcen, Arbeitskraft, Kapital zwingt zum Wirtschaften.

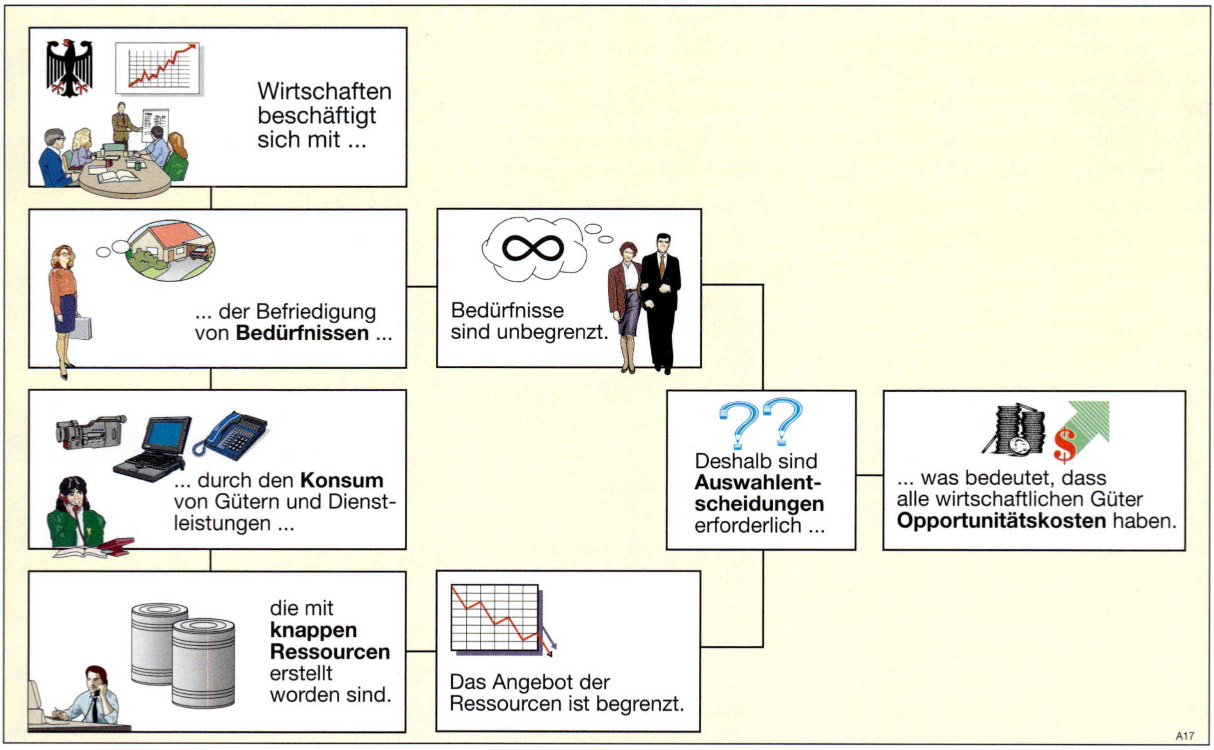

Wirtschaftliche Entscheidungen können theoretisch nach zwei Prinzipien erfolgen, die der jeweilige Akteur, d. h. die Konsumentin/der Konsument bzw. die Produzentin/der Produzent, trifft:

1. **Das Maximalprinzip**
   Mit einer bestimmten Menge Geld sollen möglichst viele Bedürfnisse befriedigt werden. Beispiel: Herr Martens hat 400,– € zur Verfügung und will dafür einen Anzug und eventuell noch Schuhe, Krawatte, Hemd und Socken kaufen.

2. **Das Minimalprinzip**
   Für die Befriedigung eines Bedürfnisses soll möglichst wenig Geld ausgegeben werden. Beispiel: Herr Martens will für einen Anzug, für Schuhe und Hemd möglichst wenig bezahlen.

Arbeitsteilung reduziert Knappheit

In modernen Industriegesellschaften werden Güter in der Regel arbeitsteilig produziert. Dies ist eines ihrer herausragenden Kennzeichen.

Adam Smith, ein Klassiker der Ökonomie, beschrieb in seinem berühmten Stecknadel-Beispiel die Vorteile der Arbeitsteilung. Er behauptete, dass ein (ungelernter) Arbeiter „täglich höchstens eine, sicherlich aber keine zwanzig Nadeln herstellen kann“ und berichtete von einer Fabrik, in der zehn Männer, die sich auf wenige Handgriffe spezialisiert hatten, 48.000 Nadeln pro Tag anfertigten.

Unstrittig hat die Arbeitsteilung die Entwicklung der Industriegesellschaften sehr stark gefördert. Sie steigert die Produktivität, macht es möglich, die Arbeitskraft nach individuellen Fähigkeiten besser zu nutzen. Aber die Arbeitsteilung hat auch ihre Kehrseite. Wenn die Arbeitstätigkeit auf nur wenige Handgriffe reduziert wird, kann das zur Monotonie am Arbeitsplatz führen. Der arbeitende Mensch verliert die Beziehung zum Produkt, wenn er beispielsweise nur noch kleine Ausschnitte des Produktionsprozesses überschauen kann. Und monotone, stumpfsinnige Arbeit kann u. a. gesundheitliche Schäden verursachen und erhebliche psychische Belastungen hervorrufen.

Dennoch: Moderne Industriegesellschaften sind ohne die unterschiedlichen Formen der Arbeitsteilung, wie berufliche, inner- und zwischenbetriebliche oder internationale Arbeitsteilung, nicht mehr denkbar.

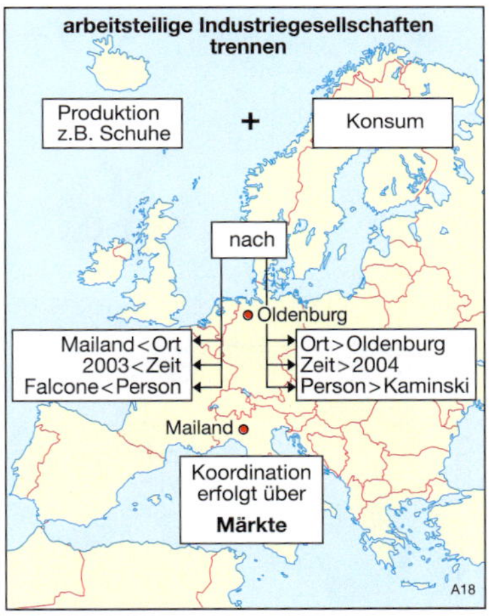

A18

Die innerbetriebliche Arbeitsteilung wird häufig auch als **technische Arbeitsteilung** bezeichnet. Darunter versteht man die Aufteilung oder auch Zerlegung eines Arbeitsprozesses in mehrere Einzelschritte. Jeder Arbeiter führt nur einen Teil der für ein Produkt erforderlichen Gesamtarbeit aus, was bedeutet, dass er sich spezialisieren muss. Bei der Fließfertigung ist diese Form der Arbeitsteilung so weit gediehen, dass der einzelne Arbeiter nur noch wenige, sich stets wiederholende Handgriffe verrichtet.

Die zwischenbetriebliche Arbeitsteilung verdeutlicht jenen Sachverhalt, dass in komplexen Industriegesellschaften nicht jeder Betrieb alle Güter produziert, sondern sich die Betriebe auf bestimmte Güter spezialisieren. Die einen fördern Kohle oder Erdöl, andere stellen Kleidung oder Lebensmittel her, wieder andere produzieren Waschmaschinen oder Computer.

Die internationale Arbeitsteilung trägt der Tatsache Rechnung, dass die Verflechtungen zwischen den Volkswirtschaften über den internationalen Güteraustausch immer stärker werden. Die einzelnen Länder spezialisieren sich auf jene Produkte, die sie kostengünstig herstellen können und mit denen sie international wettbewerbsfähig sind.

Arbeitsteilige Volkswirtschaften haben die Möglichkeit, Produktion und Konsum örtlich und zeitlich voneinander zu trennen und über Märkte durch Angebot und Nachfrage zu koordinieren.

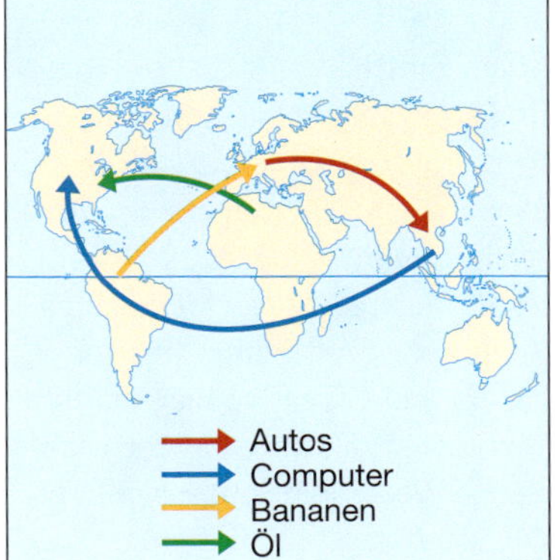

A19

Arbeitsteilung allein löst aber noch nicht das Knappheitsproblem. Viel entscheidender ist es, wie die Ergebnisse arbeitsteiligen Wirtschaftens anderen Wirtschaftsakteuren zugänglich gemacht werden können. Die Arbeitsteilung macht den Tausch erforderlich. Nur wenn die Ergebnisse arbeitsteiliger Prozesse auch mit anderen getauscht werden können, wird die Arbeitsteilung für die Menschen nützlich.

Sobald nun der Mensch sicher sein kann, dass er alle Dinge, die er weit über den Eigenbedarf hinaus durch eigene Arbeit herzustellen vermag, wiederum gegen überschüssige Produkte anderer, die er gerade benötigt, eintauschen kann, fühlt er sich ermutigt, sich auf eine bestimmte Tätigkeit zu spezialisieren, sie zu pflegen und zu vervollkommnen, je nach Talent oder Begabung.
Quelle: Smith, Adam: Wohlstand der Nationen, Deutscher Taschenbuchverlag, München, 1999, Seite 29

Adam Smith (1723–1790) studierte in Glasgow Moralphilosophie, Mathematik und Politische Ökonomie. Er zählt als Begründer der Nationalökonomie als Wissenschaft. Sein 1776 veröffentlichtes Hauptwerk „An Inquiry into the Nature and Causes of the Wealth of Nations" gilt als eines der wichtigsten Werke in der Geschichte der Wirtschaftswissenschaften.

Wer die Früchte der Arbeitsteilung ernten will, muss die Möglichkeit haben zu tauschen. „Du hast Milch produziert und ich Fleisch. Lass uns tauschen!" Arbeitsteilung wird damit zu einer zentralen Quelle des Wohlstands, das wusste schon Adam Smith. Die durch die Arbeitsteilung erfolgte Spezialisierung macht nur Sinn, wenn ein Individuum die Möglichkeit hat, jene Produkte, die es selbst nicht produziert hat und die es dennoch für die Sicherung seiner Existenz benötigt, von anderen zu erwerben.
Arbeitsteilung ermöglicht zudem Lernkurveneffekte: Wenn man eine Tätigkeit zum ersten Mal durchführt, benötigt man in der Regel viel mehr Zeit, als wenn diese Tätigkeit eingeübt und hundert- und tausendfach wiederholt worden ist. Für den Sachverhalt kann jeder sicherlich unzählige Beispiele anführen.

Mit einem kleinen Rechenbeispiel können die Vorteile der Arbeitsteilung deutlich gemacht werden. Dazu dient uns die Produktionsmöglichkeitenkurve von a) Robinson und b) Freitag und wir wollen zeigen, wie sich c) die Versorgungslage der beiden durch Arbeitsteilung verbessern lässt.
Zunächst zu den „Produktionsmöglichkeiten" von Robinson. Nehmen wir an, dass Robinson seine Arbeitskraft auf das Backen von Brot und auf den Fang von Fischen verteilt, dann ergibt sich folgende Situation: Er kann an einem Tag entweder 3 Brote backen oder 7 Fische fangen. Verteilt er seine zur Verfügung stehende Zeit sowohl auf das Backen wie auf das Fischen, dann ergibt sich die nachfolgende Produktionsmöglichkeitenkurve:

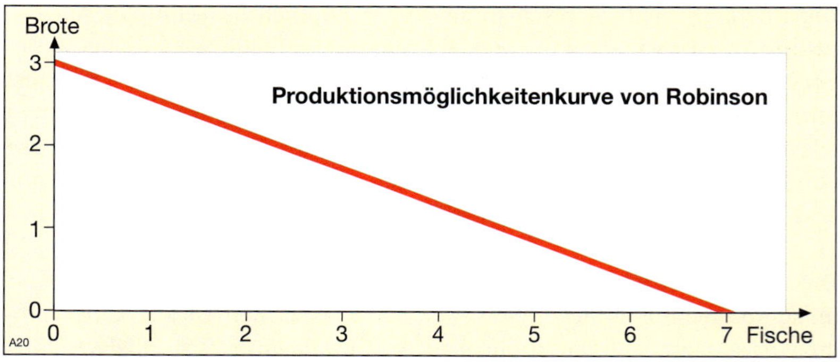

Verteilt hingegen Freitag seine Arbeitskraft auf das Backen von Brot und auf den Fang von Fischen, dann ergibt sich folgende Situation: Freitag kann an einem Tag entweder 2 Brote backen oder 14 Fische fangen. Verteilt er seine zur Verfügung stehende Zeit sowohl auf das Backen wie auf das Fischen, dann ergibt sich die nachfolgende Produktionsmöglichkeitenkurve:

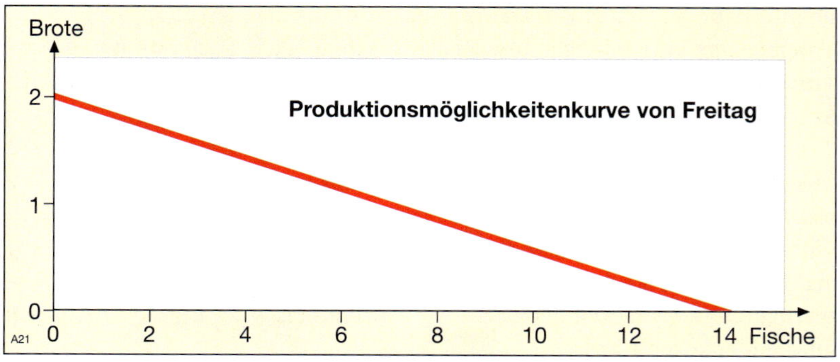

Zählen wir das Ergebnis der beiden „Produzenten“ zusammen, ergibt sich folgende Situation:

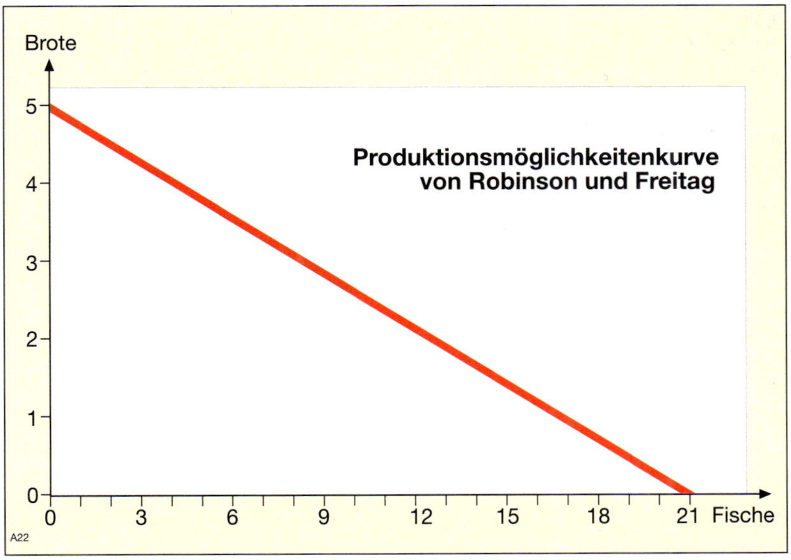

Vergleichen wir Freitags „Produktionsmöglichkeiten“ mit denen von Robinson, machen wir folgende Feststellung:

Robinsons Situation:

a) Wenn Robinson ein Brot weniger backt, dann kann er drei Fische mehr fangen.
b) Wenn Robinson ein Brot mehr backt, kann er drei Fische weniger fangen.
c) Das Verhältnis der Kosten für Brot und Fische beträgt 1 Brot = 3 Fische oder 1 Fisch = 1/3 Brot.

Freitags Situation

a) Wenn Freitag ein Brot weniger backt, dann kann er dafür sieben Fische mehr fangen.
b) Wenn Freitag ein Brot mehr backt, dann kann er dafür sieben Fische weniger fangen.
c) Das Verhältnis der Kosten für Brot und Fische beträgt bei Freitag 1 Brot = 7 Fische oder 1 Fisch = 1/7 Brot.

Konsequenz:
Robinson sollte sich auf das Backen von Brot und Freitag sollte sich auf das Fangen von Fischen konzentrieren, dann hätten beide eine verbesserte Situation auf der Insel und ein insgesamt höheres „Insel-Sozialprodukt“ erzielt.

Dahinter verbirgt sich der Gedanke, dass diejenige Person mit den niedrigeren Opportunitätskosten bei der Erzeugung eines Gutes einen so genannten komparativen Vorteil hat (lat.: compare = vergleichen). Wenn sich nun jeder auf das Gut spezialisiert, bei dem er einen komparativen Vorteil hat, wird die Gesamtproduktion ansteigen, und jedem kann es besser gehen. Komparative Vorteile sind auch der Grund dafür, dass internationaler Handel für Länder vorteilhaft ist.

1. Verdeutlichen Sie anhand von Beispielen aus Ihrem Alltag den Nutzen von Arbeitsteilung.

A35

Eine indische Fabel
Es gab einmal eine Stadt nur mit blinden Einwohnern. Ein König kam mit seiner Armee und Gefolge in die Nähe und kampierte dort. Er besaß einen mächtigen Elefanten, den er für Angriffe benutzte, weil das Riesentier den Feinden große Angst einjagte. Die Bürger waren neugierig, den Elefanten kennenzulernen, und einige Blinde machten sich auf den Weg, um Näheres über den Elefanten herauszufinden. Da sie die Gestalt eines Elefanten nicht kannten, befühlten sie seine Teile. Jeder, der einen Teil gefühlt hatte, dachte, dass er den Elefanten kennen würde. Sie kehrten zu ihren Mitbürgern zurück, und es bildeten sich um sie neugierige Gruppen. Alle fragten nach der Form und nach der Beschaffenheit des Elefanten und lauschten andächtig. Der Mann, der das Ohr gefühlt hatte, sagte: „Der Elefant ist groß und rau, weit und breit wie ein Teppich." Ein anderer, der den Rüssel gefühlt hatte, sagte: „Ich weiß, wie es in Wahrheit ist. Der Elefant ist wie ein gerades und hohles Rohr, furchtbar und gefährlich." Wiederum ein anderer, der die Füße und Beine gefühlt hatte, sagte: „Nein, der Elefant ist mächtig und fest wie eine Säule."
Quelle: Hielscher, Hans: Päda-Lotse, Heidelberg, 1979, S. 121

4 Handwerkszeuge für die Analyse wirtschaftlicher Sachverhalte

Denkmodelle und ihre Funktion
Jede wissenschaftliche Disziplin benötigt Instrumente für die fachspezifische Auseinandersetzung mit den je eigenen fachlichen Fragen. Dies gilt auch für die Auseinandersetzung mit ökonomischen Sachverhalten. Der Einsatz von Handwerkszeugen ist allerdings immer auch abhängig von den zu lösenden Aufgaben. In der Wirtschaftswissenschaft ist ein wichtiges Handwerkszeug zweifellos das „Denken in Modellen". Der richtige Einsatz kann sehr hilfreich sein für neue Erkenntnisse, allerdings kann die gedankenlose Verwendung auch zu erheblichen Problemen führen.

Um die Funktion des Denkens in Modellen zu erfassen, wird auf ein einfaches Beispiel zurückgegriffen, auf eine Landkarte: Eine Landkarte lässt sich als ein Modell bezeichnen und zeigt, wie eine abstrakte Vorstellung z. B. für einen Autofahrer sehr hilfreich sein kann. Eine Stadt, ein Dorf, eine Straße erscheint auf einem Papierstück als eine Reihe von Linien und Farben, Punkten, Kreisen usw. Aber vor allem ist es für die Konstrukteure einer Karte wichtig zu entscheiden, wer diese Karte, dieses Denkmodell, verwenden soll, welche Funktion es zu erfüllen hat, bevor man sich mit der Aufgabe beschäftigt die „Realität" zu reduzieren.

Will ich z. B. als Pkw-Fahrer von Oldenburg nach Osnabrück fahren, ist es für mich wichtig, die Hauptstraßen bzw. Autobahnen auf der Karte schnell zu erfassen, die zwischen Oldenburg und Osnabrück bestehen. Will ich direkt nach Osnabrück in die Stadtmitte fahren, wird vermutlich ein Stadtplan für mich noch hilfreicher sein. Die meisten Landkarten sind die zweidimensionale Repräsentation einer dreidimensionalen Welt. Sie zeigen uns Straßen und Autobahnen, aber sie zeigen uns z. B. nicht Berge oder Täler, die den Weg, die Straße begleiten. Dies wäre jedoch für einen Wanderer von großer Bedeutung, wenn er die Höhenunterschiede sehen könnte, da er mit einem 25 kg schweren Rucksack wandert. Für einen Autofahrer jedoch würde die Komplexität und damit wohl auch die Unübersichtlichkeit einer Karte erhöht und ihr Lesen erschwert. Auch ökonomische Modelle sind Vereinfachungen, Abstraktionen, die bestimmte Details außer Acht lassen, um nur diejenigen Aspekte, z. B. des ökonomischen Verhaltens von Individuen, zu untersuchen, die vom „Modell-Konstrukteur" als wichtig angesehen werden.

Das Prinzip, dass aus der Sicht eines Modell-Konstrukteurs unwichtige Einzelheiten vernachlässigt werden, in gewisser Weise „weggeschnitten“ werden müssen, wird nach dem Philosophen William of Ockham (1285–1349, siehe Bild rechts) als **Ockhams Razor** bezeichnet.

Denken in Modellen

Modelle (ital.: modello, zu lat.: „Maß“, „Maßstab“) sind in den Wirtschaftswissenschaften Hilfsmittel des wissenschaftlichen Erkenntnisprozesses, die mit dem Ziel konstruiert werden, auf der Grundlage von Funktions-, Struktur- oder Verhaltensähnlichkeiten analoge Aussagen über ökonomische Phänomene zu entwickeln.

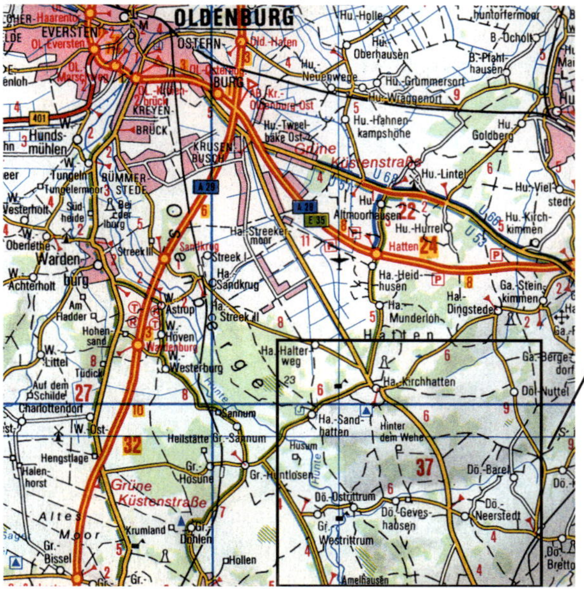

Autokarte

Fahrradkarte

Modellmerkmale

Für die Einschätzung der Leistungsfähigkeit von Denkmodellen ist die Unterscheidung von drei wesentlichen Modellmerkmalen erforderlich:

1. Das Abbildungsmerkmal

Modelle sind immer Modelle von einem Original. Die Abbildung ist eine gedankliche Konstruktion durch den Modell-Konstrukteur, weil dieser das Ziel hat, ein bestimmtes (hier: wirtschaftliches) Geschehen besser zu verstehen.

2. Das Verkürzungsmerkmal

Wenn ein Modell-Konstrukteur für seine Zwecke etwas abbildet, dann ist er gezwungen, Verkürzungen vorzunehmen, da nicht alle Eigenschaften eines „Originals“ im Modell erfasst werden, sondern nur jene Merkmale, die der Modell-Konstrukteur als bedeutsam ansieht.

3. Das Subjektivierungsmerkmal

Dieses Merkmal kennzeichnet die Tatsache, dass Modelle Aufgaben für bestimmte erkennende und/oder modellbenutzende Individuen erfüllen sollen, der Modell-Konstrukteur hat Absichten mit seinem Denkmodell.

1. Erläutern Sie die Funktionen der hier dargestellten Methodenmerkmale für die Analyse wirtschaftlicher Sachverhalte.

Weshalb Denkmodelle?

Die Wirtschaftswissenschaft ist weitgehend eine nicht experimentelle Wissenschaft. Sie kann ihre Aussagen nicht, wie das beispielsweise für bestimmte naturwissenschaftliche Bereiche möglich ist, im Labor überprüfen und nach den Ergebnissen des Laborexperimentes dann eine Entscheidung treffen.

Wenn beispielsweise Naturwissenschaftler nicht genau wissen, ob ein Raumschiff funktioniert, werden sie den Flug absagen oder verschieben. Wenn hingegen Ökonomen nicht wissen, ob eine politische Maßnahme funktioniert, kann die wirtschaftliche „Reise“ deswegen nicht verschoben werden; der Ablauf ist unaufhaltsam, und die möglichen Reparaturen müssen ebenfalls unterwegs vorgenommen werden. Darüber hinaus geht diese Reise jeden an, und nicht nur einige wenige, die freiwillig mitfahren. Da alle gleichermaßen betroffen sind, kommt auch niemand daran vorbei, angesichts der ökonomischen Alternativen Stellung zu beziehen, wie unzureichend sein Wissen ihm auch vorkommen mag.

Quelle: Thurow, Lester Carl: Gefährliche Strömungen, Wirtschaftspolitik in der Krise, Campus Verlag, Frankfurt a. M., 1984, S. 45, Übersetzung: Gerti von Rabenau

Max Planck,

Physiker, Nobelpreisträger, Begründer der Quantentheorie

* 29.04.1858

† 04.10.1947

Die Arbeit mit Denkmodellen in der Ökonomie

Die indische Fabel (siehe S. 24) ist ein sehr anschauliches Beispiel für eine wissenschaftliche Vorgehensweise. Wer ein Problem besser verstehen will, sammelt alle bisherigen wissenschaftlichen Ergebnisse, um zu einer Aussage zu kommen. Man könnte den wissenschaftlichen Erkenntnisprozess fast wie das Zusammenstellen eines Puzzles bezeichnen. Schritt für Schritt werden unterschiedliche Erkenntnisse gewonnen, die erst nach und nach zu einer zufriedenstellenden Einsicht führen (siehe Abb. S. 24). Dieser Prozess ist nie abgeschlossen. Es gibt wissenschaftliche Schulen, die für bestimmte Erkenntnisse kämpfen, andere wiederum, die diese Erkenntnisse bestreiten und versuchen, sie durch andere zu ersetzen oder zu modifizieren.

Die Personen forschen manchmal ein Leben lang zu einem bestimmten Bereich und es ist keine Frage, dass sie sich mit ihrem „Lebenswerk“ identifizieren und deshalb auch die Gefahr bestehen kann, sich gegen andere Einsichten zu sperren. Dafür gibt es in der Wissenschaftsgeschichte viele Beispiele. Manche neuen Ergebnisse sind sogar so revolutionär, dass mit ihnen jahrzehnte- oder gar jahrhundertelange Forschungsergebnisse hinfällig geworden sind.

Ein besonders eindrucksvolles Beispiel ist die Wandlung der Vorstellung von der Erde als Scheibe oder Kugel. Bis ins Mittelalter hinein war das Weltbild des ägyptischen Astronomen Ptolemäus vorherrschend. Vereinfacht ausgedrückt, ging dieser davon aus, dass die Welt eine Scheibe sei und die Sonne sich um die Erde drehe.

Nicolai Kopernikus (1473–1543) kam mit seinen wissenschaftlichen Beobachtungen jedoch zu einer völlig anderen Erkenntnis: Die Erde ist eine Kugel und die Erde dreht sich um die Sonne und nicht umgekehrt. Diese Auffassung war eine wissenschaftliche Revolution. Heute spricht man rückwärts betrachtet von der „kopernikanischen Wende“ und bezeichnet damit solche Veränderungen, die das gesamte Weltbild verändert haben. Einige Wissenschaftler, die diese Theorie vertraten, kamen sogar in Konflikt mit der seinerzeit mächtigen Kirche, deren inquisitorische Richterkollegien häufig „Widerrufung“ forderten und standfeste Wissenschaftler auf den Scheiterhaufen schickten, wie z. B. Giordano Bruno (1548–1600).

Max Planck (1858–1947) hat einmal sinngemäß gesagt: Neue Einsichten pflegen sich nicht dadurch durchzusetzen, dass sie einfach alte ersetzen, sondern nur dadurch, dass ihre Vertreter aussterben und die nachwachsende Generation gleich von Anfang mit der neuen Wahrheit vertraut gemacht wird.

Auch in der Ökonomie gibt es Denkmodelle, die durch neue Einsichten ihre einmalige Aussagekraft völlig verloren haben. Wir werden dies am Beispiel des Denkmodells des Wirtschaftskreislaufs erkennen können.

Bei manchen Denkmodellen wird die Methodik immer mehr verfeinert, immer weitere Annahmen eingeführt, die das Denkmodell vor Widerlegungen schützen. Aber wenn der Grundansatz generell falsch ist, dann nützen auch weitere Detailannahmen nichts, d. h., das Modell lässt sich nicht mehr retten. Durch die immer detailliertere Analyse eines Teilgebiets verhält es sich wie mit einer berühmten Maltechnik gegen Ende des 19. Jahrhunderts, der Maltechnik der Pointillisten.

Sie setzten ihre Bilder durch viele kleine Punkte zusammen. Würde man sich jedoch in der Analyse eines einzelnen Punktes verlieren, erhielte man nie eine Gesamtvorstellung von dem Gemälde (vgl. Abb. unten).

Q

Von der Nähe betrachtet offenbaren sich ihre Bilder als eine Vielzahl farbiger Tupfer und Kleckse, von denen jeder einzelne – genau betrachtet und analysiert – über das Gesamtwerk gar nichts aussagt. Erst aus der richtigen Distanz, wenn man das System der Tupfer und Kleckse richtig erfassen kann, ergibt sich ein Bild – und damit eine Aussage. Das Ganze ist auch hier mehr als die Summe seiner Teile. Wir können noch so viele „Bildtupfer“ oder „Quadrate“ auswendig lernen, ordnen oder analysieren, über das System lernen wir nichts!

Quelle: Vester, Frederic: Leitmotiv vernetztes Denken, München, 1988, S. 62

Natürlich heißt dies nicht, dass es auf Einzelkenntnisse nicht ankäme und man über Details nichts zu wissen bräuchte, aber es muss deutlich werden, dass Informationen in den richtigen Zusammenhang gestellt werden müssen, um zu einer zutreffenden Gesamtbewertung zu kommen.

Das Modelldenken in der Ökonomie unterliegt dieser Gefahr. Es ist immer wieder erforderlich, die Teilergebnisse in einem Gesamtzusammenhang zu sehen, damit der Stellenwert einer einzelnen Aussage besser eingeordnet werden kann. Dafür ist es besonders wichtig, die Wirtschaftsordnung und ihre grundlegenden Elemente zu kennen. So ist die marktwirtschaftliche Ordnung in Deutschland beispielsweise durch Privateigentum, dezentrale Planung und Lenkung, Preisbildung auf Märkten, Gewinnprinzip bei der betrieblichen Ergebnisrechnung und ein funktionieres Banken- und Steuersystem gekennzeichnet (siehe S. 179). Die Ordnungselemente haben großen Einfluss auf das Handeln der Akteure in einer Wirtschaft.

„Zypressen in Cagnes“ v. Henri-Edmond Cross, 1908

!

1. Auf welche Gefahr will der Hinweis auf die „Maltechnik des Pointillismus“ im Zusammenhang mit der Arbeit mit Modellen aufmerksam machen?

A193

A194

Was es sonst noch zu beachten gilt!

Mikro- und Makroökonomie

Die Unterscheidung von Mikro- und Makroökonomie spielt für die Betrachtung wirtschaftlicher Vorgänge eine bedeutende Rolle.
Bildlich gesprochen könnte man Mikro- und Makroökonomie wie das Verhältnis von Baum und Wald unterscheiden. Wir können den einzelnen Baum betrachten, seine Gesundheit, warum er groß oder klein ist, ob er braune Blätter oder abgestorbene Äste hat usw. Oder wir sehen uns den Wald in der Gesamtheit an: Welche Baumstruktur hat der Wald, in welchem Zustand befindet er sich, hat er Schäden, was müsste getan werden, um den Wald zu schützen, ihn wirtschaftlich zu nutzen usw.?

Natürlich kann der einzelne Baum für sich betrachtet werden, aber schon beim zweiten Blick wird deutlich, dass die Position eines einzelnen Baumes, seine Qualität nur in Abhängigkeit zu den anderen Bäumen präzise bestimmt werden kann. Hat er braune Blätter, abgestorbene Äste, dann kann das zusammenhängen mit seinem Standort im Wald: Erhält er ausreichend Licht, steht er am Waldrand, führt eine Straße vorbei, ist der Baumbestand zu dicht, nehmen die Bäume sich gegenseitig das Licht weg, welche Qualität hat der Waldboden usw.? D. h., es mag richtig und notwendig sein, einen einzelnen Baum zu betrachten, aber präzise Aussagen zur Situation des Baumes sind abhängig von seinem Standort im Wald.

Mikro- und Makroökonomie sind ebenfalls nur zwei Betrachtungsweisen des einen wirtschaftlichen Geschehens, mit unterschiedlichen Erkenntnisinteressen und Zielen.

Übertragen wir unser Beispiel auf die Wirtschaft eines Landes: In der Mikroökonomie wird ein einzelnes Wirtschaftssubjekt (z. B. **ein** Unternehmen, **ein** privater Haushalt) analysiert. Welche Produkte stellt ein Betrieb wie her und wie wird er organisiert, welche Maschinenausstattung ist vorhanden, wie ist seine wirtschaftliche Situation? Ob sich das Unternehmen jedoch in einer guten oder schlechten Verfassung befindet, diese Beurteilung kann nur im Vergleich mit anderen Unternehmen einer Volkswirtschaft vorgenommen werden: Welche Marktposition besitzt es regional, national, international, in welchem Zustand befindet sich das Unternehmen insgesamt, wie ist seine internationale Wettbewerbsfähigkeit, welche erkennbaren Wirkungen hat die Steuerpolitik des Staates auf das Unternehmen usw.? Das einzelne, sich in der Krise befindliche Unternehmen ist möglicherweise für die Gesamtbetrachtung völlig belanglos. Vielleicht ist es sogar gut, wenn es vom Markt verschwindet, weil es schlecht geführt ist, weil es veraltet ist, die Produkte keine Käufer finden, Subventionen verschlingt und das Unternehmen nur künstlich am Leben gehalten wird.

Aus einzelwirtschaftlicher Sicht können folgende Fragen interessant sein:
- Wo liegen die Ursachen für die Krise des Unternehmens?
- Hat man zu spät die Veränderungen des Verbraucherverhaltens wahrgenommen?
- Ist falsch investiert worden?
- Lässt der gegenwärtige Standort keine Erweiterungsmöglichkeiten zu?
- Ist die Kostenstruktur schlecht?
- Sind die Umweltgesetze nicht einzuhalten?

Dieses einfache Beispiel zeigt, dass es sinnvoll sein kann, mikro- und makroökonomische Betrachtungsweisen voneinander zu trennen. Nur so lassen sich bestimmte Fragestellungen beantworten. Für die Beurteilung des gesamten Wirtschaftsgeschehens sind jedoch beide Betrachtungsweisen eng miteinander verknüpft. Man könnte das bildlich auch so verdeutlichen: Stellen Sie sich vor, Sie machen ein Foto von einer Person, einem Gegenstand (Bild 1) und verwenden den Zoom Ihres Fotoapparates und zeigen die Person, den Gegenstand in seinem Umfeld (Bild 2), dies kann zu einer völlig anderen Interpretation führen. Zum Beispiel zeigt das erste Foto ein laufendes Kind (sicherlich kein ungewöhnliches Motiv), im zweiten Foto sehen Sie – wiederum das laufende Kind –, aber darüber hinaus sehen sie einen heranstürmenden Hund. Die Analyse dieses Bildes kann zu völlig anderen Aussagen führen.

Bild 1

Bild 2

Trugschluss der Verallgemeinerung
Was für ein Individuum richtig zu sein scheint, muss für die Volkswirtschaft als Ganzes noch lange nicht vorteilhaft sein und umgekehrt. Es wird vom Trugschluss der **unzulässigen Verallgemeinerung** (engl.: the fallacy of composition) gesprochen.

Zur Verdeutlichung sei ein Beispiel angeführt: Ein Landwirt weiß sehr wohl, dass er wirtschaftlich besser abschneiden kann, wenn er z. B. mehr Weizen produziert. Sein Einkommen ist das Ergebnis aus der Menge des Weizens in Zentner multipliziert mit dem Preis, den er für einen Zentner bekommt. Ein Landwirt allein kann aber den Marktpreis für Weizen nicht beeinflussen, d. h., je mehr Weizen er produziert, desto höher ist sein Einkommen.

Produzieren aber alle Landwirte mehr Weizen, wird der Preis des Weizens fallen, d. h., Erklärungen, die offensichtlich plausibel und logisch sind, wenn man sie auf ein Individuum, z. B. einen einzelnen Unternehmer, anwendet, können völlig falsch werden, wenn man sie auf das Verhalten aller Konsumenten oder Produzenten überträgt.

Weitere Beispiele:
- Wenn jemand beschließt zu sparen, und zwar aufgrund der schlechten Wirtschaftslage und seiner persönlichen Furcht vor Arbeitslosigkeit, kann das für ihn durchaus vorteilhaft sein. Sollten aber alle Bürger auf diesen Gedanken kommen, wird die Nachfrage nach Konsumgütern in einer Volkswirtschaft noch mehr zurückgehen und die Anzahl an Entlassungen zunehmen.
- Wenn eine Hausfrau beschließt, mehr Gemüse zu kaufen, werden die Preise für Gemüse kaum steigen. Sollten jedoch alle Hausfrauen zur gleichen Zeit beschließen, mehr Gemüse zu kaufen, wird es einen Preisanstieg für Gemüse geben.
- Wenn ein Arbeiter mehr Lohn erhält, dann ist das für ihn vorteilhaft. Sollten aber alle Arbeiter mehr Lohn empfangen, können Unternehmen dies als Begründung für eine Preiserhöhung anführen, die alle Einkommensempfänger wieder um die Einkommenserhöhung bringt.
- Wenn ein Zuschauer in einem Stadion das Spiel lieber im Stehen statt von seinem Sitzplatz aus verfolgt, um besser sehen zu können, ist dies für ihn eine sinnvolle Strategie, mit der er in jedem Fall Erfolg haben wird. Stellen sich hingegen alle Zuschauer hin, dann nutzen die individuellen Bemühungen des Einzelnen wenig.

1. Erklären Sie, was unter mikro- und makroökonomischer Betrachtungsweise zu verstehen ist und warum es leicht zum „Trugschluss der Verallgemeinerung" kommen kann.

Der kirchlichen Trauung geht zumeist ein Orgelspiel voraus. Man wird aber schlecht sagen können, dass die nachfolgende Trauung eine Folge des Orgelspiels ist – und erst recht ist es nicht so, dass immer dann, wenn eine Orgel in der Kirche spielt, zwangsläufig eine Trauung folgt.

- Wenn ein Arbeiter aufgrund seiner Mobilität in der Lage ist, in einer anderen Region oder in einer anderen Stadt einen Arbeitsplatz zu finden, dann ist das für ihn sicher vorteilhaft. Versuchen jedoch alle Arbeitslose, ihrer Arbeitslosigkeit auf gleiche Weise zu entkommen, kann dies aus naheliegenden Gründen nicht gelingen: Die Arbeitslosigkeit verschiebt sich höchstens auf andere Regionen des Landes.
- Ein Preisanstieg in einer Branche kann für die betreffenden Unternehmen sehr vorteilhaft sein. Ein Preisanstieg in allen Branchen bringt jedoch keiner Branche einen Nutzen.

Danach ... also deswegen ... (post hoc, ergo propter hoc)
Wenn ein Ereignis A vor einem Ereignis B passiert, muss dies nicht bedeuten, dass A auch B verursacht hat. Für diesen Sachverhalt gibt es in der Ökonomie viele Beispiele.

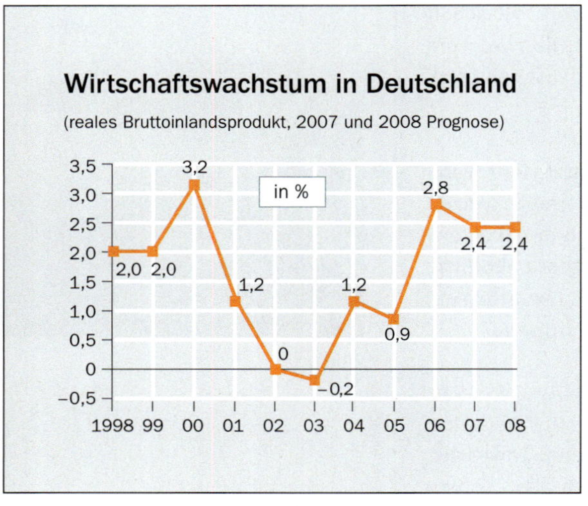

Prognosen
Sowohl Wirtschaftspolitiker als auch „normale“ Bürger haben verständlicherweise den Wunsch zu wissen, wie eine wirtschaftliche Entwicklung in Zukunft verlaufen könnte: Um wie viel werden die Güterpreise steigen, welchen Verlauf könnte die Konjunktur in bestimmten Branchen (z. B. Bauindustrie, Metallindustrie) nehmen, wie werden sich Dollarpreis, Energiekosten und Arbeitslosenquote entwickeln?
Solche Voraussagen lassen sich nur machen, wenn von bestimmten Annahmen über erwartete Wirkungszusammenhänge ausgegangen wird, die z. B. auf Erfahrungen aus der Vergangenheit basieren. Liegen keine neuen Erkenntnisse vor, wird davon ausgegangen, dass die bisherigen Wirkungszusammenhänge auch zukünftig gelten.

Prognosen sind also nicht unabhängig von den ihnen zugrunde liegenden Annahmen über Wirkungszusammenhänge. Verändern sich diese Annahmen, wird sich das auf die Wahrscheinlichkeit auswirken, mit der eine gestellte Prognose eintrifft. In allen Industriestaaten gibt es wirtschaftswissenschaftliche Institute, die in regelmäßigen Abständen zur Entwicklung der Weltwirtschaft Prognosen erstellen. Obwohl immer ausgefeiltere statistische Verfahren und immer differenziertere Daten zur Verfügung stehen, ist die Qualität von Prognosen nie ganz zufriedenstellend, weil die politischen, wirtschaftlichen und psychologischen Unwägbarkeiten zu groß sind.
Welche psychologischen Faktoren z. B. in einer wirtschaftlichen Situation Einfluss auf das Konsumentenverhalten haben, ist so wenig eindeutig vorhersehbar wie die Reaktion eines Unternehmens auf die Ankündigung einer Steuersenkung oder -erhöhung für seine Investitionsentscheidungen. Erstellt beispielsweise ein Wirtschaftsministerium eine Prognose, dann wird es versuchen, die politischen Folgewirkungen seiner Prognose einzukalkulieren. Das Gleiche gilt für Prognosen, die eine Oppositionspartei oder Reformgegner erstellen lassen, um sie für ihre Zielsetzungen in der politischen Auseinandersetzung zu verwenden. Prognosen werden somit auch zur Untermauerung bestimmter politischer Absichten benutzt, d. h., die ihnen zugrunde liegenden Annahmen sind sehr genau zu prüfen, will man sich nicht in die Irre führen lassen.

1. Zeigen Sie auf – evtl. auch an konkreten Beispielen –, inwieweit Prognosen wirtschaftswissenschaftlicher Institute von wirtschaftspolitischem Interesse sein können.

Kategorien zur Analyse wirtschaftlicher Sachverhalte
Sie haben sich in diesem einführenden Kapitel mit einigen wichtigen wirtschaftlichen Grundsachverhalten auseinandergesetzt. Sie wissen um die Bedeutung der Knappheit als einer Grundannahme von Wirtschaft und um die Bedeutung von Arbeitsteilung, Tausch, Wettbewerb, Institutionen und vieles mehr.

Trotz der Fülle an Phänomenen weisen wirtschaftliche Handlungen bestimmte Merkmale auf. Diese Merkmale lassen sich immer wieder feststellen, so unterschiedlich die Beispiele auch auf den ersten Blick erscheinen mögen. Dass z. B. Knappheit eine zentrale Kategorie für alle Formen des Wirtschaftens darstellt, dies galt bei den „Römern und Griechen" in gleicher Weise wie im Mittelalter und auch das 21. Jahrhundert wird das Knappheitsproblem nicht lösen. Damit lassen sich solche Kategorien auf immer wieder andere Sachverhalte übertragen. Wer beispielsweise erkannt hat, dass die rechtlichen Regelungen, die Sitten und Gebräuche in allen Ländern einen Einfluss auf das wirtschaftliche Handeln haben, wird sich durch die Unterschiedlichkeit dieser Faktoren nicht überraschen lassen, sondern wird nach den Unterschieden geradezu suchen.

Die nachfolgenden Kategorien sollen dabei helfen, wichtige von unwichtigen Sachverhalten und Ereignissen zu unterscheiden. Sie unterstützen uns, unsere Vorstellungen von der Wirtschaft eines Landes zu ordnen, zu strukturieren und in ein gedankliches Netzwerk einzubinden, um die Komplexität wirtschaftlicher Sachverhalte besser beherrschbar zu machen.

Kategorien
Zur Veranschaulichung dient hier ein einfaches Auto-Beispiel:

1. **Wirtschaftliches Handeln ist bedürfnisgetrieben**
Jens, Christoph sowie alle Menschen haben Bedürfnisse, die sie befriedigen wollen. Jens fürchtet den weiten Weg zur Universität und wünscht sich einen Mini. Christoph benötigt für seinen Auslandsaufenthalt an seiner amerikanischen Universität das Geld, um das Semester zu finanzieren. Und dafür verzichtet er auf seinen Mini und auf seine Wohnung.

2. **Wirtschaftliches Handeln ist knappheitsbedingt**
Jens erfährt, dass zur Befriedigung seiner Bedürfnisse seine Mittel nicht ausreichen. Immer und überall herrscht Knappheit als Diskrepanz zwischen den zahlreichen Bedürfnissen und den zur Verfügung stehenden Mitteln.

3. **Wirtschaftliches Handeln ist entscheidungsbestimmt**
Wirtschaftliches Handeln verlangt nach Entscheidungen. Zwar hat Jens die Finanzierung nicht gesichert, dennoch hat er sich für den Kauf entschieden. Und Christoph hat beschlossen, den Wagen nicht an Jens, sondern an Auto-Martens zu verkaufen.

4. **Wirtschaftliches Handeln ist risikobehaftet**
Jens hat seine Entscheidung unter Risiko getroffen. Er weiß nicht, ob seine Oma, wie sonst immer, wieder für ihn einspringt und ihn unterstützt. Zwar wird ihn von mehreren Seiten die Reparaturanfälligkeit des Mini prophezeit, aber dieses Risiko nimmt er in Kauf, da der Wunsch, den Mini zu besitzen, viel größer ist als die Vorsicht. Christoph war das Risiko zu hoch, mit dem Verkauf des Autos so lange zu warten, bis Jens die Finanzierung gesichert hat.

5. **Wirtschaftliches Handeln ist nutzen- bzw. gewinnorientiert**
Natürlich will Jens wie alle anderen Menschen mit seinen Handlungen für sich einen hohen Nutzen erreichen und Auto-Martens möchte mit dem Verkauf des Autos Gewinne erzielen, was das Ziel aller Unternehmen sein muss.

6. **Wirtschaftliches Handeln ist arbeitsteilig**
Selbstverständlich hätten Jens und Christoph den Tausch auch unter sich vereinbaren können, aber es zeigt sich, dass es erhebliche Vorteile hat, wenn Marktpartner zusammentreffen. Die Erfahrungen, die ein Autohändler in der Abwicklung von Autogeschäften hat, sind um ein Vielfaches höher als diejenigen von Jens und Christoph. Moderne Gesellschaften sind hochgradig arbeitsteilig organisiert, weil so die Knappheit besser verringert werden kann, als wenn jeder für sich alles allein erstellen, organisieren müsste.

7. **Wirtschaftliches Handeln ist interdependent**
Alle Handlungen beim Autokauf haben gezeigt, dass sie immer auch Auswirkungen auf die jeweiligen möglichen anderen Akteure haben können. Diese sind in gewisser Weise gegenseitig voneinander abhängig. Sie haben Rechte und Pflichten und sie müssen zusammenwirken, damit z. B. eine Markttransaktion zustande kommt. Insbesondere die hohe Arbeitsteiligkeit zeigt auch, wie die Störung eines Teilbereichs Auswirkungen auf andere Teilbereiche hat. Besonders deutlich zeigt sich dies bei einem Ausfall der Stromversorgung, so wie es 2005 im Münsterland geschah.

8. Wirtschaftliches Handeln ist ordnungsbedingt
Wirtschaftliches Handeln findet nicht in einem luftleeren Raum statt, sondern in einer konkreten Wirtschaftsordnung, die sich über einen langen Zeitraum entwickelt hat. Im BGB von 1900 sind schon die wesentlichen Bestimmungen enthalten, die auch heute noch für den Kauf von Sachgütern und Dienstleistungen eine Grundlage bilden, obwohl es in der Zwischenzeit zahlreiche Anpassungen gegeben hat. Der Autokauf basiert auf dem Kaufvertragsrecht. Der Kraftfahrzeugbrief sichert das Eigentum des Autokäufers. Die Grundlage dafür schafft die Eigentumsverfassung einer Wirtschaftsordnung. Die Leistungsfähigkeit einer Wirtschaftsordnung bestimmt die Leistungsfähigkeit einer Volkswirtschaft. Dies gilt auch für das Verständnis internationaler Wirtschaftsbeziehungen oder für das Verständnis der Auswirkungen der Unternehmensverfassung auf die Aktivitäten eines Unternehmens.

9. Wirtschaftliches Handeln vollzieht sich in Kreislaufprozessen
Wirtschaftliche Handlungen erzeugen Tauschprozesse der unterschiedlichsten Art. Die einen produzieren, andere bieten eine Dienstleistung an, sparen oder geben ihr Einkommen aus. Es entstehen Kreislaufprozesse durch millionenfache finanzielle Transaktionen in einer Volkswirtschaft. Auch hier lässt sich am Beispiel des Autokaufs zeigen, welche vielfältigen Güter und Geldströme Kreislaufprozesse auslösen.

10. Wirtschaftliches Handeln ist konfliktgeprägt
Wirtschaftliches Handeln zwingt die Akteure immer wieder, die eigenen Ziele, Bedürfnisse, Motive mit denen der anderen Akteure zu konfrontieren, und dabei kann es zu Konflikten kommen. Viele solcher Konfliktsituationen sind deshalb charakteristisch für wirtschaftliches Handeln und müssen von den Akteuren bewältigt werden. Jens und Christoph suchen in dem Autobeispiel nach Lösungsmöglichkeiten, um ihre unterschiedlichen Interessen realisieren zu können.

Das **Bürgerliches Gesetzbuch (BGB)** regelt in knapp 2.000 Paragrafen die wesentlichen Rechtsbeziehungen zwischen Privatpersonen. Thematisch ist es in fünf Bereiche geteilt:
- Allgemeiner Teil
- Recht der Schuldverhältnisse
- Sachenrecht
- Familienrecht
- Erbrecht

Das BGB wird immer wieder überarbeitet und angepasst, da sich die Vorstellungen über zeitgemäße Regeln im Laufe der Zeit ändern.

1. Verwenden Sie die angeführten Kategorien für die Analyse eines Beispiels aus Ihrem eigenen Konsumbereich und verdeutlichen Sie dabei die einzelnen Teilaspekte wirtschaftlichen Handelns.

Am Ende des Kapitels sollen Sie darlegen können, warum Knappheit der Ausgangspunkt für wirtschaftliches Handeln ist. Weiterhin kennen Sie wichtige ökonomische Begriffe (z. B. Bedürfnisse, Arbeitsteilung, Opportunitätskosten) und können diese erläutern. Sie wissen, welches Handwerkszeug bei der Auseinandersetzung mit wirtschaftlichen Sachverhalten gebraucht wird. Dazu gehören insbesondere Denkmodelle. Und Sie können bestimmte Merkmale beschreiben, die für alle wirtschaftlichen Phänomene gelten. Mit den folgenden Fragen und Aufgaben können Sie Ihr Wissen überprüfen.

1. Erklären Sie mit eigenen Worten den Begriff „Opportunitätskosten". Entwickeln Sie Beispiele aus Ihrem (Schul-)Alltag, in denen Sie Entscheidungen über die Verwendung eines knappen Gutes treffen müssen. Worin bestehen jeweils die „Kosten der zweitbesten Verwendung"?

2. Sie planen Ihre nächste Urlaubsreise. Erklären Sie, welche Kosten welchem Nutzen gegenüberstehen und ob diese tatsächlich miteinander verglichen werden können.

3. Gelegentlich wird behauptet, dass Knappheit nur künstlich erzeugt ist, weil die Vielzahl von Bedürfnissen erst durch Werbung geweckt und nicht alle Produktionsmöglichkeiten ausgenutzt werden. Nehmen Sie zu dieser Aussage Stellung.

4. Unterscheiden Sie verschiedene Bedürfnisebenen an Beispielen, und erklären Sie, in welcher Beziehung diese zueinander stehen.

5. Diskutieren Sie die Vor- und Nachteile von Arbeitsteilung.

6. Für den Menschen ist Wasser lebensnotwendig. Ist der Grenznutzen von einem Glas Wasser groß, oder fällt er eher gering aus? Begründen Sie Ihre Antwort.

7. Überprüfen Sie die folgende Aussage: „Ein ökonomisches Denkmodell soll die Realität exakt beschreiben."

8. Entwickeln Sie eine Produktionsmöglichkeitenkurve für eine Volkswirtschaft, in der nur Schweinefleisch und Weizen herstellt werden. Wie verändert sich die Kurve, wenn fast die ganze Weizenernte durch ein Unwetter vernichtet wird?

9. Ordnen Sie folgende Themen entweder der Mikroökonomik oder der Makroökonomik zu:
   - Arbeitskräfteentlassung beim Unternehmen
   - Wirkung der Werbung auf das Konsumentenverhalten
   - Wirkung einer groß angelegten Steuersenkung
   - Anstieg der Arbeitslosenquote
   - Familienentscheidung über die Einkommensverwendung
   - Auswirkungen der Ökosteuer, die auf den Energieverbrauch erhoben wird

II Unternehmen als wirtschaftliche und soziale Gebilde

Unternehmen sind zentrale Akteure einer jeden Volkswirtschaft. Primär sind sie Orte der Einkommenserzielung für Beschäftigte und Einkommensquellen für Unternehmerinnen und Unternehmer sowie Kapitaleigner. Aber v. a. werden in ihnen Produkte erstellt und Dienstleistungen bereitgestellt, um die vielfältigen Bedürfnisse der Bürgerinnen und Bürger eines Landes zu befriedigen.

Für Menschen, die einen wesentlichen Teil ihrer Lebenszeit in Unternehmen verbringen, bilden sich in Unternehmen zahlreiche soziale Beziehungen mit all den positiven und zuweilen auch negativen Auswirkungen auf die Entwicklung der Persönlichkeit aus. Gerade die Qualität dieser sozialen Beziehungen hat eine hohe Bedeutung für die Leistungsfähigkeit aller Beschäftigten.

Das Kapitel gibt einen Gesamtüberblick, ohne den Anspruch auf Vollständigkeit zu erheben. In ihm wird bzw. werden

- die Funktionen von Unternehmen im Wirtschaftsgeschehen erfasst,
- die immer wiederkehrenden Aufgaben von Unternehmen (Beschaffung, Produktion, Absatz) untersucht,
- die zentralen Aufgaben einer Unternehmensführung behandelt,
- aufgezeigt, welche Grundgedanken mit dem Rechnungswesen verfolgt werden.

1 Das Unternehmen im Wirtschaftskreislauf

2 Betrieblicher Leistungsprozess

3 Unternehmensführung

4 Die Organisation eines Unternehmens

5 Unternehmensverfassung und Arbeitsbeziehungen

6 Finanzierung und Investition

1 Das Unternehmen im Wirtschaftskreislauf

1.1 Bestimmungsfaktoren von Unternehmen

Es sind volkswirtschaftliche von betriebswirtschaftlichen **Produktionsfaktoren** zu unterscheiden:
- volkswirtschaftliche: Boden, Arbeit, Kapital;
- betriebswirtschaftliche: Arbeitskraft, Betriebsmittel, Werkstoffe.

Unternehmen gibt es sowohl in marktwirtschaftlichen wie auch in zentralverwaltungswirtschaftlichen Ländern (z. B. Nordkorea, Kuba, Teile von China). Die Unterscheidung von Unternehmen aus markt- und planwirtschaftlicher Sicht weist auf fundamentale Unterschiede hin, die idealtypisch in Kapitel 5 beschrieben werden. Fest steht: In allen Wirtschaftssystemen muss es Wirtschaftseinheiten (= Unternehmen) geben, die den Bedarf der Bürger nach Sachgütern und Dienstleistungen befriedigen.

Sie müssen
- eine Kombination von Produktionsfaktoren (Arbeit, Betriebsmittel und Werkstoffe)
- nach dem Prinzip der Wirtschaftlichkeit erstellen, wobei
- das Prinzip des finanziellen Gleichgewichts zu beachten ist.

Diese drei Merkmale sind systemunabhängig, das heißt unabhängig von der geltenden Wirtschaftsordnung. Für ein Unternehmen in einem marktwirtschaftlichen System gelten darüber hinaus aber noch besondere Merkmale:
- Autonomieprinzip,
- erwerbswirtschaftliches Prinzip,
- Prinzip des Privateigentums (und des daraus abgeleiteten Anspruchs auf Alleinbestimmung).

Das erwerbswirtschaftliche Prinzip und das Prinzip des Privateigentums gehören nicht zu den konstitutiven Merkmalen einer Unternehmung, wenn auch solche Unternehmen dazugezählt werden, die nicht nach Gewinnmaximierung streben und die nicht in Privateigentum stehen. Hierbei handelt es sich um öffentliche Unternehmen und Verwaltungen, die als Organe der Gesamtwirtschaft vom Staat getragen werden und den Bedarf nach bestimmten Gütern (z. B. Straßen) und nach Dienstleistungen (z. B. Aufrechterhaltung der öffentlichen Ordnung) kollektiv oder über den Markt befriedigen. Öffentliche Betriebe und Verwaltungen existieren als besondere Wirtschaftseinheiten deshalb auch in marktwirtschaftlichen Systemen. Aber gegenüber den Unternehmungen, die gewinnorientiert arbeiten müssen, haben sie eine vergleichsweise untergeordnete Bedeutung.

1. Grenzen Sie die Bestimmungsfaktoren eines Unternehmens in der Marktwirtschaft von denen eines Betriebes in der Planwirtschaft bzw. von öffentlichen Unternehmen und Verwaltungen ab. Worin liegen die wesentlichen Ursachen für diese Unterschiede begründet?

2. Begründen Sie, warum es Bestimmungsfaktoren von Unternehmen gibt, die vom Wirtschaftssystem unabhängig sind.

a) In der Marktwirtschaft muss jedes einzelne Unternehmen das Produktionsprogramm planen und entwickeln. D. h., das Unternehmen muss nicht nur entscheiden, welche Produkte hergestellt werden sollen, sondern auch in welcher Qualität, Vielfalt und Menge sowie mit welcher Technologie und innerhalb welcher Arbeitsabläufe.
Ob sie erfolgreich sind oder nicht, zeigt sich für das Unternehmen spätestens dann, wenn sich die Produkte zu einem entsprechenden Preis auf dem Markt verkaufen lassen.

b) Für ein marktwirtschaftliches Unternehmen gilt, dass sich die Produktionsmittel in Privateigentum befinden (z. B. Eigentümer, Gesellschafter, Aktionäre). Diese Tatsache beeinflusst auch die Frage, wer die Leitung des Unternehmens wahrnimmt: die Eigentümer selbst oder ein eingesetztes Management.

Ganz anders sieht dies in einer zentral geleiteten (Plan-)Wirtschaft aus. Hier müssen Unternehmen zusätzliche Funktionen übernehmen, die denen marktwirtschaftlicher Unternehmen entgegenstehen. So gelten

- das Organprinzip (der Betrieb ist ein Organ der Gesamtwirtschaft),
- das Prinzip der zentralen Planerfüllung (Ziel des Betriebes ist es, Planvorgaben zu erfüllen und nicht Gewinne zu erzielen)
- sowie das Prinzip des Gemeineigentums (es gibt Staatseigentum, aber nicht Privateigentum).

Fassen wir den Einfluss einer Wirtschaftsordnung auf Unternehmen und Betriebe zusammen:

1. Weshalb sind Organprinzip, Prinzip dezentraler Planerfüllung und das Prinzip des Gemeineigentums für ein zentralverwaltungswirtschaftliches System zwingend und nicht durch andere Prinzipien austauschbar?

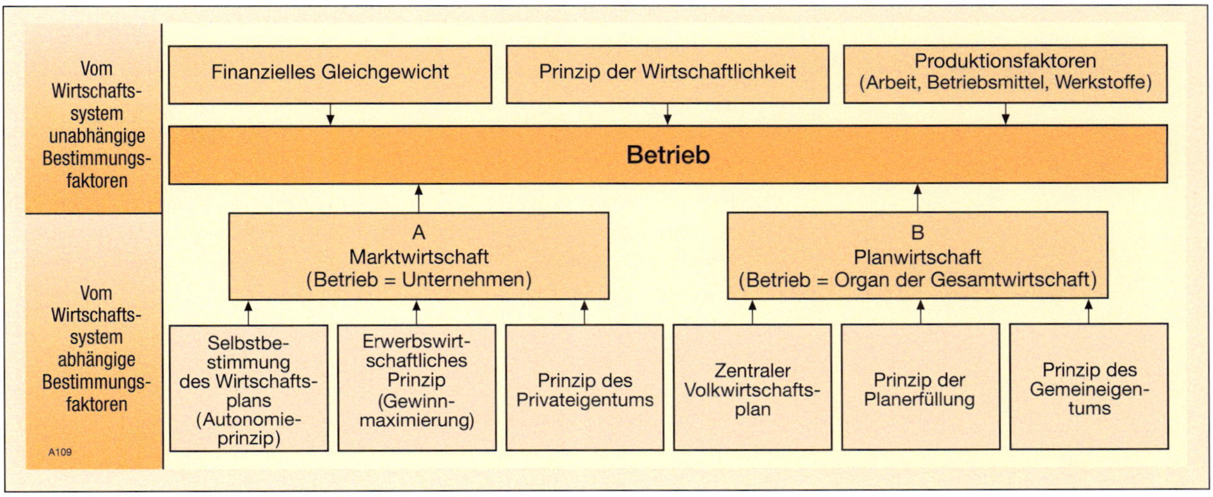

1.2 Der sozioökonomische Bezugsrahmen eines Unternehmens

Durch die Bundestags-, Landtags- und Kommunalwahlen entscheidet die Bevölkerung in demokratisch verfassten Gesellschaften darüber mit, welche politischen Rahmenbedingungen vom Staat her den Betrieben, den Haushalten und Interessenverbänden gesetzt werden sollen.
Der Staat, der durch eine Vielzahl öffentlich-rechtlicher Institutionen repräsentiert wird, greift in direkter und indirekter Form in den betrieblichen Arbeitsprozess ein. Bei indirekten Maßnahmen soll die Entscheidung der Betriebe in bestimmter Richtung beeinflusst werden, ohne dass sie unter den Prinzipien „freier Marktwirtschaft" in ihrer Entscheidungsfreiheit maßgeblich eingeschränkt werden. [...]
Durch gesetzliche Regelungen werden sowohl die Rahmenbedingungen für die betriebliche Arbeit gesetzt (Arbeits- und Sozialordnung) als auch für einzelne Aspekte der betrieblichen Arbeit gesetzliche Vorschriften erlassen (z. B. Arbeitsschutzgesetze, Erhebung von Steuern und Sozialabgaben etc.). Je nach Größe und Bedeutung eines Betriebes besteht für diesen die Möglich von Landesregierungen, Ministerien, Kommunalbehörden, etc. über bestimmte ökonomische Transaktionen zu verhandeln [...].

Auch Interessenverbände wie Gewerkschaften, Arbeitgeberverbände oder sonstige organisierte Interessengruppen (Lobby) können direkt mit Repräsentanten des Staates in Verhandlungen treten, um ihre Interessen zur Geltung zu bringen. Durch die Tarifverhandlungen zwischen Arbeitgeberverbänden und Gewerkschaften werden die Struktur und die Höhe des Arbeitsentgelts sowie die betrieblichen Arbeitsbedingungen unmittelbar beeinflusst. Allerdings erfolgt auf dieser Ebene nur die Festlegung der Rahmenbedingungen. Die Umsetzung erfolgt erst auf der betrieblichen Ebene. Hier kann der Betriebsrat über Haustarifverträge, Betriebsvereinbarungen, etc. die Interessen der Arbeitnehmer wahrnehmen.
Die unmittelbaren Beziehungen zwischen Betrieben und Interessenverbänden, z. B. die Mitgliedschaft in der Industrie- und Handelskammer (IHK) bzw. Handwerkskammer (HWK), sind durch die Selbstverwaltung der Verbände geregelt (im IHK- und HWK-Bereich besteht eine Zwangsmitgliedschaft): Der betriebliche Arbeitsprozess wird durch die Kammern vor allem durch gewisse Auflagen bspw. zum Unfallverhütungsschutz oder hinsichtlich des Standards der Berufsausbildung beeinflusst. Gewerkschaften wiederum versuchen, durch ihre Vertrauensleute und eine Kooperation mit den Betriebsräten einen direkten Einfluss auf die Arbeit im Betrieb zu gewinnen (die Mitgliedschaft in einer Gewerkschaft ist freiwillig). Durch Mitgliedschaft der Arbeitnehmer in den Gewerkschaften bzw. der Arbeitgeber in den Arbeitgeberverbänden übertragen sie die Verhandlungsmacht auf die jeweiligen Interessenverbände. Wenn auch, insbesondere im Streitfall, die Verhandlungsergebnisse von den Mitgliedern bestätigt werden müssen, so wird durch die Mitgliedschaft ein Hierarchieprinzip konstituiert, durch das der Einzelne an Vereinbarungen für die Gesamtgruppe gebunden ist. Hiermit sind die wesentlichen Regelungen der auf den betrieblichen Arbeitsprozess einwirkenden Institutionen umschrieben. Betonen möchten wir, dass hiermit kein harmonisches Bild einer „heilen Arbeitswelt" gezeichnet werden sollte. Es handelt sich lediglich um die formalen Regelungen zwischen den einzelnen Institutionen, die zur besseren Orientierung aufgezeigt wurden.
Quelle: H. Dieter Mueller/Alfons Schmid: Arbeit, Betrieb und neue Technologien, Kohlhammer, Stuttgart, 1989, S. 50f.

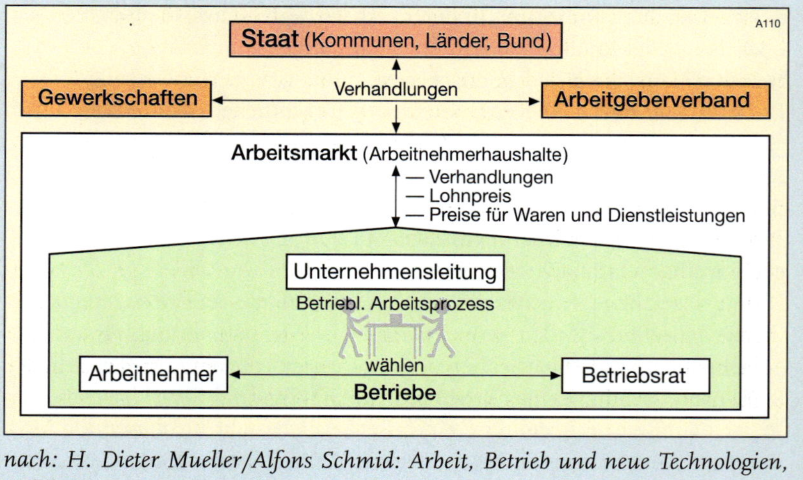

nach: H. Dieter Mueller/Alfons Schmid: Arbeit, Betrieb und neue Technologien, Kohlhammer, Stuttgart, 1989, S. 50f.

1. Fassen Sie die in diesem Text dargestellten Beziehungen mithilfe der Abbildung schriftlich zusammen.

Ein Unternehmen gründen, heißt entscheiden

1. Einführung

Bei der Gründung eines Unternehmens sind viele Aspekte zu beachten. Sie reichen von A wie Anmeldung bis Z wie Zinsen oder Zuständigkeiten.

Mithilfe des folgenden Leitfadens soll durch den „Existenzgründungsdschungel“ geführt werden.

a) In dem ersten Schritt geht es um grundlegende Überlegungen, die vor der eigentlichen Gründung angestellt werden sollten und an deren Ende durchaus auch die Erkenntnis stehen kann, dass die Gründung eines Unternehmens als nicht geeignet erscheint.
b) Wenn der Entschluss, ein Unternehmen zu gründen, nach diesen ersten Überlegungen bestehen bleibt, steht die Planung der Unternehmensgründung an, von deren Genauigkeit Erfolg oder Misserfolg entscheidend abhängen. Die Planung umfasst die Bearbeitung von Fragen, die sowohl das Unternehmen selbst betreffen als auch die Beziehungen des Unternehmens zu seiner Umwelt.
c) Die letzte Gruppe von Fragen beschäftigt sich mit dem Unternehmen selbst, d. h., es wird ein Blick auf die Binnenstruktur des Unternehmens geworfen.

2. Aufgabenstellung

Ihre Aufgabe ist es, ein Unternehmen zu „gründen“ und dabei ein Gründungs- bzw. Unternehmenskonzept zu entwickeln. Für eine Unternehmensgründung sind viele Dinge erforderlich, zunächst aber eine tragfähige Produkt- bzw. Geschäftsidee.

In der Unternehmensgründungsphase gehen Sie in Gruppenarbeit in der folgenden Weise vor:

a) Entwickeln Sie eine Geschäftsidee oder die Idee für ein Produkt oder eine Dienstleistung. Nutzen Sie kreative Techniken, um eine Idee zu entwickeln (z. B. Mind-Mapping).
b) Informieren Sie sich gemeinsam mit den anderen Gruppenmitgliedern darüber, was bei einer Unternehmensgründung alles zu beachten ist. Die Leitfragen auf Seite 41 geben Ihnen Hinweise, welche Informationen Sie benötigen.
c) Entwickeln Sie einen Arbeitsplan für die Unternehmensgründung.
d) Stellen Sie Ihr Unternehmenskonzept vor.
e) Zum Abschluss sollten Sie Expertinnen und Experten z. B. aus der Gründungsberatung der Industrie- und Handelskammer oder der Kreditabteilung einer Bank einladen und sie das Unternehmensgründungskonzept bewerten lassen. Die Überzeugungskraft Ihres Konzeptes wird z. B. in der (fiktiven) Erteilung eines Kredites deutlich werden.

Nutzen Sie zur Bearbeitung dieser Aufgabe die in diesem Kapitel behandelten Themen als Informationsgrundlage.

Der Rat eines Experten sollte bei einer Existenzgründung nie fehlen.

3. Grundlegende Überlegungen

In Abwandlung eines weitverbreiteten Sprichwortes könnte man sagen: Unternehmer werden ist nicht schwer, Unternehmer sein dagegen sehr. Wie schätzen Sie diese Aussage ein? Folgende Frage ist entscheidend: Eigne ich mich zur Unternehmerin bzw. zum Unternehmer? Also: Bin ich eine Unternehmerpersönlichkeit?

a) Zunächst braucht man eine Geschäfts- bzw. eine Produkt- oder Dienstleistungsidee. Womit wollen Sie den Markt erobern?
b) Wenn man ein Unternehmen gründet, verbindet man damit auch Wünsche und Ziele. Welche sind das?
c) Welche Gründe könnte es geben, dass Existenzgründer auch scheitern, dass also ihre Vorstellungen nicht wahr werden? Welche Möglichkeiten gibt es, Schwierigkeiten bei der Existenzgründung oder sogar ein Scheitern zu verhindern?
d) Welches sind also die einzelnen Schritte bei der Planung einer Unternehmensgründung? Wo kann ich mich über sie informieren?
e) Auch für Unternehmer gilt: Ohne Moos nichts los! Wie veranschlagen Sie die Kosten Ihres Unternehmens und welchen Gewinn streben Sie in den ersten Jahren an?

4. Unternehmensgründung

a) Jetzt wird es ernst. Sie sollen jetzt mit der Planung der Unternehmensgründung und des Unternehmens beginnen. Welche Punkte sollte Ihr Gründungskonzept berücksichtigen? Machen Sie einen ersten Entwurf für das Konzept!
b) Für welchen Standort des Unternehmens entscheiden Sie sich? Wie können Standorte analysiert und bewertet werden?
c) Für eine Unternehmensgründung wird Kapital benötigt. Wofür brauchen Sie Geld? Welche Kapital- und Finanzquellen gibt es überhaupt?
d) Jedes Unternehmen hat eine Rechtsform. Was ist das? Welche Rechtsformen gibt es? Für welche entscheiden Sie sich und warum?
e) Ein Unternehmen hat Beziehungen zur Umwelt, z. B. müssen Vorschriften und Gesetze beachtet werden. Welche Anmeldeformalitäten und Vorschriften gibt es bei Ihrer Unternehmensgründung?
f) Der Staat ist immer dabei – insbesondere wenn es um das Geld geht. Welche Steuern zahlt ein Unternehmen bzw. ein Unternehmer?

5. Das Unternehmen

a) Ein Unternehmen muss auf dem Markt erfolgreich sein. Welche Aspekte sind hier zu bedenken und welche Instrumente sind wichtig?
b) Innerhalb des Unternehmens muss die Organisation stimmen und die betrieblichen Abläufe müssen funktionieren. Das ist auch vom beschäftigten Personal abhängig. Was muss bei der Einstellung des Personals beachtet werden?
c) Ein Unternehmen muss „umweltverträglich“ sein – heute und in Zukunft. Was bedeutet es, ein „umweltgerechtes Unternehmen“ zu sein?

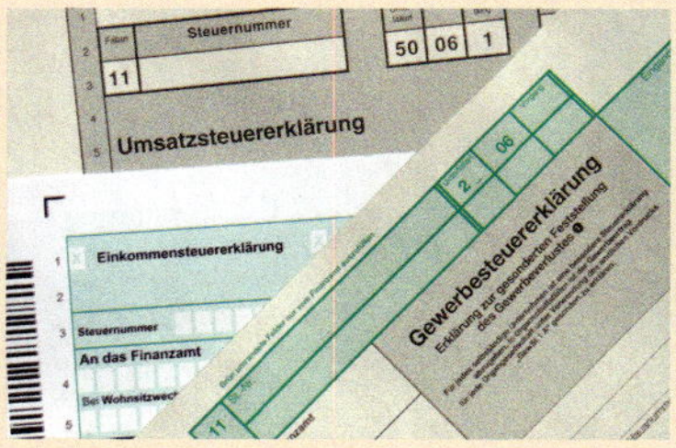

Der Staat – der „stille Teilhaber“

Unternehmen, die auf die Herstellung besonders umweltfreundlicher Produkte und umweltschonender Produktionsprozesse achten, haben die Möglichkeit, sich zertifizieren zu lassen. Mit einem solchen Zertifikat, beispielsweise nach der Umweltmanagementnorm ISO 14001, kann das Unternehmen nach außen dokumentieren, dass es ständig versucht, seine Umweltleistungen zu verbessern.

6. Das Unternehmenskonzept

a) **Geschäftsidee**
- Welche Dienstleistung bzw. welches Produkt bieten Sie an?
- Welchen Nutzen hat Ihr Angebot?
- Was soll es kosten?

b) **Marktanalyse (siehe S. 158 f.)**
- Kennen Sie die Nachfrage für die von Ihnen angebotene Dienstleistung bzw. für Ihr Produkt?
- Wie groß ist der Markt?
- Wie wird sich die Auftragslage/die Nachfrage entwickeln?
- Welche Kundengruppen wollen Sie ansprechen?

c) **Branchenanalyse**
- Kennen Sie Ihre Mitbewerber?
- Was machen Sie besser als die Konkurrenz?

d) **Standortanalyse/Fläche und Räume**
- Gibt es genügend Kundschaft am Standort?
- Wie ist die Verkehrsanbindung des Standortes?
- Kennen Sie die marktüblichen Preise für Büroräume oder Gewerbeflächen?
- Wenn ja, wie hoch sind diese?

e) **Rentabilitätsvorschau**
- Werden Sie mit Ihrer Unternehmung ausreichend Gewinne erzielen können?
- Wie hoch sind die Kosten?

f) **Finanzierung/öffentliche Förderung**
- Haben Sie Ihren Kapitalbedarf bereits ermittelt?
- Wie können Sie sich das notwendige Startkapital beschaffen?
- Wie viel Eigenkapital steht Ihnen zur Verfügung?
- Haben Sie sich über öffentliche Fördermittel informiert?

g) **Genehmigung**
- Brauchen Sie für Ihr Unternehmen besondere Genehmigungen?
- Wenn ja, welche?
- Benötigen Sie eine spezielle Zulassung?
- Wenn ja, welche?

h) **Personal**
- Wie viele Mitarbeiter hat Ihr Unternehmen?
- Mit welcher Qualifikation?
- Wer übernimmt welche Aufgaben im Unternehmen?

i) **Steuern/Abgaben**
- Welche Steuern und Abgaben sind zu zahlen?

Die Industrie- und Handelskammern beraten zu allen Fragen rund um die Existenzgründung.

1.3 Gründungsmotive und Phasen unternehmerischer Tätigkeit

Warum gründet jemand ein Unternehmen? Oder besser gefragt: Was sind die Motive, sich mit einem eigenen Unternehmen selbstständig zu machen? Und welche typischen Eigenschaften kennzeichnen einen Unternehmensgründer?

Bei Gründungsentscheidungen überwiegen in Deutschland die Pull-Faktoren mit 79 % gegenüber den Push-Faktoren mit 21 %.

Gründungsmotive

Es gibt viele Gründe, warum Menschen sich entschließen, ein Unternehmen zu gründen. [...] Grundsätzlich wird zwischen zwei Gruppen von Gründermotiven unterschieden: Push-Faktoren und Pull-Faktoren.

Wird ein Unternehmen aus einer Notsituation heraus gegründet, ohne die sich der Gründer nicht für eine selbstständige Tätigkeit entschieden hätte, wird auch von „Ökonomie der Not“ oder „unfreiwilliger Gründung“ gesprochen. Unerwünschte Situationen sollen durch die Unternehmensgründung vermieden oder bekämpft werden. Solche Gründungsmotive werden daher auch Vermeidungsziele oder Push-Faktoren genannt. Im Gegensatz zu Gründungen aus der Not heraus werden bei freiwilligen Gründungen so genannte Pull-Faktoren unterschieden. Oft wird in diesem Zusammenhang daher auch von „Ökonomie der Selbstverwirklichung“ oder von „freiwilliger Gründung“ gesprochen. [...]

Die Gründungsgeschichte von Pustefix (s. u.) ist ein Beispiel für eine Push-Gründung. Push-Faktoren, die auch bei anderen Gründungen eine Rolle spielen, sind zum Beispiel:

- Arbeitslosigkeit (bestehende und drohende)
- Probleme am Arbeitsplatz
- finanzielle Schwierigkeiten
- ethnische Minderheiten finden keine andere Beschäftigung

Fallbeispiel zur Gründung eines Unternehmens aus der Not heraus

Firma: Dr. Rolf Hein & Nachfolger KG

Produkt: Pustefix

1948, kurz nach dem Zweiten Weltkrieg, herrschte in Deutschland noch immer Hunger und Not. Viele Städte waren zerstört, es gab keine Produkte, und das Geld war nichts mehr wert. Die hohe Arbeitslosigkeit zwang viele Menschen dazu, durch kreative Alternativen zu ihrem bisherigen Beruf ihr Überleben zu sichern.

So beschäftigte sich der Chemiker Dr. Rolf Hein damit, über Experimente mit Seife, Waschmittel herzustellen, das er dann bei den umliegenden Bauern gegen Lebensmittel eintauschen konnte. Er entdeckte dabei eine Flüssigkeit, die in Regenbogenfarben schimmerte und aus der sich hervorragend Seifenblasen herstellen ließen. Da die meisten Kinder zu dieser Zeit nur sehr wenig Spielzeug besaßen, kam Dr. Hein auf die Idee, diese Flüssigkeit in ein Röhrchen zu füllen, das mit einem Korken verschlossen wurde, an dem ein gebogener Draht befestigt wurde. Dies war die Geburtsstunde von *Pustefix*.

Dr. Hein hatte sich erhofft, so seine Familie ernähren zu können, und setzte das selbst hergestellte *Pustefix* zunächst als Tauschobjekt ein. Schon bald wurde *Pustefix* in die ganze Region und anschließend innerhalb ganz

Deutschlands vertrieben. Inzwischen wird das Unternehmen in der dritten Generation geführt und vertreibt *Pustefix* weltweit. (*www.pustefix.de*)

Bei den Pull-Faktoren ist ein höheres Einkommen nicht das Hauptmotiv von Gründern. Unabhängig von dem untersuchten Wirtschaftsbereich besteht häufiger der Wunsch nach Unabhängigkeit, Selbstverwirklichung und der Umsetzung von eigenen Ideen. Das zeigen zum Beispiel Befragungsergebnisse, die in der nachfolgenden Abbildung wiedergegeben werden.

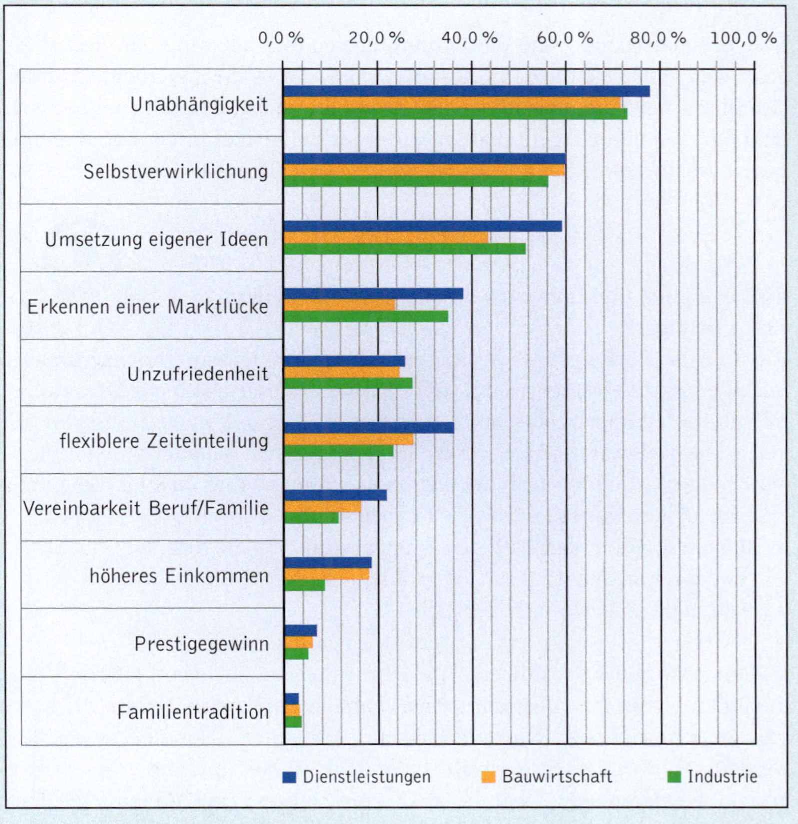

Neben den individuellen Motiven für eine Unternehmensgründung spielt auch das Umfeld der Gründer eine Rolle. Sozioökonomische wie kulturelle Rahmenbedingungen beeinflussen die Entscheidung, zu gründen ebenso wie beispielsweise das Elternhaus. Häufig wird festgestellt, dass jemandem, dessen Vater oder Mutter bereits ein Unternehmen gegründet hat, die Gründungsentscheidung leichter fällt.
Letztlich ist die Motivation, ein Unternehmen zu gründen, aber ein komplexes Konstrukt, das sich aus verschiedensten Motiven zusammensetzt. So ist es nicht unwahrscheinlich, dass sowohl Pull- als auch Push-Faktoren bei der Gründungsentscheidung eine Rolle spielen. Nun spielt bei der Gründerpersönlichkeit aber nicht allein die Dimension des „Wollens" eine Rolle, sondern auch die des „Könnens". Das verweist auf die Diskussion der Gründereigenschaften. [...]
Quelle: Nicolai, Alexander (2007): Entrepreneurship, Hrsg.: Institut für Ökonomische Bildung, Oldenburg

Die Entwicklung von Unternehmen wird gerade in der Anfangsphase maßgeblich durch die Person des Gründers bestimmt. Es gibt viele Studien, die herausfinden wollen, welche typischen Eigenschaften Unternehmensgründer kennzeichnen. Dabei wird einerseits danach gefragt, welche Eigenschaften die Wahrscheinlichkeit erhöhen, dass sich eine Person selbstständig macht. Andererseits versucht man, auch die Persönlichkeitsmerkmale zu identifizieren, die positiven Einfluss auf den Erfolg eines jungen Unternehmens haben. Die nachfolgende Grafik zeigt, welche Eigenschaften oft der Gründungsneigung und mit dem Gründungserfolg in Verbindung gebracht werden.

Einige Eigenschaften, die die Gründungsneigung beeinflussen, gelten als gesichert. Beispielsweise ist bekannt, dass die Wahrscheinlichkeit einer Gründung bei Personen höher ist, deren Eltern bereits unternehmerisch tätig waren. Andere Eigenschaften, wie etwas die Risikofreudigkeit, sind hingegen umstritten.

Der Begriff **Entrepreneurship** bedeutet Unternehmertum/Unternehmergeist und wurde nach dem Ende des Zweiten Weltkrieges in den USA ein zum Synonym für eine neue Gründungsdynamik, geboren aus einer sozialen und volkswirtschaftlichen Zwangslage.

Risikoneigung und Entrepreneurship – Sind Gründer risikofreudiger?

[...] Brockhaus überprüfte die Risikoneigung von Unternehmensgründern mithilfe einer Befragung von Gründern, die erst innerhalb der letzten drei Monate vor Befragung von einer abhängigen Tätigkeit in die Selbstständigkeit gewechselt waren. Zwei weitere Gruppen, bestehend aus

a) Managern, die innerhalb der letzten drei Monate ihre Position innerhalb ihres Unternehmens gewechselt haben, und
b) Managern, die innerhalb der letzten drei Monate das Unternehmen gewechselt hatten,

wurden in die Erhebung einbezogen.

In dem Fragenbogen wurden die Teilnehmer gebeten, 12 hypothetische Situationen zu bewerten, wobei immer die Wahl bestand zwischen einer sichern und einer unsicheren, aber attraktiveren Alternative. Es sollte angegeben werden, ab welcher Erfolgswahrscheinlichkeit die unsichere Alternative gewählt werden würde. Über die Auswertung dieser Daten konnten die Teilnehmer einer der drei Risikopräferenzebenen – niedrig, mittel bzw. moderat, hoch – zugeordnet werden. Die Untersuchung zeigte keine Abweichung der Risikoneigung von Unternehmensgründern von der Risikoneigung der beiden anderen beobachteten Gruppen. Sowohl die untersuchten Gründer als auch die Manager zeigten mehrheitlich eine moderate Risikoeinstellung. Zwar widerspricht die beobachtete moderate Risikoneigung der Unternehmensgründer in dieser Studie nicht unbedingt Ergebnissen anderer Studien, sie zeigt jedoch, dass diese Eigenschaft nicht für Entrepreneure typisch ist. Eine moderate Risikopräferenz gilt laut Brockhaus für die meisten Menschen, sodass diese Beobachtung keinen signifikanten Unterschied zu anderen und damit kein gründertypisches Merkmal darstellt. Die Risikopräferenz von Menschen scheint daher ungeeignet, um zwischen Gründerpersonen und Nichtgründerpersonen zu unterscheiden.

Quelle: Nicolai, Alexander (2007): Entrepreneurship, Hrsg.: Institut für ökonomische Bildung, Oldenburg

Noch schwieriger ist es, genau die Eigenschaften zu identifizieren, die eine erfolgreiche Unternehmensgründung wahrscheinlich machen. Viele Untersuchungen sind zu dem Ergebnis gekommen, dass es kein festes, unveränderliches Charakterprofil gibt, das eine erfolgreiche Unternehmensgründung sichert. Betont wird immer wieder, dass es wichtig sei, sich neuen Situationen flexibel anzupassen und die dann geforderten Kenntnisse schnell erlernen zu können. Nun kann man sich fragen, welchen Sinn dann Eigenschaftslisten wie die eben dargestellte haben. In jedem Fall zeigen sie jungen Gründern wichtige Anhaltspunkte auf, die für eine realistische Einschätzung des eigenen Potenzials helfen.

Deutschland gehört seit Jahren zu den Ländern, in denen nur wenige Gründungsaktivitäten zu beobachten sind. Die Hintergründe beleuchtet der nachfolgende Quelltext genauer.

Q

Deutschland – eine Gründungswüste?
Zur Wahrung des hohen Lebensstandards ist Deutschland auf ständige Innovationen und deren Kommerzialisierung angewiesen. Personen, die bereit sind, Verantwortung zu übernehmen und ein Unternehmen zu gründen („Entrepreneure"), stärken durch die Gründung nicht nur den Wettbewerb und schaffen Arbeitsplätze. Sie spielen auch bei der Entwicklung neuer Produkte eine wichtige Rolle. [...] Nach den jüngsten GEM-Ergebnissen [Gobal Entrepreneurship Monitoring] konnten Mitte 2008 rund 1,95 Millionen Menschen in Deutschland als „Gründer" bezeichnet werden. Das entspricht hochgerechnet einem Anteil von 3,8 % der Bevölkerung im Alter von 18 bis 64 Jahren. [...]
Damit hat Deutschland eines der niedrigsten Gründungsniveaus aller 43 am GEM 2009 beteiligten Staaten. Zwar weisen die entwickelten Volkswirtschaften generell ein niedrigeres Gründungsniveau auf als wirtschaftlich weniger entwickelte Ländern, aber auch innerhalb der für Deutschland geeigneten Vergleichsgruppen – den 18 hochentwickelten „innovationsbasierten Ökonomien" – nimmt Deutschland den vorletzten Platz ein und unterscheidet sich statistisch von 13 Ländern, die klar vor der Bundesrepublik positioniert sind.
Eine Ursache ist sicherlich, dass viele Menschen vor allem die Risiken sehen, die mit einer Gründung verbunden sind. In der Befragung äußert jeder Zweite, dass die Angst, mit einem Unternehmen auch scheitern zu können, ihn generell von der Gründung des eigenen Unternehmens abhalten würde. Es liegt nahe, hier einen Zusammenhang zu der Einschätzung der eigenen Fähigkeiten zu sehen. Nur rund jeder Dritte gibt an, er verfüge über das erforderliche Wissen und Können, um ein Unternehmen zu gründen. [...]
Für Deutschland war bislang ein vergleichsweise hoher Anteil „getriebener" Gründer typisch. Hierzulande kamen 2008 auf einen Gründer „aus Not" nur 2,7 „klassische" Gründer. Damit ist der Anteil „getriebener" Gründer nach wie vor einer der höchsten unter allen Vergleichsländern. Im Mittel liegt das Verhältnis bei 7,1 zu 1, nur in Südkorea oder Griechenland ist der Anteil der Gründer „aus Not" noch höher als in Deutschland. [...]
Quelle: Institut für Arbeitsmarkt- und Berufsforschung „IAB-Kurzbericht 15/2009", Seite 1

Zu Beginn dieses und der folgenden Unterabschnitte finden Sie jeweils die Beschreibung alltäglicher Arbeitsabläufe in der (fiktiven) **Meier-Papier-AG**. Diese sollen Ihnen helfen, in einem ersten Schritt die wesentlichen Fragestellungen des jeweiligen thematischen Schwerpunkts zu erfassen. Gleichzeitig werden Sie immer wieder die Zusammenhänge zwischen den einzelnen Abteilungen und Aufgabenbereichen kennenlernen.
Wir haben zum Zweck der Veranschaulichung ein Großunternehmen mit der Rechtsform der Aktiengesellschaft gewählt, da an diesem Beispiel die unterschiedlichen Aspekte betrieblicher Funktionen und Vorgehensweisen umfassender als an einem klein- bzw. mittelständischen Unternehmen dargestellt werden können.

Die Meier-Papier-AG weist dabei folgendes Profil auf:

- Gründung: 1970
- Umgründung in AG: 1995
- Stammsitz: Stadt mit 120.000 Einwohnern in Nordrhein-Westfalen
- Tätigkeitsbereich: Herstellung von Papier aller Verwertungsarten
- Produktionsumfang: 500 Tonnen/Jahr
- Mitarbeiter: ca. 800

1. Stellen Sie die hier angesprochenen Aufgaben im vorgestellten Unternehmensbereich zusammen.

2. Welche Verknüpfungen bestehen zu anderen Abteilungen des Unternehmens?

2 Betrieblicher Leistungsprozess

Es herrscht Panik bei der Meier-Papier-AG. Deren Hauptkunde benötigt kurzfristig eine große Menge Papier, doch die vorhandenen Holzreserven reichen nicht aus. Ursache für diese missliche Lage sind die fehlenden Lagerkapazitäten und die weltweit kurzfristig rasant gestiegenen Preise für den Rohstoff Holz, weshalb die angestammten Großhändler momentan keine ausreichenden Mengen an Holz zur Verfügung stellen können.
Der Vorstandsvorsitzende, Herr Rüter, ist besorgt über diese Situation und bestellt die entsprechenden Abteilungsleiter bzw. Stellvertreter in sein Büro: Herrn Wegener, zuständig für den Einkauf, Frau Rahner, verantwortlich für den Bereich Produktion und Herrn Siegert aus dem Vertrieb.

Herr Rüter: Ich brauche umgehend einen Situationsbericht. Und ich muss wissen, wodurch die Probleme verursacht werden.
Herr Wegener: Es haben sich zwar schon seit Längerem Tendenzen abgezeichnet, aber dass sich das Angebot auf dem Weltmarkt derart reduzieren würde, konnte niemand erwarten – unsere Großhändler waren jedenfalls äußerst überrascht. Von unseren beschränkten Lagerkapazitäten brauche ich ja gar nicht erst anzufangen. Da bleiben uns kurzfristig wohl nur die einschlägigen Holzbörsen. Ich werde mich gleich im Internet in die entsprechenden Auktionen einloggen. Wir müssen aber damit rechnen, dass wir im Vergleich zu dem uns gewohnten Preis deutlich mehr zahlen müssen.
Herr Siegert: Der Auftrag kam in diesem Umfang auch wirklich sehr überraschend. Die Konkurrenz scheint schon Wind davon bekommen zu haben, jedenfalls wurde so etwas angedeutet.
Herr Rüter: Keine Frage, der Auftrag wird ausgeführt, selbst wenn er sich in der Bilanz wegen der hohen Beschaffungskosten negativ auswirken sollte. Das Schlimmste wäre, einen solchen Kunden an einen anderen Anbieter zu verlieren. Ist die Produktion denn in der Lage, das zu bewältigen?
Frau Rahner: Das wird eng. Wenn wir das Werk in Polen schon hätten, dann könnten wir gegebenenfalls ausweichen. So müssen wir aber Sonderschichten fahren und alles, was zeitlich nicht so stark gebunden ist, nach hinten stellen. Und eigentlich wollten wir ja nächste Woche anfangen, die Anlagen im laufenden Betrieb Schritt für Schritt technisch aufzurüsten – was das zeitweise Herunterfahren einzelner Produktionsstufen bedeutet hätte. Das wird sich natürlich jetzt verzögern. Aber wenn uns dann nicht noch etwas ausfällt, sollten wir es eigentlich schaffen – sofern das Holz da ist.
Herr Rüter: Dafür wird Herr Wegener schon sorgen. Also gut, in zwei Stunden erwarte ich einen neuen Statusbericht.

2.1 Der betriebliche Leistungsprozess im Gesamtzusammenhang

Sie wissen, dass der im Wirtschaftskreislauf dargestellte Akteur Unternehmen – so wie die anderen Akteure auch – als Summe aller Unternehmen einer Volkswirtschaft zu verstehen ist. Wir betrachten im Folgenden aber ein einzelnes Unternehmen und fragen, worin die wiederkehrenden Aufgaben bestehen.

Die Abbildung zeigt, dass Beschaffung, Produktion und Absatz die drei wesentlichen, immer wiederkehrenden Grundaufgaben des Unternehmens darstellen. Hinzu kommt die Aufgabe die personellen, finanziellen und die investiven Prozesse zu steuern. Zusammen genommen bestimmen diese sechs Funktionen den betrieblichen Leistungsprozess.

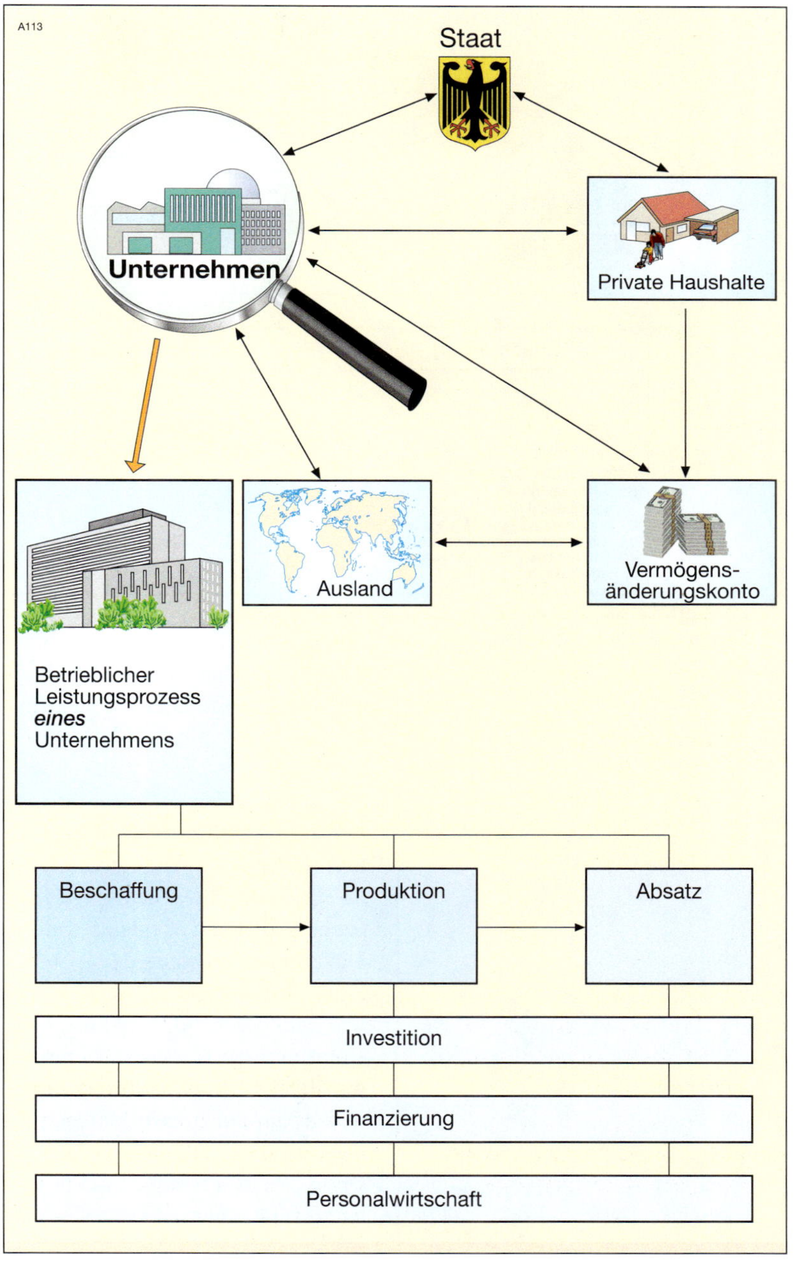

Wir werden uns in diesem Unterkapitel auf die Grundfunktionen Beschaffung, Produktion und Absatz konzentrieren. Auf die weiteren in der Grafik genannten betrieblichen Grundfunktionen werden wir in anderen Unterkapiteln näher eingehen. An dieser Stelle nur einige kurze Hinweise:

Investition
Die Investition ist die Beschaffung von Einsatzgütern, für die Kapital benötigt wird, um z. B. neue Produktionsanlagen zu erstellen, die wiederum zu einer langfristigen, über mehrere Perioden führenden Leistungserstellung benötigt werden, um das Unternehmen wettbewerbsfähig zu halten.

Finanzierung
Beschaffung, Produktion, Absatz und die Vornahme von Investitionen müssen finanziert werden. Mit der Sicherung der Finanzierungsvorgänge im Unternehmen befasst sich dieser Bereich.

Personalwirtschaft
Der gesamte Leistungsprozess des Unternehmens wird von Menschen gestaltet, die aufgrund ihrer Qualifikationen sicherstellen, dass die betrieblichen Zielsetzungen erreicht werden können. Die Führung, Auswahl und die Bereitstellung sind hier die zu erledigenden Aufgaben.

2.2 Beschaffung

Beschaffungsmaßnahmen stehen am Beginn des betrieblichen Wertschöpfungsprozesses. Die grundlegende Aufgabe eines Unternehmens im Rahmen der Beschaffung besteht darin, die Arbeitskräfte, Arbeitsmittel, Werkstoffe und Finanzmittel bereitzustellen, d. h. zu beschaffen, die zur Herstellung des anzubietenden Produktes notwendig sind. Betriebsintern ist dieser Bereich dafür verantwortlich, dass die Produktionsfaktoren in der richtigen Zahl, in der richtigen Menge, aus den günstigsten Quellen und zum richtigen Zeitpunkt zur Verfügung stehen. Das Unternehmen ist dazu in vielfältiger Weise auf unterschiedlichen Beschaffungsmärkten aktiv.

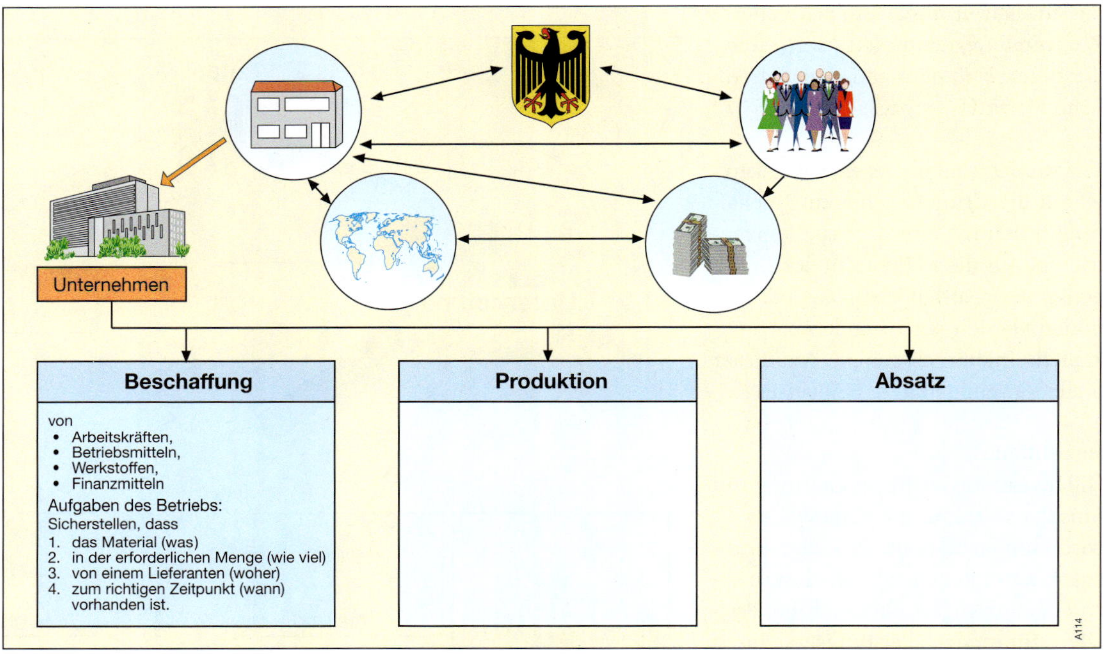

Das Internet spielt bei der Beschaffung von Produktionsfaktoren zunehmend eine bedeutende Rolle, wie der folgende Artikelausschnitt zeigt:

Deutschlands Firmen sind bei Online-Beschaffungen vorne

Berlin. Sechs von zehn deutschen Unternehmen (60 %) beschaffen sich die für die Produktion benötigten Materialien, Bauteile und Waren im Internet. Im europäischen Vergleich steht die heimische Wirtschaft damit an zweiter Stelle hinter Schweden. [...]

Eine möglichst geringe Lagerhaltung gehört in vielen Branchen zur Maxime. Um dennoch nicht die Produktion ins Stocken zu bringen, müssen sich die Unternehmen mit ihren Lieferanten vollständig vernetzen. In Deutschland war im Jahr 2007 fast jedes fünfte Unternehmen für elektronische Bestellverfahren oder für elektronische Ordereingänge mit einem anderen Unternehmen vernetzt. [...]

Quelle: Presseinformation des Bundesverbandes Informationswirtschaft, Telekommunikation und neue Medien e. V. vom 26.12.2008

Bei Beschaffungsmaßnahmen sind mehrere Kriterien zu berücksichtigen:

1. **Qualitätssicherung**
Die Qualitätssicherung muss schon bei der Beschaffung einsetzen. Deshalb werden bestimmte qualitative Anforderungen an die bereitzustellenden Materialien gerichtet.

2. **Kostengünstigkeit**
Der Aspekt der Kostengünstigkeit ist von hoher Bedeutung. Natürlich sollen die Produkte auch möglichst kostengünstig hergestellt werden. Das kann zweierlei bedeuten: niedrige Beschaffungspreise einerseits und kostengünstiges Wirtschaften im Materialbereich selbst. Lagerbestände bedeuten die Bindung von Kapital und verursachen andererseits Kosten. Deshalb gehört es zu den wesentlichen Zielen, dass das Material zum Beispiel dann angeliefert wird, wenn man es benötigt („just in time"). Allerdings ist in diesem Fall auch die Gefahr gegeben, dass bei nicht rechtzeitiger oder qualitätsmäßig schlechter Anlieferung Ausfallzeiten in der Fertigung auftreten, die wiederum die termingerechte Erledigung der Aufträge und die Einhaltung des Qualitätsstandards erschweren können.

3. **Sicherung der Lieferfähigkeit**
Dieses wichtige Ziel klang schon mit den letztgenannten Überlegungen an. Die erforderlichen Materialien müssen rechtzeitig für die Produktion bereitgestellt werden. Das Risiko einer Produktionsunterbrechung wegen Materialmangels soll möglichst gering gehalten werden.

4. **Liquiditätsziel**
Materialbeschaffung bindet finanzielle Mittel und belastet damit die Liquidität. Dies hat zunächst die oben angesprochenen Kostenwirkungen. Außerdem kann auch die Liquidität des Unternehmens direkt berührt werden.

5. **Zielkonflikte**
Zwischen den Zielen „Qualitätssicherung", „Sicherung der Lieferfähigkeit", „Kostengünstigkeit" und „Liquidität" können konfliktreiche Beziehungen bestehen. Der Konflikt zwischen Kosten und Qualität ist offenkundig. Das Streben nach Kostengünstigkeit durch die Bereitstellung der Materialien genau zum „richtigen" Zeitpunkt birgt Risiken in sich und kann das Ziel „Sicherung der Lieferfähigkeit" gefährden. Ein ausgeprägtes Sicherheitsstreben und dadurch bedingte hohe Materialbestände wirken sich zunächst ungünstig auf die Kosten aus. Außerdem führen zu hohe Lagerbestände häufig zu Umdispositionen im Produktionsbereich, d.h., es kann zur Verwendung von Materialien führen, deren Qualität durch zu lange Lagerung bereits beeinträchtigt wurde oder die nicht komplett für den betreffenden Produktionsprozess geeignet ist.

6. **Logistik**
Die Logistik in einem großen Unternehmen nimmt eine entscheidende Rolle ein. Aufgrund der unterschiedlich langen Lieferzeiten müssen oft Teile bestellt werden, die nicht an einem Tag geliefert werden, sondern z.T. über Monate verteilt im Unternehmen ankommen. Daher wird z.B. für das folgende halbe Jahr bestellt und die Lieferung wird entsprechend eingeteilt, damit die Lagerkapazität nicht gesprengt wird.

1. Erläutern Sie mithilfe des Textes die Elemente des betrieblichen Leistungsprozesses am Beispiel der Herstellung von Küchentischen.

2. Erstellen Sie im Rahmen einer Gruppenarbeit einen Fragenkatalog zum betrieblichen Leistungsprozess und erkunden Sie mithilfe dieses Fragebogens ein Unternehmen in Ihrer Heimatstadt oder -region. Präsentieren Sie das Ergebnis mit Texten, Fotos, Grafiken etc. als Internetseite, Broschüre usw.

3. Analysieren Sie den betrieblichen Leistungsprozess aus der Sicht von Arbeitnehmerinteressen und arbeiten Sie mögliche Problem- bzw. Konfliktpunkte heraus.

Liquidität = lat. „Flüssigkeit", meint die Fähigkeit und Bereitschaft eines Unternehmens, seine bestehenden Zahlungsverpflichtungen entsprechend der getroffenen Vereinbarungen zu erfüllen.

2.3 Produktion

Für die Betrachtung von Produktionsprozessen ist die Analyse des Verhältnisses von eingesetzten Produktionsfaktoren und erzielten Leistungen charakteristisch.

Als Produktion wird die Erstellung betrieblicher Leistungen bezeichnet. Damit ist aber nicht nur die Produktion von Autos, Fahrrädern, Butter und Käse gemeint, sondern auch alle Arten von Dienstleistungen – von der Rechtsberatung bis zur Taxifahrt.
In allen Fällen werden betriebliche Produktionsfaktoren eingesetzt. Dazu zählen z. B. die Werkstoffe, Betriebsmittel und die menschliche Arbeitskraft. Klassische Schritte bei einer Produktion werden wir uns am Beispiel der Fahrradproduktion auf den nachfolgenden Seiten ansehen.

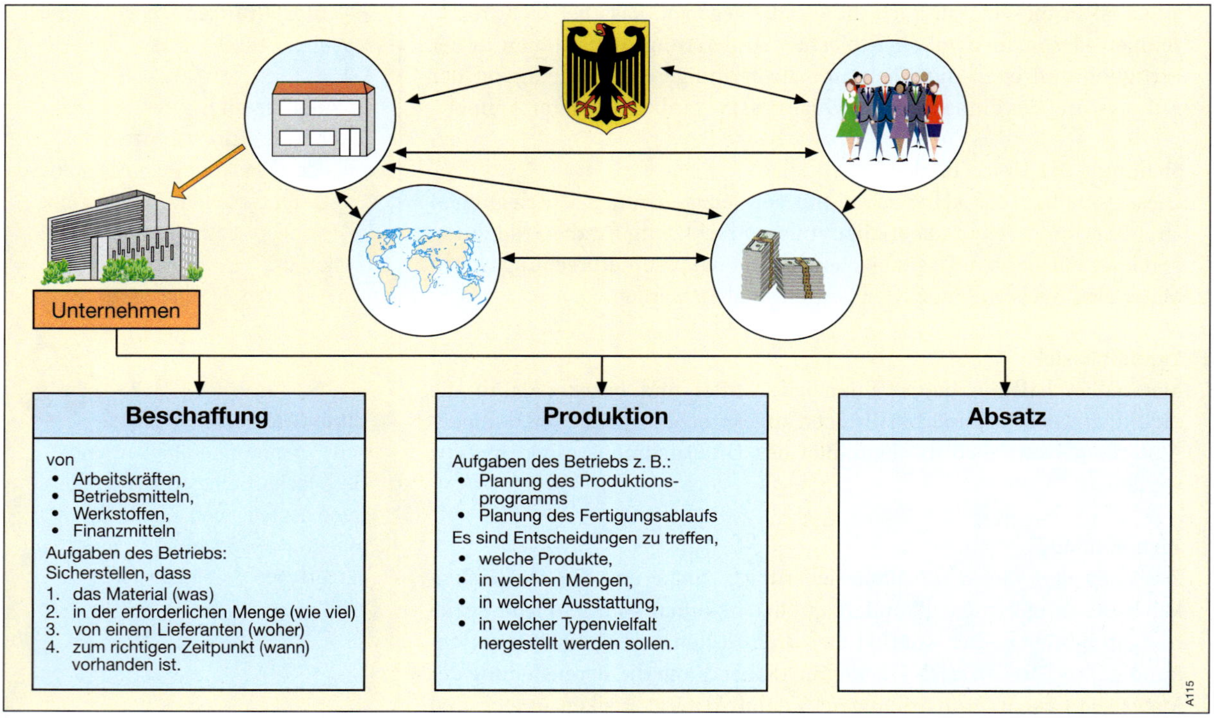

Wird die betriebliche Wertschöpfung ermittelt, beschränken wir die Betrachtung zunächst auf die Vorleistungen anderer Unternehmen, also insbesondere auf Werkstoffe und Betriebsmittel. Wenn wir jedoch die gesamte wirtschaftliche Leistungserstellung untersuchen, müssen wir die menschlichen Arbeitsleistungen in die Analyse einbeziehen.

Der Input wird Faktoreinsatz, der Output – also die erstellte Leistung – Faktorertrag genannt. Die Kombination der Produktionsfaktoren ist das Ergebnis betrieblicher Entscheidungen. Grundlage der Entscheidungen bildet dabei das ökonomische Prinzip: Ein bestimmter Faktorertrag soll mit möglichst geringem Faktoreinsatz erzielt werden oder mit einem gegebenen Faktoreinsatz soll ein möglichst großer Faktorertrag erwirtschaftet werden. Die Unternehmen versuchen, die Produktionsfaktoren nach dem ökonomischen Prinzip, also möglichst effizient, einzusetzen.

Wie sieht beispielsweise der Produktionsprozess eines Fahrrades von der Anlieferung bis zur Auslieferung aus? Vereinfacht sind es folgende Schritte:

1. Anlieferung der Einzelteile
2. Vormontage in Baugruppe (In unserem Beispiel erfolgt keine Fertigung von Komponenten mehr, diese werden eingekauft.)
3. Lackierung
4. Montage
5. Qualitätskontrolle
6. Verpackung
7. Distribution

1. Beschreiben Sie – z. B. im Rahmen von Erkundungen – den Produktionsprozess für ein Produkt eines Unternehmens aus Ihrer Region.

2. Welche Unterschiede und welche Übereinstimmungen gibt es zum vorliegenden Beispiel?

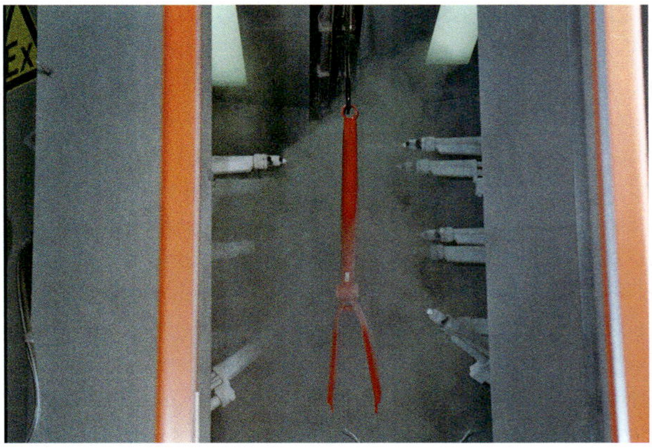

Die Arbeitsgänge sind weitgehend automatisiert, wie z. B. die Einfarbenlackierung. Die Montage der Räder erfolgt am Band. In einem konkreten Werk in Niedersachsen gibt es insgesamt zwölf Fertigungsbänder, mit denen ca. 240 Räder pro Schicht gefertigt werden. In der Fertigung gibt es Baugruppen, die am Stück bzw. in Gruppen zusammengebaut werden: Lenker mit Bremsen, alle Kabel, Gummigriffe und Schalteinheiten. Auch die Schutzbleche mit Streben, Gepäckträger mit Streben und Rahmen mit allen Lagern werden als Gruppe zusammengebaut. Diese Baugruppen werden als Fließfertigung weiterverarbeitet und kommen komplett vormontiert auf das Band. Diese Verfahrensweise bietet sich z. B. bei Gepäckträgern an, da die Montage der einzelnen Streben am Band den zeitlichen Fluss stören würde.

Es lassen sich verschiedene **Fertigungsarten** unterscheiden:

1. **Reihenfertigung**
Bei einer Reihenfertigung werden die Betriebsmittel und Arbeitsplätze in der Reihenfolge der Arbeitsgänge angeordnet. Wie am rechten Beispiel einer Druckerei mit Satzbetrieb zu sehen ist.
Eine besondere Art der Reihenfertigung gibt es im Automobilbau zu sehen: die Band- oder Fließfertigung. Das Besondere dabei ist, dass ein Zeittakt vorgegeben ist. Das Werkstück läuft auf einem Band an den Arbeitenden in einem bestimmten Zeittakt vorbei. Dabei wird es Teil für Teil vervollständigt oder kontrolliert.

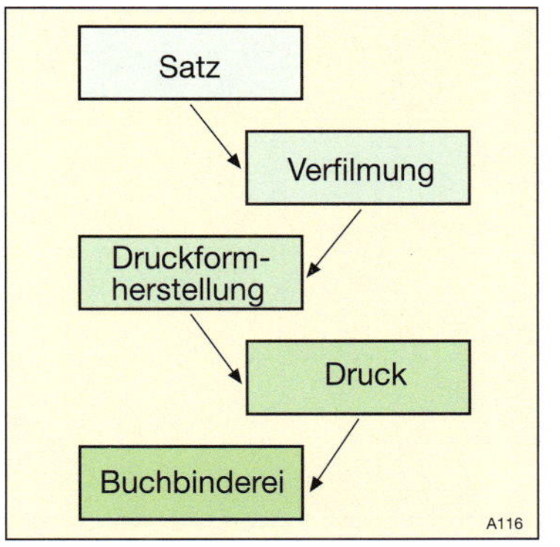

2. **Werkstattfertigung**
Neben der Reihenfertigung gibt es die „Werkstattfertigung“. Auch dieses Prinzip kann man an einem Beispiel erklären:
Ein Zahnrad ist Teil einer Flechtmaschine, mit der Drahtseile hergestellt werden. Um aus dem Rohling aus Stahl dieses Zahnrad herzustellen, sind folgende Bearbeitungsvorgänge notwendig:
   1. Drehen, um einen maßgenauen oberflächenglatten Zylinder herzustellen.
   2. Verzahnen (Fräsen), um die Zähne des Zahnrads herauszuarbeiten.
   3. Bohren, um die mittlere Bohrung anzubringen.
   4. Fräsen, um die Nut zu ziehen.

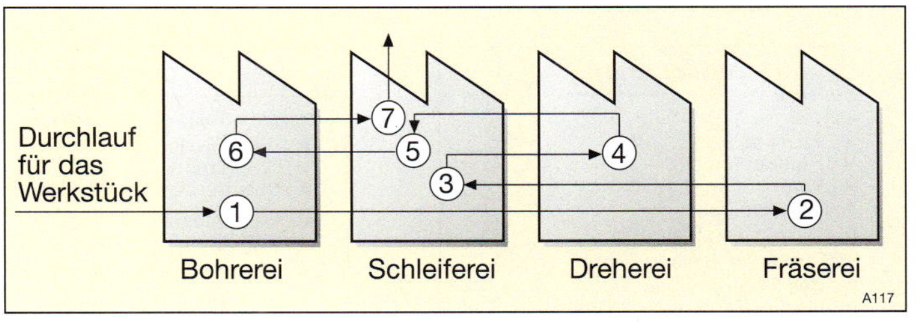

Die Maschinen, die dazu benötigt werden, sind Bohrmaschinen, Schleifmaschinen, Drehmaschinen und Fräsmaschinen. An den Maschinen sind entsprechend qualifizierte Arbeitskräfte beschäftigt.
Bohr-, Dreh- und Fräsmaschinen sind in bestimmten Bereichen der Fabrikationshalle zu einzelnen Werkstätten zusammengefasst. Die Werkstücke werden zwischen diesen Werkstätten transportiert. Die Reihenfolge der Arbeitsgänge ist nicht exakt festgelegt.
Eine andere Form des Werkstattprinzips ist die Baustellenfertigung. Charakteristisch für diese Organisationsform ist die Anordnung der Produktionsstellen um das Produktionsobjekt herum, wobei zwischen innerbetrieblicher (z. B. Schiffsbau) und außerbetrieblicher (z. B. Brückenbau) Baustellenfertigung unterschieden werden kann.

3. **Inselfertigung**
Die modernen computergestützten Werkzeugmaschinen (CNC-Maschinen = Computer numerical control), mit denen man bei automatischem Werkzeugwechsel bohren, schleifen, fräsen und polieren kann, ermöglichen neue Formen der Fertigung. Dabei spricht man von Fertigungsinseln oder Fertigungsbereichen. In ihnen steht eine solche Maschine oder es werden mehrere zusammengefasst. Die Werkstücke, z. B. Zahnräder oder Kettenräder, müssen nicht mehr von einer Werksabteilung zur anderen transportiert werden wie bei der Werkstattfertigung, sondern werden an einem Ort, eben der Fertigungsinsel „Zahnrad“ oder „Kettenrad“ bearbeitet. Dies erspart Zwischenlager in den einzelnen Werkstätten und Transportwege.

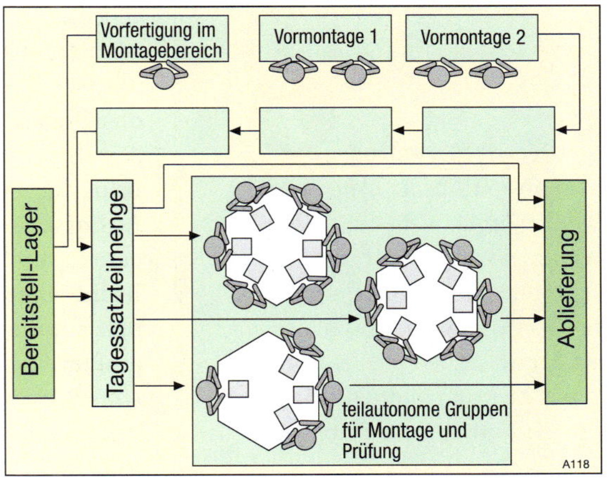

2.4 Absatz

Mit „Absatz" wird die zeitlich letzte Phase des betrieblichen Wertschöpfungsprozesses bezeichnet. Der Absatz schließt den betrieblichen Wertkreislauf, indem durch die Verwertung der Betriebsleistungen, also durch den Verkauf von Sachgütern und Dienstleistungen, der Rückfluss der im Unternehmen eingesetzten Geldmittel eingeleitet und damit die Fortsetzung der Produktion ermöglicht wird. Im täglichen Sprachgebrauch werden die Begriffe „Umsatz", „Verkauf" und „Vertrieb" oft mit „Absatz" gleichgesetzt. In der betriebswirtschaftlichen Fachsprache ist dies jedoch nicht der Fall.

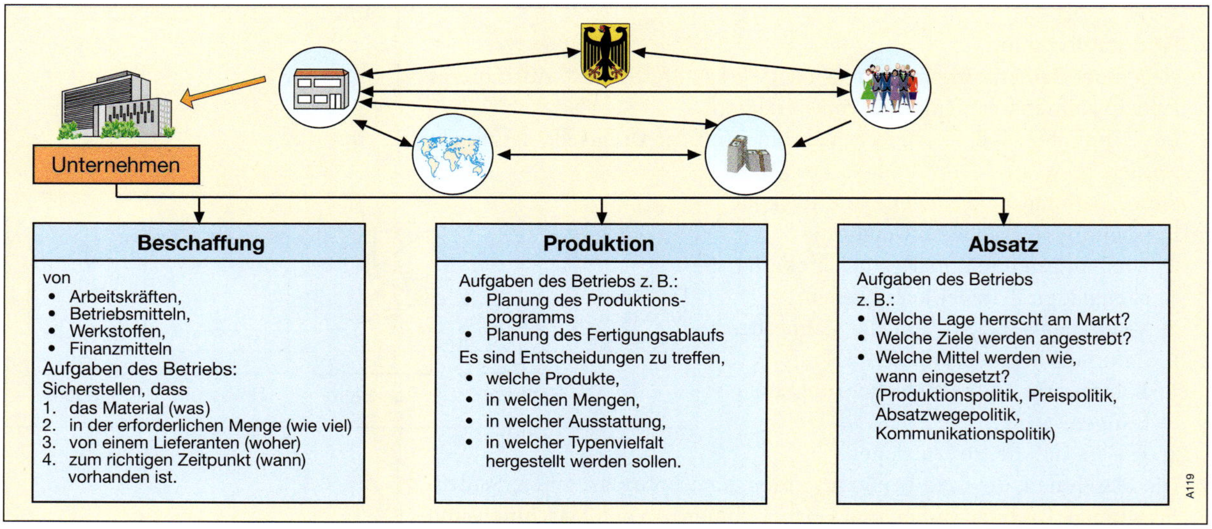

Wir machen hier zwischen Absatz und Vertrieb keinen besonderen Unterschied. Unter beiden Begriffen werden alle Tätigkeiten eines Unternehmens zusammengefasst, die dem Verkauf der hergestellten Güter und Dienstleistungen auf dem Markt dienen. Dazu gehören z. B. die Werbung oder die Festlegung des Sortiments. Der Verkauf hingegen ist nur ein Teil hiervon, nämlich die Abgabe der Güter oder Dienstleistungen gegen Entgelt. Wie der Absatz erfolgt, wie er organisiert ist, welchen Umfang er annimmt, hängt von einer Reihe von Faktoren ab, z. B. von den Regelungen einer Wirtschaftsordnung, von der Stellung der Unternehmung am Markt, von der Zielgruppe, von der Art der hergestellten Produkte sowie von den gesetzlichen Vorschriften.

Absatzprobleme stellen sich bei verschiedenen Wirtschaftsordnungen und Marktbedingungen auf unterschiedliche Art und Weise dar. In einer funktionsfähigen Marktwirtschaft müssen sich die Unternehmungen selbst um die Abnehmer bemühen. Das Ergebnis der wirtschaftlichen Tätigkeit wird vom Erfolg der Vertriebsmaßnahmen entscheidend beeinflusst. Es gibt jedoch Bedingungen, unter denen die Abnahme der Produkte mehr oder weniger gesichert ist. Dies hat Einfluss auf die aktiven Absatzmaßnahmen. Solche Bedingungen sind z. B. gegeben, wenn die Wirtschaft zentral gelenkt wird bzw. für die Verbraucher Bezugsscheinpflicht besteht oder wenn Hochkonjunktur herrscht. Aber auch die Marktverhältnisse sind ein wichtiger Faktor: Unter den Idealbedingungen der Marktwirtschaft sind andere Absatzmaßnahmen zweckmäßig als unter Wettbewerbsbedingungen mit nur wenigen Anbietern.

Der Begriff **Marketing** wird oft mit Absatz gleichgesetzt. Das ist jedoch nicht ganz richtig. Wie wir in Kapitel III sehen werden, handelt es sich vielmehr um eine Art Unternehmensphilosophie, die darauf abzielt, den Nachfrager in das Zentrum aller unternehmerischen Aktivitäten zu stellen.

3 Unternehmensführung

Im vorhergehenden Abschnitt haben Sie bereits die (fiktive) Firma Meier-Papier-AG kennengelernt. Der Vorstandsvorsitzende Dr. Rüter bereitet sich auf die Sitzung des Wirtschaftsausschusses vor und informiert die Kollegen und Kolleginnen des Vorstandes über die anstehenden Tagesordnungspunkte.

An die Kolleginnen und Kollegen des Vorstandes,

in Vorbereitung auf die Sitzung des Wirtschaftsausschusses in der nächsten Woche, auf der die vielfältigen organisatorischen Aufgaben, die in der nächsten Zukunft auf uns zukommen, besprochen werden sollen, habe ich noch einmal die Tagesordnungspunkte zusammengefasst:

TOP 1	Vorlage und Erläuterung des Jahresabschlussberichtes
TOP 2	Auslagerung von Teilen der Produktion nach Polen
TOP 3	geplante Ausweitung der Kapazitäten vor Ort durch den Aufbau zusätzlicher Produktions- und Lagerhallen
TOP 4	Personalentwicklung

Erlauben Sie mir noch einige kurze Anmerkungen zu den einzelnen Punkten.
In Vorbereitung unserer Expansion nach Polen wird die gebildete Task Force dem Vorstand ebenfalls in der kommenden Woche (Termin wird noch bekannt gegeben) einen ersten Bericht zu möglichen Problemen der Erweiterung und Vorschläge zu Umsetzungsmöglichkeiten liefern. Wir müssen in diesem Zusammenhang v. a. weitere Überzeugungsarbeit beim bislang skeptischen Betriebsrat leisten.
Dies gilt insbesondere auch für die im Rahmen der Expansion erforderliche Umstrukturierung der Ablauf- und Aufbauorganisation. In diesem Rahmen sind zahlreiche Qualifizierungsmaßnahmen für das Personal in verschiedenen Abteilungen einzuleiten. Darüber hinaus aktualisiert die Personalabteilung derzeit den Personalbedarfsplan und entwickelt die Anforderungsprofile für zukünftige Stellenausschreibungen. Trotz unserer Expansionsvorhaben werden wir nicht umhin kommen, in einigen Abteilungen – insbesondere in der Produktion – unseren hiesigen Personalbestand spürbar zu reduzieren. Genaue Zahlen gibt es zum derzeitigen Zeitpunkt noch nicht.
Noch ein Wort zum Marketing: Zwei Punkte sind hier von besonderer Bedeutung. Wie in unserer letzten Sitzung besprochen, kümmert sich die Marketingabteilung um eine Verbesserung der Distribution unserer High-Quality-Produktpalette. Des Weiteren sind meiner Ansicht nach in naher Zukunft Entscheidungen hinsichtlich einer besseren Außendarstellung unseres Unternehmens zu treffen. Gerade unsere Anstrengungen im Umweltschutz sind hier besser zu kommunizieren.

Mit freundlichen Grüßen

Dr. H. Rüter
(Vorstandsvorsitzender)

A121

Wirtschaftsausschuss:
Einrichtung in Unternehmen mit mehr als 100 ständigen Arbeitnehmern zum Zwecke der Zusammenarbeit zwischen Betriebsrat und Unternehmer sowie der gegenseitigen Unterrichtung in wirtschaftlichen Angelegenheiten.

Diesem Gremium gehören drei bis sieben Angehörige des Unternehmens (mind. ein Betriebsratsmitglied) an, die vom Betriebsrat für die Dauer seiner Amtszeit bestimmt werden und die mindestens einmal im Monat zusammentreten. Dem Ausschuss ist dabei unter Hinzuziehung des Betriebsrats der Jahresabschluss vorzulegen und zu erläutern.

1. Stellen Sie die hier angesprochenen Aufgaben im vorgestellten Unternehmensbereich zusammen.
2. Welche Verknüpfungen bestehen zu anderen Abteilungen des Unternehmens?

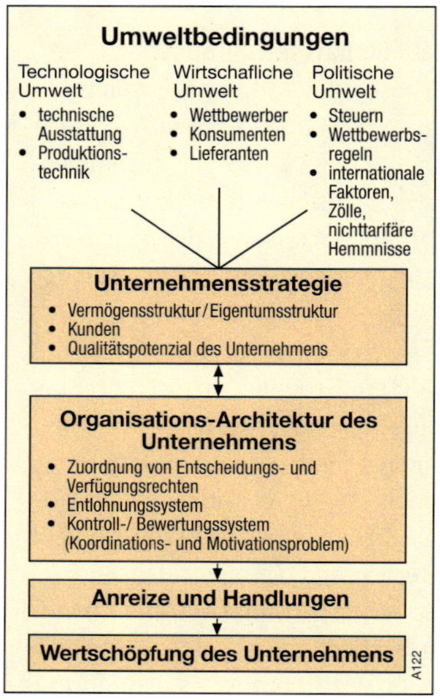

1. Zeigen Sie auf, inwieweit sich jeweils aus der Perspektive eines Managerunternehmens und eines Eigentümerunternehmens konkrete Entscheidungen innerhalb der drei unten angeführten Entscheidungsbereiche darstellen können.

3.1 Funktionen der Unternehmensführung (Management)

Unternehmen können ihre Vorgaben nur realisieren, wenn ihre vielfältigen Tätigkeiten im Wirtschaftsprozess zielgerichtet umgesetzt werden und koordiniert ablaufen können. Dies ist im Kern die Aufgabe der Unternehmensführung oder des Managements.
Die Hauptfunktion des Managements ist die Steuerung aller für eine Unternehmung notwendigen Aufgaben. Im Hinblick auf bestimmte Unternehmensziele gehört dazu insbesondere, die Kombination der menschlichen Arbeitskraft mit den Betriebsmitteln und den Werkstoffen zu planen, zu organisieren und zu kontrollieren.

Der Begriff des Managements kann auf zweifache Art und Weise verwendet werden, und zwar für eine Institution und eine Funktion:

1. Wenn das Management als Institution betrachtet wird, gilt dies für alle leitenden Instanzen, d. h. für diejenigen Personen, die Entscheidungs- und Anordnungskompetenzen haben.
2. Bei der Betrachtung des Managements als Funktion kommen die Teilaufgaben, die im Zusammenhang mit der Steuerung, Lenkung und der Kontrolle von Unternehmen stehen, in den Blickpunkt.

Bei einer arbeitsteiligen Aufgabenerfüllung ist Management auch immer mit Führung gleichzusetzen.

Manager- und Eigentümerunternehmen

Für das weitere Verständnis des Managements ist die Unterscheidung zwischen Manager- und Eigentümerunternehmen wichtig. Unternehmen können entweder direkt vom Eigentümer geführt werden, oder ihm stehen Manager vor, die die Unternehmensentscheidungen treffen. Die Eigentümer haben in der Regel einen persönlichen Bezug zum Unternehmen und haften mit ihrem persönlichen Vermögen für Verbindlichkeiten des Unternehmens. Sie sind also – aus eigenem Interesse – bestrebt, dass das Unternehmen langfristig besteht und Gewinne für sie und die Mitarbeiter abwirft.
Auch Manager sind bei ihren Führungsaufgaben an der Erzielung von Gewinnen interessiert, doch kann sich der persönliche Bezug aufgrund der fehlenden eigenen Haftung anders gestalten. Wenn das Unternehmen in einer Krise steckt, reagiert ein Eigentümer eventuell anders als ein Manager, der lediglich mit einem Arbeitsvertrag an das Unternehmen gebunden ist, der wiederum jederzeit aufgekündigt werden kann. Man spricht den Eigentümerunternehmern zu Recht einen gewissenhafteren und risikobewussteren Führungsstil zu als dem Managerunternehmer. Entsprechend sind solche institutionellen Regelungen zu finden, die das Streben der Manager nach der Maximierung des eigenen Nutzens berücksichtigen. Die Kopplung der Gehaltsentwicklung an die Entwicklung der Unternehmensgewinne stellt hier eine Möglichkeit dar.

Konstitutive Unternehmensentscheidungen

Unabhängig davon, wer das Unternehmen leitet, sind drei konstitutive Entscheidungen zu differenzieren, mit denen sich alle Unternehmensführungen zu beschäftigen haben:

1. Standortentscheidung: Wo soll der Sitz des Unternehmens sein?
2. Wahl der Rechtsform: Welche Rechtsform ist besonders geeignet?
3. Entscheidung für oder gegen Unternehmensverbindungen: Wollen wir uns mit anderen Unternehmen verbinden oder nicht?

3.2 Aufgaben einer Unternehmensführung

Fast alle Unternehmen stehen im Wettbewerb mit anderen Unternehmen, viele sogar auf internationaler Ebene, und müssen deshalb immer wieder über neue Produkte, neue Organisationsformen, über neue Marketingstrategien nachdenken. Dies kann nicht von einer einzelnen Person geleistet werden. Drei eng miteinander verknüpfte Aufgabenbereiche lassen sich unterscheiden:

1. **Unternehmungsgestaltung**
   Eine funktionsfähige Aufbau- und Ablauforganisation mit entsprechenden Regeln sorgt dafür, dass das Unternehmen als handlungsfähige Einheit agiert, um ihre Produkte und Dienstleistungen anbieten zu können.
2. **Lenkung**
   Kein Unternehmen handelt in einem luftleeren Raum, vielmehr werden die Unternehmensaktivitäten von den jeweiligen Umweltbedingungen (z. B. politische, rechtliche, internationale) beeinflusst, die sich stetig verändern. Dies macht es erforderlich, laufend Informationen zu sammeln, auszuwerten und diese bei neuen Entscheidungen zu berücksichtigen.
3. **Unternehmensentwicklung**
   Eine dauerhafte Aufgabe liegt darin, die Position des Unternehmens im Markt immer wieder zu bestimmen und neue Ziele und Verhaltensweisen zu entwickeln, um so seine Überlebensfähigkeit zu sichern. Hierbei ist es besonders wichtig, die Innovationsfähigkeit des Unternehmens zu fördern.

Grundsätzlich stellt sich die Frage: Wie ist eine Weiterentwicklung des Unternehmens unter Berücksichtigung der nationalen und internationalen wirtschaftlichen Situation möglich? Dabei entwickelt ein Unternehmen zwangsläufig eine eigene unverwechselbare Unternehmenskultur.
Mit dieser Unternehmenskultur werden die erwünschten Normen, Wertvorstellungen und Denkweisen im täglichen unternehmerischen Handeln verankert. Die gemeinsam geteilten Werte und Normen haben auf das unternehmensinterne Beziehungsgefüge sowie auf das Verhalten der Beschäftigten eines Unternehmens einen erheblichen Einfluss. Für die Entwicklung einer Unternehmenskultur wird deshalb eine „Vision" benötigt. Sie wird als unverzichtbarer Bestandteil der Führung angesehen, da das Potenzial der Mitarbeiter, ihre Kreativität und Flexibilität ein wichtiger Erfolgsfaktor ist.

Im Management muss darüber nachgedacht werden, wie Aufgaben sinnvoll dezentralisiert werden können. Soll die Initiative in einem Unternehmen von vielen Menschen getragen werden, so kann das nur gelingen, wenn sich diese Menschen auch mit ihren Aufgaben identifizieren und dafür motiviert werden. Für eine motivierende Unternehmensführung gelten die folgenden Kriterien als besonders wichtig:

1. Es muss Klarheit über Unternehmenszielsetzung und Organisation für alle herrschen.
2. Ein spezifisches Unternehmensklima muss gepflegt werden.
3. Ein kooperativer Führungsstil ist zu realisieren.
4. Es ist eine möglichst große Übereinstimmung zwischen Unternehmenszielen und denen der Mitarbeiterinnen und Mitarbeiter herzustellen.
5. Es ist Selbstständigkeit und operativer Freiraum für den Einzelnen zu gewährleisten und ein gerechtes Entlohnungssystem zu praktizieren.

!

1. Wie bewerten Sie die nachfolgenden unterschiedlichen Aussagen zur Funktion von Unternehmenskulturen?

   „Dieser Quatsch mit der Unternehmenskultur. Wir müssen Gewinne machen. Wenn wir keine Gewinne machen, dann haben wir am wenigsten eine Unternehmenskultur!"

   „Das kann man doch überhaupt nicht fassen. Das ist doch was für Psychologen und Sozialtherapeuten."

   „Wenn das Klima nicht stimmt, stimmt die Leistung nicht. Wenn die Leistung nicht stimmt, gibt es keinen Unternehmenserfolg!"

   „Unternehmenskultur muss hart erarbeitet werden. Das gehört zu den wichtigsten Führungsaufgaben. Menschen, die 40 Stunden und mehr wöchentlich im Unternehmen verbringen müssen, investieren damit auch 40 Stunden ihrer Lebenszeit. Diese möchten sie unter sinnvollen, humanen Arbeitsbedingungen verbringen und nicht als betriebliche Funktion."

Prof. Fredmund Malik

Fünf Führungsaufgaben

Prof. Fredmund Malik von der Hochschule St. Gallen gilt als weithin anerkannter Experte für Unternehmensführung. Er hat fünf Aufgaben wirksamer Führung unterschieden:

1. **Für Ziele sorgen**
   Das Führen mit Zielen ist eine der am frühesten erkannten und auch beschriebenen Managementaufgaben. Das Grundprinzip des „Führens mit Zielen" ist im Großen und Ganzen unbestritten. [...]

2. **Organisieren**
   Die zweite Aufgabe wirksamen Managements ist das Organisieren. Effektive Menschen warten nicht darauf, bis sie organisiert werden, sie tun es selbst, für sich und ihre unmittelbar persönliche Aufgabe und für ihre Verantwortungsbereiche.

3. **Entscheiden**
   Eine der wesentlichen Aufgaben von Führungskräften ist das Entscheiden. [...] Nur Führungskräfte entscheiden. Wer entscheidet, ist eine Führungskraft, unabhängig von Rang, Titel und Stellung. Und umgekehrt – gleichgültig, welche Position jemand hat, welcher Status, welche Privilegien und welche Kompetenzen damit verbunden sein mögen: Wer nicht entscheidet, ist keine Führungskraft. In neun von zehn Fällen kommt man durch Einhaltung einer einfachen Vorgehensweise, einer Abfolge von Schritten, zu guten Entscheidungen. Die Schritte sind:
   a. die präzise Bestimmung des Problems,
   b. die Spezifikation der Anforderungen, die die Entscheidung erfüllen muss,
   c. das Herausarbeiten aller Alternativen,
   d. die Analyse der Risiken und Folgen für jede Alternative und die Festlegung der Grenzbedingungen,
   e. der Entschluss selbst,
   f. der Einbau der Realisierung in die Entscheidung,
   g. die Etablierung von Feedback.

4. **Kontrollieren**
   Die vierte Aufgabe ist die unbeliebteste und in gewissem Sinne auch die umstrittenste. Die meisten Führungskräfte kontrollieren nicht gerne – im Gegensatz zu einem weitverbreiteten Meinungsklischee. Daher sind Leute, die von Kontrolle abraten, unabhängig von der Qualität ihrer Begründungen, in der Regel recht willkommen.

5. **Menschen entwickeln und fördern**
   Kaum eine Führungskraft würde bestreiten, dass Menschen das Wichtigste in einer Organisation sind. Zumindest wird niemand das öffentlich tun. [...] Es gehört daher zu den erstrangigen Managementaufgaben, Menschen zu fördern und zu entwickeln. Das ist Aufgabe jedes Managers, nicht etwa nur der Personalfachleute.

Zusammengestellt aus: Malik, Fredmund: Führen Leisten Leben, wirksames Management für eine neue Zeit, Campus-Verlag, Frankfurt a. M., New York, S. 171ff.

3.3 Ziele von Unternehmen

Bekannt ist die Aussage: „Wer nicht weiß, wo er hinwill, muss sich nicht wundern, wenn er ganz woanders ankommt!“
Jedes Handeln – nicht nur in einem Unternehmen – ist zielgerichtet. Nur wenn das Ziel klar ist, kann man den Weg dorthin finden.
In einer marktwirtschaftlichen Ordnung gilt als wesentliches Ziel die Beachtung des erwerbswirtschaftlichen Prinzips, d. h., eine Volkswirtschaft kann dann am besten mit Sachgütern und Dienstleistungen versorgt werden, wenn jeder einzelne Unternehmer versucht, auf Dauer einen möglichst großen Gewinn mit den eingesetzten Produktionsfaktoren zu erzielen.
In diesem Sinne könnte das erwerbswirtschaftliche Prinzip auch als eine Leitmaxime für unternehmerisches Handeln bezeichnet werden.
Die Zielkonzeption einer Unternehmung setzt sich aus einer Vielzahl von Einzelzielen bzw. Zielelementen zusammen, die gleichzeitig angestrebt werden. Die Aussage, in einem privatwirtschaftlichen Unternehmen sei die langfristige Gewinnmaximierung das oberste Ziel, ist zwar nicht falsch, aber es müssen folgende Differenzierungen vorgenommen werden:

1. **Sachziele** sind jene Ziele, die sich durch die wirtschaftlichen Aktivitäten einer Unternehmung verwirklichen lassen, z. B.
   - Leistungsziele (Höhe des Umsatzvolumens, Marktanteile, Art der Produkte),
   - Führungs- und Organisationsziele (Aufgabenteilung, Führungsstile),
   - finanzielle Ziele (Liquidität, optimale Kapitalstruktur),
   - soziale und ökologische Ziele (z. B. Arbeitsklima, Lohngerechtigkeit, Mitbestimmung, Umwelt- und Gesundheitsschutz).

2. **Formalziele**, die man auch Erfolgsziele nennt, haben im Vergleich zu den Sachzielen eine übergeordnete Stellung.
   Als klassische Erfolgsziele gelten:
   - Produktivität
   - Wirtschaftlichkeit
   - Rentabilität.

Vergleichen Sie hierzu auch den Exkurs „Rechnungswesen“ (Seite 101 ff.).

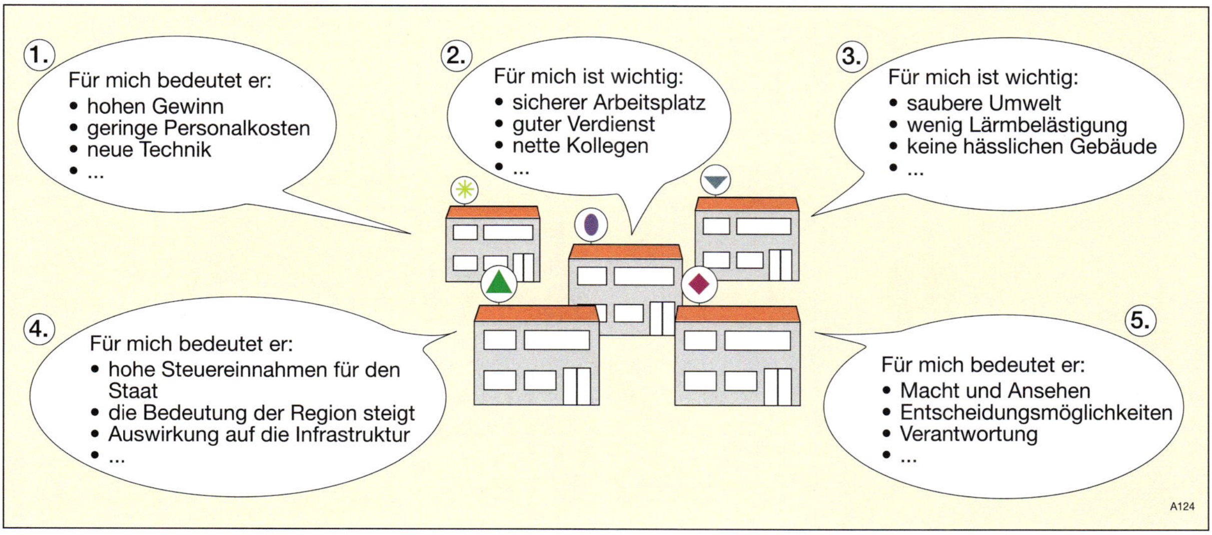

Einflussfaktoren auf das Zielsystem

Ganz unterschiedliche Faktoren können Einfluss auf die Ziele eines Unternehmens nehmen. Mindestens drei Gruppen von Einflussfaktoren sind zu unterscheiden:

1. Ansprüche der unmittelbar Beteiligten, das sind z. B. die Anteilseigner, das Management, die Belegschaft, die Kapitalgeber, die Lieferanten, die Kunden, die Kreditinstitute.
2. Die Unternehmensphilosophie bzw. die Unternehmenskultur, welche das Zielsystem der Unternehmung beeinflusst. D. h., die Werthaltungen und die Orientierung an spezifischen Werten bestimmen die unternehmenstypischen Denk- und Handlungsmuster der für das Unternehmen Verantwortlichen.
3. Gesellschaftliche Ansprüche auf das Zielsystem der Unternehmung, z. B. das Image des Unternehmens im Hinblick auf die ökologische und die soziale Verantwortung und die Zuweisung gesellschaftspolitischer Aufgaben an Unternehmungen.

Das Zielsystem der Unternehmung setzt sich demnach zusammen aus einer Vielzahl von Einzelzielen, die teilweise gleichzeitig verfolgt werden sollen, wie zum Beispiel:

- wirtschaftliche Ziele,
- soziale Ziele,
- ökologische Ziele.

Zwischen diesen Zielen können Konflikte bestehen, d. h., sie können zueinander in Konkurrenz stehen.
Ein Beispiel: Wer Kostenminimierung zu einem absoluten Ziel macht, könnte in Konflikt mit der Zielsetzung geraten, den Kundendienst zu verbessern. Die Ziele können sich aber auch gegenseitig ergänzen, z. B. kann eine Kostensenkung im Produktionsbereich zu einer Steigerung des Gewinns führen.

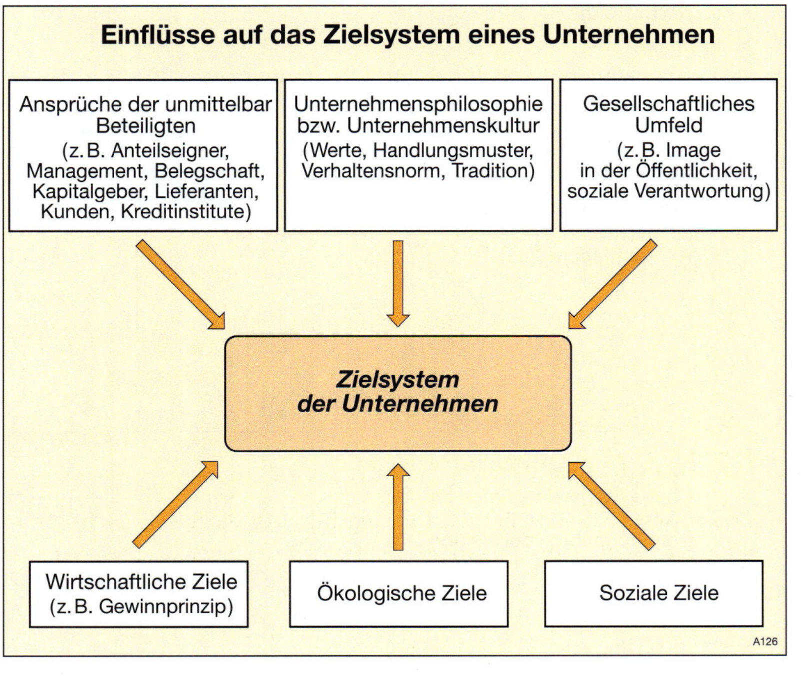

1. Untersuchen Sie Selbstdarstellungsbroschüren ausgewählter Unternehmen hinsichtlich der Formulierung unterschiedlicher Unternehmensziele.

3.4 Ein Blick in die Geschichte der Unternehmensführung

Der Beginn der wissenschaftlichen Beschäftigung mit der Aufgabe der „Unternehmensführung" wird im Allgemeinen mit Frederick Winslow Taylor und seinem Werk „The Principles of Scientific Management" verknüpft. Zum Verständnis der Überlegungen von Taylor ist es wichtig, sich des zeitgeschichtlichen Hintergrundes zu vergewissern. Viele seiner Aussagen scheinen heute überholt zu sein und aus einer „vergangenen Zeit" zu stammen. Das ist zwar richtig, doch unabhängig davon markieren Taylors Arbeiten den Beginn der wissenschaftlichen Auseinandersetzung mit Fragen der Unternehmensführung auf empirischer Basis.

Wir befinden uns an der Zeitwende vom 19. zum 20. Jahrhundert. Mit neuen Produktionsmethoden entwickelten sich die industriellen Gesellschaften in den USA, in Großbritannien, aber v.a. auch in Deutschland in einem bis dahin nicht gekannten Maße. Und damit entstanden neue Fragen nach Verbesserung von Führungsmethoden, zum richtigen Einsatz menschlicher Arbeitskraft usw.

„In the past man has been first, in the future the system must be first." Frederick Winslow Taylor geht es nicht so sehr um die Gesamtorganisation als vielmehr um die Analyse und Gestaltung konkreter Arbeitsabläufe, wobei er die am Handwerk orientierte Einheit von Planung und Ausführung der Arbeit auflöst. Die Arbeit wird zur Erzielung möglichst hoher Spezialisierungsgewinne in kleinste Teilverrichtungen zerlegt. Die Kontrollierbarkeit der Arbeiter, denen Taylor systematische Drückebergerei unterstellt, wird erhöht.
Über die Kernprinzipien Taylors gibt die folgende Auflistung Auskunft:

- Trennung von Hand- und Kopfarbeit: Die Arbeitsplanung (Arbeitsvorbereitung) wird Aufgabe speziell vorgebildeter Ingenieure; die Arbeiter konzentrieren sich ganz auf die Ausführung der für sie geplanten Arbeitsverrichtungen. In hoch spezialisierten Kontrollen werden die Arbeitsergebnisse geprüft und überwacht.

- Zeit- und Bewegungsstudien stellen ein Instrument der Analyse der Arbeitsvorgänge dar. Alle Arbeitsbewegungen werden in Elementarbewegungen unterteilt. Die zweckmäßigsten Bewegungen werden ermittelt und alle überflüssigen ausgeschaltet. Jeder optimierten Bewegung wird eine Standardzeit zugeordnet, die zusammen mit Zuschlägen für Pausen, betriebsbedingte Störungen usw. die Normalzeit für die Ausführung einer Aufgabeneinheit ergibt.

- Es wird ein Leistungs- bzw. Akkordlohn auf der Basis der Normalzeit oder stückbezogen gezahlt.

- Die Personalauswahl erfolgt systematisch auf der Basis von exakt spezifizierten Anforderungsprofilen.

- Die wissenschaftliche Betriebsführung führt zu einer erheblichen Ausdifferenzierung der Organisationsstruktur: Aufgaben, die vorher von Arbeitern oder Vorarbeitern erledigt wurden, liegen jetzt bei Spezialisten beispielsweise in den Bereichen Arbeitsvorbereitung, Qualitätskontrolle, Personalwesen usw.

Frederick Winslow Taylor
Ingenieur und Betriebswissenschaftler
* 20.03.1865 in Philadelphia
† 21.03.1915 in Philadelphia

- Collegeabschluss im Ingenieurswesen am Stevens Institute of Technology in New Jersey
- arbeitet als Modell- und Maschinenbauer bei „Hydraulic Works" und später in einem Stahlunternehmen, in dem er sich bis zur Position des Chefingenieur hocharbeitet
- sein besonderes Interesse galt dem Zusammenspiel von Arbeitsbedingungen und Leistung und wie eine höhere Produktivität durch persönliche Anreize erreicht werden könnte → Taylorismus: Methode zur Produktivitätserhöhung der physischen Arbeit in der industriellen Fertigung
- arbeitete später als Berater für Unternehmen
- Veröffentlichungen u.a.: „The Principles of Scientific Management" (1911)

Ein typischer Arbeitsplan des Direktors eines sozialistischen Unternehmens (am Beispiel des Generaldirektors von NPO „Sibelektrot-jashmash", Hersteller von Elektrogeräten):

7.30–8.30: Besichtigung der Werkshallen
8.30: Besuch der Baustelle eines Wohnhauses
9.00: Beratung im Bezirkskomitee der Partei anlässlich der Errichtung eines Krankenhauses
10.00: Sitzung im Bezirksrat anlässlich des Baus einer Straße zum Krankenhaus (der Direktor wird vertreten durch seinen Stellvertreter für Baufragen)
11.00: Beratung der Abteilungs- und Hallenleiter (1 x in 10 Tagen), Frage über die materiell-technische Versorgung und Mangel an Personal
11.30–14.00: Telefongespräch mit dem Ministerium
14.00–15.00: Pause
15.00–15.45: Betriebsangelegenheiten
15.45–17.00: Sitzung des Präsidiums des Gewerkschaftskomitees
17.00–19.00: Plenum des Bezirkskomitees der Partei
19.00–20.00: Betriebsangelegenheiten, Produktionsplanungen in der UdSSR

1. Welche Tätigkeiten eines Direktors würden Sie nicht als übliche Führungsaufgabe eines Direktors eines marktwirtschaftlichen Unternehmens ansehen?

3.5 Zum Vergleich: Management in einem planwirtschaftlichen Unternehmen

Die Aufgaben eines Unternehmers sind wesentlich davon bestimmt, in welchem Gesellschaftssystem es sich befindet. D.h., die Handlungsmöglichkeiten des Unternehmers werden von dem Institutionen- und Regelsystem einer Wirtschaftsordnung bestimmt. Deshalb wollen wir die Tätigkeiten eines Direktors in der ehemaligen Sowjetunion betrachten, um sie mit der Funktion eines Unternehmers in einem marktwirtschaftlichen System zu vergleichen. Solche Gegenüberstellungen sind hilfreich, um die wesentlichen Unterschiede herausarbeiten zu können.

1. Als Vertreter der Gesellschaft und des Staates war der Direktor eines planwirtschaftlichen Betriebes „der verlängerte Arm des Staates" und wurde gesteuert durch Kontrollziffern, Staatsaufträge und staatliche Wirtschaftsnormative. Er war verantwortlich für die Erfüllung der Beschlüsse aller z. B. sowjetischen Machtorgane, der Verfügungen der Partei- und Gewerkschaftsorganisationen. Für die bessere Wahrnehmung solcher Funktionen wurde der Direktor in der Regel in die sowjetischen Machtorgane auf unterschiedlichen Ebenen sowie in die Parteiorgane und in die Verwaltungsorgane verschiedener gesellschaftlicher Organisationen gewählt.
   Bei diesen Aufgaben hatte der Betriebsdirektor viel Zeit für die repräsentativen Funktionen zu verwenden. Ein erheblicher Anteil der Arbeitszeit wurde in der Regel von verschiedenen Sitzungen und von der Erfüllung der Aufgaben in den politischen Organen der Sowjetmacht sowie in den Partei-, Gewerkschafts- und anderen Organisationen auf unterschiedlichen Ebenen eingenommen.
2. Neben der wirtschaftlichen und technischen Verwaltung hatte der Direktor die Aufgabe, das soziale Leben der Belegschaft mitzugestalten. Der Direktor war an der Lösung der Belegschaftsprobleme interessiert, nicht nur weil die Erfüllung der Hauptaufgaben des Betriebes von der Kompetenz der Belegschaft abhing, sondern er auch davon profitierte (politischer Einfluss), wenn die Belegschaft den Direktor akzeptierte und schätzte.
   Die Mehrheit der sozialen Aufgaben wurde vom Staat auf die Betriebe umgewälzt. Der Direktor musste praktisch alle lebenswichtigen sozialen Fragen innerhalb der Belegschaft regeln; darüber hinaus musste er die entsprechenden Interessen in den staatlichen, übergeordneten Parteiorganen vertreten. Die Liste der Aufgaben und Probleme, mit denen sich der Direktor zu befassen hatte, war ziemlich umfangreich und enthielt z. B. die Zuteilung von Wohnungen an die Beschäftigten; die Verteilung von sog. „Defizitwaren" (Autos, Möbel etc.) usw.
   Wir sehen, dass für die Lösung der vielschichtigen Aufgaben sehr unterschiedliche Interessen in Einklang zu bringen waren. Der Direktor war dabei allein für die getroffene Entscheidung verantwortlich; seine Entscheidungen standen aber unter dem direkten und indirekten Druck des Ministeriums, der lokalen Parteiorgane sowie der Belegschaft.
3. Ein drittes Merkmal kennzeichnet die Tätigkeit der Betriebsdirektoren und die sehr eingeschränkte Wahl der Mittel und Methoden der Steuerung der Produktion. Es gab Staatseigentum und nicht Privateigentum und der Betriebsdirektor erhielt kein volles Verfügungsrecht über das Staatseigentum. Vielmehr stand er unter dem Diktat zahlreicher Instruktionen und Verordnungen der staatlichen Bürokratie; es galt nicht das erwerbswirtschaftliche, sondern das Planerfüllungsprinzip.

4 Die Organisation eines Unternehmens

Vorstandssitzung der Meier-Papier-AG, 13.02.2004
Frau Gehlen, Leiterin der technischen Abteilung im Bereich Produktion, referiert die bevorstehenden organisatorischen Veränderungen.

Frau Gehlen: ... ich fasse zum Abschluss meiner Ausführungen noch einmal zusammen:
Die notwendige technische Aufrüstung unserer Produktionsanlage in dem Bereich der Sieb- und Trockenpartie, die wir aufgrund des überraschenden Großauftrages zurückstellen mussten, wird zu Einschränkungen unserer Produktionskapazitäten in den Kalenderwochen 8 bis 12 führen. Die betroffenen Abteilungen sind informiert. Im Zusammenhang mit der Integration dieser neuen technischen Komponenten wird eine Mitarbeiterschulung in der 10. Kalenderwoche stattfinden.

Sehr viel umfangreicher wird jedoch die durch den Gang nach Polen notwendige Umstellung unseres Informations- und Kommunikationsnetzes. Dies betrifft alle Abteilungen und damit annähernd alle Mitarbeiter. Wie ich bereits dargestellt habe, werden wir in Zukunft die gesamte unternehmensinterne Kommunikation und Information mithilfe der neuen Kommunikationssoftware abwickeln – von der regelmäßigen Versendung von E-Mails bis zur Ausrichtung von Videokonferenzen. Zudem wird die unternehmensinterne Kommunikation in Zukunft in Teilen der mittleren Ebene und auf der Leitungsebene auf die englische Sprache umgestellt.
Die schrittweise technische Umstellung beginnt in der 13. KW. Ich weise noch einmal darauf hin, dass es unser Ziel ist, die Umstellung ohne größere Verzögerungen des Tagesgeschäftes zu bewerkstelligen. Allerdings werden geringe Störungen zwischenzeitlich nicht zu vermeiden sein, wir werden jeweils rechtzeitig informieren. Bleibt der Punkt der Mitarbeiterschulung. Hier werden umfangreiche Maßnahmen zu treffen sein – unsere Abteilung wird in der nächsten Woche einen detaillierten Vorschlag unterbreiten. Dieser wird auch unsere Vorschläge für die Ausschreibung der im Bereich der Netzadministration benötigten Stellen enthalten.

Herr Rüter: Vielen Dank für Ihre Ausführungen, Frau Gehlen.
Na, da steht uns ja in nächster Zeit einiges ins Haus. Zumal sich im Bereich der Aufbauorganisation natürlich auch etwas ändern wird. Die grundsätzlichen Verhandlungen mit unseren polnischen Gesprächspartnern dürften in nächster Zeit abgeschlossen sein, sodass wir dann sehr schnell die Reorganisation angehen müssen. Wichtig ist in diesem Zusammenhang natürlich, dass wir bei der „Neuschneidung" der Aufgaben der einzelnen Abteilungen und möglicher Zusammenlegungen sozialverträgliche Lösungen finden. Zum Teil arbeiten Mitarbeiter seit mehr als 20 Jahren zusammen, da ist es schwierig, einfach jemanden von einem Tag auf den anderen dazuzusetzen. Hier müssen wir auch schnellstens handeln, weil mittlerweile schon die wildesten Gerüchte kursieren, man kennt das ja.
Zentral ist natürlich die Frage der Neuorganisation der Führungsebene. Bislang ist noch nicht entschieden, wie die Leitung des polnischen Werkes organisiert werden soll bzw. wie das Mischungsverhältnis von Führungskräften vor Ort und von uns delegierten Kräften auszugestalten ist.

1. Stellen Sie die hier angesprochenen Aufgaben im vorgestellten Unternehmensbereich zusammen.

2. Welche Verknüpfungen bestehen zu anderen Abteilungen des Unternehmens?

4.1 Das Organisationsproblem als Struwwelpeter-Geschichte

Auch wenn das Prinzip der Arbeitsteilung bei der Zubereitung des Mittagessens im Allgemeinen keine Anwendung findet, ist die Interaktion am Mittagstisch auf die Bedürfnissituation der einzelnen Essensteilnehmer ausgerichtet.
Eine effiziente Organisation des häuslichen Mittagstischs erfordert eine entsprechende Koordination durch Tischregeln sowie die Einhaltung durch den einzelnen Essensteilnehmer.

Divergierende Interessen Einzelner können hier die Gesamteffizienz der Tischorganisation infrage stellen.

1. Veranschaulichen Sie die Bilderfolge, indem Sie einen konkreten Fall aus einem der Bereiche Schule, Familie, Clique oder Verein entwickeln.

4.2 Das Organisationsproblem als Koordinations- und Motivationsproblem

Wir erinnern uns: Das Problem der Knappheit ist der Ausgangspunkt allen Wirtschaftens. Spezialisierung und Arbeitsteilung tragen in erheblichem Ausmaß dazu bei, das Knappheitsproblem zu reduzieren. Mit der Arbeitsteilung entsteht jedoch ein neues Problem: das der Abstimmung. Bei der Lösung geht es darum, Institutionen und Regelsysteme zu entwickeln, mit denen Arbeitsteilung, Spezialisierung und die erforderliche Abstimmung einen möglichst großen Beitrag zur Knappheitsbewältigung leisten können.

Einerseits wird ein Produktivitätsanstieg durch Arbeitsteilung/Spezialisierung erzielt, andererseits ist jedoch der Ressourcenverbrauch (Zeit, Kapital, Material usw.) für die Abstimmung zwischen Produzenten und Konsumenten in Rechnung zu stellen.
Eine möglichst produktive Arbeitsteilung/Spezialisierung und „reibungslose“ Abstimmungsprozesse sind deshalb für die wirtschaftliche Entwicklung ausschlaggebend. Dabei sind nach Picot zwei Probleme zu lösen: das Koordinationsproblem und das Motivationsproblem.

a) Das Koordinationsproblem
Für die Planung und den reibungslosen Ablauf innerhalb eines Unternehmens muss gewährleistet sein, dass sich jeder Mitarbeiter über seine Funktion im Unternehmen bewusst ist. Das effiziente Funktionieren eines Unternehmens setzt voraus, dass die Mitarbeiter wissen, was sie tun müssen, um zur Erreichung der Unternehmensziele etwas beitragen zu können.
Das bedeutet: Die Mitarbeiter müssen über alle Aspekte, die mit der Zielerreichung im Zusammenhang stehen, informiert sein. Davon kann man jedoch nicht immer ausgehen. Aus diesem (Koordinations-)Problem müssen vor- und nachgelagerte Arbeitsprozesse von der Unternehmensleitung geplant und abgestimmt werden, um einen reibungslosen Produktionsprozess zu gewährleisten. D. h., es geht hier um das Problem der **Überwindung des Nichtwissens**.

b) Das Motivationsproblem
Die Handelnden müssen außerdem sich und andere dazu bewegen, bestimmte Verhaltenserwartungen auch tatsächlich zu erfüllen. Eine Motivation im Sinne von Bereitschaft zur Erbringung erwarteter Leistungen und zur Einhaltung vereinbarter Spielregeln wird umso mehr von Bedeutung sein, je mehr ein Handelnder durch die Erfüllung der gestellten Aufgabe auch seine eigenen Interessen (Einkommen, interessante Arbeit usw.) fördert.
Man spricht in diesem Fall von einer anreizkompatiblen Organisationslösung, d. h., die Anreize, die sich aus einer Organisationslösung für die Beschäftigten ergeben, stehen zu den eigenen Interessen nicht im Widerspruch. Je weniger der Beschäftigte die Möglichkeit sieht, seine persönliche Nutzenvorstellungen zu realisieren, desto größer können die Motivationsprobleme werden. Motivationsprobleme entstehen auch dadurch, dass Wirtschaftssubjekte bei ihren Entscheidungen eigene Ziele auf Kosten und zum Schaden anderer sowie ggf. unter Verletzung geltender Regeln verfolgen. Man spricht in diesem Zusammenhang von einem „opportunistischen“, auf den eigenen Vorteil bedachten Verhalten. Das Motivationsproblem beschreibt also das Problem der **Überwindung des Nichtwollens**.

Prof. Dr. Dres. h.-c. Arnold Picot
* 28.12.1944

- 1976–1984 Lehrstuhl für BWL an der Universität Hannover
- 1984–1987 Lehrstuhl der ABWL an der Technischen Universität München
- seit 1988 Fakultät für Betriebswirtschaft, Institut für Information, Organisation und Management der Ludwig-Maximilians-Universität München

Veröffentlichungen:
„E-Conomics – Strategies for the Digital Marketplace", „Die Grenzenlose Unternehmung – Information, Organisation und Management: Lehrbuch zur Unternehmensführung im Informationszeitalter"

4.3 Aufbau- und Ablauforganisation

Die Aufgabe der Unternehmensorganisation ist es, das Motivations- und Koordinationsproblem zur Zufriedenheit aller Beteiligten möglichst effektiv zu lösen. Dies ist nur möglich, indem Strukturen und Zuständigkeiten geschaffen werden. Konkret geschieht das in Unternehmen über die Bildung einer Aufbau- und Ablauforganisation.

Aufbauorganisation
Mit der Aufbauorganisation wird geregelt, wer, wo, mit welchen Mitteln etwas tun soll. Sie regelt so die Zuordnung von Aufgaben zu den Mitarbeitern. Arbeitsbereiche werden abgegrenzt, indem beispielsweise Abteilungen geschaffen und mit entsprechenden Mitarbeitern besetzt werden. Es wird nicht nur festgelegt, wer für bestimmte Aufgaben zuständig ist und die Verantwortung trägt, sondern auch, wer Weisungen erteilen darf. Spezialisierung, Delegation und Arbeitsteilung sind somit die zentralen Merkmale der Ablauforganisation und stellen die Voraussetzung für einen reibungslosen Fluss der Unternehmensprozesse dar. Konkret wird eine Ablauforganisation entwickelt, indem die Gesamtaufgabe des Unternehmens (z. B. Autos zu produzieren) in Teilaufgaben zerlegt wird. Diese wiederum werden zu zweckdienlichen Einheiten (z. B. Produktion, Marketing) zusammengefasst.

Ablauforganisation
Die Ablauforganisation versucht, möglichst sinnvolle Regelungen für die Folge einzelner innerbetrieblicher Arbeitsgänge zu finden. Sie beantwortet die Frage, wie, wann und warum bestimmte Aufgaben erledigt werden müssen. Damit sollen vorhandene Kapazitäten effizient genutzt und Bearbeitungszeiten kurz gehalten werden.

Im Vordergrund steht aber nicht nur die Minimierung der Kosten. Häufig geht es auch um die Gestaltung von Arbeitsplätzen und -bedingungen, damit die Mitarbeiter gute Leistungen erbringen können. Die Entwicklung einer Ablauforganisation beginnt ebenfalls mit einer Zerlegung der Gesamtaufgabe, wenngleich diese wesentlich detaillierter erfolgt. Auf der so geschaffenen Grundlage wird ein Plan entworfen, in dem der optimale Ablauf der betrieblichen Prozesse dargelegt ist. Es stellt sich immer die Frage, inwieweit sich die Pläne auch im Alltag bewähren. Eine regelmäßige Überprüfung und Überarbeitung ist deshalb notwendig.

Die Aufbauorganisation kann mit der Anlage eines Straßennetzes verglichen werden. Die Ablauforganisation entspricht der Regelung des Verkehrs in diesem Straßennetz. Nur das Vorhandensein eines Straßennetzes und der genauen Regelungen für den Verkehrsfluss ermöglichen den reibungslosen Ablauf des Straßenverkehrs.

Ähnlich verhält es sich in Unternehmen. Die vielfältigen betrieblichen Aufgaben können nur dann zufriedenstellend erledigt werden, wenn eine gut durchdachte Aufbau- und Ablauforganisation die Tätigkeiten regelt und aufeinander abstimmt. Dabei geht die Ablauforganisation stärker ins Detail als die Aufbauorganisation.

Betriebliche Organisation

Tätigkeit:	Organisieren =	Gestalten der Struktur und der Abläufe eines Unternehmens, um Unternehmensziele zu erreichen
Ergebnis:	Organisation =	System der aufgestellten Regeln

Aufbauorganisation

Gestaltung der betrieblichen Strukturen, d. h. die Gesamtaufgabe in Teilaufgaben gliedern und festlegen, was für die Aufgabenerledigung (Funktionsgliederung) und an welchen Gegenständen (Objektgliederung) etwas getan werden muss

Leistungsstruktur
(Weisungssystem)

z. B.
- Einlinien-System
- Mehrlinien-System
- Stablinien-System
- Gruppen-Konzept

Ablauforganisation

Gestaltung der betrieblichen Abläufe (in welcher Zeit soll an welchem Arbeitsplatz mit welchen Mitteln eine Arbeit ausgeführt werden?)

Organisationsformen
(Art der Aufgabengliederung)

z. B.
- Funktionsgliederung
- Divisionsgliederung
- Matrixgliederung

A168

Klar definierte Zuständigkeiten und die Abstimmung unter den Mitarbeiterinnen und Mitarbeitern sind unumgänglich. Wie wichtig eine gut durchdachte Aufbau- und Ablauforganisation für einen reibungslosen Geschäftsablauf ist, zeigen folgende Fallbeispiele:

1. Frau Müller arbeitet in einer Boutique für hochwertige Damenmode. Eine Kundin möchte eine Bluse umtauschen, die Fehler im Gewerbe aufweist, wie sich im Nachhinein herausstellte. Frau Müller ist allein und weiß nicht, ob sie den Umtausch durchführen darf. Die Kundin verlässt verärgert das Geschäft.

2. „Plan B“ ist ein angesagtes Lokal, in dem es nicht nur gutes Essen, sondern auch gute Musik gibt. Es wird von vier Inhabern geführt. Leider kommt es immer wieder vor, dass an bestimmten Tagen, z. B. an einem verkaufsoffenen Sonntag oder in der Vorweihnachtszeit, nicht genügend Aushilfen zur Unterstützung eingeteilt werden.

3. Herr Meier ist Verkäufer bei „Mega Media“ und musste bereits einige Kunden wegschicken, weil die MP3-Player einer bestimmten Marke nicht mehr vorhanden sind. Um dieses Problem schnell zu beheben, bestellt er bei einem bekannten Lieferanten 50 MP3-Player. Herr Beier, ebenfalls Verkäufer bei „Mega Media“, ist verärgert über das eigenmächtige Vorgehen. Vor Kurzem hat er erst selbst eine große Bestellung aufgegeben; darunter waren auch die nachgefragten MP3-Player.

4. Frau Emma ist Bäckerin und hat bislang als Leiterin der Produktion in einer Großbäckerei gearbeitet. Sie wollte sich verändern und hat in einer kleinen, inhabergeführten Bäckerei als Meisterin angefangen. Sofort fällt ihr auf, dass morgens häufiger Kunden weggeschickt werden müssen, weil noch keine Brötchen fertig sind.

Umtausch – ja oder nein?

1. Benennen Sie die offenkundigen Probleme in den Aufbau- und Ablauforganisationen der Beispielfälle.

2. Mit welchen Regelungen könnten diese Probleme Ihrer Meinung nach vermieden werden?

4.4 Leitungsstruktur und Organisationsformen

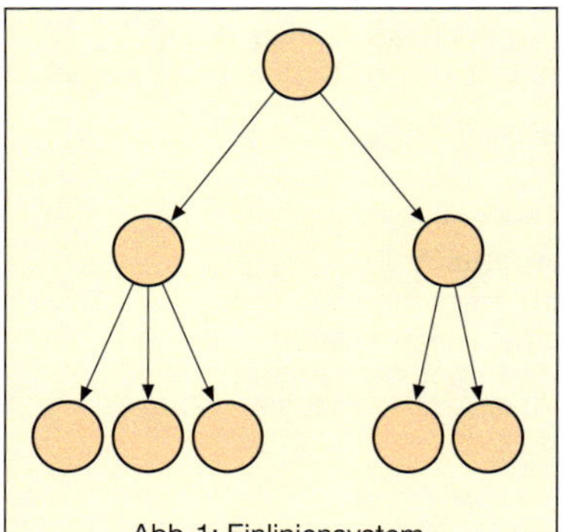
Abb. 1: Einliniensystem A128

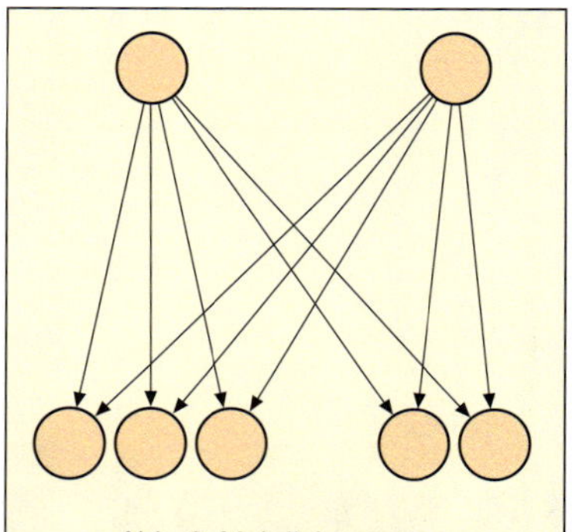
Abb. 2: Mehrliniensystem A129

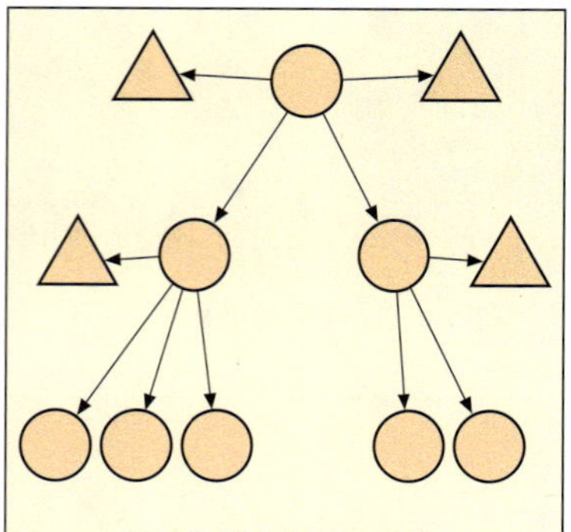
Abb. 3: Stabliniensystem A130

1. Stellen Sie Vor- und Nachteile der verschiedenen Systeme der Leitungsstruktur zusammen.

Neben der grundsätzlichen Unterscheidung zwischen Aufbau- und Ablauforganisation gibt es eine Vielzahl von Organisationsmodellen, mit denen man der jeweils besonderen Situation eines Unternehmens gerecht werden will. Sehr häufig gibt es neben den idealtypisch unterschiedenen Modellen auch Mischformen. Entscheidend ist die Funktionsfähigkeit des jeweiligen Organisationsmodells, damit ein Unternehmen effizient, zielgerichtet und wirtschaftlich arbeiten und Gewinne und Einkommen erzielen kann.

Organisationsmodelle können u.a. in Hinblick auf ihre Leitungsstruktur und ihre Organisationsform unterschieden werden:

1. **Leitungsstruktur**
   In der Leitungsstruktur wird die Kommunikation im Unternehmen geregelt, d.h., es werden die Weisungsbefugnisse zwischen den einzelnen Stellen festgelegt.
   Das Einliniensystem folgt dem Grundsatz, dass ein Mitarbeiter immer nur von einer ganz bestimmten Person Weisungen erhält. Im Rahmen dieser „Einheitlichkeit der Auftragserteilung" untersteht jede Stelle einer einzigen Instanz. Es bestehen also klare und eindeutige Regelungen und Zuständigkeiten.
   Im Mehrliniensystem spezialisieren sich einige Instanzen auf Teilschritte der Produktion. Ein Mitarbeiter kann nun Anweisungen von mehreren Personen erhalten. Weil die verschiedenen Zuständigkeitsbereiche nicht immer exakt voneinander getrennt werden können, können sich Anweisungen überschneiden.
   Das Stabliniensystem folgt im Grundsatz dem Einliniensystem. Es werden jedoch „Stabsstellen" gebildet, die einzelne Instanzen beraten und unterstützen. Es bleibt eine klare Zuständigkeitsregelung aufrechterhalten. Da die Stäbe jedoch oft über ausgiebigere Informationen verfügen als die Inhaber der Linienpositionen, können die Stäbe die Entscheidungen und Anweisungen der Linie möglicherweise steuern.
   Bei den Gruppenkonzepten bzw. Teambildungen, die immer mehr an Bedeutung gewinnen, sind die Mitglieder einer Gruppe insgesamt für die Bewältigung einer Aufgabe bzw. eines Arbeitsschrittes zuständig und verantwortlich. Innerhalb der Gruppe erfolgt die Verteilung der Aufgabengebiete und Zuständigkeiten. Die Gruppenleitung kann von den Mitgliedern abwechselnd übernommen werden. Man erhofft sich eine größere Arbeitszufriedenheit, da die Mitarbeiter nun mehr Einfluss auf die Gestaltung der Arbeit haben. Allerdings gibt es auch immer Gruppenmitglieder, die wenig Einfluss ausüben und dem Druck der anderen Mitglieder unterliegen.

2. **Organisationsformen**
   Hinsichtlich der prinzipiellen Regelung der Unterstellungsverhältnisse wurde zwischen Einlinien- und Mehrliniensystemen unterschieden. Darüber hinaus kann man auch auf Abteilungsebene verschiedene Spezialisierungsformen unterscheiden, u.a.:
   - nach Verrichtungen, sodass in der Konsequenz eine funktionale Organisation entsteht;
   - nach Objekten, sodass eine divisionale Struktur entsteht.

Funktionalorganisation:
Bei der Funktionalorganisation werden die Zuständigkeitsbereiche nach dem Verrichtungsprinzip gebildet. Es entstehen Teilbereiche wie Beschaffung, Produktion, Absatz und Finanzierung. Dem Vorteil der Spezialisierung der Beschäftigten kann der Nachteil gegenüberstehen, dass sich ein Ressortegoismus herausbildet. D. h., alle Probleme werden jeweils nur unter den für eine Abteilung wichtigen Gesichtspunkten gesehen und der „Blick über den Tellerrand“ geht verloren.

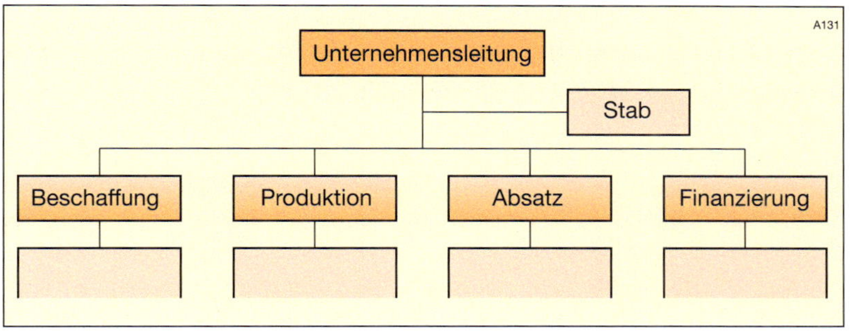

Divisionalisierung:
Hierbei werden relativ autonome Bereiche, Divisionen, unterhalb der Unternehmensleitung, nach Produktgruppen oder anderen Merkmalen gebildet.
Diese Geschäftsbereiche, auch Sparten genannt, können nach Produkten, Produktgruppen, Märkten, Problembereichen oder geografischen Bereichen eingerichtet werden. Sie sind dann für alle Teilbereiche (Beschaffung, Produktion, Absatz, Finanzierung usw.) zuständig. Es handelt sich um „Unternehmungen in der Unternehmung“. Weil der Erfolg der Division, der Sparte, oft an ihrem Gewinn gemessen wird, spricht man auch von Gewinnzentren. Divisionsmanager können Änderungsprozesse normalerweise besser einschätzen als Mitglieder der Unternehmensleitung. Sie können schneller reagieren, da sie besser mit dem Produkt und somit mit eventuell auftretenden Problemen vertraut sind. Die Entscheidungsaufgaben sind dezentralisiert, sodass die Unternehmensleitung sich auf die strategische Planung und die Kontrolle der Gewinnzentren konzentrieren kann. Unter dem Aspekt der Anpassungsfähigkeit, die sich aus wirtschaftlichen, technischen sowie rechtlichen Veränderungen für Unternehmen ergibt, ist die Divisionalisierung eine geeignete Organisationsform.

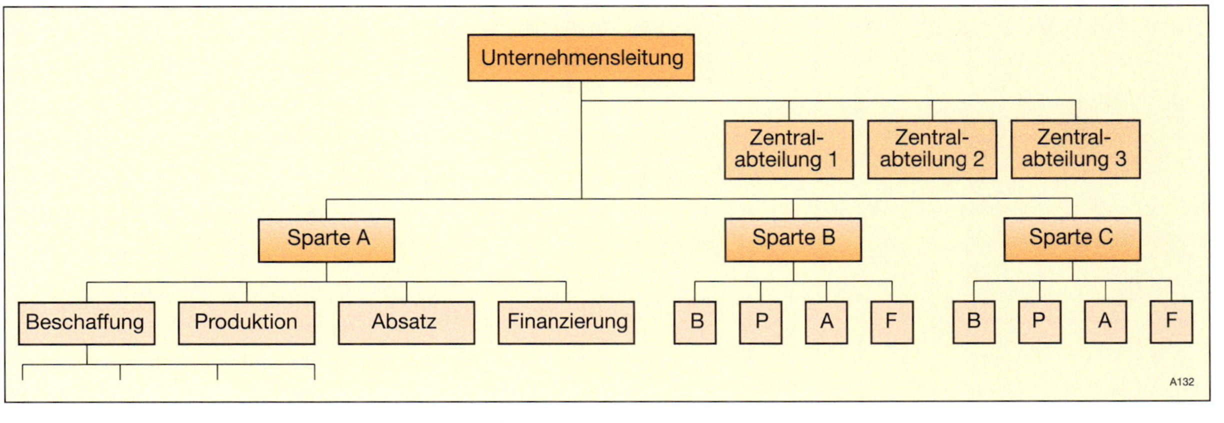

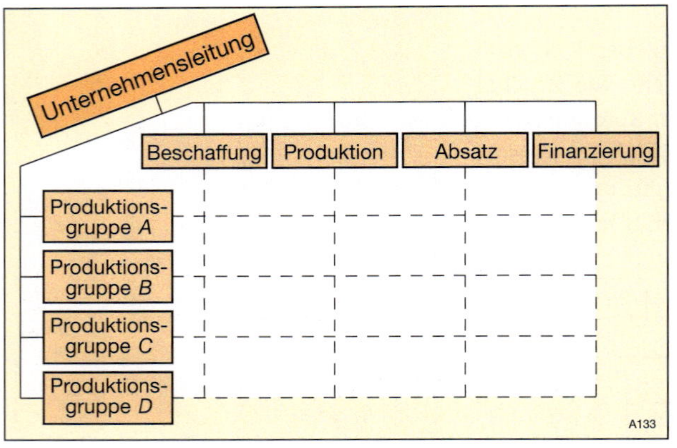

Matrix- oder Tensororganisation

Bei der Matrixorganisation wird die traditionelle, nach Funktionen gegliederte Organisation (horizontal) von einer projekt- oder produktorientierten Struktur (vertikal) überlagert. Es kommt zu Kompetenzüberschneidungen, die allerdings auch gewollt sind. Probleme werden aus unterschiedlichen Sichtweisen angegangen, verschiedene Interessen finden Berücksichtigung und es werden eher innovative Lösungen für Probleme gefunden. Man will die Vorteile der Spezialisierung mit den Vorteilen der Koordination und Anpassung kombinieren. Eine Gefahr dieser Organisationsform sind allerdings „Reibungsverluste" zwischen einzelnen Bereichen.

Zur Durchführung eines einmaligen, zeitlich begrenzten und komplexen Vorhabens, z. B. des Baus einer Großanlage, wird eine Gruppe unter der Leitung eines Projektmanagers gebildet, der dann für das Projektmanagement zuständig ist. Die personelle Zusammensetzung des Systems ist häufig interdisziplinär. Infolge der besseren Koordination der Projektaktivitäten, der ständigen Kontrolle des Projektvorgangs und des gesteuerten Zusammenwirkens von Spezialisten können Produkte in kürzerer Zeit entwickelt und die Kosten verringert werden.

Holdingstrukturen:

Eine bedeutende Organisationsform ist die Holding. Bei einer Holding kommt es zu einer Angliederung von Tochter- und Beteiligungsgesellschaften an das Stammhaus (Holding).

In den Tochtergesellschaften werden alle rechtlich vorgeschriebenen Organe gebildet. Sie sind rechtlich selbstständig. Jedoch werden die Beziehungen zwischen der Tochtergesellschaft und der Holding vertraglich festgelegt, z. B. über die Abführung von Gewinnen, über Kompetenzen zur Bestellung und Abberufung von Führungskräften usw. Die Autonomie der Tochtergesellschaft wird von der Holding gestärkt, um durch eine dezentrale Entscheidungsfindung die Möglichkeiten der jeweiligen Tochtergesellschaft besser zu nutzen und für die Holding gewinnbringend sein zu können.

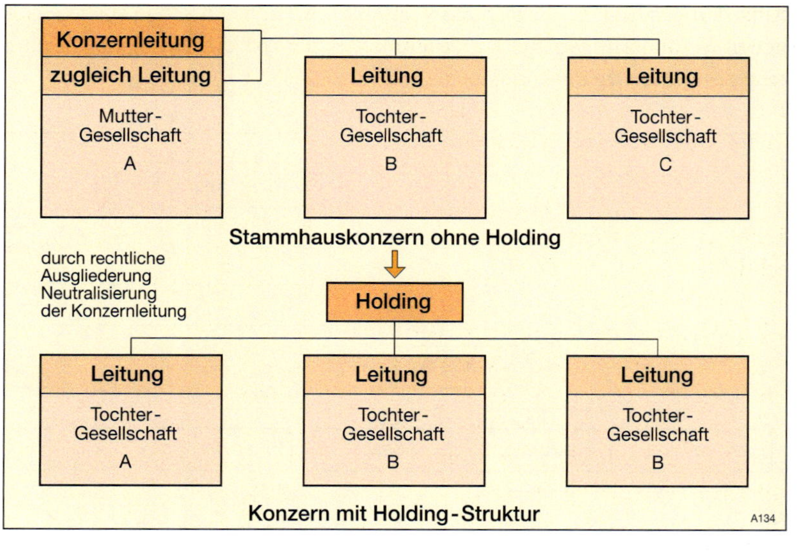

4.5 Formale und informale Organisation

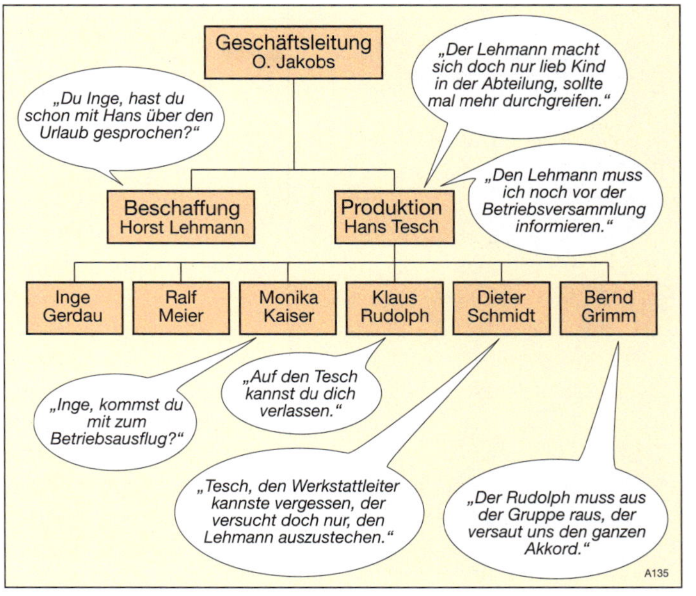

Neben den bisher beschriebenen formalen Organisationsaspekten finden sich auch informale Informationsstrukturen, die in einem Unternehmen für den reibungslosen Ablauf von Arbeitsprozessen von wichtiger Bedeutung sein können. Dazu trägt z. B. die Qualität der zwischenmenschlichen Beziehungen zwischen den Beschäftigten in einem Unternehmen bei, die sich im Betriebsklima widerspiegeln. Das Betriebsklima bleibt nicht ohne Einfluss auf die Arbeitszufriedenheit, Leistungsbereitschaft, auf das Wohlbefinden und das Verhalten der Mitarbeiterinnen und Mitarbeiter. Andererseits wirken sich auch familiäre Verhältnisse und besondere Umstände auf das Arbeitsverhalten im Unternehmen aus. Menschen in einem Unternehmen sind nicht nur zu organisieren, zu verplanen, zu Stellenträgern zu machen, um die Unternehmensziele zu erreichen. Mitarbeiterinnen und Mitarbeiter haben Gefühle, werden von Stimmungen beeinflusst, haben Wünsche. Den einen Mitarbeiter mag man, den anderen nicht. Krankheit und Ärger in der Familie, Streit zwischen den Ehepartnern, den Kindern haben auch Einfluss auf die Arbeit. Oder: Eine alleinstehende Mutter mit der Dreifachbelastung von Familie, Haushalt und Beruf steht unter einem ganz anderen Arbeitsstress als ein Mann, der sich weitgehend auf seinen Beruf konzentrieren kann.

Unternehmen als ein Netzwerk von Verträgen

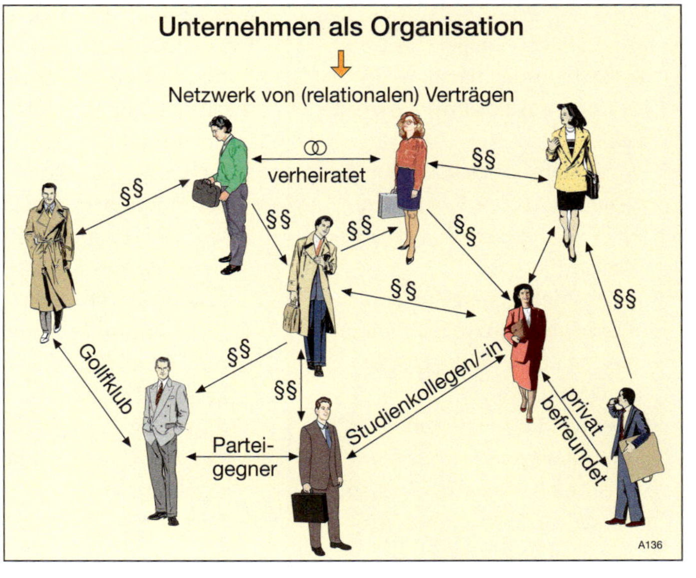

Die Organisation eines Unternehmens hat in erster Linie zum Ziel, dass damit die Erstellung von Sachgütern und die Bereitstellung von Dienstleistungen gewinnbringend erfolgen kann. Aber alle organisatorischen Regelungen besitzen in vielfacher Weise einen Rechtscharakter. Durch die Über- und Unterordnung von Personen werden gleichzeitig Kontrollfunktionen etabliert und Zuständigkeiten beschrieben: Wer darf was, wann, bei welchen Angelegenheiten, wer haftet bei welchen Sachverhalten? Diese Tatsache hat Einfluss auf die Gestaltung von Arbeitsverträgen. Man könnte in diesem Sinne sagen, dass das ganze Unternehmen mit rechtlichen Regeln überzogen ist, mit denen die Eigentümer ihre Eigentumsansprüche sicherstellen wollen. Unternehmen stellen ein Netzwerk von Verträgen dar. Bei den nachfolgenden unterschiedlichen Organisationskonzepten lässt sich auch erkennen, wie sich die rechtlichen Beziehungen für Beschäftigte, Eigentümer, Manager nach und nach verändert haben, ohne dass sich das generelle Ziel eines Unternehmens, Gewinne zu erzielen, berührt wird. Die Sichtweisen von Organisationen werden durch die jeweilige historische Situation geprägt.

Max Weber
Soziologe
* 21.04.1864 in Erfurt
† 14.06.1920 in München

- studierte Jura, Nationalökonomie, Philosophie und Geschichte
- 1894: Professor für Nationalökonomie an der Universität Freiburg/Breisgau.
- 1897: Wechsel an die Universität Heidelberg
- 1990 Mitbegründer der „Deutschen Gesellschaft für Soziologie"
- Veröffentlichungen u.a.: „Wirtschaft und Gesellschaft", „Wissenschaft als Beruf"

Henri Fayol
* 29.7.1841 Istanbul,
† 19.11.1925 Paris;

- französischer Bauingenieur und Verwaltungsfachmann
- Vertreter des Scientific Managements
- Fayol interessierte vor allem die wissenschaftliche Fundierung seiner eigenen Arbeit, der Unternehmensführung.
- Seine Aufgabenbereiche der Unternehmensführung erinnern stark an den Strukturtyp der Bürokratie.
- Eine nach Fayols gestaltete, bürokratische Verwaltung wird teilweise als ideale Ergänzung einer tayloristischen Arbeitsorganisation gesehen.
- Veröffentlichungen u.a.: „Administration industrielle et générale" (1915); deutsch: 1929: Allgemeine und industrielle Verwaltung, München

4.6 Unterschiedliche organisationstheoretische Ansätze

Seit es Unternehmen gibt, machen sich die Wissenschaftler Gedanken darüber, wie menschliche Arbeit organisiert werden sollte und welche sonstigen Zielsetzungen neben den ökonomischen verfolgt werden können.

Unterschiedliche organisationstheoretische Ansätze lassen sich einer historischen Zeitleiste zuordnen, d. h., in ihnen spiegeln sich auch gesellschaftstheoretische Positionen und Haltungen der jeweiligen historischen Situation wider. Wir unterscheiden klassische von neoklassischen und so genannten modernen Ansätzen.

1. **Klassische Ansätze**

a) **Der Bürokratieansatz**

Max Weber

Max Weber hat mit dem von ihm entwickelten Ansatz gezeigt, dass und wie es in Großorganisationen gelingt, die Handlungen der Individuen zweckmäßig aufeinander zu beziehen, regelhaft zu erfassen und reibungslos zu einem Ganzen zu verbinden. Mit der bürokratischen Organisation ist seiner Meinung nach das effizienteste Instrument gefunden, um komplexe Handlungssituationen zu steuern und den Gehorsam der vielen Mitglieder sicherzustellen. Der Kernpunkt der Bürokratie ist die Existenz einer durch generelle Regeln geschaffenen Ordnung (Organisationsstruktur) und die Anerkennung dieser Ordnung durch die Organisationsmitglieder. Durch die Regelbefolgung stabilisieren die Organisationsmitglieder die Verhaltenserwartungen nach innen und nach außen; die Großorganisation wird dadurch trotz ihrer Größe zu einer berechenbaren und beherrschbaren Einheit.

Die Organisation ist in erster Linie ein System, das nach Befehl und Gehorsam funktioniert. Dabei spielt der Begriff der Herrschaft eine zentrale Rolle. Herrschaft muss legitimiert werden, d. h., es muss eine Rechtsgrundlage existieren, die alle Mitglieder annehmen und akzeptieren. Beim Bürokratieansatz erfolgt diese Legitimation kraft Satzung. Es handelt sich also um eine Form der legalen Herrschaft, gekennzeichnet durch legal geschaffene, verstehbare Regeln. An diese halten sich nicht nur die Gehorchenden, sondern auch die Anordnenden. Die abstrakte Regelbindung und der Glaube an die Legitimität dieser Regeln ist das Besondere der legalen Herrschaft, und die bürokratische Organisation ist ihre reinste Verkörperung.

b) **Der administrative Ansatz**

Henri Fayol unterscheidet die folgenden fünf Basiselemente guter Betriebsführung (= Administration): Vorausschau, Organisation, Befehl, Koordination und Kontrolle. Organisieren ist Mittel zum Zweck. In diesem Rahmen entwickelte Fayol Managementprinzipien.

Soweit diese Prinzipien die Organisation betreffen, sind sie nachfolgend zusammengestellt:

- Arbeitsteilung: Mehr Einsatz und bessere Arbeitsergebnisse bei gleicher Anstrengung sind durch Spezialisierung erzielbar.
- Autorität und Verantwortung: Autorität ist das Recht, Anweisungen zu erteilen, und die Macht, sich Gehorsam zu verschaffen. Autorität verlangt Verantwortung, sie ist das natürliche Gegenstück.
- Disziplin bedeutet in erster Linie Gehorsam gegenüber allen Konventionen, die in dem Unternehmen gelten.
- Einheit der Auftragserteilung: Für jeden Arbeitsauftrag sollte jeder Beschäftigte Anweisungen nur von einem Vorgesetzten erhalten.
- Einheit der Leitung: Alle Anstrengungen, Koordinierungen, Anweisungen müssen auf ein Ziel und eine Direktion hin ausgerichtet sein.
- Zentralisierung: Sie ist natürlicher Bestandteil jeder Organisation, alle Entscheidungen müssen an einem Ort gebündelt werden.
- Hierarchie: Sie bezeichnet den Instanzenzug, beginnend bei der höchsten Autorität bis zur untersten Führungsebene. Das ist der Weg, den jede Kommunikationen berücksichtigen muss.
- Ordnung: Jeder Mitarbeiter und jedes Ding braucht seinen Platz und alles hat auf seinem Platz zu sein.

2. **Neoklassische Ansätze**

a) **Human-Relations-Ansatz**

Dieser Ansatz hat seinen Ursprung in den berühmten Hawthorne-Experimenten in den 20er-Jahren des letzten Jahrhunderts. Es ging zunächst um die Untersuchung von Zusammenhängen zwischen bestimmten äußeren Arbeitsbedingungen (Beleuchtung, Pausen, Arbeitszeit, Entlohnungssystem) und der Entwicklung der Arbeitsproduktivität. Man registrierte Produktivitätsveränderungen, die durch die Veränderung der äußeren Rahmenbedingungen nicht erklärbar waren.

Am Ende weiterer Experimente unter Leitung von Elton Mayo stand die Erkenntnis, dass die Produktivitätsveränderungen ihre Ursache in den mit den Experimenten einhergehenden Veränderungen der sozialen Beziehungen, in den „human relations", hatten. Dazu gehören etwa die freundliche Aufmerksamkeit der Vorgesetzten während des Zeitraumes der Experimente und die Möglichkeit, über die eigenen Arbeitsbedingungen mitbestimmen zu können. Die Emotionalität, jahrzehntelang als unberechenbare Störgröße angesehen, avancierte zu einem Produktivitätsfaktor. Der Blick wandelte sich von einer rein technischen Sicht zu einer, die den Faktor Mensch mehr in den Mittelpunkt rückte.

b) **Anreiz-Beitrags-Theorie**

C. I. Barnard sieht die Unternehmung als System von Handlungen, dessen Bestand jederzeit durch Unsicherheit gefährdet ist. Ein Gleichgewicht zwischen Anreizen und Beiträgen ist anzustreben. Als Beiträge werden die Handlungen bezeichnet, die die Organisation benötigt, um ihre Ziele zu erreichen.

Als Anreize werden die Gegenleistungen der Organisation bezeichnet. Diese können materieller und immaterieller Art (z. B. Stolz auf die eigene Arbeit, Einfluss auf die Arbeitsumgebung) sein.

i

George Elton Mayo
Psychologe
* 26.12.1880 in Adelaide, Australien
† 01.09.1949 in Guildford, Surrey

- Studium der Philosophie, Psychologie, Politik- und Sozialwissenschaften
- führte das berühmte „Hawthorne Experiment" in den Hawthorne-Werken der Western Electric Company (1924–1927) durch; untersucht wurde der Zusammenhang zwischen Arbeitsbedingungen (Licht, Räume etc.) auf die Arbeitsleistung.
- 1926: Berufung an die Harvard Business School

Chester I. Barnard

* 1886 in Malden, Massachusetts, USA
† 1961 in New York

- Barnard besuchte nie eine Akademie.
- Vertreter und Mitbegründer der verhaltenswissenschaftlichen Entscheidungstheorie und des Selbstverwirklichungsansatzes, er thematisierte die Mitarbeiterbeteiligung, die Demokratisierung und die soziale Verantwortung des Managements;
- Bei der Klassifizierung der Arbeitsmotivatoren spielt die Bedürfnispyramide von Abraham Maslow (1954) eine wesentliche Rolle.
- Veröffentlichungen u.a.: „The Functions of the Executive" (1938), Cambridge, MA; „Organization and Management" (1948)

Chester Irving Barnard (rechts)

Die Balance von Anreizen und Beiträgen, die Balance zwischen Geben und Nehmen, beschränkt sich keineswegs auf die Arbeitnehmer, sondern gilt für alle Individuen und Gruppen (Kapitaleigner, Fremdkapitalgeber, Lieferanten, Abnehmer etc.), deren Kooperation für die Erreichung der Organisationsziele erforderlich ist. Da sich die Organisationsteilnehmer nur solchen Anordnungen fügen, die ihnen aufgrund ihrer Kooperationsvereinbarungen akzeptabel erscheinen, ist die (freiwillige) Anerkennung der Autorität jederzeit schwierig und verändert sich fortlaufend.

3. **Moderne Ansätze**

a) **Human-Resources-Ansatz**

Ausgangspunkt hier ist die Überzeugung, dass Abhängigkeit und schlichter Regelgehorsam in Organisationen zu einer Verschwendung von Human-Resourcen führen und die Menschen daran hindern, Initiative und Verantwortungsbewusstsein zu entwickeln. Neue Organisationsmodelle sind erforderlich, die den menschlichen Bedürfnissen besser angepasst sind und so eine wirtschaftlichere Nutzung der Human-Resource erlauben. Dahinter steht das Leitbild eines nach persönlicher Reife strebenden Menschen. Chris Argyris, ein bekannter Organisationstheoretiker, geht davon aus, dass jeder Mensch nach einem Reifungsprozess strebe, der von starker Abhängigkeit hin zur „reifen Persönlichkeit" führe, die durch vielfältige Interessen, differenzierte Verhaltensweisen und ein ausgeprägtes Selbstbewusstsein gekennzeichnet sei. Die Konsequenz für die Organisationstruktur ist, sie so zu gestalten, dass sie den Mitarbeitern mehr Entfaltungsmöglichkeiten bietet, die Teilhabe an Entscheidungen ermöglicht, Vertrauen in zwischenmenschlichen Beziehungen schafft, vielseitige Informationswege eröffnet, Fremdkontrolle durch weitgehende Selbstkontrolle ersetzt etc.

b) **Systemtheoretischer Ansatz**

Dieser Ansatz geht davon aus, dass das System Unternehmen aus Elementen besteht, die in Wechselbeziehungen zueinander stehen und eine Gesamtheit bilden.

Die Organisationsstruktur hilft der Unternehmung, die Umweltkomplexität im Unternehmen zu analysieren und zu reduzieren. Systeme werden als Handlungseinheiten begriffen, die die Probleme einer komplexen und veränderlichen Umwelt in einem kollektiven arbeitsteiligen Leistungsprozess bewältigen. Eine komplexe Umwelt erfordert die Schaffung einer überschaubaren und begreifbaren inneren Struktur, um die vielseitigen Umweltbezüge erfassen und aufarbeiten zu können. Das bekannteste Muster zur Verarbeitung komplexer Umwelten ist die Schaffung von Subsystemen, die eine Spezialisierung auf bestimmte Systemfunktionen ermöglichen, z. B. stabilisierende, innovierende, außenbezogene oder integrierende Subsysteme. Jedes Subsystem nimmt also lediglich eine ihm zugewiesene Funktion ein. Veränderungen in der Umwelt stellen das System vor neue Probleme, auf die das System „Unternehmen" reagieren muss, um langfristig existieren zu können.

1. Finden Sie in der Schule vergleichbare organisationstheoretische Ansätze wieder?
2. Welchen Ansatz bevorzugen Sie als Unternehmensgründer? Begründen Sie Ihre Auswahl.

5 Unternehmensverfassung und Arbeitsbeziehungen

Frau Retz, Mitglied des Betriebsrates in der Meier-Papier-AG, kommt nach einem anstrengenden Tag nach Hause. Ihr Mann, der in einer kleinen, aus vier Mitarbeitern bestehenden Möbeltischlerei arbeitet, hat bereits für das Abendessen gesorgt. Am Tisch erzählt sie ihm von der heutigen Sitzung des Wirtschaftsausschusses.

Frau Retz: Puh, das war eine anstrengende Sitzung!
Herr Retz: Da bin ich echt froh, dass ich nur in so einem kleinen Unternehmen arbeite. Da fällt die Koordination wesentlich leichter.
Frau Retz: Na klar, aber was sollen wir tun? Ich glaube, da kommt in nächster Zeit noch richtig was auf uns als Betriebsrat zu. Zum Beispiel die Produktionsverlagerung nach Polen: Klar, dass wir expandieren müssen, aber wir müssen auch höllisch aufpassen, dass nicht plötzlich die Mehrzahl der Stellen hier weg ist. Zumal im Rahmen der gesamten Reorganisation einige Abteilungen zusammengelegt werden und im Zuge dessen sowieso schon Personal abgebaut wird. Der Vorstand stellt das natürlich ganz anders dar.
Herr Retz: Klar, dass eure Interessenlagen da nicht übereinstimmen.
Frau Retz: Wir wissen auch, dass die Ausweitung der Unternehmenstätigkeit ins Ausland unumgänglich ist, schon allein um die Existenz und Beschäftigung langfristig zu sichern. Das wäre ja fahrlässig, wenn wir das aus Prinzip blockieren würden. Aber wir werden natürlich mit Argusaugen darauf achten, dass im Zuge der Entwicklung nicht klammheimlich die Rechte unserer Mitarbeiter beschnitten werden. Gerade jetzt, wo unsere Gewerkschaft einen vernünftigen Tarifabschluss mit den Arbeitgebern ausgehandelt hat.
Herr Retz: Aber könnt ihr denn da konkret überhaupt was machen?
Frau Retz: So hilflos sind wir ja auch nicht! Wir werden z. B. bei den anstehenden Entlassungen sehr genau sehen, dass sozialverträgliche Regelungen gefunden werden. Die Wahrung des Shareholder-Value für die Aktionäre darf ja wohl nicht das alleinig ausschlaggebende Kriterium sein. Das wird noch Diskussionen geben, aber zum Glück gibt es ja klare rechtliche Regelungen, an denen niemand vorbeikann.
Herr Retz: Nur gut, dass ich mit so was nichts zu tun habe. Obwohl ich nächste Woche auch mal mit meinem Chef sprechen muss. Mit den Überstunden geht das so nicht weiter.
Frau Retz: Das stimmt, da musst du unbedingt was tun.
Herr Retz: Klar, im Moment liegt viel an, das ist ja auch gut so. Aber wenn das noch länger so geht, muss halt noch jemand eingestellt werden, oder es muss zumindest mehr Geld geben. Wir werden sehen.
Frau Retz: Das ist bei euch natürlich einfacher. Die Entlohnung ist bei uns auch noch so ein Thema. Der Vorstand hält, wie er sagt, die „Effizienz“ im Bereich der Produktion für nicht hoch genug und möchte ein neues Prämiensystem einführen, um die „Leistungsanreize“ zu erhöhen. Und von der generellen Diskussion um die Ausweitung der Arbeitszeiten in Deutschland zur Senkung der Lohnnebenkosten werden wir auch nicht mehr lange verschont bleiben, befürchte ich. Die haben jetzt einen Vorschlag gemacht, den mein Kollege gerade überprüft. Ist aber auch eine komplizierte Angelegenheit. Aber da geht ohne unsere Beteiligung ja glücklicherweise auch nichts.

1. Stellen Sie die hier angesprochenen Aufgaben im vorgestellten Unternehmensbereich zusammen.
2. Welche Verknüpfungen bestehen zu anderen Abteilungen des Unternehmens?

5.1 Unternehmensverfassung

1. Erläutern Sie den Vergleich zwischen Unternehmensverfassung und Wirtschaftsordnung.

2. Kennzeichnen Sie das Verhältnis zwischen Unternehmen und dem Staat.

Aufgaben der Unternehmensverfassung

Die Unternehmensverfassung ist vergleichbar mit der Verfassung auf staatlicher Ebene bzw. mit der Wirtschaftsordnung eines Landes. Die staatliche Verfassung regelt die grundlegenden staatlichen Ziele, legt fest, in welchem Rahmen der Staat Entscheidungen trifft, und schreibt vor, wie Entscheidungen bzw. Gesetze zustande kommen. Ähnliches gilt für die Unternehmensverfassung: Sie legt die innere Ordnung des Unternehmens fest und sorgt auf diese Weise für langfristig gültige Regelungen. Sie regelt die Zwecksetzung und das Kompetenzsystem des Unternehmens und sieht Regelungen für Konflikt- bzw. Krisensituationen vor.

Die Unternehmensverfassung wird zwischen den Beteiligten (z. B. den Gesellschaftern) frei vereinbart und nur wichtige Gründe können dazu führen, dass sie modifiziert wird.

Allerdings nimmt auch der Staat durch gesetzliche Regelungen Einfluss auf die Unternehmensverfassung. Im Gesellschaftsrecht sind wichtige Bestimmungen bezüglich des Kompetenzsystems und der Haftung eines Unternehmens enthalten. Andere Gesetze – z. B. die Gesetze zur Mitbestimmung – regeln die Beziehungen zwischen Arbeitgebern und Arbeitnehmern.

Die allgemeine Zwecksetzung eines Unternehmens lässt erkennen, in welcher Branche bzw. in welcher Domäne das Unternehmen tätig ist. Eine Bank ist z. B. im Kreditgewerbe tätig und vertreibt Finanzdienstleistungen an seine Kunden.

Das Kompetenzsystem eines Unternehmens umfasst die Organe und deren Entscheidungsbefugnisse. Die Unternehmensverfassung bestimmt in diesem Zusammenhang Zuständigkeiten und Verantwortlichkeiten. Auch hier kann der Staat durch gesetzliche Regelungen Vorgaben machen, z. B. bei den Organen einer Aktiengesellschaft (AG). Hier werden die Zuständigkeiten des Vorstandes, des Aufsichtsrates und der Hauptversammlung vom Staat weitestgehend vorgegeben.

Krisensituationen stellen Unternehmen immer vor besondere Aufgaben. Gerade in solchen Situationen ist es wichtig, Regelungen und Mechanismen festgelegt zu haben, die schnelle Entscheidungen möglich machen. Auch dieses muss eine Unternehmensverfassung erfüllen bzw. leisten.

Darüber hinaus legt sie fest, wer der Träger eines Unternehmens ist, also wer das Recht hat, Organe des Unternehmens einzusetzen bzw. daran mitzuwirken. Dieses sind z. B. bei der Aktiengesellschaft die Aktionäre.

Allgemeine Grundrechte bzw. -pflichten müssen sich in der Unternehmensverfassung ebenso finden wie Regelungen zur Sicherung der vertrauensvollen Zusammenarbeit.

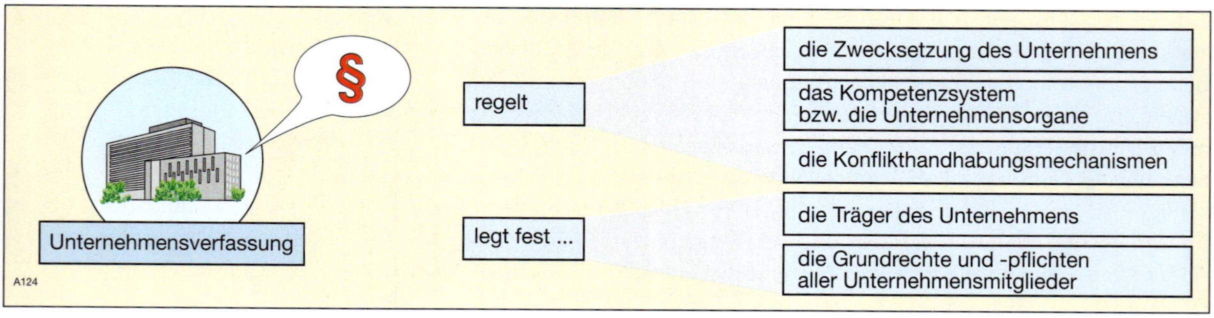

Rechtsformen

Wichtige Wahlmöglichkeiten hinsichtlich der Gestaltung der Unternehmensverfassung ergeben sich aus den Rechtsformen, die der jeweilige gesetzliche Rahmen vorsieht. Unternehmen können zwischen einer Reihe von Alternativen hinsichtlich der im Gesellschaftsrecht festgelegten Rahmenbedingungen für die Bildung von Organen, deren Zuständigkeiten und Verpflichtungen wählen. Diese Alternativen sind zu in sich stimmigen Konzeptionen zusammengefasst, die als Rechtsformen bezeichnet werden. Dabei spielen insbesondere die Enge der Bindung der Inhaber, deren Haftung und Leitungsbefugnisse sowie die Abstimmung dieser Regelungen eine zentrale Rolle.
Zunächst kann zwischen Rechtsformen des Privatrechts und des öffentlichen Rechts unterschieden werden:

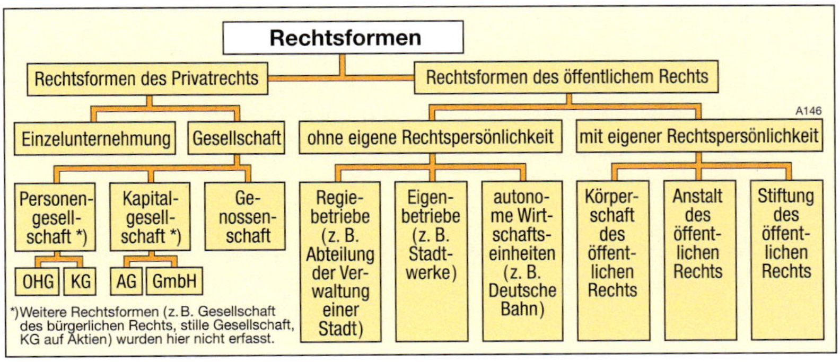

Für private Unternehmen kommen nur die Rechtsformen des Privatrechts infrage. Für Außenstehende ist es wichtig, dass die Rechtsform und damit z. B. die Haftungsverhältnisse oder die Leitungsbefugnisse leicht zu erkennen sind. Zwar kann der Firmenname weitgehend frei gewählt werden, es muss aber durch einen Zusatz ein Hinweis auf die Rechtsform erfolgen.
An dieser Stelle sollen kurz die wichtigsten Rechtsformen des Privatrechts vorgestellt werden.

Einzelunternehmung/Personengesellschaft

Die **Einzelunternehmung** – Rechtsgrundlage §§ 1 bis 104 Handelsgesetzbuch (HBG) – wird von einer einzelnen Person (Kaufmann) betrieben. Sie haftet mit dem gesamten geschäftlichen und persönlichen Vermögen für mögliche Verbindlichkeiten bzw. Schulden des Unternehmens. Als Rechtsformzusatz hat der Kaufmann seiner Firma „eingetragener Kaufmann“ bzw. „e. K.“ anzuhängen. Die Einzelunternehmung wird vor allem gewählt, wenn kein hoher Kapitalbedarf vorliegt und eine einfache Leitungsstruktur zweckmäßig ist.

Personengesellschaften (Rechtsgrundlage §§ 705 bis 740 BGB) sind ähnlich konzipiert wie Einzelunternehmen; sie werden aber von mehreren Personen – den Gesellschaftern – getragen.

Die **offene Handelsgesellschaft** (Rechtsgrundlage §§ 105 bis 160 HBG, §§ 705 bis 740 BGB) besteht aus mindestens zwei Gesellschaftern, die – wie bei der Einzelunternehmung – voll mit ihrem gesamten Vermögen für die Schulden des Unternehmens haften. Die Firma muss die Bezeichnung „offene Handelsgesellschaft“ oder eine allgemein verständliche Abkürzung (z. B. OHG) enthalten. Die OHG wird als Rechtsform für solche Unternehmen gewählt, deren Tätigkeit sich in einem überschaubaren Rahmen bewegt.

Die besondere Form der Genossenschaft

Die Genossenschaft ist eine Rechtsform, die sich im 19. Jahrhundert gebildet hat. Sie stellt einen Versuch dar, das Risiko unternehmerischen Handelns auf viele Schultern zu verteilen. Ein bekanntes Beispiel sind die Raiffeisenbanken. Genossenschaften sind Organisationen mit unbegrenzter Mitgliederzahl, welche die Förderung des Erwerbs und der Wirtschaft ihrer Mitglieder mittels gemeinschaftlichen Geschäftsbetriebes bezwecken. Im Sinne des BGB handelt es sich um Vereine. Der Genossenschaftsgedanke kommt v. a. in folgenden Punkten zum Ausdruck: gemeinschaftlich begründeter Geschäftsbetrieb, Gleichberechtigung der Mitglieder unabhängig von der Höhe der Kapitalbeteiligung, Selbstverwaltung durch die Genossenschaftsorgane (Vorstand, Aufsichtsrat, Generalversammlung). Im Vergleich zu anderen Rechtsformen besteht keine Mindestkapitalpflicht.

Die **Kommanditgesellschaft** (Rechtsgrundlage §§ 161 bis 177 HBG, aufbauend auf §§ 105 bis 160 HGB und §§ 705 bis 740 BGB) hat zwei Arten von Gesellschaftern, und zwar solche, die – genau wie bei der OHG – mit ihrem ganzen Vermögen (Komplementäre), und solche, die nur in Höhe ihrer Kapitaleinlage (Kommanditisten) haften. Die Geschäftsführungsbefugnisse liegen bei dem Komplementär bzw. bei den Komplementären. Für die Firma gelten sinngemäß die gleichen Regeln wie bei der OHG. Sie muss also die Bezeichnung „Kommanditgesellschaft“ oder eine allgemein verständliche Abkürzung (z. B. KG) enthalten.
Die KG bietet – weil die Zahl der Kommanditisten prinzipiell nicht begrenzt ist – bessere Möglichkeiten der Kapitalausstattung als die OHG.

Kapitalgesellschaften
Während bei den Personengesellschaften Eigenkapitalgeber und Unternehmer vielfach identisch sind, befinden sich bei den Kapitalgesellschaften Kapitaleigentum und Unternehmensführung i. d. R. in verschiedenen Händen. Die Kapitalgesellschaft basiert auf der Trennung von Personen und Kapital. Die wichtigsten Kapitalgesellschaften sind die Aktiengesellschaft (AG) und die Gesellschaft mit beschränkter Haftung (GmbH).

Hauptmerkmal der **Aktiengesellschaft** (Rechtsgrundlage Aktiengesetz AktG) ist die Zerlegung des so genannten Grundkapitals in viele Anteile (Aktien), die meistens auf dem Kapitalmarkt (Börse) gehandelt werden. Dadurch besteht die Möglichkeit, große Kapitalbeträge aufzubringen. Die Haftung der Anteilseigner ist auf die Höhe der Einlage beschränkt. Wegen dieser Haftungsbeschränkung und der Bedeutung der vielen großen Aktiengesellschaften bestehen besondere Vorschriften über die Veröffentlichung der Bilanzen, die Prüfung des Jahresabschlusses durch Wirtschaftsprüfer usw.
Die Leitung der AG liegt bei den gesetzlich vorgeschriebenen Organen, insbesondere beim Vorstand. Der Aufsichtsrat setzt sich aus Vertretern der Kapitalgeber- und der Arbeitnehmerseite zusammen, wobei die Arbeitnehmer bei Unternehmen zwischen 500 und 2.000 Mitarbeitern ein Drittel, in Unternehmungen mit mehr als 2.000 Beschäftigten sowie in der Montanindustrie (Eisen, Kohle, Stahl) nach unterschiedlichen Einzelregelungen die Hälfte der Mitglieder stellen.
Die Aktiengesellschaft ist die bevorzugte Rechtsform von großen Unternehmungen mit einem hohen Kapitalbedarf. Der Mindestnennbetrag des Grundkapitals beträgt allerdings nur 50.000,– €, sodass auch kleinere Aktiengesellschaften gegründet werden können.

Die **Gesellschaft mit beschränkter Haftung** (Rechtsgrundlage ist das GmbH-Gesetz) ist wie die Aktiengesellschaft eine Kapitalgesellschaft. Die Haftung des einzelnen Anteilseigners ist also ebenfalls auf die Höhe seiner Einlage beschränkt. Die GmbH-Anteile werden nicht – wie die Aktien in den meisten Fällen – am Kapitalmarkt gehandelt. Die Zahl der Gesellschafter ist meistens klein, der Anteil des einzelnen Gesellschafters relativ groß. Das Stammkapital beträgt mindestens 25.000,– €. Die Stammeinlage jedes Gesellschafters muss mindestens 100,– € betragen. Organe der GmbH sind stets die Geschäftsführer und die Gesellschafterversammlung. Bei größeren Beschäftigtenzahlen kann die GmbH aufgrund gesetzlicher Bestimmungen oder freiwilliger Festlegung auch einen Aufsichtsrat haben. Die Leitung der GmbH liegt bei einem oder mehreren Geschäftsführern. Die Rechtsform GmbH wird relativ häufig auch von Klein- und Mittelbetrieben gewählt.

1. Listen Sie die Firmennamen und Rechtsformen verschiedener Ihnen bekannter Unternehmen auf und versuchen Sie zu begründen, warum die einzelnen Unternehmen jeweils diese Rechtsform gewählt haben könnten.

Welche Rechtsform ist die richtige?
Die Wahl der Rechtsform ist für jedes Unternehmen eine wichtige Entscheidung. Ihr muss schon deshalb große Aufmerksamkeit gelten. Die folgenden Kriterien sind von besonderer Bedeutung:

Haftung: Hierbei geht es darum, ob sich die Haftung der Eigentümer auf das in das Unternehmen eingebrachte Gesellschaftsvermögen beschränkt (beschränkte Haftung) oder auch das Privatvermögen der Eigentümer einbezogen wird (unbeschränkte Haftung). Einzelunternehmung und Personengesellschaften sind durch unbeschränkte Haftung, Kapitalgesellschaften durch beschränkte Haftung gekennzeichnet.

Leitung: Die Leitung des Unternehmens umfasst die nach innen wirksame Geschäftsführungsbefugnis und die nach außen gerichtete Vertretung, die Dritten gegenüber wirkt. Die gesetzlichen Regelungen sehen einen engen Zusammenhang zwischen Aufbringen der Kapitalanteile und Haftung einerseits sowie Leitungsbefugnis andererseits vor.

Gewinn- und Verlustbeteiligung: Die Regelungen der Gewinn- bzw. der Verlustbeteiligung richten sich im Wesentlichen nach dem Ausmaß der persönlichen Mitarbeit der Gesellschafter im Unternehmen sowie nach dem Gewicht des Kapitalanteils und der Haftung.

Kapitalbeschaffungsmöglichkeiten: Sie werden nur begrenzt von der Rechtsform beeinflusst. Die Bereitschaft zur Überlassung von Kapital hängt im Wesentlichen von den wirtschaftlichen Zukunftsaussichten des Unternehmens und der Haftungsmasse, allerdings auch von den Haftungsbedingungen ab. Der Kapitalmarktzugang ist den Kapitalgesellschaften vorbehalten.

Publizitätspflicht: Zwischen den verschiedenen Rechtsformen bestehen erhebliche Unterschiede hinsichtlich der Informationspflichten gegenüber Eigentümern und Öffentlichkeit. Zu diesen „Pflichten" zählen z. B. die Bilanz, die Gewinn- und Verlustrechnung oder ein Lagebericht. Am weitesten gehen die Publizitätsanforderungen bei einer Aktiengesellschaft.

Aufwendungen für die Rechtsform: Die unterschiedlichen Publizitätsanforderungen schlagen sich in unterschiedlich hohen finanziellen Aufwendungen für die Rechtsform nieder. Unterschiedlich hohe Aufwendungen ergeben sich außerdem in der Gründungsphase des Unternehmens, z. B. Kosten für den Eintrag ins Handelsregister oder für den Notar.

Steuerbelastung: Die unterschiedliche steuerliche Belastung von Unternehmungen mit verschiedenen Rechtsformen übt einen erheblichen Einfluss auf die Wahl der Rechtsform aus. Durch die Anwendung unterschiedlicher Steuerarten, durch unterschiedliche Bemessungsgrundlagen und unterschiedliche Tarifgestaltung ergeben sich hinsichtlich der Besteuerung des Gewinns und des Gewerbeertrags sowie des eingesetzten Vermögens und Gewerbekapitals verschiedene Belastungen. Gegenüber den Unterschieden in der laufenden Besteuerung, die durch Steuerbelastungsvergleiche ermittelt werden, treten die Unterschiede in der Besteuerung bei Gründung, Umwandlung und Kapitalerhöhung an Bedeutung zurück.

Fallbeispiele zur Wahl der Rechtsform bei Existenzgründungen

Fall 1: Der angestellte Meister Erich Karl ist in einem Elektroinstallationsbetrieb beschäftigt und will sich selbstständig machen. Ein wesentlicher Grund dafür ist, dass er „sein eigener Herr" sein will. Er hat vor, zunächst einen Gesellen in seinem Unternehmen zu beschäftigen. Er stellt sich vor, dass er es vor allem mit Privatkunden zu tun haben wird, also elektrische Anlagen und Leitungen in Privathäusern zu installieren und Reparaturen auszuführen. Diese Arbeiten sollen von ihm selbst und seinen Gesellen ausgeführt werden. Der Kapitalbedarf zur Gründung dieses Unternehmens ist sehr hoch. Eine ganze Reihe von Geräten (Prüfgeräte), Maschinen (Bohrmaschinen u. a.), Werkzeugen sowie ein gebrauchter Transporter sind vorhanden. Im Grunde wird er sich von seiner Hände Arbeit ernähren, aber eben als Chef des Unternehmens „Elektro-Karl" und nicht mehr als Angestellter.

Fall 2: „Elektro-Karl" will das Unternehmen erweitern, weil er den Auftrag über die gesamte Elektroinstallation eines Geschäftszentrums erhält. Dafür ist eine Aufstockung des Personals, eine Erweiterung der Geschäftsräume, die Vergrößerung des Fuhrparks und die Ausweitung des Maschinen- und Werkzeugbestandes notwendig. Dies kann „Elektro-Karl" mit seinen bisherigen Möglichkeiten nicht realisieren, weil keine Bank bereit ist, den dafür notwendigen Kredit zu stellen. Die ihm noch aus der Meisterschule bekannte Anna Moser hatte damals den Elektrobetrieb ihres Vaters übernommen. Nach einigen Kontakten entschließen sich beide, den Auftrag in einem gemeinsamen Unternehmen „Elektro-Karlman" auszuführen.

Fall 3: Vor seiner Selbstständigkeit war Christoph Busse bei einem Signal- und Schaltanlagen-Unternehmen beschäftigt. Mit seinem neuen Unternehmen will er sich ebenfalls im Signal- und Schaltanlagenbau betätigen. Er erwartet größere Aufträge von der Deutschen Bahn und von Städten und Gemeinden. Er will zudem als Zulieferer für einen großen Elektrokonzern tätig sein. Die Aufträge, die er erwartet, bewegen sich in der Größenordnung von 5.000,– € bis 50.000,– € und mehr. Es liegt auf der Hand, dass er für solch ein Unternehmen viel Personal, viele Geräte, Maschinen und entsprechende Geschäfts- und Produktionsräume braucht. Mit anderen Worten, der Kapitalbedarf dieses Unternehmens ist verglichen mit dem des Einzelunternehmens „Elektro-Karl" sehr viel höher. Bei der Höhe der Aufträge möchte der Unternehmensgründer für sich das Risiko reduzieren. Er hat im Übrigen vor einiger Zeit 34.000,– € geerbt.

!

1. Wählen Sie in den drei Fällen die Ihrer Meinung nach beste Rechtsform und begründen Sie Ihre Entscheidungen.

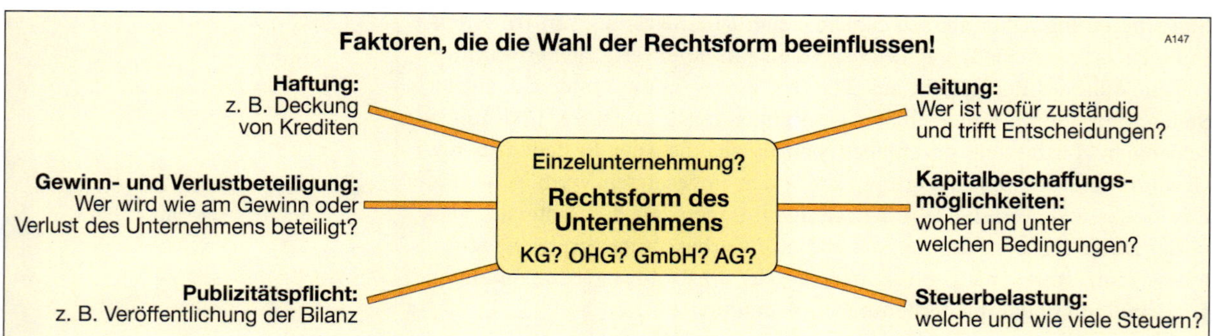

5.2 Arbeitsbeziehungen

Mit dem Begriff Arbeitsbeziehungen sind die Beziehungen zwischen Arbeitgebern und Arbeitnehmern gemeint. In Unternehmen, in denen Menschen miteinander arbeiten, sind Regelungen erforderlich, um mögliche Konflikte lösen zu können. Viele dieser Regelungen sind im Arbeitsrecht enthalten (Arbeitsschutz, Tarifrecht, Mitbestimmungs- und Betriebsverfassungsrecht). Grundlage der Arbeitsbeziehungen ist der Arbeitsvertrag (AV), den Arbeitgeber und Arbeitnehmer miteinander schließen.
Die weitgehende Freiheit der Vertragspartner bei der konkreten Ausgestaltung des Arbeitsvertrages wird allerdings dreifach eingeschränkt durch

1. zwingendes Gesetzesrecht (z. B. Arbeitsschutzbestimmungen wie Verbot der Nachtarbeit für Jugendliche),
2. Tarifverträge (tarifliches Gesetzesrecht, z. B. hinsichtlich der Arbeitszeitregelungen),
3. die Vertragspartner selbst oder durch Betriebsvereinbarungen zwischen Arbeitgebern und Betriebsrat (nachgiebiges Gesetzesrecht, z. B. Urlaubsregelungen).

Alle Normen bzw. Regelungen dieser drei Gesetzesbereiche können nur in wenigen Fällen zulasten der Arbeitnehmer (z. B. weniger Lohn als im Tarifvertrag vorgesehen) verändert werden. Veränderungen zugunsten der Arbeitnehmer sind immer möglich. Arbeitsverträge können für unbefristete und für befristete Zeit abgeschlossen werden, wobei für die befristeten Arbeitsverträge umfangreiche gesetzliche Regelungen gelten.
Das deutsche System der Arbeitgeber-Arbeitnehmer-Beziehungen ist auf verschiedenen Ebenen geregelt: Regelungen auf der internationalen Ebene bestimmen diese Beziehungen ebenso wie ganz individualrechtliche Regelungen, die für die Gestaltung eines speziellen Arbeitsplatzes herangezogen werden können oder müssen. Die nachfolgende Grafik macht diese unterschiedlichen Regelungsebenen deutlich. Wir werden uns im Weiteren einigen ausgewählten Themenbereichen besonders widmen:

- Betriebsverfassung – Rechte des Arbeitnehmers
- Mitbestimmung
- Kündigungsschutz
- Tarifpolitik

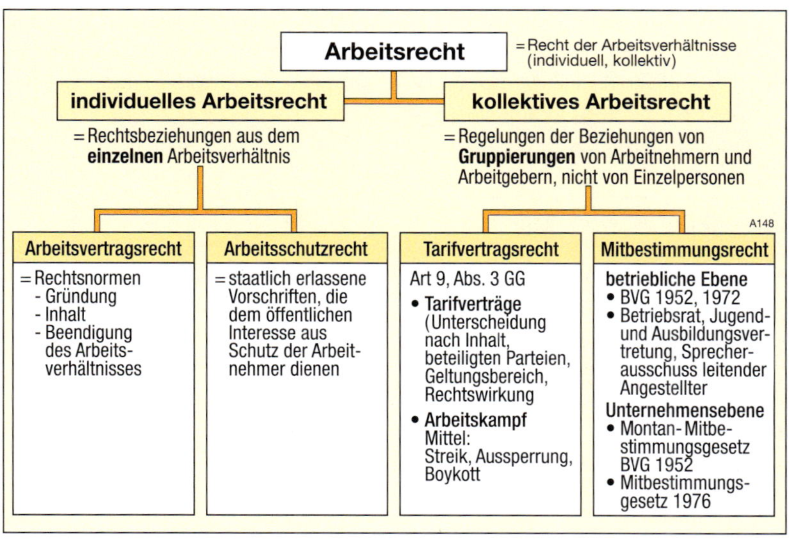

internationale Ebene:
- Konventionen
- Statuten / Richtlinien

nationale Ebene:
- Arbeitsschutzgesetze

Tarifebene:
- Tarifvertrag
- kollektive Vereinbarungen zwischen Arbeitgeberverbänden und Gewerkschaften

Unternehmensebene:
- Mitbestimmung in Leitungs- und Kontrollorganen von Kapitalgesellschaften

Betriebsebene:
- Betriebsverfassungsgesetz
- Partizipationsrechte der Arbeitnehmer / des Betriebsrates

Arbeitsplatzebene:
- Individualrechte der Arbeitnehmer
- arbeitsvertragliche Regelungen

1. Versuchen Sie eine Einordnung der ausgewählten vier Themenbereiche in die Übersicht.
2. Klären Sie die Unterscheidung „individuelles" und „kollektives Arbeitsrecht" und verdeutlichen Sie den Unterschied anhand konkreter Fälle.

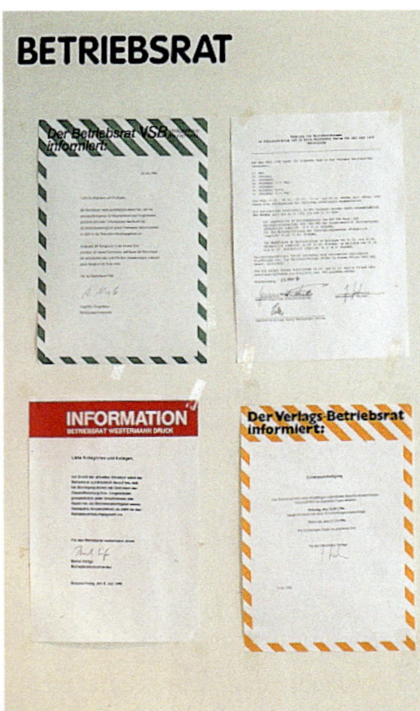

Betriebsverfassung – Rechte des Arbeitnehmers

Arbeitnehmer haben viele fest umrissene Rechte. Beispielsweise in Fragen, die sich unmittelbar auf den persönlichen Arbeitsplatz beziehen, bestehen Informations- und Anhörungsrechte. So kann verlangt werden,

- dass darüber unterrichtet wird, wie sich neue Techniken auf den Arbeitsplatz auswirken,
- die Personalakte einzusehen,
- die Leistungsbeurteilung erläutert zu bekommen oder
- zu erklären, wie sich das Arbeitsentgelt zusammensetzt.

[...] Wenn in einem Betrieb der privaten Wirtschaft wenigstens fünf Arbeitnehmer über 18 Jahre beschäftigt sind, können sie einen Betriebsrat wählen. Allerdings müssen drei der Arbeitnehmer mindestens ein halbes Jahr zum Betrieb gehören (nur dann sind sie wählbar). Arbeitnehmer unter 18 Jahren sowie Auszubildende unter 25 Jahren können eine Jugend- und Auszubildendenvertretung wählen. Auf Unternehmensebene wird ein Gesamtbetriebsrat gebildet, auf Konzernebene kann ein Konzernbetriebsrat errichtet werden. Keinen Betriebsrat gibt es in Verwaltungen und Betrieben des Bundes, der Länder und der Gemeinden sowie in sonstigen Institutionen des öffentlichen Rechts. Für sie gelten statt des Betriebsverfassungsgesetzes das Personalvertretungsgesetz des Bundes bzw. – für den Bereich der Länder – die verschiedenen Landespersonalvertretungsgesetze. [...]

Wer ist für den Betriebsrat wahlberechtigt?

Alle Arbeitnehmer, die das 18. Lebensjahr vollendet haben, dürfen den Betriebsrat wählen. Betriebsratsmitglied können allerdings nur diejenigen werden, die seit mindestens sechs Monaten im Betrieb beschäftigt sind. Dazu zählen jedoch auch die Zeiten, die sie in einem anderen Betrieb desselben Unternehmens oder Konzerns gearbeitet haben.

Aufgaben des Betriebsrats

Der Betriebsrat soll u. a. darauf achten, dass die für die Arbeitnehmer geltenden Gesetze, Verordnungen und Unfallverhütungsvorschriften sowie die abgeschlossenen Tarifverträge und Betriebsvereinbarungen eingehalten werden. In einer Reihe von sozialen Angelegenheiten hat der Betriebsrat mitzubestimmen:

- wenn es um Fragen der Betriebsordnung und des Verhaltens der Arbeitnehmer geht;
- wenn betriebliche Arbeitszeitfragen geregelt oder Kurzarbeit oder Mehrarbeit eingeführt werden sollen;
- wenn allgemeine Urlaubsgrundsätze und der Urlaubsplan aufgestellt werden sowie festgelegt wird, wann der einzelne Arbeitnehmer seinen Urlaub nimmt, sofern sich Arbeitnehmer und Arbeitgeber im Einzelfall nicht einigen können;
- bei der Form, Ausgestaltung und Verwaltung von Sozialeinrichtungen, deren Wirkungsbereich auf den Betrieb, das Unternehmen oder den Konzern beschränkt ist;
- wenn technische Einrichtungen eingeführt oder angewendet werden sollen, die das Verhalten oder die Leistung der Arbeitnehmer überwachen;
- im Rahmen der gesetzlichen Vorschriften bei Regelungen, die Arbeitsunfälle und Berufskrankheiten verhüten sollen oder Fragen des Gesundheitsschutzes betreffen;

- wenn es um Fragen der Lohngestaltung geht, Grundsätze für die Entlohnung aufgestellt oder Akkord- und Prämiensätze sowie vergleichbare Leistungsentgelte festgelegt werden.

Darüber hinaus wirkt und bestimmt der Betriebsrat weitgehend mit
- bei der Gestaltung von Arbeitsplätzen, -abläufen und -umgebung,
- bei der Personalplanung sowie
- in Fragen der Berufsbildung.

Bei Betriebsänderungen [...] kann der Betriebsrat unter bestimmten Voraussetzungen einen Sozialplan durchsetzen, der die wirtschaftlichen Nachteile der betroffenen Arbeitnehmer ausgleicht oder mildert. Die wirtschaftlichen Maßnahmen selbst kann der Betriebsrat aber nicht verhindern.

In Unternehmen mit mehr als 20 wahlberechtigten Beschäftigten muss der Arbeitgeber bei allen personellen Einzelmaßnahmen den Betriebsrat informieren und seine Zustimmung einholen. Dazu gehören
- Einstellungen,
- Eingruppierungen,
- Umgruppierungen,
- Versetzungen.

Quelle: www.bmas.de/portal/1050/soziale_sicherung_06_betriebsverfassung.html (10.11.2009)

Jugend- und Auszubildendenvertretung

Jugendliche und Auszubildende haben oft Probleme in Unternehmen, die von denen älterer und schon länger beschäftigter Kollegen und Kolleginnen abweichen (z. B. Einhaltung des Jugendarbeitsschutzgesetzes oder die Frage der Übernahme nach der Ausbildungszeit in ein festes Arbeitsverhältnis). Für die Interessenswahrnehmung dieser speziellen Gruppe ist die Jugend- und Auszubildendenvertretung verantwortlich. Voraussetzung für die Einrichtung einer solchen Vertretung ist, dass in dem Unternehmen ein Betriebsrat besteht. Die Jugend- und Auszubildendenvertretung nimmt an der Arbeit des Betriebsrats teil und muss für eigene Initiativen stets den Weg über den Betriebsrat nehmen. Die Wahlen für diese Vertretung finden alle zwei Jahre statt. Wählbar sind alle Arbeitnehmer unter 25 Jahren.

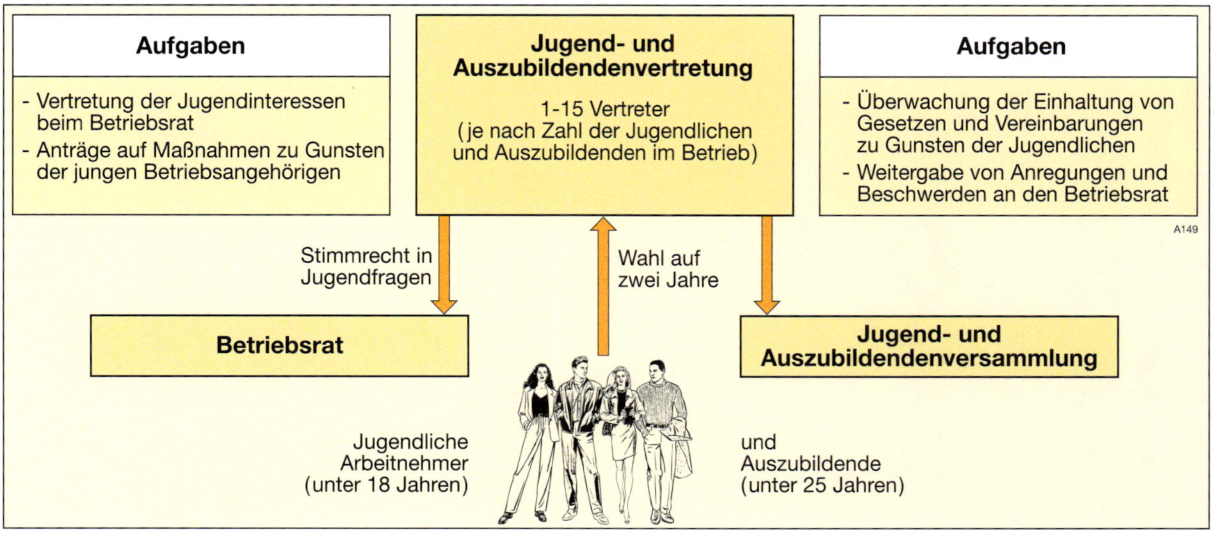

Ein Fallbeispiel zum Thema Kündigung

Frau Trude Schnederpelz, (43 Jahre, seit 14 Jahren im Unternehmen tätig, verheiratet, drei Kinder – 17, 18 und 21 Jahre – in der Ausbildung, Ehemann ist arbeitslos) ist bei der K. Stadt AG, Göttingen, als Kundenberaterin tätig. Aufgrund der Umgestaltung der Verkaufsräume wurde der Mitarbeiterbestand in der Kundenberatung abgebaut.

Frau Schnederpelz wurde daraufhin unter Einhaltung der vorgeschriebenen Frist am 19. September 2009 die Kündigung ausgesprochen (s. u.). Sie ist der Meinung, dass die Kündigung sozial ungerechtfertigt ist und bei der Sozialauswahl ein Fehler unterlaufen sei.

Mit der gleichen Tätigkeit sind folgende Mitarbeiter beschäftigt, die weiterbeschäftigt werden:

- Martina Schneider, 39 Jahre, seit acht Jahren im Unternehmen tätig, ledig, ein Kind (12 Jahre)
- Christian Müller, 36 Jahre, seit zwei Jahren im Unternehmen tätig, ledig, keine Kinder
- Sebastian König, 29 Jahre, seit einem Jahr im Unternehmen tätig, verheiratet, keine Kinder, Ehefrau ist berufstätig

Frau Trude Schnederpelz
– im Hause –
Göttingen, 19. September 2009

Kündigung

Sehr geehrte Frau Schnederpelz,

leider sehen wir uns aus betrieblichen Gründen gezwungen, das zwischen Ihnen und der K. Stadt AG bestehende Beschäftigungsverhältnis zum 30. März 2010 zu kündigen.
Die inzwischen vorgenommene Umgestaltung der Verkaufsräume ermöglicht es, die Kundenberatungsvorgänge rationeller abzuwickeln. Aufgrund der starken Konkurrenz blieb außerdem die erwartete Umsatzsteigerung aus. Dadurch entstand ein Mitarbeiterüberhang in der Kundenberatung, den wir aus Kostengründen abbauen müssen. Wir bedauern sehr, uns nach so vielen Jahren von Ihnen trennen zu müssen, und wünschen Ihnen für Ihren künftigen Berufsweg alles Gute.

Mit freundlichen Grüßen

K. Stadt AG

Schulz

Anlagen
Information zum Kündigungsschutz

1. Analysieren Sie den vorliegenden Fall mithilfe der Informationen auf den nachfolgenden Seiten. Wie bewerten Sie die Kündigung von Frau Schnederpelz? Begründen Sie Ihre Meinung.

Informationen zum Kündigungsschutz
Die Kündigung ist eine einseitige und schriftliche Willenserklärung, die ohne die Annahme der anderen Partei rechtswirksam ist. Der Zugang dieser Erklärung reicht aus. Es wird generell zwischen der ordentlichen und der außerordentlichen (fristlos) beziehungsweise zwischen der verhaltensbedingten, personenbedingten und betriebsbedingten Kündigung unterschieden. Bei der außerordentlichen Kündigung muss ein wichtiger Grund vorliegen, sodass die weitere Beschäftigung des Arbeitnehmers für den Arbeitgeber nicht zumutbar ist. Die außerordentliche Kündigung ist daher eine unausweichlich letzte Maßnahme. Die ordentliche Kündigung, die grundsätzlich nur bei unbefristeten Arbeitsverhältnissen zulässig ist, muss soziale Aspekte und geltende Kündigungsfristen berücksichtigen.

Während der Probezeit beträgt die Kündigungsfrist zwei Wochen; dauert die Probezeit länger als sechs Monate, ist eine Frist von vier Wochen einzuhalten. Bei einer Betriebszugehörigkeit von bis zu zwei Jahren beträgt die Kündigungsfrist vier Wochen, jeweils zum 15. des Monats oder zum Monatsende. Danach gelten Bestimmungen, die von der Dauer der Betriebszugehörigkeit abhängig sind. Bei der Sozialauswahl müssen Kriterien wie Familienstand, Status des Ehepartners, Anzahl der Kinder, Betriebszugehörigkeit usw. beachtet werden. Der Zwang zur Angabe von Gründen, die zur Auflösung des Arbeitsverhältnisses führen, wird entweder durch Tarifgesetze beziehungsweise Betriebsvereinbarungen vorgeschrieben, oder sie müssen bei einer außerordentlichen Kündigung auf Verlangen des Empfängers erfolgen.

Nachfolgend sollen die Merkmale der verschiedenen Kündigungsformen kurz erörtert werden:
- **Verhaltensbedingte Kündigung:** in dem Verhalten (Vertrauensmissbrauch, betrieblicher Bereich) der Person begründet, wobei einer Kündigung, wenn sie den Leistungsbereich betrifft, eine Abmahnung vorausgehen muss.
- **Personenbedingte Kündigung:** Gründe hierfür sind das Nachlassen der Leistungsfähigkeit, Qualifikationsmängel, Krankheit oder nicht vorhandene Anpassungsfähigkeit. Die Kündigung im Krankheitsfalle ist an strenge Bedingungen geknüpft und nur zulässig, wenn dies für den Arbeitgeber unzumutbare Folgen hat.
- **Betriebsbedingte Kündigung:** Dabei werden innerbetriebliche Umstände (Rationalisierung) und außerbetriebliche Umstände (Auftragsmangel, Umsatzrückgang) getrennt. Um die Wirksamkeit der Kündigung zu gewährleisten, müssen bei der Auswahl soziale Aspekte berücksichtigt werden.

Ohne die Unterrichtung des Betriebsrates ist eine Kündigung unwirksam. Bei der außerordentlichen kann der Betriebsrat innerhalb von drei Tagen schriftlich widersprechen. Bei der ordentlichen Kündigung beträgt die Frist hingegen eine Woche, wenn
- soziale Auswahlkriterien nach der subjektiven Wahrnehmung nicht ausreichend berücksichtigt worden sind,
- gegen gemeinsam vereinbarte Regelungen verstoßen wird,
- der Arbeitnehmer an einem anderen Arbeitsplatz weiterbeschäftigt werden kann,
- Weiterbeschäftigung nach Schulungsmaßnahmen oder geänderten Vertragsbedingungen möglich ist.

Arbeitsrechtliche Regelungen unterliegen ständigen gesetzlichen Veränderungen. In konkreten Fällen wird deshalb immer juristischer Sachverstand erforderlich sein. Auch bei den Juristen gibt es für das Arbeitsrecht Spezialisten, weil die Fülle der Vorschriften fast unüberschaubar geworden ist.

Wie viel Kündigungsschutz darf sein?

Wirtschaftsliberale dringen schon lange auf eine Flexibilisierung des Arbeitsmarktes. Jetzt hoffen Sie auf die schwarz-gelbe Koalition. Soll die neue Regierung am Kündigungsschutz festhalten?

Pro – Der Arbeitsmarkt ist schon längst nicht mehr starr

[...] Der Einstieg für Arbeitslose müsse erleichtert werden, heißt es, die Betriebe würden sich nicht trauen, Verträge zu entfristen [...]. Das ist falsch. Der Arbeitsmarkt ist in den vergangenen Jahren hinreichend flexibilisiert worden.

Bestes Beispiel ist die Leiharbeit. Unmittelbar zum Krisenbeginn wurde dort massenhaft entlassen – die Zahl der Zeitarbeiter sank bis Mai 2009 von über 700.000 auf 500.000. Seit Mai, seit es besser wird, wurden wieder 60.000 Leiharbeiter eingestellt. Es gibt hier also eine flexible Manövriermasse, mit der sich Spitzenzeiten, Probezeiten, Projekte, Konjunkturschwankungen mühelos bewältigen lassen. Das Argument, mit weniger Kündigungsschutz würden diese Zeitarbeiter vielleicht schneller eingestellt werden, ist falsch: Sie werden bereits jetzt häufiger eingestellt.

Wem das nicht reicht, der kann zwei Jahre befristet einstellen. Das Heer der Praktikanten, aus dem Personalchefs Mitarbeiter rekrutieren, kommt hinzu. Im Klartext: Niemand wird gezwungen, Problemfälle einzustellen, die man nicht mehr loswird. Auch das Argument, die Zeiten seien mit diesem Kündigungsschutz für Festeinstellungen zu unsicher, ist vorgeschoben. Diese Unsicherheit wird es wegen der Krise die nächsten Jahre, wenn nicht Jahrzehnte geben – da hilft auch kein lockerer Kündigungsschutz. [...]

von Maike Rademaker

Contra – Ausweichmanöver der Firmen sorgen für prekäre Jobs

[...] Ebenso wenig wie eine Lockerung des Kündigungsschutzes zu Massenentlassungen führen würde, taugt sie als Instrument, um zusätzliche Arbeitsplätze zu schaffen. Sinnvoll wären Änderungen dennoch – nur aus anderen Gründen, als die Wirtschaftsverbände ins Feld führen. Die Opfer eines starken Kündigungsschutzes sind nicht die Unternehmen, sondern jene, die unter deren Ausbruchsversuchen aus dem starren System leiden. Also jene, die vom privilegierten Klub namens Stammbelegschaft ausgeschlossen sind: Zeitarbeiter, Berufseinsteiger, Arbeitslose. Ihre Zahl wächst. [...]

Wer die Kluft zwischen Stammbelegschaft und prekär Beschäftigten schließen will, sollte sich von einigen überholten Vorstellungen verabschieden. Etwa von der, dass der traditionelle Arbeiter das schwächste und schutzbedürftigste Glied der Gesellschaft ist. Oder dass man nicht alles gleichzeitig haben kann: von allen Eventualitäten abgeschirmte Festangestellte, Unternehmen, die auch dann munter einstellen, wenn sie Personal in schwierigen Zeiten nur unter juristischen Verrenkungen reduzieren können; und Zeitarbeiter, die quasi zu den gleichen Konditionen arbeiten wie die Stammbelegschaft. [...]

von Ruth Fend

Quelle: Financial Times Deutschland vom 01.10.2009, S.25

1. Erkundigen Sie sich bei der Arbeitsagentur vor Ort, wie sich der Arbeitsmarkt in den letzten Jahrzehnten verändert hat.
2. Beurteilen Sie die Forderung nach Lockerung des Kündigungsschutzes aus Sicht der Arbeitgeber und der Arbeitnehmer.
3. Recherchieren Sie, auf welche Position sich die 2009 gewählte Koalition aus CDU und FDP in puncto Kündigungsschutz geeinigt hat.
4. Verfassen Sie in Form eines Leserbriefes eine Stellungnahme zu der derzeitigen Regelung.

Mitbestimmung in Unternehmen

Die Mitbestimmung in Unternehmen meint alle Möglichkeiten und Rechte von Arbeitnehmern, auf unternehmerische Entscheidungsprozesse Einfluss zu nehmen. Dies geschieht in der Praxis über Arbeitnehmervertreter, die in Unternehmensorganen wie beispielsweise einem Aufsichtsrat an Entscheidungen beteiligt sind.

Gesetzlich geregelt wurde die Mitbestimmung erstmals 1951 im Bergbau und in der Eisen und Stahl erzeugenden Industrie. Das Montanmitbestimmungsgesetz sah für Aktiengesellschaften oder GmbHs mit mehr als 1.000 Mitarbeitern Arbeitnehmervertreter in Vorstand und Aufsichtsrat vor.

1952 wurde per Gesetz für alle Kapitalgesellschaften eine so genannte Drittelbeteiligung im Aufsichtsrat festgeschrieben – unabhängig von der Branche. D.h., ein Drittel der Aufsichtsratsmitglieder sind Arbeitnehmervertreter, die direkt von der Belegschaft gewählt werden. Diese Regelung ist bis heute gültig.

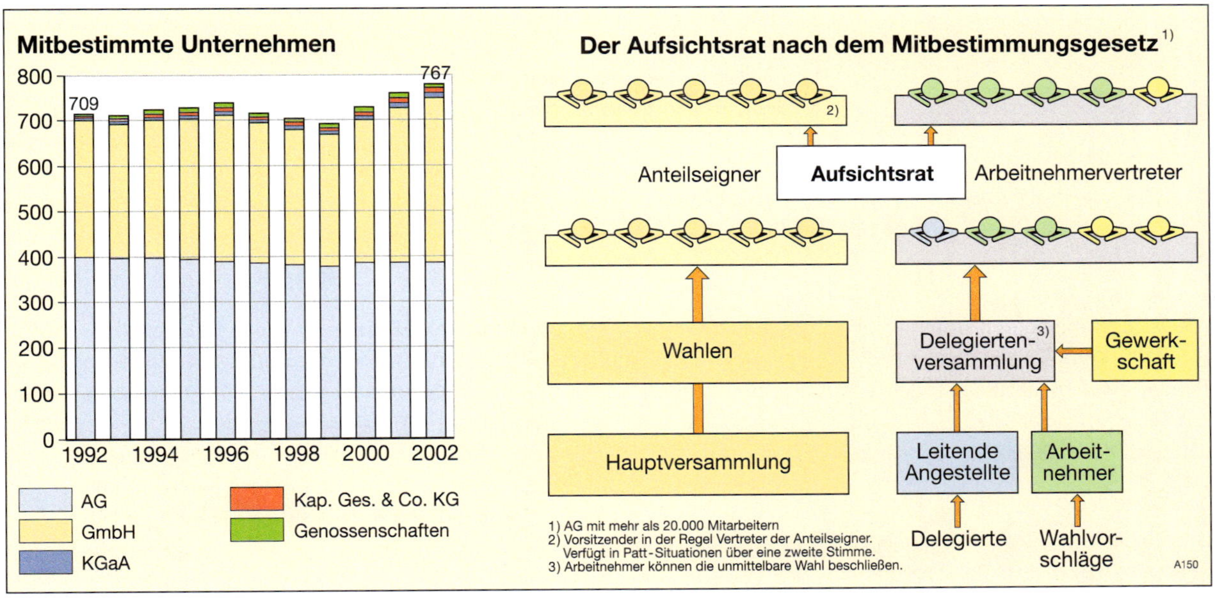

Auf den Seiten 89 und 90 finden Sie eine detaillierte Darstellung der unterschiedlichen Mitbestimmungsmodelle, die sich in Deutschland entwickelt haben. Interessant in diesem Zusammenhang ist, dass die Unternehmensmitbestimmung hierzulande zwar grundsätzlich auf einer breiten gesellschaftlichen Anerkennung beruht, es aber trotzdem immer wieder zu kontroversen Diskussionen darüber kommt. Kritiker und Befürworter haben in der Vergangenheit viele unterschiedliche Argumente angeführt, die für oder gegen die Mitbestimmung in Unternehmen sprechen. Die Tabelle auf der nächsten Seite enthält einige davon.

Insbesondere die Globalisierung und die wachsende Bedeutung der internationalen Finanzmärkte führen zu einer Reihe von Veränderungen der Interessenskultur in vielen Unternehmen. Der nachfolgende Quelltext berichtet, welche neuen Anforderungen an die Mitbestimmung sich darauf ergeben.

1. Führen Sie mithilfe Ihres Lehrers/Ihrer Lehrerin eine Betriebserkundung durch. Sie sollen sich dabei insbesondere darüber informieren, wie die Mitbestimmung konkret in der Praxis umgesetzt wird.

Q

[...] Wo Unternehmen aufgekauft und häufig kurzfristig wieder ganz oder in Teilen veräußert werden, tragen die Finanzmärkte die Grundbedingungen der Finanzierung nachhaltig kreativer unternehmerischer Tätigkeit zunehmend weniger Rechnung. An die Stelle langfristig orientierter Interessen treten in wachsendem Umfang die Interessen von share-trader (Aktienhändler). Sie werden weniger von langfristigen Interessen des unternehmerischen Erfolgs als von der Absicht geleitet, durch Kauf und Verkauf, Erwerb und Veräußerung von Unternehmen oder Unternehmensteilen Renditen zu erzielen, in denen weniger die langfristigen Erfolge der Unternehmen Ausdruck finden als die Geschicklichkeit kurzfristig investierender Institutionen, im Markt für Unternehmen Renditen zu erwirtschaften. [...]
Die Folgen der Veränderungen der Finanzmärkte für die Unternehmensmitbestimmung lassen sich im Konkreten nicht voraussagen. Sicher erscheint es den wissenschaftlichen Mitgliedern jedoch, dass die Mitbestimmung im Unternehmen bei entsprechender Handhabung durchaus Möglichkeiten bietet, auf Unternehmensübernahmen Einfluss zu nehmen, wenn sie nicht langfristigen Anlageinteressen, sondern den kurzfristigen Interessen der share-trader und damit die Interessen an nachhaltigen Entwicklung sowohl des Unternehmens wie seiner Belegschaft ignorieren. [...]
Quelle: Bundesregierung 2006 „Bericht der Kommission zur Modernisierung der deutschen Unternehmensmitbestimmung", Seite 51f.

Argumente für und gegen die Mitbestimmung in Unternehmen

pro	kontra
Die Mitbestimmung im Unternehmen ist eine geregelte Form der Konfliktbewältigung und leistet einen wichtigen Beitrag zur Arbeitszufriedenheit und damit auch zur Produktivität. Daneben wird auch die Bereitschaft der Mitarbeiter an der Entwicklung von Innovationen erhöht.	Die weitreichenden Mitbestimmungsrechte sind für den Standort Deutschland ein Nachteil. Viele Unternehmen aus dem Ausland schrecken unter anderem deshalb vor Investitionen in der Bundesrepublik zurück. Gleichzeitig verlagern viele deutsche Unternehmen ihren Firmensitz ins Ausland.
Die Einbindung der Arbeitnehmer in Entscheidungsprozesse trägt zu einem höheren Verantwortungsbewusstsein und einer stärkeren Identifikation mit dem Unternehmen bei.	Gerade große, weltweit agierende Unternehmen müssen in der Lage sein, schnell und flexibel zu entscheiden. Dies wird durch die Mitbestimmung erschwert, denn häufig sind aufwendige Abstimmungsprozesse notwendig.
Wirtschaftliche Macht bedarf der Kontrolle, und auf Unternehmensebene ist die Mitbestimmung der Arbeitnehmer hierfür ein geeignetes Mittel.	Die Unternehmenskontrolle ist durch die Mitbestimmung der Arbeitnehmervertreter nicht besser geworden; weiterhin fehlen ihnen häufig notwendige Managementkenntnisse.
Betriebliche Mitbestimmung ist ein fester Bestandteil der deutschen Unternehmenskultur und hat lange Tradition.	Externe Arbeitnehmervertreter wie z. B. Gewerkschaftsvertreter handeln oft nicht unabhängig, und es kann zu Interessenkonflikten kommen, die mit Nachteilen für das Unternehmen verbunden sind.
Durch verbesserte wechselseitige Informationen von Arbeitgeber und Arbeitnehmer nimmt die Wahrscheinlichkeit von Erwartungsfehlern ab.	Die deutschen Regelungen zur Mitbestimmung sind in der globalen Wirtschaft nicht mehr zeitgemäß.

Betriebliche Mitbestimmungsmodelle

Mitbestimmung in Großunternehmen

Kapitalgesellschaften außerhalb der Montanwirtschaft (Bergbau und Stahlindustrie), die selbst oder zusammen mit abhängigen Tochterunternehmen mehr als 2.000 Arbeitnehmer beschäftigen, fallen unter das Mitbestimmungsgesetz von 1976. Dem Aufsichtsrat gehören nach diesem Gesetz zu gleichen Teilen Vertreter der Anteilseigner und der Arbeitnehmer an.
Dennoch haben die Anteilseigner ein leichtes Übergewicht – denn: Falls sich bei Entscheidungen im Aufsichtsrat wiederholt eine Stimmengleichheit ergibt, kann der Aufsichtsrat – der in der Praxis immer die Anteilseigner vertritt – eine zweite Stimme abgeben und so eine Mehrheitsentscheidung herbeiführen. Außerdem ist ein Sitz auf der Arbeitnehmerbank für einen leitenden Angestellten vorgesehen. Bei der Bestellung des Arbeitsdirektors haben die Vertreter der Arbeitnehmer – anders als in der Montanindustrie – kein Vetorecht.

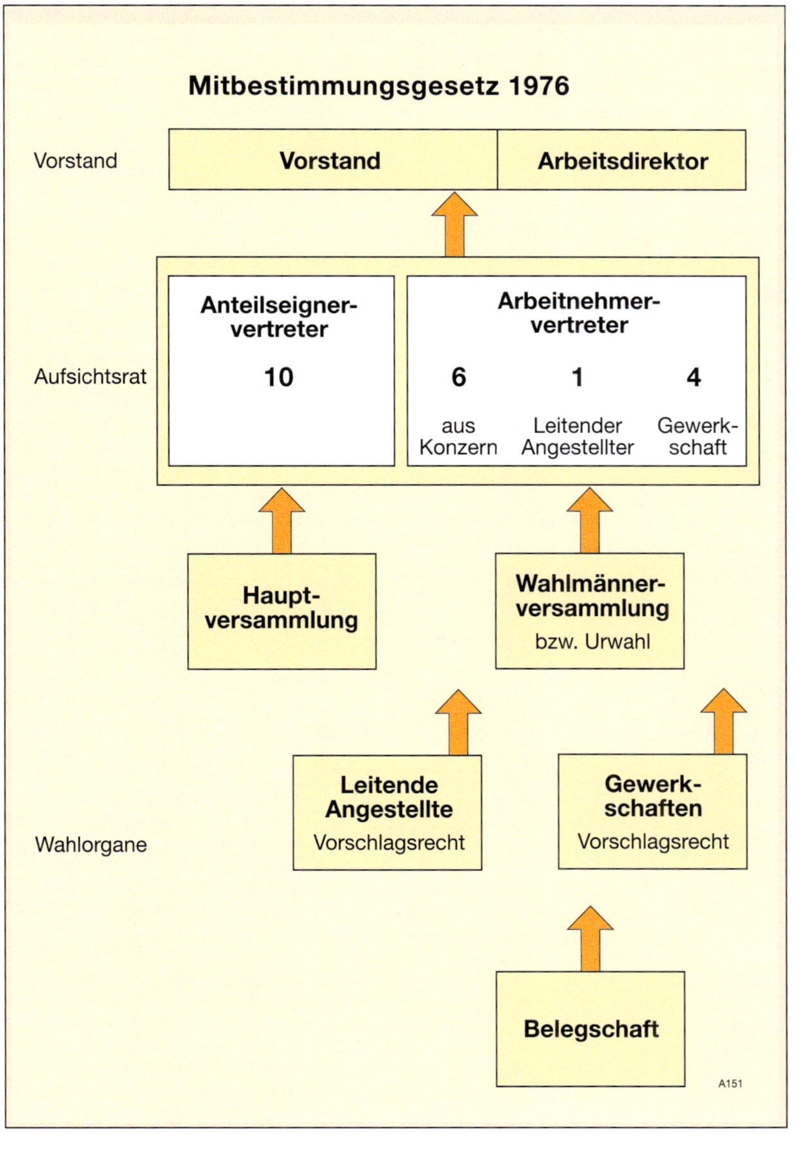

Mitbestimmung in der Montanindustrie

Die Montan-Mitbestimmung ist die älteste Form der Mitbestimmung im Unternehmen. Sie gilt für Kapitalgesellschaften des Bergbaus und der Eisen und Stahl erzeugenden Industrie mit mehr als 1.000 Arbeitnehmern.

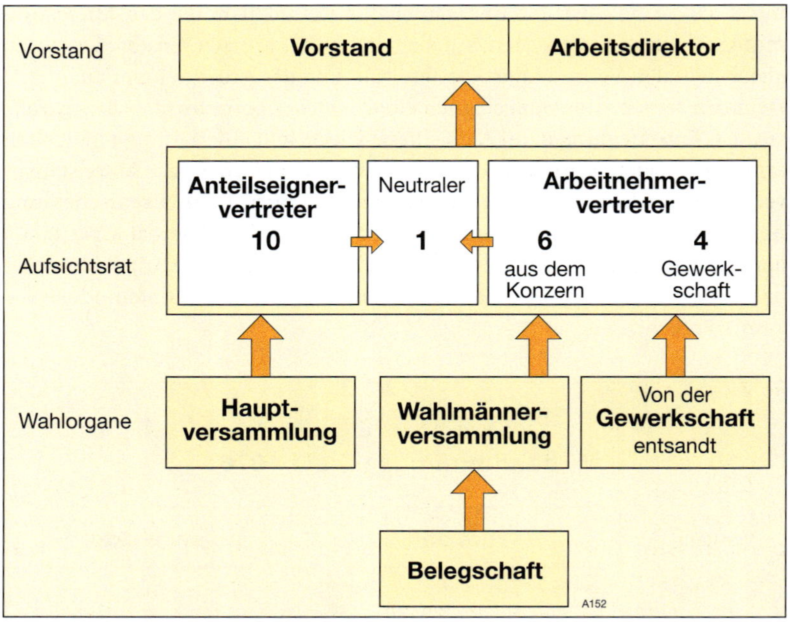

Mitbestimmung in kleineren Unternehmen

Bei Kapitalgesellschaften mit 500 bis 2.000 Arbeitnehmern muss der Aufsichtsrat zu einem Drittel mit Vertretern der Arbeitnehmer besetzt sein. Keine Mindestzahlen für Arbeitnehmer gelten dagegen bei Aktiengesellschaften und Kommanditgesellschaften auf Aktien, die vor dem 10. August 1994 gegründet wurden und keine Familiengesellschaften sind. Das bedeutet: Der Aufsichtsrat muss dann zu einem Drittel mit Vertretern der Arbeitnehmer besetzt sein, wenn die Gesellschaft weniger als 500 Beschäftigte hat. Zwar haben die Arbeitnehmer bei dieser Drittelbeteiligung kaum die Möglichkeit mitzuentscheiden. Sei erhalten jedoch wichtige Informationen.

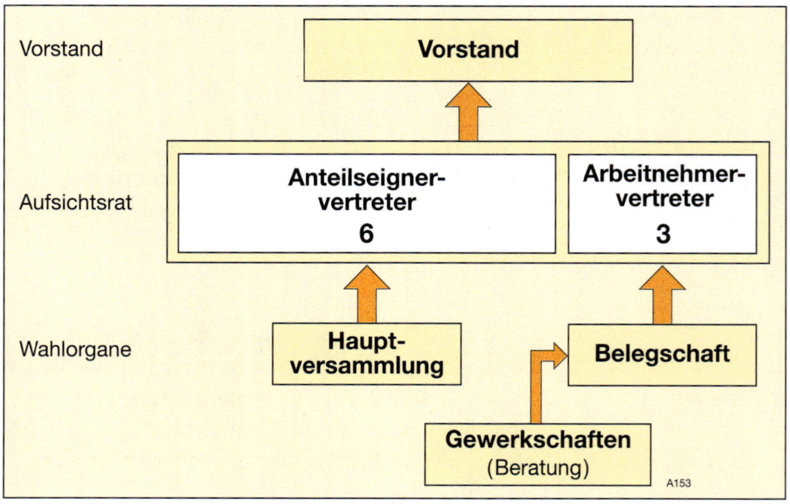

1. Stellen Sie die wesentlichen Unterschiede der Mitbestimmungsmodelle heraus.

Tarifpolitik

Die Tarifpolitik ist einer der herausragenden Bereiche zur Kennzeichnung der Beziehungen zwischen Arbeitgebern und Arbeitnehmern. Das gegenwärtige Tarifsystem und vor allem die Regelungsgewohnheiten sind das Ergebnis eines jahrzehntelangen Entwicklungsprozesses.
Alljährlich wird in der Bundesrepublik der Konflikt um die Einkommensverteilung durch Tarifverhandlungen neu gelöst, wenn Arbeitgeber und Arbeitnehmer auf der Grundlage des Tarifvertragsgesetzes in den tarifpolitischen Auseinandersetzungen die Höhe von Löhnen und Gehältern sowie die Gestaltung der Arbeitsverhältnisse aushandeln.
Während in der Nachkriegszeit vor allem Lohnerhöhungen im Mittelpunkt der tariflichen Auseinandersetzungen standen, traten Ende des 20. und zu Beginn des 21. Jahrhunderts z. B. Fragen zur Alters- und Beschäftigungssicherung und zur Qualifikation und Weiterbildung von Beschäftigten hinzu.

Q

Der Kita-Kampf

Erzieherinnen werden selbstbewusster. Sie streiken zu Recht für bessere Arbeitsbedingungen und mehr Geld.

[...] Zugleich geht es darum, dass hier eine Berufsgruppe um einen neuen Platz in der Gesellschaft kämpft. Sie wollen die Bedingungen, unter denen Landesminister, Bürgermeister und Kämmerer sie arbeiten lassen, nicht mehr hinnehmen. [...]
Konkret fordern die Gewerkschaften neue Regeln zum Gesundheitsschutz: Viele Erzieherinnen leiden unter Lärm, schlechtem Mobiliar, Stress und psychischen Belastungen in den oftmals überfüllten Kitas. Künftig, so die Forderung, sollen diese Faktoren regelmäßig in jeder Kita geprüft und nötige Verbesserungen durchgesetzt werden. Geld, um schnelle Abhilfe zu schaffen, wäre just in diesem Jahr vorhanden: aus den staatlichen Konjunkturpaketen. Statt aber in frühkindliche Erziehung und die Erzieher zu investieren, wird in den meisten Kommunen wieder Beton angerührt. [...]
Im Hintergrund, das bestätigen ver.di-Funktionäre, zielt der Streik noch auf ein weiteres Thema. Die Gewerkschaften verhandeln seit Monaten mit den kommunalen Arbeitgebern darüber, in welche Entgeltgruppen die Erzieherinnen gehören. [...] Geht es nach den Gewerkschaften, sollen die Kindergärtnerinnen künftig in drei so genannte Entgeltgruppen aufsteigen – auf einer Ebene, die bisher nur mit einem Studium zu erreichen ist. Die Gehaltsstufen reichen dort bis zur Höhe von 3.400,– €. Das wären in der Endstufe glatte 1.000,– € mehr als heute. Anderen Berufsgruppen im öffentlichen Dienst wäre das wohl kaum vermittelbar. Umgekehrt bieten die Arbeitgeber bis dato ebenfalls kein befriedigendes Angebot. [...]
Jetzt gilt es, einen Kompromiss zu finden, der den Kindern dient.

Quelle: Rudizo, Kolja, in: Die Zeit vom 20.05.2009, Nr. 22 S. 31

!

1. Ermitteln Sie aktuelle Tarifverhandlungsrunden mit ihren entsprechenden Ergebnissen.
2. Kennzeichnen Sie den grundlegenden Konflikt zwischen den Verhandlungspartnern.

Tarifpartner

An den Tarifverträgen sind mindestens zwei Vertragsparteien beteiligt. Die Interessen der Arbeitnehmer werden von einer oder mehreren Gewerkschaften vertreten, nur sie sind als Vertreter der Arbeitnehmer zum Abschluss von Tarifverträgen berechtigt. Die Interessen der Arbeitgeberseite werden entweder von einem Arbeitgeberverband (Verbandstarifvertrag) oder einem einzelnen Arbeitgeber (Haustarifvertrag) selbst vertreten.

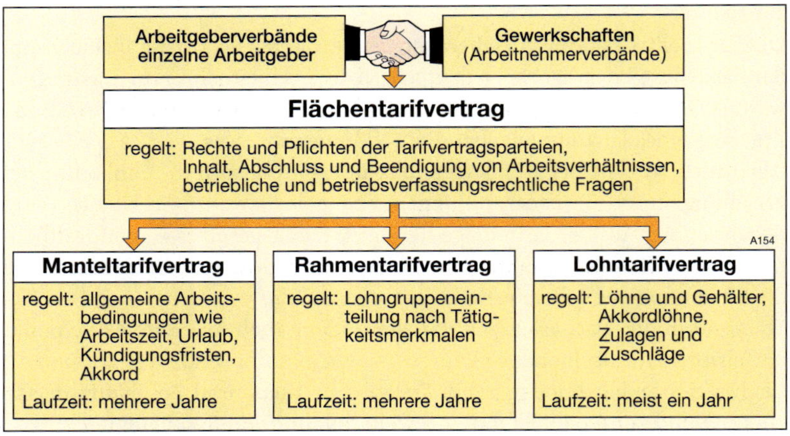

In der Bundesrepublik Deutschland herrscht das Prinzip der Tarifautonomie. Danach legen Arbeitgeber und Arbeitnehmer die Arbeitsbedingungen in den Unternehmen durch freie Verhandlungen selbst fest. Staatliche Einflussnahme ist nicht vorgesehen. Die Tarifautonomie leitet sich aus Artikel 9, Absatz III Grundgesetz und dem Tarifvertragsgesetz ab.

Die Tarifpartner (Verbände der Arbeitgeber und Gewerkschaften der Arbeitnehmer) verhandeln über Lohnhöhe, Gehälter, Ausbildungsvergütungen, Pausenregelungen, Wochenarbeitszeit und Urlaub. Getroffene Vereinbarungen werden in Tarifverträgen festgehalten. Natürlich dürfen die vertraglichen Regelungen nicht gegen geltende Gesetze verstoßen. Dazu gehört beispielsweise die Einhaltung von Obergrenzen für die tägliche Arbeitszeit, die Gewährleistung eines festgelegten Minimums an Urlaub oder auch die verbindlich vorgeschriebene Lohnfortzahlung im Krankheitsfall.

Wenn auch die Tarifautonomie Verhandlungen ohne die Mitwirkung des Staates gewährleistet, so haben staatliche Institutionen dennoch in gewisser Weise Einfluss auf die Tarifpolitik, wie das Schaubild verdeutlicht:

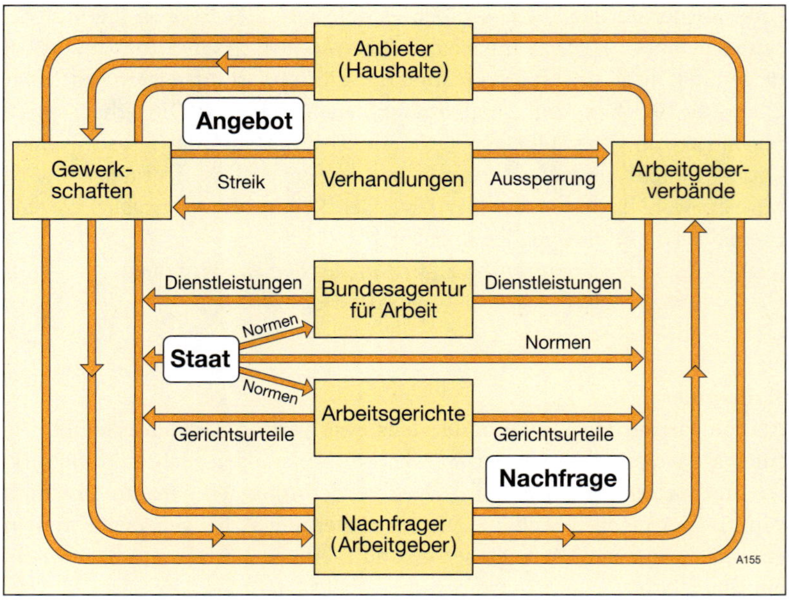

Ablauf von Tarifverhandlungen

Tarifverhandlungen dienen dazu, einen Ausgleich zwischen den Interessen von Arbeitgebern und Arbeitnehmer zu finden. Sie werden nach Ablauf oder Kündigung eines Tarifvertrags von den Tarifparteien, also Arbeitgebervertreter und Gewerkschaften, aufgenommen. In der Regel sieht der Ablauf wie folgt aus:

1. In der ersten Verhandlungsrunde unterbreiten in der Regel die Gewerkschaften den Arbeitgebervertretern ihre Forderungen. Im Gegenzug formulieren die Arbeitgeber ein Angebot, das häufig stark von den Ansprüchen der Arbeitnehmer abweicht.
   Ziel der weiteren Verhandlungen ist es, einen akzeptablen Kompromiss zu finden. Einigt man sich nicht, werden die Verhandlungen für gescheitert erklärt. Mit Zustimmung der Tarifparteien kann dann ein Schlichtungsverfahren eingeleitet werden.

2. Im Schlichtungsverfahren wird mithilfe eines unbeteiligten Dritten versucht, die festgefahrenen Verhandlungen wieder aufzunehmen und eine Einigung zu erzielen. Gelingt dies, kommt es zum Abschluss eines neuen Tarifvertrages.

3. Im anderen Fall gilt auch die Schlichtung als gescheitert. Die Arbeitnehmer können dann in einer so genannten Urabstimmung darüber entscheiden, ob sie einen Arbeitskampf (also Streik) wollen. Ein Streik ist jedoch nur zulässig, wenn er gewerkschaftlich organisiert und legitimiert ist. Weiterhin müssen mindestens 75 % der Gewerkschaftsmitglieder für Arbeitskampfmaßnahmen stimmen.
   Auf den Streik können Arbeitgeber mit Aussperrungen reagieren, bei denen auch nichtstreikenden Arbeitnehmern der Zugang zu ihrer Arbeitsstätte verweigert wird. Da während der Aussperrung die Rechte und Pflichten aus dem Arbeitsvertrag ruhen, wird auch kein Lohn gezahlt.

4. Der Streik endet, wenn in neuen Verhandlungen ein Kompromiss gefunden worden ist. Die Bereitschaft zur Einigung ist in dieser Phase relativ hoch, da einen Streik mit Kosten für Arbeitnehmer und Arbeitgeber verbunden ist. Zum Abschluss eines neuen Tarifvertrages kommt es, wenn bei der zweiten Urabstimmung 25 % der Arbeitnehmer dem Verhandlungsergebnis zustimmen.

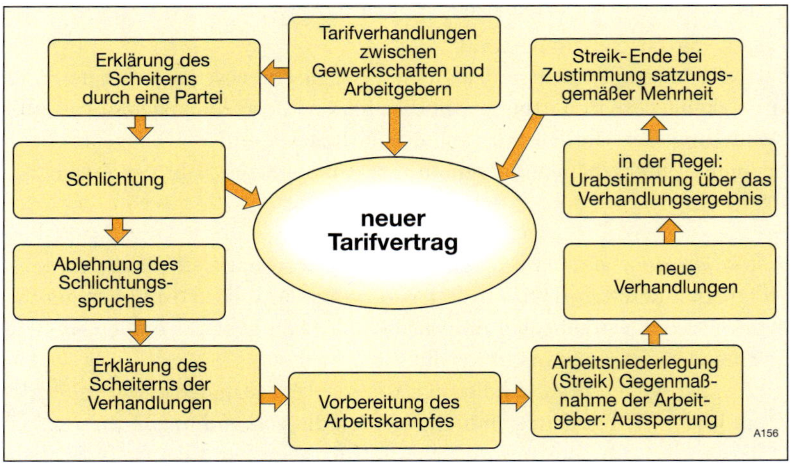

In Deutschland ist in den letzten Jahren immer wieder über die Einführung eines Mindestlohnes diskutiert worden.

Befürworter führen an, dass sich nur auf diese Weise die Einkommenssituation vieler Geringqualifizierter und Beschäftigter im Niedriglohnsektor verbessern ließe. Daraus würde wiederum eine höhere gesamtwirtschaftliche Nachfrage resultieren, da gerade einkommensschwache Haushalte ihr Einkommen auch tatsächlich ausgeben.

Kritiker weisen hingegen darauf hin, dass aufgrund eines Mindestlohns in vielen Bereichen keine Arbeitsplätze mehr geschaffen würden. Abwanderung ins Ausland und Schwarzarbeit könnten die Folgen sein. Insgesamt wäre damit zu rechnen, dass der gesamtwirtschaftliche Effekt negativ wäre.

Viele Untersuchungen über die Wirkung von Mindestlöhnen auf die Beschäftigung wurden durchgeführt. Die Ergebnisse unterscheiden sich jedoch sehr und sind zum Teil sogar widersprüchlich. Es gibt beispielsweise Studien, die negative Beschäftigungseffekte für die gesamte Volkswirtschaft ausmachen, andere hingegen erkennen dies nur bei bestimmten gesellschaftlichen Gruppen, weitere sehen keine Effekte oder positive Wirkungen.

In einigen Ländern wurde der Mindestlohn bereits vor Jahren eingeführt. Dazu gehören z. B. Irland, Großbritannien, Frankreich und die USA.

Für einzelne Branchen und Berufe (z. B. Bauhandwerk, Elektrohandwerk, Briefdienstleister) gibt es in Deutschland gesetzlich festgeschriebene Mindestlöhne, die sich 2009 zwischen 6,58 € und 12,90 € pro Stunde bewegten. Sie wurden auf der Grundlage des „Arbeitnehmer-Entsendegesetzes“ eingeführt, in das Arbeitgeber und Gewerkschaften auf Wunsch aufgenommen werden. Dazu müssen sich die beiden Gruppen auf einen tariflichen Mindestlohn einigen und gemeinsam beim Bundesministerium für Arbeit und Soziales einen entsprechenden Antrag stellen. Sofern die Hälfte aller Arbeitnehmer der Branche bei tarifgebundenen Arbeitgebern beschäftigt ist und ein öffentliches Interesse besteht, kann der Tarifvertrag als allgemeingültig erklärt werden und ist dann für alle Arbeitnehmer und Arbeitgeber bindend.

1. Untersuchen Sie momentan stattfindende oder abgeschlossene Tarifverhandlungen daraufhin, in welcher Verhandlungsphase sie sich gerade befinden oder in welcher Phase ein Ergebnis gefunden wurde.

6 Finanzierung und Investition

Die Produktionsverlagerung nach Polen ist für die Meier-Papier-AG mit hohen Investitionskosten verbunden, die sie allein nicht aufbringen kann. Das heißt, ohne Kreditaufnahme lässt sich das Vorhaben nicht realisieren. Die Finanzabteilung des Unternehmens hat den Auftrag erhalten, für entsprechende Gespräche zwischen dem Vorstand des Unternehmens und den Vorständen der Hausbanken die notwendigen Unterlagen zusammenzustellen. Die Abteilungsleiterin Frau Krug bespricht mit ihrem Stellvertreter, Herrn Leske, die anfallenden Aufgaben.

Frau Krug: Wie Sie wissen, wird es in Kürze verschiedene Treffen unseres Vorstandes mit den Vorständen unserer Hausbanken geben. Ich wiederhole noch einmal die Zahlen: Für das gesamte Vorhaben sind Investitionen von ca. 2,5 Millionen Euro notwendig, davon müssen 1,2 Millionen Euro durch Kreditaufnahme gedeckt werden. Den derzeitigen Zinssatz für Unternehmenskredite von 8,5 % vorausgesetzt, müssen wir angesichts der aktuellen Kalkulation und der maximal möglichen jährlichen Tilgungsbeträge von einer Laufzeit von ca. acht Jahren ausgehen, wenn wir unsere Liquidität nicht gefährden wollen. Lassen Sie uns jetzt die anstehenden Aufgaben besprechen.
Herr Leske: Ich habe die gesamten zu erwartenden Finanzströme unseres Unternehmens für das nächste Jahr bereits in einem Liquiditätsplan zusammengestellt. Sie erhalten diesen morgen zusammen mit der letztjährigen Bilanz und der Gewinn- und Verlustrechnung.
Frau Krug: Und liegt mittlerweile die genaue Investitionsplanung vor?
Herr Leske: Die ist morgen früh fertig. Es fehlen noch die letzten Angaben aus der technischen Abteilung zu den exakten Umrüstungskosten. Und die Personalabteilung will innerhalb der nächsten zwei Stunden eine Aufstellung der Schulungskosten schicken. Die Präsentationsmappe zum Gesamtvorhaben aus der Marketingabteilung müssten Sie schon erhalten haben.
Frau Krug: Ja, danke. Das sieht ja schon gut aus. Hinein gehört weiterhin die Rentabilitätsprognose. Fehlt nur noch die Übersicht über die laufenden Verbindlichkeiten.
Herr Leske: Die habe ich hier, können Sie gleich mitnehmen.
Frau Krug: Hervorragend, dann haben wir bis spätestens morgen Mittag ja alles zusammen und die Herren und Damen im Vorstand haben noch genügend Zeit, sich erneut einzulesen. Danke für Ihre schnelle und gute Arbeit.

!

1. Stellen Sie die hier angesprochenen Aufgaben im vorgestellten Unternehmensbereich zusammen.

2. Welche Verknüpfungen bestehen zu anderen Abteilungen des Unternehmens?

6.1 Aufgaben der Finanzwirtschaft

Warum werden Unternehmen betrieben? Die Antwort ist einfach: nicht um Sachgüter zu erstellen und Dienstleistungen zu erbringen, wie es häufig heißt. Das Hauptmotiv liegt darin, für die Eigentümer Einkommen zu erwirtschaften. Und auch die Beschäftigten, die Lieferanten und die Kreditgeber arbeiten mit und in einem Unternehmen, weil sie Einkommen erzielen wollen: Löhne, Gehälter, Zinsen, Dividenden usw.

Die Aufgabe der Finanzwirtschaft eines Unternehmens besteht darin, für einen Ausgleich der Finanzströme zu sorgen, d. h. für die Gelder, die in ein Unternehmen hinein- und herausfließen.

Das wesentliche Ziel ist, die jederzeitige Zahlungsfähigkeit eines Unternehmens sicherzustellen, also „zu jedem Zeitpunkt liquide“ zu sein. Illiquidität führt in letzter Konsequenz zum Konkurs und damit zum Ende eines Unternehmens.

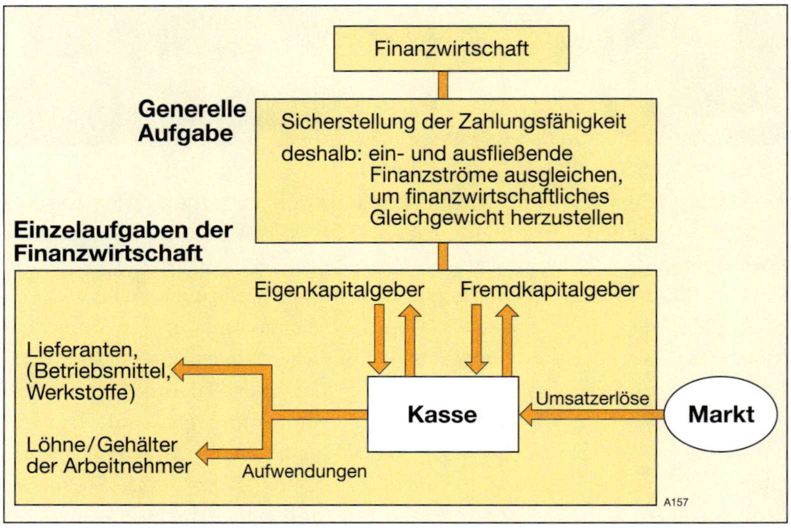

Man spricht vom finanziellen Gleichgewicht eines Unternehmens, das dann gegeben ist, wenn das Unternehmen zu jeder Zeit seinen fälligen Zahlungsverpflichtungen nachkommen kann und wenn die laufenden Einnahmen höher sind als die laufenden Ausgaben. Wenn eine Zahlungslücke entsteht, muss das Unternehmen die Chance haben, diese Lücke durch andere Zahlungsmittel zu schließen, z. B. durch Kredite von Banken.

Damit lassen sich die Entscheidungen eines Unternehmens in zweifacher Weise unterscheiden:

- Entscheidungen mit Bezug zur **Leistungssphäre**
  Das Unternehmen wählt Produkte/Dienstleistungen und Märkte aus, entscheidet sich für bestimmte Produktionsverfahren, organisiert die Verwaltung, entscheidet sich für spezielle Marketingstrategien usw.

- Entscheidungen zur Steuerung der **Zahlungsströme**
  Hier geht es um die Einnahme und Ausgabe liquider Mittel.

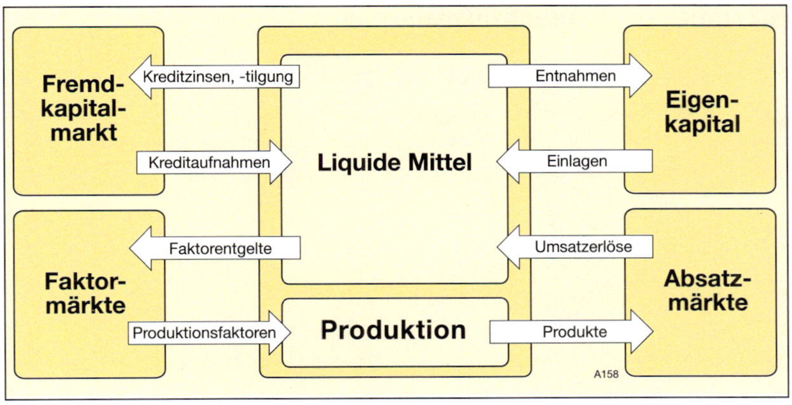

Im Folgenden konzentrieren wir uns auf die Steuerung der Finanzströme in einem Unternehmen. In einem ersten Schritt werden die dargestellten Finanzströme erläutert.

Die Faktormärkte stellen die Produktionsfaktoren für den Produktionsprozess bereit, mit denen Sachgüter erstellt oder Dienstleistungen erbracht werden. Diese Güter veräußert das Unternehmen auf den Absatzmärkten. Die Faktorentgelte (an Lieferanten, Beschäftigte etc.) fließen vom Unternehmen ab, während ihm die Umsatzerlöse zufließen.
Bei den Faktorentgelten sind die laufenden Entgelte von den Investitionen zu unterscheiden. Unter die Erstgenannten fallen Lohnzahlungen an die Beschäftigten, Ausgaben für Materialien usw.
Die Investitionen bezeichnen dagegen Ausgaben für neue Aktivitäten eines Unternehmens, die entweder der Sicherung der jetzigen Einnahmen dienen oder von denen sich Unternehmen zukünftig höhere Einnahmen, d. h. Rückflüsse, versprechen. Hierzu zählen z. B. Ausgaben für Forschung und Entwicklung, Maschinen, Gebäude, Lizenzen und Software.

Die Unternehmen sind über die Faktor- und Absatzmärkte hinaus auch mit den Kapitalmärkten verbunden. Diese unterscheiden wir in Eigen- und Fremdkapitalmärkte:

- **Eigenkapitalmärkte**
  Hier agieren Personen und Unternehmen, die Einlagen in ein Unternehmen einzahlen und darüber Gewinnbeteiligungen und Mitspracherechte erhalten. Das Eigenkapital lässt sich als haftendes Kapital bezeichnen, das am Erfolg eines Unternehmens beteiligt ist, z. B. am Gewinn aus der Unternehmertätigkeit. Selbstverständlich gibt es auch ein Verlustrisiko, wenn die Kosten die Erträge übersteigen.

- **Fremdkapitalmärkte**
  Auf diesen Märkten werden Kredite zu fest vereinbarten Konditionen (z. B. Zinssatz, Rückzahlungszeitraum) angeboten und nachgefragt. Die Kreditgeber gewähren Kredite und erhalten dafür im Rahmen der Tilgung Zinszahlungen.

Ferner können Unternehmen auf Kapitalmärkten auch als Investoren auftreten, um mit aktuell nicht benötigten Finanzmitteln Finanzerträge zu erwirtschaften.

Wichtiger Hinweis:
In dem Exkurs „Grundgedanken des Rechnungswesens" lernen Sie ein Instrument kennen, das für Unternehmen im Zusammenhang mit der Thematik Finanzierung und Investitionen eine zentrale Bedeutung hat und Ihnen helfen wird, Finanzierungsströme eines Unternehmens noch besser zu erfassen. Das Rechnungswesen gehört zwar nicht zu den besonders beliebten Inhalten des Wirtschaftsunterrichts, jedoch hilft es dabei, betriebswirtschaftliche Denkweisen leichter nachzuvollziehen.

Basel II
Umgangssprachliche Bezeichnung für die Neufassung der Eigenkapitalvereinbarung von 1992 (Basel I) durch den in Basel tagenden Ausschuss für Bankenaufsicht.
Ziel dieser auch als Eigenkapital-Unterlegung bei der Kreditvergabe bezeichneten Vereinbarung ist es, die wirtschaftlichen Risiken im Kreditgeschäft der Banken zu verringern. Dazu sollen die Risiken von Kreditvergaben besser als bisher erfasst werden, z. B. indem ein neues Ratingverfahren eingeführt wird, das die Bonität von Unternehmen prüft und erkennbar macht. Weiter sollen für verschiedene Bereiche des Bankgewerbes erweiterte Offenlegungspflichten eingeführt werden. Basel II ist für den überdurchschnittlich stark von Krediten abhängigen Mittelstand bedeutsam, v. a. hinsichtlich Kreditvergabe und -konditionen.
Quelle: Der Brockhaus/Wirtschaft, Mannheim: Brockhaus, S. 74

6.2 Innen- und Außenfinanzierung

Neben der Unterscheidung von Fremd- und Eigenkapital ist die Unterscheidung zwischen Innen- und Außenfinanzierung von Bedeutung. D. h., es wird danach unterschieden, ob das benötigte Kapital selbst erwirtschaftet oder ob das benötigte Kapital der Unternehmung von außen zugeführt worden ist.

Geringe Eigenkapitalquote als Achillesferse
Die durchschnittliche Eigenkapitalquote liegt in Deutschland bei 18 %, das ist im internationalen Vergleich äußerst niedrig. In den USA, aber beispielsweise auch in den Nachbarländern Belgien oder Niederlande, liegt die durchschnittliche Eigenkapitalquote der Unternehmen bei etwa 40 bis 50 %.
Quelle: www.ihk-nuernberg.de

Die Kapitaleinlage, die zum Beispiel Herr Meier seiner Firma zur Verfügung stellen würde oder die von Gesellschaftern einer GmbH eingezahlt werden, sind Beispiele für eine Außenfinanzierung. Man spricht in diesem Fall auch von einer Beteiligungsfinanzierung (vgl. die Abbildung unten). Damit wiederum liegt gleichzeitig eine so genannte Eigenfinanzierung vor, weil das Kapital von den Eigentümern des Unternehmens zur Verfügung gestellt wird.
Wird jedoch ein Kreditaufnahme erforderlich, dann handelt es sich um eine Außenfinanzierung in der Form einer Fremdfinanzierung.
Die Innenfinanzierung soll an zwei Beispielen verdeutlicht werden: Erstens kann die Innenfinanzierung dadurch erfolgen, dass nicht alle erwirtschafteten Gewinne ausgeschüttet werden und damit die Unternehmung sich durch die eigene Geschäftstätigkeit finanziert. Oder es werden neue Investitionen aus den Abschreibungen der vorhergehenden Jahre finanziert.

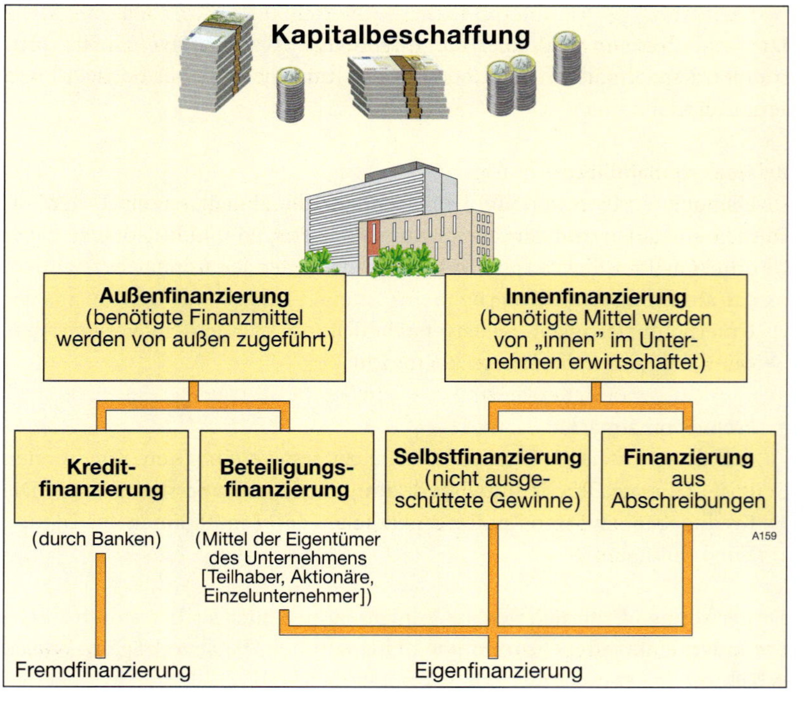

6.3 Investitionen

Investitionsbegriff
Ein charakteristisches Merkmal unternehmerischer Tätigkeit besteht darin, dass Mittel z. B. heute eingesetzt werden müssen, damit morgen oder im nächsten Jahr der Rückfluss von Mitteln erfolgt, der möglichst höher als die eingesetzten Mittel ist.

Mit dem Einsatz der Mittel haben Unternehmen also Erwartungen an die Zukunft. Unternehmen tätigen Investitionen, um ihre Existenz nicht nur auf dem jetzigen Stand zu sichern, sondern auch, um die wirtschaftliche Situation für die weitere Zukunft zu verbessern, eine bessere Marktstellung zu erlangen.

Das ist die eine Seite der Betrachtung. Eine Investition ist aber auch die langfristige Bindung finanzieller Mittel im Anlagevermögen, mit der die Umwandlung von Kapital in Vermögen erfolgt.

Bilanz (A163)	
Aktivseite	**Passivseite**
Vermögen - Anlagevermögen - Umlaufvermögen	**Kapital** - Eigenkapital - Fremdkapital
Verwendung der Mittel **Investition**	Herkunft der Mittel **Finanzierung**

Während die Finanzierung sich mit der Frage der Mittelherkunft befasst, beziehen sich Investitionsentscheidungen auf die Mittelverwendung und betreffen damit die Aktivseite der Bilanz (vgl. den Exkurs „Grundgedanken des Rechnungswesens“, S. 101 ff.).

Für die Einschätzung, ob eine Investition lohnend sein kann, gibt es mehrere Verfahren. Sie können hier nicht im Einzelnen dargestellt werden. Um jedoch die Grundidee solcher Verfahren zu verstehen, soll ein Beispiel dargestellt werden.

Grundsätzlich können statische und dynamische Verfahren voneinander unterschieden werden. Vereinfacht gesagt berücksichtigen die dynamischen Verfahren im Gegensatz zu den statischen Verfahren die Tatsache, dass Ein- und Auszahlungen zu unterschiedlichen Zeitpunkten stattfinden und durch Auf- bzw. Abzinsung (Diskontierung) vergleichbar gemacht werden müssen. Hier werden beispielhaft die Rentabilitäts- und die Amortisationsmethode vorgestellt.

Beispiel: Rentabilitätsrechnung
Investitionsvorhaben können anhand ihrer Rentabilität bewertet werden. Die Rendite eines Investitionsvorhabens wird ermittelt, indem der jährliche Gewinn/Cashflow durch die Investitionskosten geteilt wird.

Beispiel: Investitionskosten = 10.000,– €
jährlicher Gewinn = 2.500,– €

Rendite = jährlicher Gewinn: Investitionskosten x 100
= 2.500,– €: (10.000,– € x 100)
= 25 %

Die Entscheidungsregel lautet:
„Wähle die Investition mit der höchsten Rendite.“

Beispiel: Amortisationsrechnung

Investitionsvorhaben können anhand ihrer Amortisationsdauer bewertet werden. Die Amortisationsdauer ist die Zeit, die vergeht, bis die Anfangsauszahlung eines Investitionsvorhabens durch die Einzahlungsüberschüsse der Investition amortisiert werden.

Beispiel:

Investitionskosten	=	10.000,– €
durchschnittlicher Rückfluss pro Jahr	=	2.500,– €

Amortisationszeit = Investitionskosten: durchschnittlicher Rückfluss pro Jahr

= 10.000,– € : 2.500,– € p. a. = 4 Jahre

Die Entscheidungsregel lautet: „Wähle das Investitionsvorhaben mit der kürzesten Amortisationsdauer."

Abschreibungen

(vgl. dazu auch den Exkurs „Grundgedanken des Rechnungswesens" auf den nachfolgenden Seiten)

Notwendigkeit der Abschreibungen

Investitionsgegenstände (d. h. Gegenstände des Anlagevermögens) sollen dem Unternehmen dauerhaft dienen. Da die meisten Anlagegüter (z. B. Gebäude, Maschinen, Fahrzeuge, Werkzeuge) aber einem ständigen Werteverfall unterliegen, ist ihre Nutzung zeitlich begrenzt und sie müssen folglich im Laufe der Zeit durch neue Anlagegüter ersetzt werden.

Abschreibungen sorgen für eine Verteilung der Ausgaben für Investitionsgüter über mehrere Perioden. Das bedeutet, dass die Anschaffungs- bzw. Herstellungskosten des abnutzbaren Anlagevermögens buchmäßig nach und nach als Aufwand auf die Jahre der Nutzung verteilt, d. h. planmäßig abgeschrieben werden.

Ursachen der Abschreibung

1. **Technische Ursachen**
   technischer Verschleiß durch Gebrauch, ruhender Verschleiß (Verwitterung, Verrostung, Zersetzung), außergewöhnlicher Verschleiß (Katastrophenverschleiß)

2. **Wirtschaftliche Ursachen**
   Nachfrageverschiebungen, Fehlinvestitionen, Ineffizienz (durch technischen Fortschritt, gesunkene Wiederbeschaffungskosten, Umsatzrückgang durch Modeveränderungen)

3. **Rechtliche Ursachen**
   Entwertung durch gesetzgeberische Maßnahmen, zeitlicher Ablauf von Verträgen (Pacht-, Miet-, Leasing-, Franchiseverträge) oder Schutzrechten (Konzessionen, Patente, Lizenzen, Gebrauchsmuster)

6.4 Exkurs: Grundgedanken des Rechnungswesens

Sie wissen, dass eine Volkswirtschaft über die Berechnung des Bruttoinlandsproduktes den Wert aller in einem Jahr erstellten Produkte und Dienstleistungen errechnen kann. Wir wechseln jetzt zur betriebswirtschaftlichen Perspektive und wollen ebenfalls an einfachen Beispielen erarbeiten, wie in einem Unternehmen die finanziellen Beziehungen erfasst und ausgewertet werden können, damit ein Unternehmen Informationen hat, um das betriebliche Geschehen zu planen, zu steuern und zu kontrollieren.

Nicht nur der Unternehmer bzw. die Unternehmerin ist bei allen Tätigkeiten und den umfangreichen Aufgabenbereichen daran interessiert, mit dem Unternehmen Gewinn zu erzielen. Auch der Staat stellt – neben anderen – eine Interessengruppe dar. Entscheidet doch der zu versteuernde Gewinn über die Höhe der Steuereinnahmen des Staates. Gesetzlich ist jeder Kaufmann verpflichtet, Bücher über die Geschäftsvorfälle in seinem Unternehmen zu führen. Das Handelsgesetzbuch (HGB) enthält in seinem 3. Buch „Handelsbücher“ eine Darstellung der handelsrechtlichen Rechnungslegungsvorschriften und ist somit gesetzliche Grundlage für die Buchführung, die eine Teilaufgabe des Rechnungswesens darstellt.

Lucca Paciola gilt als „Erfinder" der doppelten Buchführung, mit der wirtschaftliche Vorgänge besser erfasst und beurteilt werden können.

Wir können in diesem Unterkapital nur einen kurzen Einblick in den Charakter des Rechungswesens geben. Zur Verdeutlichung wählen wir die „Buchführung“ einer Videothek. Vorab machen wir Sie mit der notwendigen Begrifflichkeit vertraut.

Unser Hauptaugenmerk gilt der Buchführung. Die drei weiteren Bereiche Kosten- und Leistungsrechung, die Statistik und die Planung werden wir an dieser Stelle daher nur kurz vorstellen:

In der **Kosten- und Leistungsrechnung (KLP)**, früher auch Betriebsbuchhaltung genannt, werden alle betriebsbezogenen Wertezuwächse (= Leistungen) und Werteverbräuche (= Kosten) erfasst, die durch die dem Unternehmen zugehörigen Tätigkeiten verursacht werden. Hieraus kann die KLR dann das Betriebsergebnis ermitteln: entweder einen Betriebsgewinn oder einen Betriebsverlust. Die Überwachung der Wirtschaftlichkeit eines Unternehmens ist somit eine Hauptaufgabe der KLR.

Die **Statistik** übernimmt im Rechnungswesen zwei wesentliche Aufgaben. Zum einen ist sie für die Aufbereitung und Auswertung der Zahlen der Buchführung und der Kosten- und Leistungsrechung verantwortlich mit dem Ziel, betriebliches Geschehen zu überwachen und Informationen für die unternehmerische Planung zu gewinnen. Auf der anderen Seite führt sie mithilfe früherer Geschäftsdaten bzw. mit Geschäftsdaten von Unternehmern der gleichen Branche eine Vergleichsrechnung durch und kann somit wichtige Erkenntnisse für die Unternehmensleitung erbringen.

Die **Planung** hat die Aufgabe, zukünftige betriebliche Entwicklungen auf der Basis des Zahlenmaterials der anderen Teilbereiche des Rechungswesens in Form von Voranschlägen zu berechnen. Sie vergleicht Zahlen, die von der Geschäftsleitung vorgegeben wurden (Sollzahlen), mit denen, die tatsächlich erreicht worden sind (Istzahlen), und ermittelt aussagefähige Erkenntnisse über Abweichungen und deren Ursachen.

Inventur:
Bestandsaufnahme der Vermögensteile und Schulden und ihre Bewertung

↓

Inventar:
Bestandsverzeichnis der Vermögensteile und Schulden an einem bestimmten Zeitpunkt

↓

Bilanz:
kurzgefasste Übersicht über Vermögen, Eigen- und Fremdkapital

Bilanz

Aktiva	Passiva
Anlagevermögen Umlaufvermögen	Eigenkapital Fremdkapital
Bilanzsumme	Bilanzsumme

Buchführung
Das Herzstück und somit die Hauptaufgabe der Buchführung ist die Dokumentation aller Geschäftsvorfälle und die Ermittlung des Gewinns am Ende eines Geschäftsjahres. Das Geschäftsjahr eines Unternehmens muss zwölf Monate umfassen und ist fast immer identisch mit dem Kalenderjahr. Das Ziel der Buchführung ist eine systematische, transparente und verständliche Offenlegung der geschäftlichen Aktivitäten. Insbesondere schreiben Steuer- und Handelsrecht für buchführungspflichtige Unternehmen genau vor, wie die Buchführung zu erfolgen hat. Dies drückt sich in den so genannten Grundsätzen ordnungsmäßiger Buchführung (GoB) (§ 238 HGB, §-243 HGB) sowie in der Abgabenordnung (AO) aus.

Inventur/Inventar
Bei der Gründung eines Unternehmens, juristisch spricht man auch „zu Beginn eines Handelsgewerbes", sind Grundstücke, Schulden und sonstige dem Unternehmen zugehörigen Vermögensgegenstände wertmäßig zu erfassen (§ 240 Abs. 1 HGB). Diesen Vorgang nennt man Inventur. Sie ist am Ende jeden Geschäftsjahres zu wiederholen. Das Verzeichnis, in dem man dies alles in Staffelform – dies ist eine tabellarische Auflistung – zusammenstellt, heißt Inventar. Es dient als Grundlage für die Aufstellung der Bilanz und dazu, das betriebliche Vermögen nachzuweisen. So soll unter anderem verhindert werden, dass Vermögensgegenstände unkontrolliert verschwinden können.

Bilanz
Die Bilanz stellt das Verhältnis von Vermögen und Schulden dar. Sie soll darüber informieren, mit welchem Erfolg das Unternehmen in einem bestimmten Geschäftsjahr gearbeitet hat (Jahresergebnis). Der Saldo zwischen Vermögen und Schulden ist das Eigenkapital eines Unternehmens. Die Bilanz ist eine Kurzfassung des Inventars in Kontenform. Auf der linken Seite der Bilanz werden die Vermögensteile, auf der rechten Seite die Schulden bzw. Verbindlichkeiten (Fremdkapital) und das Eigenkapital als Ausgleich aufgeführt. Die Bilanz eines Unternehmens muss immer ausgeglichen sein, d. h., sowohl die Vermögensseite (Aktiva) als auch die Kapitalseite (Passiva) müssen gleiche Summen aufweisen. Die Seite der Aktiva zeigt also, in welcher Form das Kapital verwendet wurde (Kapitalverwendung), die Seite der Passiva zeigt, woher das Kapital stammt (Kapitalherkunft).

Aktiva/Passiva
Die Bilanz in der Marginalspalte zeigt, dass sich Aktiva und Passiva unterteilen lassen. Auf der Seite der Aktiva sehen wir eine Aufteilung in Anlage- und Umlaufvermögen, auf der Seite der Passiva eine in Eigen- und Fremdkapital.

Auf beiden Seiten existiert eine Ordnung, die angibt, nach welchem System sie gegliedert werden. Die Seite der Aktiva ordnet sich nach der Liquidität, also danach, wie schnell die Vermögensgegenstände theoretisch veräußert werden können, oben angefangen mit Grundstücken, die sich oftmals nur schwer liquidieren lassen, bis zum Posten Kassenbestand bzw. Bankguthaben. Die Seite der Passiva wird nach ihrer Fälligkeit geordnet, angefangen mit dem Eigenkapital, welches am engsten mit dem Unternehmen verbunden ist, bis hin zu Verbindlichkeiten aus Lieferungen und Leistungen (kurz: Verb. a. LL).

Eigenkapital
Das vom Unternehmer selbst in die Unternehmung eingebrachte Kapital nennt man auch das Eigenkapital. Es ist also eine Quasi-Verbindlichkeit des Unternehmens gegenüber dem Unternehmer. Dies bedeutet, dass das Unternehmen dem Unternehmer dieses Kapital schuldet.

Das Eigenkapital kann sich je nach Rechtsform und Rechnungslegungsvorschriften in folgende Unterpunkte aufgliedern:
- Gezeichnetes Kapital
  - Grundkapital bei Aktiengesellschaften (AG)
  - Kommanditkapital bei Kommanditgesellschaften
  - Stammkapital bei GmbH
  - Geschäftsguthaben bei Genossenschaften
- Kapitalrücklage
- Gewinnrücklage
- Gewinnvortrag bzw. Verlustvortrag

Das Eigenkapital dient der Eigenfinanzierung des Unternehmens und der Haftung gegenüber den Gläubigern, also gegenüber den Fremdkapitalgebern.

Fremdkapital
Das Fremdkapital eines Unternehmens stellt sozusagen die Schulden bzw. Verbindlichkeiten des Unternehmens dar. Zu ihnen zählen Hypotheken, Darlehen, andere Kredite, Verbindlichkeiten aus Lieferung und Leistung und sonstige Verbindlichkeiten. Fremdkapital ist im Gegensatz zum Eigenkapital nicht kostenlos, sondern oftmals mit zusätzlichen Aufwendungen (z. B. Zinszahlungen) verbunden.

Anlagevermögen/Umlaufvermögen
Die Aktiva enthält als einen Hauptgliederungspunkt das Anlagevermögen. Hier werden Vermögensgegenstände aufgeführt, die langfristig an das Unternehmen gebunden sind.
Beispiele:
- Grund und Boden
- Gebäude/Betriebs- und Geschäftsausstattung
- Maschinen
- Fahrzeuge
- Finanzanlagen/Beteiligungen
- immaterielle Vermögensgegenstände (Rechte, Patente, Firmenwerte)

Dagegen beinhaltet das Umlaufvermögen diejenigen Vermögensgegenstände, die unmittelbar am Umsatz des Unternehmens beteiligt sind. Dies sind in einem produzierenden Gewerbe die Materialien zur Herstellung.
Andere Beispiele:
- Lagerbestände
- Rohstoffe
- Hilfsstoffe
- Betriebsstoffe
- unfertige Erzeugnisse/Leistungen
- fertige Erzeugnisse/Waren
- flüssige Mittel (Bankguthaben, Kassenbestand)
- Forderungen aus Lieferungen und Leistungen

Wichtige Hinweise zum gewählten Beispiel:
Zum Zweck der Vereinfachung werden einige Kostenfaktoren außer Acht gelassen. So werden bei der Erstausstattung z. B. weder das Mobiliar noch die weitere technische Ausrüstung (z. B. Kasse) berücksichtigt.
Darüber hinaus werden wichtige Kostenarten wie z. B. Personalaufwendungen, Miete, Energiekosten, Steuern, Versicherungen später nicht weiter aufgegliedert, sondern mit einer pauschalen Summe angesetzt. In realen Unternehmen finden diese natürlich Berücksichtigung. Die Zahlen sind fiktiv und sollen lediglich dem Verständnis der Grundprinzipien des Rechnungswesens dienen.

Rechnungswesen am Beispiel einer Videothek
Wir haben uns bis zu diesem Punkt lediglich mit der Inventur, dem Inventar und der allgemeinen Ordnung der Bilanz eines Unternehmens beschäftigt. An dieser Stelle wollen wir uns nun den Tätigkeiten und Geschäftsvorfällen zuwenden, die in jedem Unternehmen anfallen können.

An einem sehr vereinfachten Beispiel der Gründung einer kleinen Videothek wollen wir einige Prinzipien des Rechnungswesens verdeutlichen, welche sich in allen Unternehmen wiederfinden lassen – nur in anderen Größenkategorien.
Nach dem Durcharbeiten des kleinen Beispiels sind Sie keine Spezialisten für das Rechnungswesen, sondern haben – so das Ziel – einige Grundeinsichten.
Zunächst benötigen wir entsprechendes Equipment, also die Betriebsausstattung, für die Gründung unserer Videothek „Schau mal rein“.

Hierzu zählen:

1 DVD-Player I	350,– €
1 DVD-Player II	350,– €
1 Video-Rekorder	100,– €
1 Fernseher	1.500,– €
500 Filme à 50,– € (davon 300 DVD und 200 Videokassetten)	25.000,– €
Bargeld	400,– €
Gesamt	27.700,– €

Wir finanzieren es durch:

DVD-Player aus Privatbesitz	700,– €
Videorekorder aus Privatbesitz	100,– €
Sparguthaben/Erbschaft	11.900,– €
Darlehen (rückzahlbar in 40 Monatsraten, Zinssatz 6 %, berechnet auf den Jahresendstand)	15.000,– €
Gesamt	27.700,– €

Die Eröffnungsbilanz unserer Videothek „Schau mal rein“ sieht am 01.01.2008 folgendermaßen aus:

Aktiva		Passiva	
Anlagevermögen		Eigenkapital	
2 DVD-Rekorder	700,– €	Eigene Rekorder	800,– €
Videorekorder	100,– €	Ersparnisse	11.900,– €
Plasmaferseher	1.500,– €		
	2.300,– €		12.700,– €
Umlaufvermögen		Fremdkapital	
Filme	25.000,– €	Darlehen	15.000,– €
Kassenbestand	400,– €		
	25.400,– €		
Summe	27.700,– €	Summe	27.700,– €

Betrachten wir unsere Bilanz, erkennen wir, dass die Summe auf der Aktivseite identisch ist mit der auf der Passivseite, welches dem Prinzip der ausgeglichenen Bilanz entspricht.
Geschäftsvorfälle, wie z. B. der Verleih einer DVD, führen jedoch zu Veränderungen der Bestandskonten. Unter Bestandskonten verstehen wir die Gesamtheit von Aktiv- und Passivkonten. Die Bilanz wird am Anfang eines Geschäftsjahres aus Gründen der besseren Übersicht in Konten aufgelöst. Dies erfolgt in Form von Eröffnungsbuchungen, die die Anfangsbestände jedes Kontos festlegen. Jeder Bilanzposten (z. B. Farbfernseher) erhält sein entsprechendes Konto. Je nach Seite der Bilanz unterscheidet man in Aktiv- und Passivkonten, also ist das Konto „Farbfernseher" ein Aktivkonto. Die linke Seite jedes Kontos wird mit „Soll" (S) bezeichnet, die rechte Seite mit „Haben" (H).
Jeder Geschäftsvorfall verändert mindestens zwei Posten in der Bilanz. Wir sprechen an dieser Stelle auch vom Prinzip der doppelten Buchführung. Ein Buchungssatz nennt zuerst das Konto, in dem im Soll gebucht wird, und danach das Konto mit der Habenbuchung.

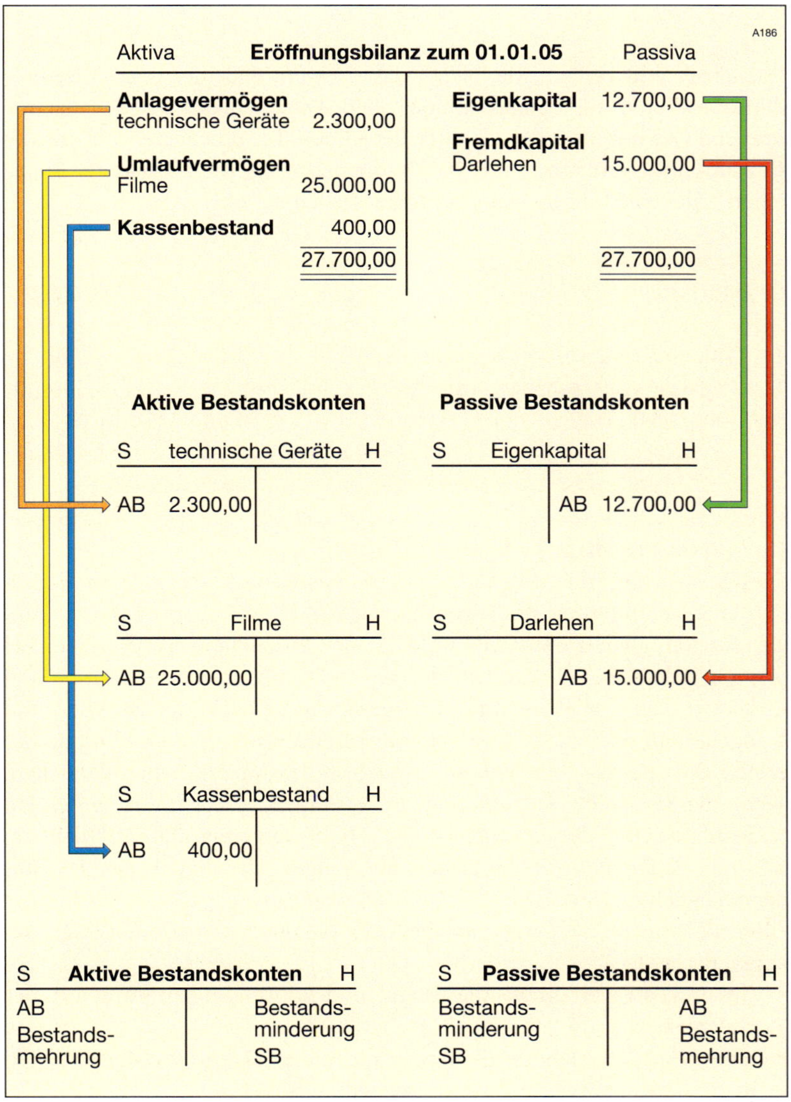

Wir sehen an den Konten, wie sich Buchungen auf diese auswirken. Das Aktivkonto erfährt durch eine Sollbuchung eine Bestandsmehrung, durch eine Habenbuchung eine Bestandsminderung. Den umgekehrten Fall haben wir bei den Passivkonten. Hier vermindert eine Sollbuchung den Bestand, eine Habenbuchung erhöht ihn. Es lässt sich jedoch ein allgemeingültiges Prinzip bei beiden Konten erkennen. Eine Buchung auf der Seite, auf der die Eröffnungsbuchung erfolgt ist, erhöht den Bestand, dementsprechend vermindert eine Buchung auf der jeweiligen anderen Seite den Bestand des Kontos.

Kehren wir zurück zu unserem Beispiel:
Nach einem Monat haben wir 200 Filme verliehen. Pro Verleih haben wir 3,– € bar kassiert. Am Ende dieses Geschäftstages haben wir also einen Umsatz von 600,– € erzielt und der Kassenbestand ist auf 1.000,– € angewachsen.
Alle anderen Konten sind unverändert geblieben, sodass der Anfangsbestand mit dem Schlussbestand identisch geblieben ist. Da wir keine Aufwendungen in dieser Rechung annehmen, wäre unser Umsatz von 600,– € identisch mit dem Gewinn. Doch wie sieht es wirklich aus?

Das übrige Jahr verläuft wie folgt, sodass sich am Ende des Geschäftsjahres diese Geschäftsvorfälle angesammelt haben: Anhand dieser Daten wollen wir nun den Gewinn unserer Videothek berechnen. Dazu bedienen wir uns der Gewinn- und Verlustrechnung (GuV), die neben der Aufstellung der Bilanz einen Teilbereich unseres Jahresabschlusses darstellt.

Geschäftsfälle	Einzelpreis (€)	Gesamt (€)
12.000 Filme verliehen, 50 Filme gekauft	3,00	36.000,00
100 Filme verkauft, sonstige Kosten	50,00	2.500,00
(mtl., z. B. Lohn, Energiekosten, Steuern)	10,00	1.000,00
	2.700,00	32.400,00

GuV (Rechtsgrundlage § 242 Abs. 2 HGB)
Die GuV ist die Erfassung aller Erträge und Aufwendungen, die letztendlich eine Veränderung des Eigenkapitals zur Folge hat. Erträge und Aufwendungen fallen größtenteils im Zuge des Produktionsprozesses an. Bei unserer Videothek fallen Aufwendungen in Form vom Kauf der Filme und Fixkosten (Lohn, Miete etc.) an. Erträge in Form von Verkaufserlösen und Leihgebühren fließen an das Unternehmen zurück. Die GuV zeigt, wie erfolgreich sich die Wertschöpfungsprozesse im Unternehmen darstellen. Wenn die Erträge die Aufwendungen übersteigen, sprechen wir von einem Jahresüberschuss, der das Eigenkapital erhöht, von einem Jahresfehlbetrag, wenn die Aufwendungen die Erträge übersteigen. Das Eigenkapital vermindert sich dadurch.
Die GuV kann auf zwei verschiedene Arten gegliedert werden (Rechtsgrundlage § 275 HGB).

- Gesamtkostenverfahren: Alle Erträge und Aufwendungen werden in der GuV ausgewiesen.
- Umsatzkostenverfahren: Es werden nur die Erträge und Aufwendungen in der GuV ausgewiesen, die umsatzbedingt sind.

Bei der GuV kann entweder die Kontoform oder die Staffelform angewendet werden. Für Kapitalgesellschaften ist jedoch gem. § 275 Abs. 1 HGB die Verwendung der Staffelform vorgeschrieben. Mit GuV bezeichnet man also die Erfassung aller Erträge und Aufwendungen in einem Unternehmen. Damit wollen wir uns in den folgenden zwei Abschnitten näher befassen.

Ertrag

Als Erträge sind sämtliche Wertzuflüsse in das Unternehmen definiert. Sie erhöhen das Eigenkapital. Die Umsatzerlöse sollen aber nicht nur die Produktionskosten der Erzeugnisse decken, sondern darüber hinaus auch einen angemessenen Gewinn einbringen. Neben den Umsatzerlösen kann ein Unternehmen aber auch Einnahmen aus anderen Quellen erzielen. Wird z. B. eine Lagerhalle an ein anderes Unternehmen vermietet, so werden Erträge aus Vermietung und Verpachtung erzielt. Hat ein Unternehmen eine Geldanlage getätigt, so sind die jährlichen Zinseinnahmen als Zinserträge in der GuV auszuweisen.

Aufwand

Jeder Werteverzehr eines Unternehmens an Gütern und Dienstleistungen wird als Aufwand bezeichnet. Aufwendungen mindern das Eigenkapital der Unternehmung.

Beispielsweise werden zur Herstellung von Produkten Rohstoffe verarbeitet sowie Hilfs- und Betriebsstoffe verbraucht; außerdem müssen Maschinen, Arbeitskräfte und andere Produktionsfaktoren im betrieblichen Ablauf eingesetzt werden.

Wichtige Aufwendungen in einem Betrieb sind vor allem:

1. Aufwendungen für Personal, d. h. Löhne und Gehälter plus gesetzlicher und freiwilliger Sozialabgaben.
2. Materialaufwendungen, d. h. der Verbrauch von Roh-, Hilfs- und Betriebsstoffen. Beispiel: Bei einer Videothek stellt der Kauf von Filmen einen Materialaufwand dar.
3. Aufwendungen für Abschreibungen, d. h. Wertminderungen des Anlagevermögens. Beispiel: Die DVD-Player und der Videorekorder verlieren im Laufe der Jahre an Wert. Diese Wertminderung wird in der Bilanz unter dem Begriff Abschreibungen dokumentiert (vgl. unten).
4. Aufwendungen für Miete, Betriebssteuern, Verwaltung, Versicherungen, Werbung u. v. m.

Bilanz und Gewinn- und Verlustrechnung korrespondieren demnach miteinander. Während jedoch in der Bilanz als Zeitpunktbetrachtung („Bilanzstichtag") der Gewinn durch Vermögens-/Schuldenvergleich zwischen zwei Stichtagen ermittelt wird, ergibt er sich in der Gewinn-und-Verlust-Rechnung durch den Vergleich der Erträge und Aufwendungen des Geschäftsjahres, somit zeitraumbezogen.

Aufwendungen und Erträge sind also negative bzw. positive Erfolgsbeiträge des jeweils betrachteten Geschäftsjahres.

Sätze, die man sich merken muss!

Aufwendungen werden immer im **Soll** gebucht! **Erträge** werden immer im **Haben** gebucht! Bei **aktiven Bestandskonten** steht der Anfangsbestand immer auf der **Soll-Seite**! Bei **passiven Bestandskonten** steht der Anfangsbestand immer auf der **Haben-Seite**!

Kontoform/Staffelform

Die Kontoform beinhaltet eine Gegenüberstellung von Aufwendungen und Erträgen. Bei dieser Gliederung ist die Gesamtsumme der Aufwendungen bzw. der Erträge direkt ersichtlich. Dagegen erfolgt bei der Staffelform eine tabellarische Darstellung der Erfolgskomponenten.

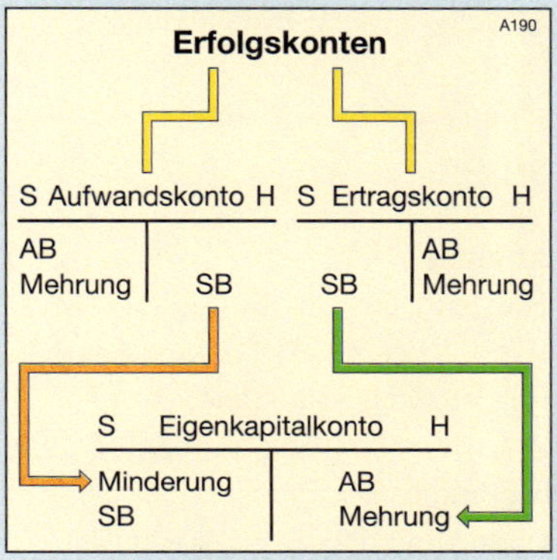

2. Staffelrechung

	Betriebsergebnis
+/–	Finanzergebnis
=	Ergebnis der gewöhnlichen Geschäftstätigkeit
+/–	außerordentliches Ergebnis
	Steueraufwand
=	Jahresüberschuss bzw. -fehlbetrag

Weitere Bestandteile des Jahresabschlusses:

Lagebericht
Beim Lagebericht handelt es sich, ähnlich wie beim Anhang, um ein ergänzendes Informationspapier. Allgemein hat der Lagebericht den Geschäftsverlauf und die Lage der Gesellschaft darzustellen. Dazu zählen auch Prognosen über die voraussichtliche Entwicklung der Gesellschaft und der Bereich Forschung und Entwicklung (F&E-Bericht).

Anhang
(Rechtsgrundlage §§ 284 und 285 HBG, sowie §§ 313 und 314 HBG für den Konzernanhang)
Der Anhang hat die Aufgabe, bestimmte Einzelposten der Bilanz und der GuV bei Kapitalgesellschaften näher zu erläutern. Darüber hinaus nimmt er eine Korrektur- sowie eine Ergänzungsfunktion für bestimmte Posten der Bilanz und der GuV ein.

Zurück zu unserem gewählten Videothek-Beispiel:
Wir wollen anhand der uns vorliegenden Daten die gesamten Erträge sowie die gesamten Aufwendungen ermitteln.

Erträge im Geschäftsjahr 2008

12.000 Filme verliehen à 3,– €	36.000,– €
100 Filme verkauft à 10,– €	1.000,– €
Gesamterträge	37.000,– €

Aufwendungen im Geschäftsjahr 2008

50 Filme gekauft à 50,– €	2.500,– €
sonstige Kosten (s. oben) mtl. 2.700,– €	32.400,– €
Gesamtaufwendungen	34.900,– €

Zwischenrechnung: 37.000,– € – 34.900,– € = 2.100,– €

Der Gewinn unserer Videothek für das Geschäftsjahr 2005 beläuft sich somit auf 2.100,– €.
Das Jahresergebnis gibt Auskunft darüber, wie rentabel ein Unternehmen im Geschäftsjahr gewirtschaftet hat. Seine Ermittlung ist Zielsetzung des Jahresabschlusses eines Unternehmens.

Jahresabschluss
Am Ende jeden Geschäftsjahres ist ein Handelsgewerbe verpflichtet, einen Jahresabschluss durchzuführen. Dazu zählen die Bilanz, die GuV und darüber hinaus bei – größeren – Kapitalgesellschaften der Lagebericht und der Anhang. Große und mittelgroße Kapitalgesellschaften müssen dabei das Gliederungsschema für Bilanzen (§ 266 HBG) und für Gewinn-und-Verlust-Rechnungen (§ 275 HBG) einhalten.
Der Jahresabschluss dient der Feststellung des Geschäftsergebnisses und zeigt die Zusammensetzung des Betriebsvermögens.

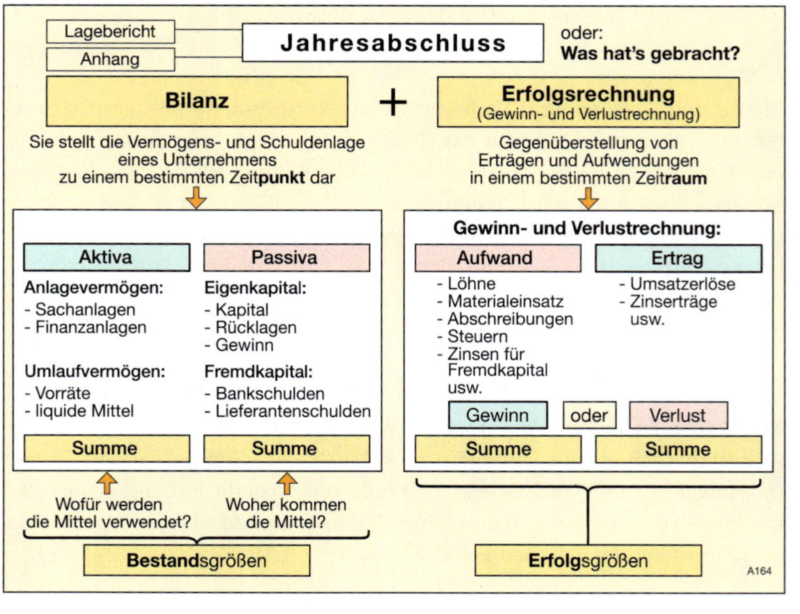

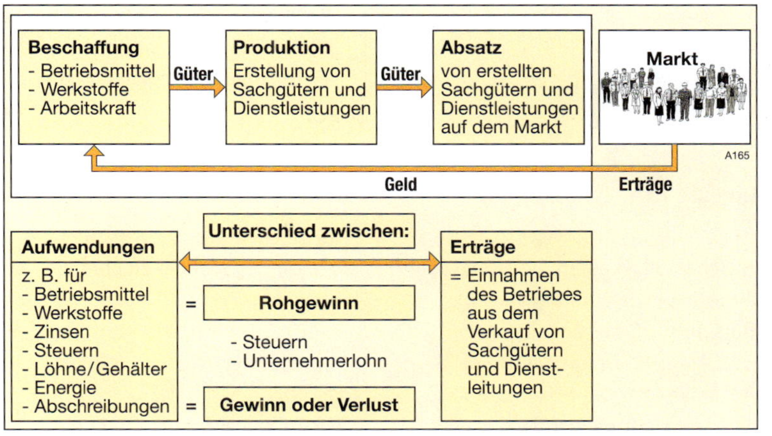

Sie haben betriebliche Vorgänge mit dem Instrumentarium des Rechnungswesens in vereinfachter Form analysiert. Die Abbildung zeigt Ihnen, wie Beschaffung, Produktion und Absatz mit den damit monetären Strömen eines Unternehmens verknüpft werden können.

Abschreibungen: Eine besondere Form der Aufwendungen

Sie haben nun einen kurzen Überblick in die Buchführung erhalten. In realen Unternehmen fallen täglich eine Vielzahl von Geschäftsvorfällen an, die jeweils gebucht werden müssen.

Erträge und Aufwendungen können sich also durch eine Vielzahl von Ereignissen ergeben, die sich direkt oder indirekt mit der eigentlichen Geschäftstätigkeit in Verbindung bringen lassen. Die wichtigsten wollen wir kurz vorstellen.

Aufwandsarten	Ertragsarten
Aufwendungen für Waren	Umsatzerlöse für Waren
Aufwendungen für Maschinen	Umsatzerlöse für Dienstleistungen
Reparaturkosten	Mieterträge
Energiekosten	Zinserträge
Löhne und Gehälter	Provisionserträge
Versicherungsbeiträge	
Zinsaufwendungen	
Abschreibungen (AfA)	

Abschreibungen stellen eine besondere Form von Aufwendungen dar. Deshalb wollen wir auf diese Form näher eingehen.

AfA

Abschreibung = AfA (Absetzung für Abnutzung) bedeutet die Erfassung der Wertminderungen durch Alterung, Abnutzung, Neuentwicklung, Nachfrageveränderung, höhere Gewalt oder Substanzminderung bei Beteiligungen.

Die AfA vermindert den Gewinn, dient der Substanzerhaltung und vermeidet die Zahlung von Ausschüttungen/Steuern auf unechte Gewinne. Doch was ist darunter genauer zu verstehen?

Dazu ein Beispiel:
Wir haben in der Videothek ein Anlagevermögen von 2.300,– € (zwei DVD-Player, ein Videorekorder und ein Fernseher). Im Laufe der Zeit erfahren die Geräte eine gewisse Abnutzung, außerdem kommen immer wieder neue Geräte auf den Markt. Unsere technische Ausstattung veraltet und verliert an Wert. Um dieser Entwicklung Rechnung zu tragen, dürfen wir den Wert unseres Anlagevermögens von Jahr zu Jahr mit einem geringeren Wert in unserer Bilanz erfassen. Wir nehmen „Abschreibungen" vor.

Welche Art der AfA verwendet wird, hängt von den handels- und steuerrechtlichen Vorschriften ab. Der Gesetzgeber hat den Unternehmen jedoch auch Wahlmöglichkeiten bezüglich der AfA gegeben. Die wichtigsten stellen wir kurz vor:

Lineare AfA

Bei der linearen AfA werden die Anschaffungskosten gleichmäßig auf die Jahre der Nutzung verteilt.
Beispiel:
Das Anlagevermögen hatte einen Anfangswert von 2.300,– €. Bei einer angenommenen Nutzungsdauer von fünf Jahren beträgt der Abschreibungsbetrag für unser Anlagevermögen gleichmäßig 460,– € pro Jahr.

Degressive AfA

Bei der degressiven Abschreibung wird der Abschreibungsbetrag durch die Anwendung eines gleichbleibenden Abschreibungssatzes (in Prozent) auf den jeweiligen Restwert des Anlagegutes berechnet.
Der Gesetzgeber schreibt darüber hinaus vor, dass dieser Satz maximal das Doppelte der linearen AfA bzw. maximal 20 % der Anschaffungskosten betragen darf.
Das Anlagevermögen darf über fünf Jahre abgeschrieben werden. Bei der degressiven Abschreibungsmethode beträgt im ersten Jahr der Abschreibungsbetrag 460,– €. Der Restbuchwert beläuft sich auf 1.840,– €. Am Ende des zweiten Jahres dürfen wir 20 % des Restwertes als Abschreibungsbetrag ansetzen. Dieses sind 20 % von 1.840,– €, also 368,– €. Wir haben somit am Ende des zweiten Jahres einen Restwert von 1.472,– €.

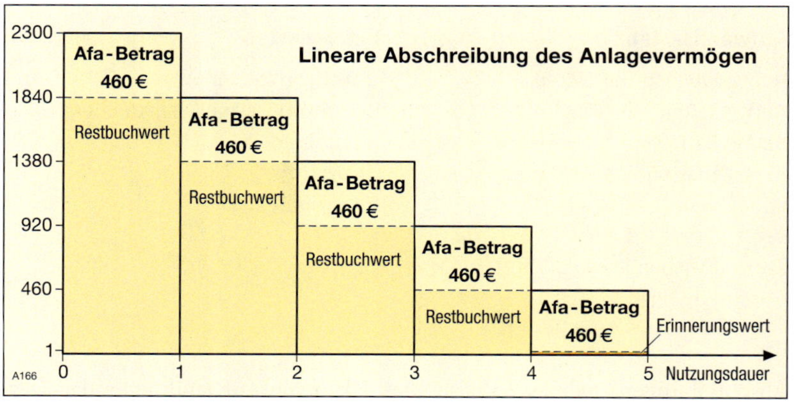

Ein Restbuchwert bzw. ein Erinnerungswert bleibt so lange in der Bilanz bestehen, bis der Gegenstand nicht mehr dem Betriebszweck dient, also verkauft oder ausrangiert wird. Eine Besonderheit ist in dem möglichen Übergang von der degressiven zur linearen AfA zu sehen. Umgekehrt ist dies nicht erlaubt. Der Übergang von der degressiven zur linearen Abschreibung ist aus steuerlichen Gründen dann zu empfehlen, wenn mithilfe der linearen Abschreibung ein größerer Abschreibungsbetrag pro Jahr erzielt werden kann.

Abschreibung nach Leistung

Bei der Abschreibung nach Leistung kann bei beweglichen Anlagegütern die Nutzungsdauer durch Leistungseinheiten ersetzt werden. Dies bedeutet, dass die voraussichtliche Gesamtleitung bei Anschaffung festgelegt wird.
Beispiel:
Die Anschaffungskosten für den betriebseigenen Pkw betragen 30.000,– €. Es wird eine Gesamtleistung von 200.000 km festgelegt. Im ersten Jahr werden 60.000 km zurückgelegt, somit beläuft sich der Abschreibungsbetrag im ersten Jahr auf 9.000,– € (60.000,– € : 200.000,– € 30.000,– €).

Betriebliche Kennziffern und Kennzahlen

Was sind Kennzahlen?

Kennzahlen sind Messgrößen, die die Funktion haben, in verdichteter Form (beispielsweise als Indexzahl bzw. als relative oder absolute Zahl) schnell und auf einfache Weise über einen betrieblichen Tatbestand zu informieren.
Die Kennzahlen aus dem betrieblichen Rechnungswesen, beispielsweise aus der Bilanz oder der Gewinn- und Verlustrechnung, die meist absolute Zahlen sind, können diese Aufgabe nur beschränkt erfüllen, weil sie nur zu bestimmten Zeitpunkten zur Verfügung stehen. Die betrieblichen Kennziffern Produktivität, Wirtschaftlichkeit, Rentabilität und Liquidität stellen die tragenden, ökonomischen Maßstäbe für Unternehmen dar, unabhängig von ihrer Größe, der Rechtsform oder dem Geschäftszweig. Diese Kennziffern lassen sich als mehrdimensionale Beurteilungskriterien betriebswirtschaftlichen Handelns auffassen.

Produktivität

Produktivität ist eine Beziehungszahl, der Mengengrößen zugrunde liegen. Sie gibt Auskunft darüber, mit welcher Menge von Einsatzfaktoren (Arbeitsstunden, Material, ...) der Betrieb eine bestimmte Menge an Output erbracht hat. Damit wird praktisch die mengenmäßige Effizienz der Produktion oder eines Produktionsvorgangs gemessen. Das Problem bei Produktivitätsbetrachtungen besteht darin, dass die Outputmenge zwar einheitlich gemessen werden kann (z. B. produzierte Stückzahl), die Inputmenge (Arbeit, Kapital, Material) aber keine einheitliche Messgröße aufweist. Aus diesem Grund wird i. d. R. nicht mit „Gesamtproduktivitäten“ operiert, sondern mit „Teilproduktivitäten“.

Eigenkapitalquote = Eigenkapital : Gesamtkapital x 100

Fremdkapitalquote = Fremdkapital : Gesamtkapital x 100

Umsatzrentabilität =
Jahresüberschuss bzw. -fehlbetrag : Umsatzerlöse x 100

Eigenkapitalrentabilität = Gewinn : Eigenkapital x 100

Von allen Produktivitätsbezeichnungen haben besonders die Arbeitsproduktivität, die Kapitalproduktivität und die Materialproduktivität Bedeutung.

Wirtschaftlichkeit

Wirtschaftlichkeit stellt die bewertete Produktivitätsbetrachtung dar. Da der Bewertungsmaßstab „Preis“ (Geld) einheitlich ist (Preise für Material, Arbeitskraft, Maschinenstunden usw.), können auch Aussagen zur Gesamtwirtschaftlichkeit eines Unternehmens getroffen werden.
Die Kennziffern Wirtschaftlichkeit und Produktivität können für unterschiedliche Zwecke verwendet werden: Die Geldgrößen (Wirtschaftlichkeit) dienen zur Beurteilung des Unternehmenserfolges (z. B. Unternehmensziel Gewinn), die Produktivität ist ein Maßstab für die Wettbewerbsfähigkeit des Unternehmens und damit ein Maßstab für die Sicherung langfristiger Erwerbs- und Ergebnisziele.

!

1. Ermitteln Sie Kreditkonditionen von Banken für Unternehmen unter Berücksichtigung von Eigen- und Fremdkapitalquote (regional, überregional, branchenspezifisch)! Informieren Sie sich über die Umsatzrentabilität und Eigenkapitalrentabilität dreier beliebiger Branchen, und versuchen Sie, Anhaltspunkte für mögliche Differenzen zu finden.

Zusätzliche Aussagen über die Gesamtrentabilität gibt der **„Return on Investment"** (ROI). Die Errechnung geschieht wie folgt:

ROI = Umsatzrentabilität x Kapitalumschlagshäufigkeit

Wobei sich die Kapitalumschlagshäufigkeit ergibt aus:

Umsatz : Gesamtkapital

Rentabilität und Liquidität

Rentabilität und Liquidität sind zwei miteinander verbundene Größen, die als erfolgswirtschaftliche (Rentabilität) und finanzwirtschaftliche (Liquidität) Aussagen betrachtet werden können und die dazu dienen, die Ertragskraft eines Unternehmens zu kontrollieren. Unter Liquidität versteht man zunächst das Ausmaß der Fähigkeit eines Unternehmens, jederzeit seinen Zahlungsverpflichtungen nachkommen zu können. Kann ein Unternehmen dies nicht mehr leisten – also im Falle der Zahlungsunfähigkeit bzw. Illiquidität –, ist es gesetzlich nach § 130 a HGB dazu verpflichtet, die Eröffnung des Insolvenzverfahren zu beantragen. Unter dem Begriff Rentabilität wird das Maß der Verzinsung des eingesetzten Kapitals (das Verhältnis von Gewinn zu Kapital) verstanden.

Kennzahlen für den schnellen Überblick

Wer einen schnellen Überblick über die wirtschaftliche Lage eines Unternehmens erhalten will, sollte einige Kennzahlen ermitteln, die aus dem Jahresabschluss zu berechnen sind. Die Berechnung dieser Kennzahlen erfolgt i. d. R. in der Controlling-Abteilung des jeweiligen Unternehmens, da die Kennzahlen für die Steuerung eines Unternehmens von Interesse sind. Sie dienen dazu,

- Sachverhalte sichtbar zu machen, die aus den absoluten Zahlen des Jahresabschlusses nicht ohne weitere Berechnung zu erkennen sind;
- Sachverhalte durch Verdichtung auf eine einzige Zahl komprimiert zu charakterisieren;
- die Transparenz zu erhöhen und die wirtschaftliche Situation eines Unternehmens – auch im Vergleich zu anderen Unternehmen der Branche – zu beurteilen.

Einige wichtige Kennzahlen werden hier kurz vorgestellt. Darüber hinaus gibt es eine Vielzahl von Kennzahlen, die eine detailliertere Analyse des Unternehmens ermöglichen.

Eigenkapitalquote

Die Eigenkapitalquote drückt das Verhältnis von Eigenkapital zum Gesamtkapital aus, beschreibt also, welchen prozentualen Anteil das Eigenkapital am Gesamtkapital ausmacht.
Die Eigenkapitalquote ist ein wichtiges Instrument bei der Kreditverhandlung. Derzeit liegt die Eigenkapitalquote in Deutschland i. d. R. bei 25–35 %, schwankt aber erheblich von Branche zu Branche.

Fremdkapitalquote

Die Fremdkapitalquote drückt das Verhältnis von Fremdkapital zum Gesamtkapital aus, beschreibt demnach, welchen prozentualen Anteil das Fremdkapital am Gesamtkapital ausmacht.
Eine hohe Fremdkapitalquote zeigt eine starke Abhängigkeit des Unternehmens von Banken und anderen Geldgebern.

„Goldene Bilanzregel"

Die goldene Bilanzregel besagt, dass Anlagevermögen möglichst durch Eigenkapital und langfristiges Fremdkapital finanziert werden soll. Es wird damit begründet, dass das Anlagevermögen wegen seiner langen Zugehörigkeit zum Unternehmen auch langfristig finanziert werden sollte. Der Term, an dem die „goldene Bilanzregel" festgemacht wird, nennt sich Deckungsgrad. Er drückt das Verhältnis von Eigenkapital und langfristigem Fremdkapital zum Anlagevermögen aus, besagt also, wie viel Prozent des Anlagevermögens durch langfristiges Kapital finanziert wurde. Die „goldene Bilanzregel" wird insbesondere bei Beurteilung der Kreditwürdigkeit eines Unternehmens durch die Kreditinstitute angewendet.

Umsatzrentabilität
Die Umsatzrentabilität gibt an, wie viel Gewinn pro Euro Umsatz erzielt wird, und ist geeignet, Aussagen über eine positive oder negative Erfolgssituation eines Unternehmens im Zeit-, Betriebs- oder Branchenvergleich zu machen. Änderungen der Gewinnspanne können z. B. auf ein neues Fertigungsprogramm oder einen neuen Kundenkreis zurückzuführen sein.

Eigenkapitalrentabilität
Die Eigenkapitalrentabilität stellt den Gewinn in Beziehung zum Eigenkapital. Diese auch Unternehmerrendite genannte Kennzahl drückt die Verzinsung des eingesetzten Eigenkapitals aus. Die Eigenkapitalrentabilität wird berechnet, um die Geldanlage im Unternehmen mit einer Anlage auf dem langfristigen Kapitalmarkt zu vergleichen.

Gesamtwirtschaftliche Kennziffern
Natürlich gibt es weitere Kennziffern, die nicht nur für die Erfassung von betrieblichen Vorgängen, sondern auch für gesamtwirtschaftliche Prozesse von hoher Bedeutung sind. Folgendes muss dabei immer wieder deutlich werden: Die Qualität der Kennziffer hängt ab von der Qualität der Daten, die Eingang finden. Mit den entsprechenden Zahlengrundlagen ist die Ermittlung von Kennziffern lediglich eine Rechenoperation. Wichtig ist es jedoch, die dahinterliegenden ökonomischen Vorgänge zu erfassen. Nehmen wir ein Beispiel aus gesamtwirtschaftlicher Sicht: die Arbeitsproduktivität. Als Arbeitsproduktivität einer Volkswirtschaft wird die Produktionsmenge verstanden, die durchschnittlich mit einer eingesetzten Einheit des Faktors Arbeit erzielt worden ist. Wichtig ist aber auch, jene Faktoren zu erkennen, die auf die Produktivität in unser Volkswirtschaft Einfluss haben:

Am Ende dieses Kapitels sollten Sie die Funktionen von Unternehmen in einer Volkswirtschaft kennen und beschreiben können. Außerdem sollten Sie wissen, welche Ziele und Interessen Unternehmen einerseits und Beschäftigte andererseits haben. Der betriebliche Leistungsprozess mit den Grundfunktionen Beschaffung, Produktion und Absatz wurde anhand von Beispielen vorgestellt. Ihre Bedeutung und die Zusammenhänge zwischen den Bereichen kennen Sie.
Weiterhin sollten Sie darstellen können, welche Aufgaben die Organisation übernimmt und welche Bedeutung die Arbeitsbeziehungen in einem Unternehmen haben. Wichtige rechtliche Regelungen in Deutschland kennen Sie ebenfalls. Abschließend wurden die Grundgedanken zur Finanzierung von Unternehmen und Investition vorgestellt. Mit den folgenden Aufgaben sollen Sie Ihr Wissen prüfen:

1. Erklären Sie, welche grundsätzliche Bedeutung Unternehmen in einer marktwirtschaftlichen Ordnung haben.

2. Beschreiben Sie die drei Grundaufgaben eines Unternehmens am Beispiel eines Softwareherstellers.

3. Begründen Sie, welche Standortfaktoren für einen Kindergarten eine Rolle spielen könnten:
   - Ansiedlung auf der grünen Wiese, außerhalb der Stadt, damit keine Nachbarschaft gestört wird.
   - Es sollte sich um einen Stadtteil mit geringen Mieten handeln.
   - Ein Industriegelände mit viel Platz wäre ideal.
   - Die Nähe zu einem Neubau-Wohngebiet ist wichtig.
   - In der Umgebung sollten es noch nicht viele Kindergärten geben.
   - Geeignete Gebäude sollten bereits vorhanden sein.

4. Erklären Sie, warum das Organisationsproblem nicht nur ein Koordinations-, sondern auch ein Motivationsproblem ist.

5. Grenzen Sie die Aufbau- von der Ablauforganisation eines Unternehmens ab. Begründen Sie, warum sich beide gegenseitig beeinflussen und ergänzen.

6. Nehmen Sie Stellung zu folgender Aussage: „Es gibt kein Unternehmen, das keine Kultur hat."

7. Bereiten Sie ein zehnminütiges Referat vor, in dem Sie die Aufgaben einer Unternehmensführung vorstellen.

8. Entwickeln Sie ein Material, das die Einflussfaktoren auf das Zielsystems eines Unternehmens grafisch darstellt.

9. Untersuchen Sie, welche Aussagen richtig sind, und begründen Sie Ihre Entscheidung:
   - Unternehmen in kreativen Branchen wie der Werbung brauchen keine Organisation. Personen in diesen Bereichen wissen auch so, was sie zu tun haben.

- Die Organisation eines Unternehmens legt fest, wer was womit und wann zu tun hat.
- Die Organisation eines Unternehmens legt fest, wer was womit und wann zu tun hat.
- Die Organisation ist das Wichtigste für ein Unternehmen.
- Die Organisation eines Unternehmens verändert sich in der Regel im Laufe der Zeit.

10. Vergleichen Sie die Organisationsform verschiedener Unternehmen (mindestens drei) miteinander. In der Regel finden Sie entsprechende Informationen auf der Homepage größerer Unternehmen.

11. Stellen Sie dar, wie Rechtsformen üblicherweise gegliedert werden können. Nennen Sie wesentliche Kriterien, die bei der Wahl der Rechtsform beachtet werden sollten.

12. Führen Sie ein Expertengespräch mit einem Gewerkschaftsvertreter oder der Arbeitsagentur vor Ort zu den rechtlichen Grundlagen von Arbeitsverhältnissen durch.

Methodenhinweis: Expertenbefragung
Die Expertenbefragung dient der Informationsbeschaffung. In der Regel wird der Experte in den Unterricht eingeladen und berichtet dort über seine Tätigkeit, bzw. er bringt sein Fachwissen in den Wirtschaftsunterricht ein. Die Verlaufsstruktur gliedert sich in drei aufeinander folgende Schritte:

Vorbereitung
Es werden Absprachen über die Ziele und Durchführung der Befragung getroffen. Für die Befragung, die in der Schule, aber auch am Wirkungsort des Experten stattfinden kann, werden Fragen ausgearbeitet. Festgelegt werden weiterhin Aufgabenverteilung und Arbeitstechniken. Für die Befragung muss des Weiteren eine Interviewtechnik gewählt werden:

- strukturiertes Interview: Reihenfolge und Formulierung der Fragen werden genau festgelegt. Der Vorteil ist, dass das Interview planmäßig abläuft, jedoch ist eine Vertiefung oder Ausweitung der Diskussion kaum möglich.
- teilstrukturiertes Interview: Wichtige Inhalte und die Reihenfolge der Fragen werden z. B in Form eines Leitfadens festgelegt. Vorteile sind die flexiblen Anwendungs- und Umsetzungsmöglichkeiten, die entsprechend der jeweiligen Situation angepasst werden können.
- unstrukturiertes Interview: Das Ziel der Befragung wird festgelegt, Reihenfolge und Einzelfragen bleiben offen. Der Vorteil ist, dass Diskussionen entstehen können, die zusätzliche Informationen liefern. Es besteht jedoch die Gefahr, dass sich Abweichungen zur ursprünglichen Zielsetzung ergeben.

Durchführung
Bei der Durchführung der Befragung sollte bereits an eine spätere Präsentation der Ergebnisse gedacht werden (z. B. durch Fotos, Tonband, Videorecorder).

Auswertung
Notizen und Aufzeichnungen werden in Reinschrift gebracht und zusammengefasst. Mögliche Fragestellungen für eine differenzierte Aufwertung können sein:

- Welche objektiven Sachinformationen wurden gegeben?
- Welche Aussagen waren personen- bzw. interessengeleitet?
- Welche Aussagen stellen die subjektive Meinung des Experten dar?

Die Ergebnisse werden diskutiert und idealerweise präsentiert, beispielsweise in Form einer Dokumentation, einer Informationsbroschüre oder eines Beitrags in der Schülerzeitung. Anschließend werden die Ergebnisse in den unterrichtlichen Zusammenhang eingebettet.

13. Benennen Sie die wesentlichen Ziele der Mitbestimmung in Unternehmen.

14. Diskutieren Sie, welche Bedeutung die Mitbestimmung angesichts zunehmender wirtschaftlicher und politischer Verflechtungen von Ländern und Unternehmen hat.

15. Erläutern Sie die Aufgaben eines Schlichters bei Tarifverhandlungen.

16. Diskutieren Sie, welche Bedeutung die Mitbestimmung angesichts zunehmender wirtschaftlicher und politischer Verflechtungen von Ländern und Unternehmen hat.

17. Analysieren Sie nachfolgende Karikatur in Hinblick auf die Mindestlohndebatte. Welche zentralen Konflikte spielen bei der Mindestlohndebatte eine Rolle (siehe hierzu auch die Checkliste auf Seite 235)?

18. Beschreiben Sie, welche Aufgaben die Finanzabteilung in einem Unternehmen übernimmt.

19. Erläutern Sie, worin der Grundgedanke einer Investitionsrechnung liegt.

20. Beschreiben Sie die Aufgaben und Ziele des Rechnungswesens.

III Geld und Währung

Das monetäre System spielt im Alltag eines jeden eine große Rolle. Auf den folgenden Seiten werden Sie erfahren, warum eine Änderung der Geldmenge unter Umständen fatale Folgen für eine Volkswirtschaft haben kann. Deshalb ist es wichtig, dass Institutionen existieren, die für die Steuerung und Überwachung des Systems zuständig sind. Diese Aufgabe übernehmen Zentralbanken wie die Europäische Zentralbank. Ihr stehen verschiedene Instrumente zur Verfügung, mit der sie die Geldmenge stabil hält.

Die Volkswirtschaften sind heutzutage auf vielfältige Weise miteinander vernetzt und treiben regen Handel. Dieser kann jedoch nur funktionieren, wenn die unterschiedlichen Währungen miteinander getauscht werden können. Wechselkurse bilden diese Tauschverhältnisse ab. Es gibt sogar einen Markt, auf den Währungen gehandelt werden: den Devisenmarkt. Geld wird aber nicht nur dort selbst zur Ware, sondern auch auf anderen Finanzmärkten gehandelt, die wir noch kennenlernen werden.

In absehbarer Zeit werden Sie mit verschiedenen finanziellen Entscheidungen konfrontiert sein. Dabei kann es um die Aufnahme eines Kredits für ein Auto gehen oder um die Frage, wie sich Ihre Ersparnisse gewinnbringend anlegen lassen. Deshalb wird in diesem Kapitel abschließend der Fokus auf Geldanlagen und Finanzierungsmöglichkeiten gerichtet.

1 Geld in einer Volkswirtschaft

1.1 Funktionen des Geldes

„Ohne Moos nix los" ... wer kennt dieses Sprichwort nicht? Ob man sich ein neues Notebook kaufen oder einen Kurztrip über das Wochenende machen möchte, ob man ein Eis essen oder in die Disco gehen möchte: Immer braucht man Geld. Man zahlt entweder mit Bargeld oder mit einer Plastikkarte, also per Kredit- oder Maestro-Karte. Sie können manchmal sogar schon per SMS über ein Mobiltelefon bezahlen.

Geld in seinen verschiedenen Formen zur Abwicklung von Transaktionen zu benutzen, ist in unserer Gesellschaft außerordentlich wichtig. Ohne Geld müssten sich die Menschen auf den Tauschhandel, also Ware gegen Ware, verlassen, um die Dinge zu erlangen, die sie zum Leben benötigen. Das wäre sehr mühsam, denn die Güter haben unterschiedliche Werte und nicht immer hat ein Anbieter Interesse an der Ware, die der andere zum Tausch bereithält. Um unter diesen Umständen überhaupt Handel betreiben zu können, müsste die doppelte Zufälligkeit der Wünsche erfüllt sein. Gemeint ist damit, dass zwei Menschen aufeinandertreffen, die genau das Gut besitzen, das der andere haben möchte. Die Wahrscheinlichkeit dafür ist nicht sehr hoch.

Mit dem Geld wurde eine gemeinsame Größe geschaffen, mit der sich der Wert aller Güter, vom Brot über die Hose bis zum Haarschnitt, miteinander vergleichen lässt. Es vereinfacht also den Austausch von Waren und Dienstleistungen in einer arbeitsteilig organisierten Volkswirtschaft erheblich. Das universelle Tauschmittel macht erst möglich, dass alles gegen alles getauscht werden kann und jeder Wirtschaftsakteur sich auf das spezialisieren kann, was er besonders gut beherrscht.

Nachfolgendes Beispiel veranschaulicht große Bedeutung des Geldes noch einmal: Für ein Warenhaus mittlerer Größe mit 50.000 Gütern kann mithilfe einer Formel der Kombinatorik die Anzahl der möglichen Tauschverhältnisse wie folgt ermittelt werden. Bei 50.000 Gütern erhalten wir 50.000 Austauschverhältnisse. Das Produkt muss um die Austauschverhältnisse der einzelnen Güter mit sich selbst reduziert werden, z. B. 50.000 – 1. Die Zahl der Austauschverhältnisse lässt sich wie folgt erfassen:

$$\frac{50.000 \times (50.000 - 1)}{2} = 1.249.975.000$$

Um den Handel tatsächlich zu vereinfachen, muss ein universelles Tauschmittel jedoch bestimmte Eigenschaften aufweisen:
- Es muss sich aufbewahren lassen, damit ein Wert auch gespeichert werden kann.
- Weiterhin muss es teilbar sein, sich gut transportieren lassen und möglichst fälschungssicher sein.
- Schließlich muss es allgemein anerkannt bzw. akzeptiert sein.

Münzen und Papierscheine erfüllen diese Anforderungen. Zudem haben sie keinen eigenen Wert, sondern besitzen nur einen Tauschwert.

Diese Funktionen des Geldes sind Ihnen schon aus der Jahrgangsstufe 9 bekannt, hier noch einmal eine Übersicht zur Wiederholung:

- **Recheneinheit**
  Geld ermöglicht es, Güter mit einem Preis zu versehen und es damit gleichnamig zu machen. Dadurch wird es möglich, Autos, Tee, Kaffeetassen und Maschinen miteinander zu vergleichen und wertmäßig zu addieren. Mit Geld als Recheneinheit werden in Unternehmen Rentabilitäts- und Wirtschaftlichkeitsvergleiche erst möglich.

- **Tauschmittel und anerkanntes Zahlungsmittel**
  Geld ermöglicht es, eine Ware einem beliebigen Nachfrager überlassen zu können, da es jederzeit zum Tausch von Sachgütern und Dienstleistungen verwendet werden kann. Die wirtschaftliche Überlegenheit einer Geldwirtschaft gegenüber frühen Naturalwirtschaften zeigt sich damit sehr deutlich. Das mühsame Suchen eines Tauschpartners entfällt, Tauschkosten sinken, und es reduziert sich die benötigte Zeit, um ein geeignetes Produkt oder eine Dienstleistung zu erhalten.

- **Wertaufbewahrungsmittel**
  Geld muss nicht umgehend nach Erhalt wieder für Produkte oder Dienstleistungen ausgegeben werden. Vielmehr ist es möglich, auf den sofortigen Konsum zu verzichten, um einen Teil des Einkommens zu sparen und zu einem späteren Zeitpunkt zu konsumieren. Diese Überlegung wird ein Konsument aber nur dann anstellen, wenn er die Sicherheit hat, dass seine Ersparnisse auch noch zu einem späteren Zeitpunkt in etwa den gleichen Wert haben werden.

Nach dem Zweiten Weltkrieg hatte das Geld seinen Wert verloren. Man griff vielfach auf den alten Tauschhandel zurück: Ware gegen Ware. Die Menschen hatten kein Vertrauen in das Geld und akzeptierten es nicht mehr als Tauschmittel. Naturalien wie Zigaretten erschienen ihnen sicherer, weil sie wussten, was sie dafür eintauschen konnten. Man sprach damals sogar von einer „Zigarettenwährung". Am 20. Juni 1948 führten die Alliierten eine Währungsreform durch. Jeder Einwohner der britischen, französischen und amerikanischen Besatzungszone konnte 600 Reichsmark in 60 Deutsche Mark umwechseln. 40 DM wurden davon sofort ausbezahlt und der Rest nach einem Monat.

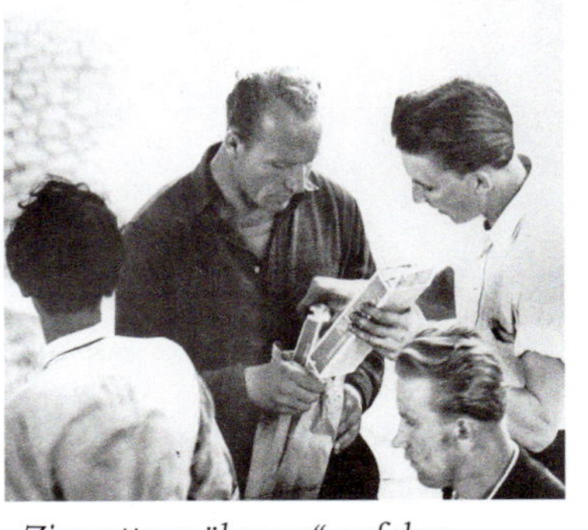

„Zigarettenwährung" auf dem Schwarzmarkt

1.2 Geld im Kreislauf der Wirtschaft

Das meiste Geld, das heute ausgegeben wird, sehen wir überhaupt nie. Fast jeder Einkommensbezieher besitzt ein Girokonto bei einer Bank oder einer Sparkasse.
Löhne und Gehälter werden direkt auf das Konto überwiesen. Im Supermarkt kann mit Kreditkarte gezahlt werden, die Miete wird per Dauerauftrag abgebucht und Rechnungen überwiesen.
Die Einnahmen und Ausgaben erscheinen auf den Kontoauszügen, ohne dass man eine Banknote in der Hand gehalten hätte. Man spricht deshalb auch von Buch- bzw. Giralgeld.

Im Wirtschaftskreislauf gehören zum Sektor **Unternehmen** nicht nur alle Institutionen, die Waren und Dienstleistungen produzieren, sondern auch jene, die finanzielle Mittlerfunktion erbringen (Banken) und diese gegen Geld verkaufen. Unternehmerische Tätigkeiten werden in nichtfinanzielle Kapitalgesellschaften (z. B. private Organisationen ohne Erwerbszweck wie Pflegeheime, rechtlich unselbstständige Eigenbetriebe des Staates, AG, KG) und finanzielle Kapitalgesellschaften eingeteilt. Letztere umfassen Unternehmen, deren Hauptfunktion in der finanziellen Mittlertätigkeit und/oder die hauptsächlich im Kredit- und Versicherungsgewerbe tätig sind (z. B. Banken, Anlageberater, Börsen).

Nicht nur private Haushalte brauchen Geld, um Lebensmittel, Kleidung, Miete, Freizeit und andere lebensnotwendige Dinge zu bezahlen. Sie müssen auch Steuern zahlen und möchten häufig etwas sparen. Unternehmen benötigen Geld, um den Mitarbeitern Löhne und Gehälter zahlen zu können, und auch von ihnen verlangt der Staat Steuern. Weiterhin müssen Rohstoffe und Vorprodukte gekauft, Maschinen angeschaffen und Gebäude gemietet werden, um überhaupt produzieren zu können. Oft werden dafür Kredite aufgenommen. Es erfolgt also ein ständiger Austausch des Geldes – in Form von Buch- oder Bargeld – in einer Volkswirtschaft.

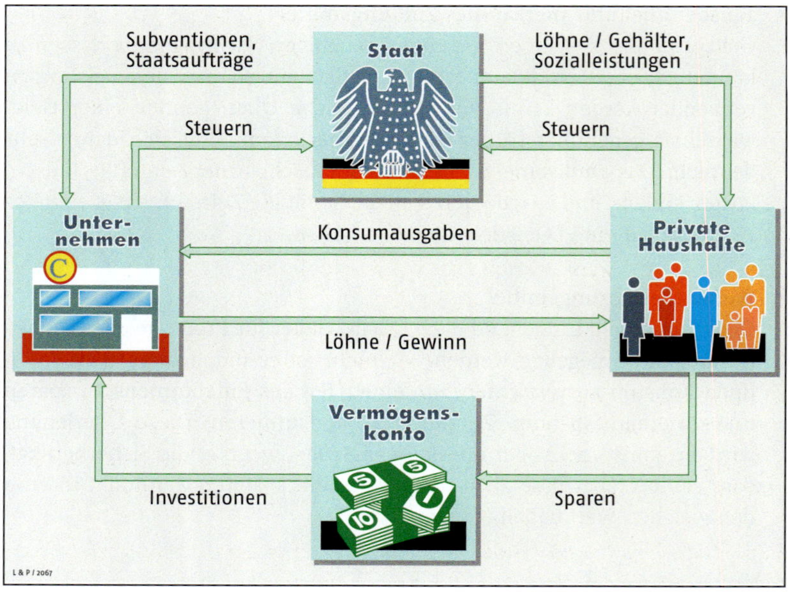

In Deutschland sind es die Geldinstitute wie Banken und Sparkassen, die die Wirtschaft mit Geld versorgen.

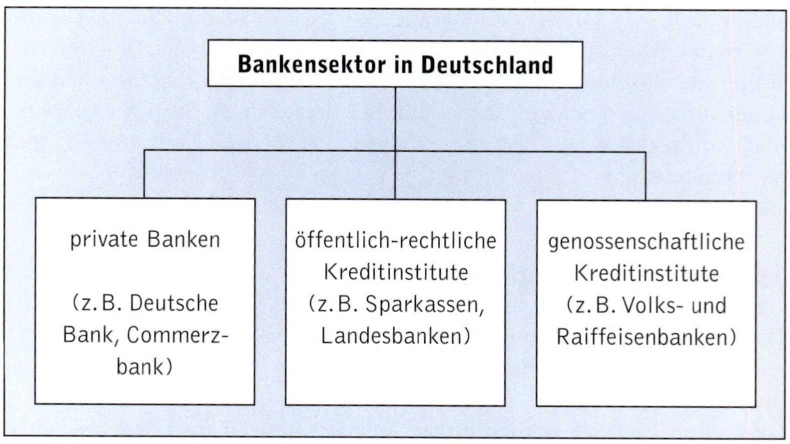

Das Geld, das wir täglich brauchen, kann jedoch nur von der Zentralbank geschaffen werden. Sie gibt Banknoten und Münzen aus und versorgt die Geldinstitute mit Zentralbankgeld. Hierzulande sind die Deutsche Bundesbank und ihre Landesbankzentralen dafür zuständig. Sie überwachen auch das Bankensystem.

Die Menge an Geld, die in einer Volkswirtschaft zirkuliert, hat großen Einfluss auf viele ökonomische Kennzahlen und Aktivitäten und kann die wirtschaftliche Entwicklung beeinflussen. Je schneller die Geldmenge steigt, umso schneller nehmen über kurz oder lang die Preise zu. Geldpolitik ist deshalb auch Wirtschaftspolitik (siehe S. 185 ff.). Auf der Suche nach Mitteln zur Bekämpfung der Finanzkrise, die 2008 endgültig auch die reale Wirtschaft in eine Krise brachte, wurden insbesondere geldpolitische Instrumente herangezogen.

Bevor es im nächsten Kapitel um die Art, wie Geldpolitik Einfluss auf die Wirtschaft ausübt, und um die Akteure geht, ist an dieser Stelle zunächst noch eine grundsätzliche Frage zu klären: Wie lässt sich die Höhe der Geldmenge überhaupt feststellen? Und was müsste bei der Ermittlung alles berücksichtigt werden?

Zunächst muss sicherlich das Bargeld berücksichtigt werden, das sich in den Händen der Wirtschaftsteilnehmer befindet. Dazu gehören auch die Sichtguthaben bei Banken, die die Kunden sofort abholen könnten (z. B. Geld auf dem Girokonto). Man bezeichnet den Bargeldumlauf und die Sichtguthaben auch als **Geldmenge M1**.

Weiterhin müssen auch Sparguthaben, die mit einer Kündigungsfrist von bis zu drei Monaten abgehoben werden können, berücksichtigt werden. Daneben gibt es auch Einlagen, die eine Kündigungsfrist von bis zu zwei Jahren haben. Zusammen mit der Geldmenge M1 hat man dann die **Geldmenge M2** ermittelt.

Schließlich gibt es auch noch Schuldverschreibungen, Geldmarktpapiere, Geldmarktfondsanteile (dabei handelt es sich um kurzfristige Anlagen von Banken) und so genannte Reprogeschäfte, bei denen es um Wertpapierpensionsanlagen geht. Zusammen mit der Geldmenge M2 gehören sie zur **Geldmenge M3**.

An dieser Stelle geht es nicht darum, Details einzelner Einlageformen zu unterscheiden. Wichtig ist zunächst, zu erkennen, dass die Geldmenge nicht nur aus Bargeld besteht, sondern auch aus kurzfristig liquidierbaren Bankeinlagen.

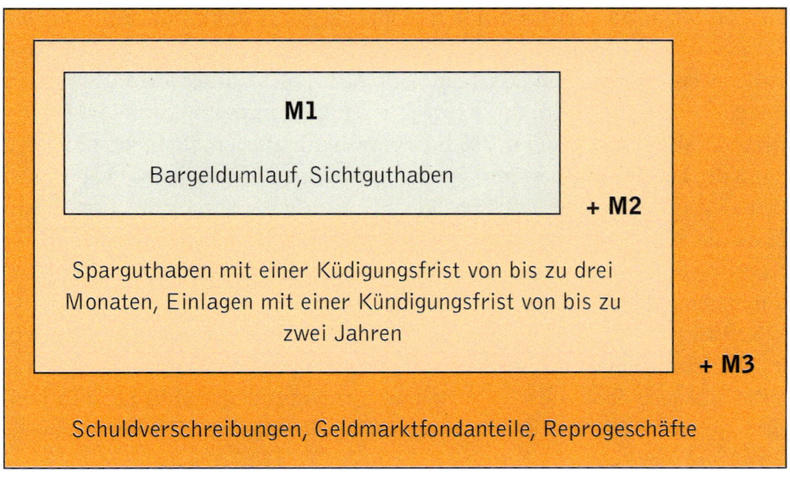

2 Europäische Zentralbank – Hüterin der Währung

2.1 Ziele und Akteure

Die Steuerung der Geldmenge in Deutschland und Europa ist Aufgabe des Europäischen Systems der Zentralbanken (ESZB). Vor 1999 war hierzulande die Deutsche Bundesbank dafür verantwortlich. Mit der Einführung einer gemeinsamen Währung in der Europäischen Union, dem Euro, hat sich dies jedoch geändert. Die Deutsche Bundesbank ging als nationale Zentralbank unter der Führung der Europäischen Zentralbank (EBZ) auf, die ihren Sitz in Frankfurt am Main hat.

Die Gründe für eine gemeinsame europäische Währung hat der frühere Bundeskanzler Helmut Schmidt (SPD) 1995 anschaulich dargelegt:

Helmut Schmidt, Bundeskanzler von 1974 bis 1982

Q

Hätte sich der gemeinsame Markt der Vereinigten Staaten von Amerika so entwickeln können und die unglaubliche Leistungsfähigkeit und Anpassungsfähigkeit der amerikanischen Industrie, wenn es in New York einen Dollar gegeben hätte und einen anderen in Massachusetts, wieder eine andere Währung in Virginia, eine in North Dakota und eine in South Dakota, insgesamt also 50 verschiedene Währungen, jeder Staat mit seiner eigenen Währung? [...] Nehmen wir einmal an, Sie besitzen eine Airline in Atlanta und müssen Flugzeuge bestellen bei Boeing. Die Lieferzeiten für das erste Flugzeug betragen ca. 1,5 Jahre, für das letzte Flugzeug dieser Bestellung vielleicht 12 Jahre. Die Preise werden aber heute fixiert. Wie wollen Sie sich eigentlich absichern gegen einen Verfall Ihrer Währung in Atlanta gegenüber der Währung in Seattle im Staate Washington an der Pazifischen Küste? [...]
Gegenwärtig betragen die reinen Umtausch- bzw. Transferkosten von Währungen innerhalb unseres gemeinsamen Marktes pro Jahr rund 30 Milliarden Mark. Sie können leicht verstehen, wie das kommt. Stellen Sie sich vor, Sie steigen morgen in aller Frühe in Fuhlsbüttel in ein Flugzeug und haben 1.000 Mark in die Brieftasche gesteckt. Damit fliegen Sie nach Stockholm. Sie geben keine Mark aus, keinen Pfennig. Sie tauschen den Betrag lediglich in schwedische Kronen um. Anschließend fliegen Sie weiter nach Kopenhagen, dort tauschen Sie das Geld um in dänische Kronen; anschließend fliegen Sie weiter nach London, nach Dublin, nach Amsterdam, nach Brüssel, nach Paris, nach Madrid, nach Lissabon, Rom; Athen nicht zu vergessen. Sie geben überall keinen Pfennig aus, Sie tauschen Ihr Geld immer nur um in die Währung des jeweiligen Landes. Nach Luxemburg brauchen Sie nicht zu reisen, denn die Luxemburger waren die einzigen Klugen in Europa, sie haben sich keine eigene Währung geleistet. Was glauben Sie, wie viel von Ihren 1.000 Mark Sie noch haben, wenn Sie abends wieder in Hamburg ankommen? [...]
Es verbleibt Ihnen weniger als die Hälfte. [...] Nun ist zwar keiner so verrückt, durch alle 15 Länder zu reisen und sein Geld dauernd umzutauschen, es gibt ja Kreditkarten dafür. Aber das Beispiel, das Sie selbst nachrechnen können, macht deutlich, dass die tatsächlichen Transferkosten enorm sind. [...]
Der wichtigste ökonomische Vorteil der gemeinsamen Währung ist in meinen Augen, dass innerhalb Europas alle Wechselkursrisiken wegfallen.

Jemand, der als Franzose Investitionsgüter nach Deutschland liefert oder als Deutscher nach Italien oder wie auch immer, der kann sich auf die heutigen Wechselkurse nicht verlassen. Je länger die Fertigungszeiten, umso größer ist das Wechselkursrisiko.
Quelle: Aus einem Vortrag von Helmut Schmidt am 14.11.1995 in Hamburg, zit. nach Politik konkret Nr. 3/1997, hrsg. vom Institut für Lehrerfortbildung in Hamburg, S. 7

Chronik der Europäischen Währungsunion

7. Februar 1992: Vertrag von Maastricht über die Europäische Union; Beschluss über die Errichtung einer Wirtschafts- und Währungsunion

1. Juni 1998: Die Europäische Zentralbank (EBZ) in Frankfurt a.M. nimmt ihre Arbeit auf

1. Januar 1999: Einführung des Euro als gemeinsame europäische Währung in elf (ab 2001 in 12) EU-Staaten, zunächst nur als Buchgeld

1. Januar 2002: Einführung des Euro-Bargelds in den Staaten der Eurozone

1. Januar 2007: Slowenien tritt als erstes osteuropäisches Land der Eurozone bei

1. Januar 2008: Malta und Zypern führen den Euro ein

Aufgabe der ESZB ist es, Preisstabilität im Euro-Raum zu gewährleisten und die allgemeine Wirtschaftspolitik der Europäischen Union zu unterstützen, wie es der Artikel 105 des Vertrages zur Gründung der Europäischen Union vorsieht:

Artikel 105
(1) Das vorrangige Ziel des ESZB ist es, die Preisstabilität zu gewährleisten. Soweit dies ohne Beeinträchtigung des Zieles der Preisstabilität möglich ist, unterstützt das ESZB die allgemeine Wirtschaftspolitik in der Gemeinschaft, um zur Verwirklichung der in Artikel 2 festgelegten Ziele der Gemeinschaft beizutragen. Das ESZB handelt im Einklang mit dem Grundsatz einer offenen Marktwirtschaft mit freiem Wettbewerb, wodurch ein effizienter Einsatz der Ressourcen gefördert wird, und hält sich dabei an die in Artikel 4 genannten Grundsätze.
(2) Die grundlegenden Aufgaben des ESZB bestehen darin,
- die Geldpolitik der Gemeinschaft festzulegen und auszuführen,
- Devisengeschäfte im Einklang mit Artikel 111 durchzuführen,
- die offiziellen Währungsreserven der Mitgliedstaaten zu halten und zu verwalten,
- das reibungslose Funktionieren der Zahlungssysteme zu fördern.

Der „Euroturm" in Frankfurt am Main

Geleitet wird das ESZB von dem Direktorium, dem EZB-Rat und dem Erweiterten Rat. Das Direktorium besteht aus dem Präsidenten, dem Vizepräsidenten und vier weiteren Mitgliedern, die allesamt Experten in Bank-, Geld- und Währungsfragen sind. Es führt die Geschäfte der EZB, setzt die Beschlüsse des Rates um und gibt die notwendigen Weisungen an die nationalen Zentralbanken weiter. Der EZB-Rat ist das oberste Beschlussorgan und legt auch die geldpolitischen Leitlinien des ESZB fest. Er setzt sich aus dem Direktorium sowie den Präsidenten der nationalen Zentralbanken zusammen, die aktiv an der Währungsunion teilnehmen. Schließlich gibt es noch einen Erweiterten Rat, der beispielsweise für die Erhebung von statistischen Daten zuständig ist und über die Aufnahme weiterer Länder berät. Der Erweiterte Rat besteht aus dem Präsidenten und dem Vizepräsidenten der EBZ sowie den Präsidenten der nationalen Zentralbanken aller EU-Mitgliedstaaten.

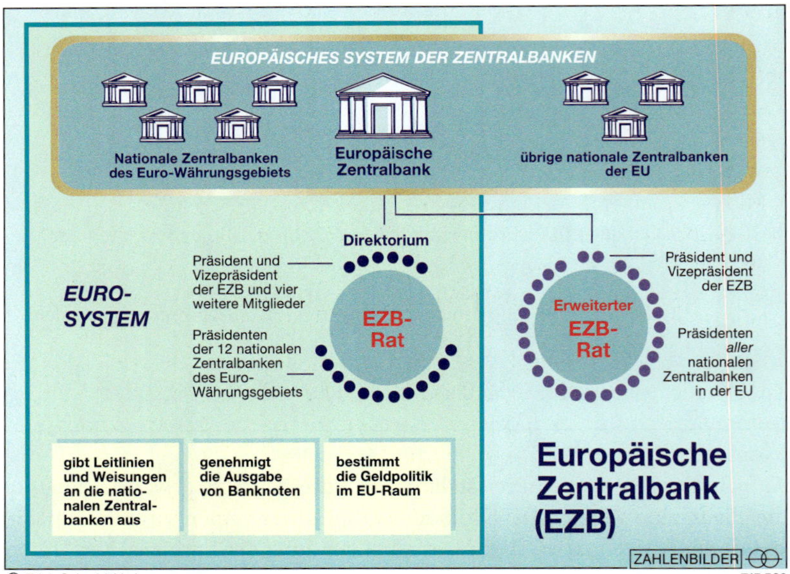

© Erich Schmidt Verlag 715 560

Um ihre Aufgaben erfüllen zu können, muss das Zentralbanksystem unabhängig sein. Regierungen dürfen dem ESZB bei der Durchführung ihrer Aufgaben keinerlei Weisungen erteilen. Die Unabhängigkeit wird auf dreifache Weise gesichert:

- **Institutionelle Unabhängigkeit** wird dadurch gewährleistet, dass nur von der jeweiligen Regierung unabhängige nationale Zentralbanken am System teilnehmen dürfen.
- **Personelle Unabhängigkeit** soll durch lange Amtszeiten (fünf bzw. acht Jahre) der Führungskräfte sichergestellt werden, wobei eine Wiederwahl nur bedingt möglich ist.
- **Operative Unabhängigkeit** lässt der EZB bei Auswahl und Einsatz der geldpolitischen Instrumente freie Hand.

Bislang lag der Fokus auf den Fragen, was überhaupt Geld ist und welche Institutionen auf europäischer Ebene für die Steuerung der Geldmenge verantwortlich sind. Offen ist jedoch, welche Folgen es haben kann, wenn die Geldwertstabilität nicht gegeben ist, und woran sich überhaupt festmachen lässt, ob der Geldumlauf stabil ist. Darum soll es auf den nächsten Seiten gehen.

1. Einige Länder wollen den Euro nicht einführen. Ermitteln Sie, um welche Länder es sich handelt, und stellen Sie die Argumente zusammen, die von diesen angeführt werden.

2. Beschreiben Sie den Aufbau des EBZ, und stellen Sie Aufgaben der einzelnen Organe dar.

2.2 Die Bedeutung der Geldentwertung für eine Volkswirtschaft

Wir wissen, dass Geld heutzutage nichts anderes als eine Art Scheck darstellt, den man gegen Waren einlösen kann. Ein Scheck hat aber nur dann einen Wert, wenn er auch tatsächlich gedeckt ist. Das bedeutet, wenn nicht ausreichend Waren zur Verfügung stehen, verliert das Geld seinen Wert. Umgekehrt gilt: Steigt die Geldmenge, ohne dass gleichzeitig mehr Waren und Dienstleistungen angeboten werden, werden diese teurer. Genau genommen steigt das Preisniveau, also das Verhältnis zwischen Geld und Waren. Von den Folgen, die sich aus so einer Situation ergeben können, berichtet der folgende Quelltext:

Banknote, herausgegeben am 23. November 1923

Wer im Jahre 1923 ein Pfund Fleisch kaufen wollte, der musste sein Geld im Überseekoffer zum Metzger schleppen. Das Fleisch kostete nämlich Millionen und Abermillionen an Mark. Damals herrschte in Deutschland eine schier unglaubliche Geldentwertung. Der Verfall des Geldwerts war quasi von Stunde zu Stunde messbar. Kostete das Pfund Fleisch um 10 Uhr noch 1 Million Mark, konnte es passieren, dass um 12 Uhr bereits 5 Millionen zu berappen waren. Der Fachbegriff für diese Geldentwertung heißt Inflation. Was hat man nun genau darunter zu verstehen?
Von Inflation spricht man genau dann, wenn die Preise von Gütern und Leistungen insgesamt stark und anhaltend steigen. Aber aufgepasst: Erhöhen sich nur die Preise ganz bestimmter Güter, so ist dies nicht unbedingt mit Inflation gleichzusetzen. Denn es kann ja so sein, dass die Preise anderer Güter fallen. Ob Inflation gegeben ist oder nicht, wird üblicherweise am Verbraucherpreisindex abgelesen. Steigt der Index über einen längeren Zeitraum spürbar, dann liegt Inflation vor.
Es ist ein wichtiges Ziel der Wirtschaftspolitik, Inflation zu vermeiden – und zwar aus vielen Gründen. So werden z. B. all jene von der Inflation hart getroffen, die – wie die Arbeitslosen – ihr Einkommen den steigenden Preisen nicht anpassen können. Es wird von der Inflation aufgezehrt. Auch der Sparer, der sein Geld zu einem Zins von 2 % auf der Bank liegen hat, wird um die Früchte seines Sparsinns gebracht, wenn die Preise um 10 % steigen. Denn in Kaufkraft gemessen, schrumpft sein Vermögen trotz der Verzinsung. Ein Sparer wird dies nicht lange mitmachen. Entweder wird er auf die Ersparnisbildung ganz verzichten. Oder er legt sein Geld in Sachwerten wie z. B. Grundstücken an. Wenn aber die Sparer ihr Geld nicht mehr auf die hohe (Bank-)Kante legen, können die Banken keine Kredite mehr an die Unternehmen ausgeben. Die Unternehmen können keine neuen Maschinen kaufen. Sie stellen keine Arbeitskräfte mehr ein. [...]
Quelle: Mühlbradt, Frank W.: Wirtschaftslexikon, 8. Aufl., Berlin 2004, S. 176

Was die Geldentwertung 1923 in Deutschland besonders verheerend machte, war, dass niemand wusste, wie lange das Geld in seinen Händen reichen würde. Dadurch wurde das Vertrauen in die demokratische Ordnung tief erschüttert, und Furcht vor der Zukunft machte sich breit. In dieser Zeit nahm auch Kleinkriminalität deutlich zu. Bäckereien und Fleischereien wurden gestürmt, sogar Ackerflächen geplündert. Zurückführen lassen sich die Ereignisse von damals auf die hohen Staatsschulden, die infolge des Ersten

1. a) Recherchieren Sie in Arbeitsgruppen die Hintergründe, die zu inflationären Prozessen in Deutschland im Jahr 1923, in Argentinien, in Brasilien und in Süd-Ost-Asien geführt haben.
   b) Stellen Sie Ihre Ergebnisse den anderen Gruppen vor.

Weltkriegs entstanden. Um die Kosten zu begleichen, druckte man ohne Unterlass Banknoten. Zeitweise wurde sogar das Papier knapp.

Erfahrungen mit einer schweren Inflation hat man nicht nur in Deutschland gesammelt. Beispielsweise litten die argentinische und die brasilianische Wirtschaft bis zu Beginn der 1990er-Jahre unter den Folgen einer Inflation. Auch im Rahmen der so genannten „Asienkrise", von der 1997/98 unter anderem Thailand, Indonesien und Südkorea betroffen waren, kam es zu einer Geldentwertung.
Eine Deflation, bei der mehr Waren auf den Markt kommen, ohne dass die Geldmenge erhöht wird, hat ebenso verheerende Wirkungen für eine Volkswirtschaft. Die Preise sinken zwar auf breiter Front, jedoch wird das Geld immer knapper und steht nicht mehr für Investitionen zur Verfügung, die notwendig sind, um Wirtschaftswachstum zu generieren. D. h., Geldwertstabilität ist gegeben, wenn genauso viel Geld im Umlauf ist, wie Waren vorhanden sind.

Wie man unschwer erkennt, ist die Geldwertstabilität für andere wirtschaftspolitische Größen wie die Beschäftigung und Güterproduktion von Bedeutung. Geldpolitische Maßnahmen sind deshalb wichtige Instrumente, um einen störungsfreien Ablauf des wirtschaftlichen Geschehens zu gewährleisten.

Die Rolle der Geldmenge in ökonomischen Theorien
Wie wir gerade festgestellt haben, stehen inflationäre Entwicklungen im engen Zusammenhang mit dem Wert des Geldes und haben weniger mit dem tatsächlichen Wert der Güter zu tun. Dieser Gedanke spielt insbesondere in den wirtschaftstheoretischen Überlegungen der Monetaristen eine zentrale Rolle. Vereinfacht lautet ihre Hypothese: Veränderungen der Geldmenge sind im Wesentlichen für Konjunkturschwankungen verantwortlich. Dies spiegelt sich auch in deren Auffassung über die wirtschaftspolitischen Aufgaben des Staates wider: Die Geldmenge soll so gesteuert werden, dass sie im Einklang mit der wirtschaftlichen Entwicklung (gemessen am Sozialprodukt) ausgeweitet wird. Auf diese Weise können Konjunkturschwankungen sowie Inflation verhindert und Wachstum gesichert werden.

Milton Friedman (1912, † 2006)*

Begründer und wichtigster Vertreter dieser Konzeption ist der amerikanische Volkswirtschaftler Milton Friedman. Seiner Meinung nach führen staatliche Eingriffe in die Wirtschaft zur Steuerung der Konjunktur (z. B. Ausgabenerhöhung, Steuersenkung) nur zu einer Ausweitung der Staatsverschuldung und zu noch tieferen Krisen. Aus dem freien Spiel von Angebot und Nachfrage und einer an der volkswirtschaftlichen Produktion orientierten Steuerung der Geldmenge ergebe sich fast automatisch die bestmögliche Versorgung der Menschen mit Arbeit, Geld und Gütern. Deshalb solle sich der Staat darauf beschränken, verlässliche Rahmenbedingungen zu schaffen, und ansonsten nicht in die Wirtschaft eingreifen.

Der Monetarismus versteht sich als Gegenentwurf zum Fiskalismus, der wiederum im Staathaushalt das zentrale Instrument zur Steuerung der Konjunktur sieht. Geldpolitik spielt hier zwar auch eine Rolle, jedoch keine tragende. Dahinter stehen zwei Annahmen: Zum einen würden geldpolitische Maßnahmen nur auf einen kleinen Teil der Nachfrage (insbesondere im Bereich des privaten Wohnungsbaus) wirken. Zum anderen treten ihre Wirkungen, wenn überhaupt, oft nur mit Verzögerungen ein. Der Fiskalismus basiert auf der nachfrageorientierten Politik, die auf den britischen Ökonom John M. Keynes (s. Seite 139) zurückgeht.

Wie wird die Inflation gemessen?

Preise steigen tendenziell im Zeitverlauf an. Aus diesem Grund sind moderate Preissteigerungen kein Problem für eine Volkswirtschaft. Lohnverhandlungen und die Anpassung der Zinssätze fangen den Preisauftrieb in der Regel auf. Ab dem Überschreiten einer bestimmten Rate jedoch ändert sich dies, und es ist mit nachteiligen Wirkungen auf die Volkswirtschaft zu rechnen. Experten gehen davon aus, dass dieser Punkt etwa bei einer Inflationsrate von 2 % überschritten wird.

Was man so zum Leben braucht ...

Stellt sich die Frage, wie Inflation bzw. Deflation gemessen werden können. Um zu einer Einschätzung zu gelangen, was Preisveränderungen für die Bürger bedeuten, ermittelt das Statistische Bundesamt in Wiesbaden regelmäßig einen Preisindex, der die Entwicklung der Lebenshaltungskosten widerspiegelt. Für die Berechnung wird ein so genannter Warenkorb gebildet, in dem alles enthalten ist, was ein durchschnittlicher Privathaushalt zum Leben braucht. Dazu gehören Waschmittel, Brot, Miete, Kinobesuch, Haarschnitt und vieles mehr. Der Warenkorb besteht aus Waren, die aus insgesamt zwölf Gütergruppen gebildet werden.

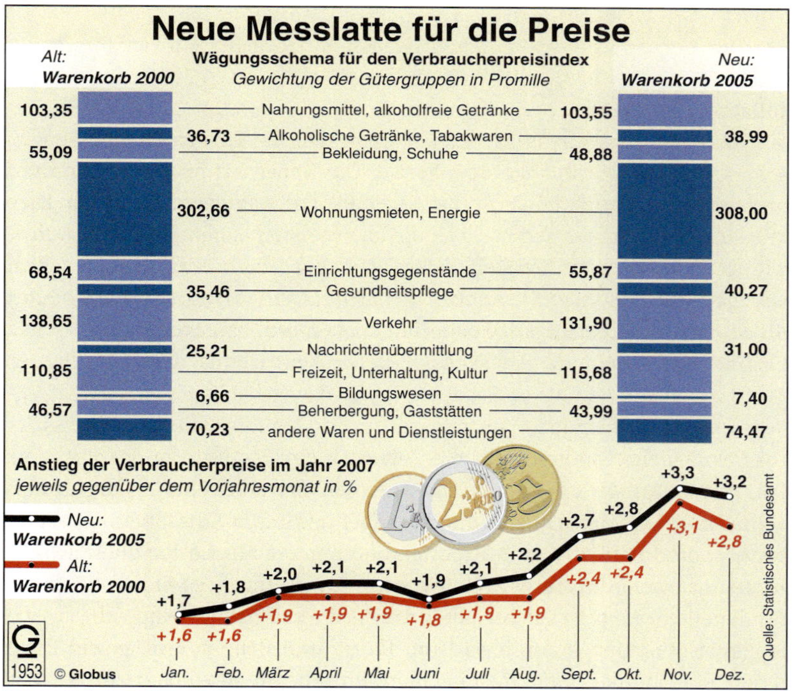

Die vorstehende Grafik zeigt, welchen Anteil die einzelnen Gütergruppen wertmäßig am Warenkorb haben (Angaben in Promille). Deshalb spricht man auch von einem Wägungsschema. Für diesen Warenkorb wird dann der Wert ermittelt, gleich hundert gesetzt und mit dem Wert späterer Jahre verglichen. D. h., für ein und denselben Warenkorb wird der Güterwert zu verschiedenen Zeitpunkten ermittelt und mit dem in einem Bezugsjahr (= Basisjahr) verglichen.

1. Beschreiben Sie die in der nebenstehenden Grafik dargestellte Entwicklung. Welche Güter haben mit ihren Preisen zur Inflationsentwicklung bedeutend beigetragen?

2. Ermitteln Sie mögliche Ursachen, die für den Anstieg des Preisniveaus in Deutschland seit den 1970er-Jahren verantwortlich sind.

Ein Beispiel: Angenommen, im Jahr 1 muss für den Warenkorb 2.500,– € bezahlt werden. Im Jahr 7 beträgt der Preis hingegen 2.835,– €. Der Preisindex beträgt dann 113,4. Anders ausgedrückt: Das durchschnittliche Preisniveau ist um 13,4 % gestiegen. Mithilfe des Warenkorbs kann auch die Inflationsrate, also die prozentuale Preisänderung im Vergleich zum Vorjahr, berechnet werden. Die Tabelle zeigt, wie sich beide Kennzahlen in den letzten Jahren in Deutschland entwickelt haben:

Jahr	1995	2000	2001	2002	2003	2004	2005	2006	2007	2008
Verbraucherpreisindex insgesamt	87,1	92,7	94,5	95,9	96,9	98,5	100,0	101,6	103,9	106,9
Inflationsrate (in %)	1,8	1,4	1,9	1,5	1,0	1,7	1,5	1,6	2,3	2,8

Viele kennen das Gefühl, „alles wäre teurer geworden", oder haben diese Aussage einmal gehört. Der nachfolgende Artikel beschäftigt sich mit der Frage, warum Menschen manchmal dem Eindruck stark steigender Preise unterliegen, ohne dass sich dies im Verbraucherpreisindex bzw. in der Inflationsrate widerspiegelt.

Inflation im Bauch

Um die Inflationsrate zu berechnen, sammeln die Experten beim Statistischen Bundesamt rund 350.000 Preise. Die tippen sie in ihren Computer, und der berechnet dann das exakte Ergebnis. Die wenigsten Menschen merken sich den genauen Wert – doch die allermeisten haben ein Bauchgefühl, wie sich die Preise entwickelt haben. Dafür genügen meist nur ein paar wenige Informationen: Sie denken vielleicht an den Gang zum Bäcker, den Milchpreis im Supermarkt und die Tafel neben der Zapfsäule.
Gefühlte Inflation nennen das die Volkswirte – ein Thema, das sie seit Jahren sehr fasziniert. Mehr als 50 Studien gibt es inzwischen darüber. [...]

Im Fokus vieler Studien steht die Zeit nach der Einführung des Euros im Jahr 2002. Damals war die gefühlte Inflation deutlich höher als die amtlich gemessene: Die Menschen schimpften über den Teuro-Euro und hielten sich beim Kaufen zurück – nach Expertenmeinung ein Grund für die schwache Binnennachfrage zu dieser Zeit. Die Haupterkenntnis der Studien: Die empfundene Teuerung hängt vor allem von den Preisen der Dinge ab, die wir regelmäßig kaufen – also etwa Brot, Butter und Benzin. Und genau dafür hatten die Händler in der Zeit der Euro-Einführung deutlich mehr verlangt als zuvor. Die Preise für Produkte, die eher selten gekauft wurden, wie zum Beispiel Möbel, waren dagegen fast konstant geblieben.
Der hohe gefühlte Wertverlust der neuen Währung machte die Menschen damals vorsichtig. Sie kauften zwar weiterhin die Dinge für den täglichen Bedarf, zögerten aber bei langlebigen Produkten, weil sie ihr finanzielles Sicherheitspolster nicht angreifen wollten. [...]
Quelle: Müller, Hans Christian, www.handelsblatt.com vom 29.06.2009

Die Umstellung von der DM auf den Euro wurde von vielen Menschen mit Skepsis betrachtet.

2.3 Geldpolitik der EBZ

Die Kontrolle der Geldmenge ist für die Zentralbanken eine schwierige Aufgabe. Der EBZ stehen dafür verschiedene Instrumente zur Verfügung. Ansatzpunkt ist der Bedarf der Banken nach Zentralbankgeld in Verbindung mit deren eigener Geldschöpfung. Der nachfolgende Text informiert darüber, wie Banken selbst Geld schöpfen können. (Zur Erinnerung: Die Geldmenge besteht aus Bargeld und Einlagen auf den Girokonten.) Dieses Verständnis ist grundlegend, um sich im Anschluss mit den wichtigsten geldpolitischen Instrumenten genauer auseinandersetzen zu können.

Geldschöpfung und ihre Begrenzung
Bei der Giralgeldschöpfung unterscheidet man die „aktive“ und die „passive“ Geldschöpfung der Banken. So entsteht Giralgeld durch Einzahlung von Bargeld auf Girokonten. Bei dieser „passiven“ Form der Giralgeldschöpfung ändern sich die gesamten Geldbestände der Wirtschaft (also Giralgeld in Händen der Nichtbanken plus Bargeld) nicht. Daneben ist das Bankensystem aber auch in der Lage, durch Gewährung von Krediten aktiv Giralgeld entstehen zu lassen und damit die Geldmenge insgesamt zu erhöhen.

Beispiel: Aktive Geldschöpfung durch Kreditvergabe
Ein Industrieunternehmen braucht 100.000,– €, um die Rechnung eines Rohstofflieferanten zu bezahlen. Es nimmt bei seiner Bank – der Bank A – einen Kredit in dieser Höhe auf. Die Bank A überweist die Kreditsumme über die Deutsche Bundesbank bargeldlos auf das Konto des Rohstofflieferanten bei der Bank B. Die Guthaben der Bank A bei der Bundesbank nehmen ab, gleichzeitig steigen aber auch die Forderungen an das Industrieunternehmen.
Bei der Bank B erhöhen sich einerseits die Einlagen ihrer Kunden (erster Geldschöpfungsschritt), andererseits ihrer eigenen Zentralbankguthaben. Wenn die Bank B diese Guthaben nicht gerade benötigt, wird sie versuchen, die überschüssige Liquidität gewinnbringend weiterzuverleihen. Sie gewährt einen Kredit über 100.000,– € an seine Großküche, die damit eine umfängliche Warenlieferung von einem Lebensmittelhändler bezahlt. Bank B überweist die Kreditsumme über die Deutsche Bundesbank bargeldlos an die Bank C, wo der Lebensmittelhändler sein Konto unterhält. Als Folge davon fließen der dritten Bank C Zentralbankguthaben über 100.000,– € zu, wobei auch die Einlagen ihrer Kunden steigen (zweiter Geldschöpfungsschritt). Bezogen auf ihre Guthaben bei der Bundesbank steht die Bank C dann vor derselben Situation wie vorher die Bank B: Sie kann einen Kredit über 100.000,– € vergeben, das heißt, der Prozess der Giralgeldschöpfung setzt sich fort. In unserem Beispiel geht es sogar endlos weiter.
Angenommen, der Rohstofflieferant hebt von seinem Konto sofort 30.000,– € bar ab. Dann stehen der Bank B für die eigene Kreditgewährung nur noch 70.000,– € (100.000,– €) zur Verfügung. An die Großküche kann sie also nur noch einen Kredit über 70.000,– € geben.
Wenn diese sich davon ebenfalls 30 %, d. h. 21.000,– €, auszahlen lässt, um z. B. Löhne bar zu bezahlen, fließen der dritten Bank C nur noch Einlagen und Zentralbankguthaben über 49.000,– € zu. Ihr stehen für die eigene Kreditschöpfung also nur noch 49.000,– € (statt wie ursprünglich 100.000,– €)

zur Verfügung. Die Geld- und Kreditschöpfung läuft zwar weiter, wird aber immer kleiner, wenn die Banken Bargeld brauchen. Nehmen wir nun an, dass jeweils 30 % der an eine Bank überwiesenen Summe gleich bar abgehoben werden und dass die Bank jeweils Mindestreserve im Umfang von zehn Prozent ihrer Kundeneinlagen bei der Bundesbank unterhalten muss. [...]

Begrenzt durch Barauszahlung ...
Bei der Bank B hat der Rohstofflieferant von der überwiesenen Kreditsumme in Höhe von 100.000,– € bar 30.000,– € abgehoben. Somit verblieben 70.000,– €. Von diesen 70.000,– € muss die Bank B 10 %, also 7.000,– €, bei der Bundesbank als Mindestreserve hinterlegen. Für ihre eigene Kreditgewährung stehen ihr also nicht mehr die vollen 100.000,– €, sondern nur 63.000,– € zur Verfügung.

... und Mindestreserve
Der Bank C fließen von der Bank B Zentralbankguthaben über 63.000,– € zu. Der Großmarkt benötigt davon gleich 18.900,– € als Bargeld. Von den restlichen 44.100,– € sind bei der Bundesbank 4.410,– € als Mindestreserve zu hinterlegen. Für die Kreditgewährung stehen der Bank C also nur noch 39.690,– € zur Verfügung.
So setzt sich das fort ...
Quelle: Deutsche Bundesbank: Geld und Geldpolitik. Ein Heft für die Schule, Sekundarstufe II, Mai 2008, S. 59–61

Der Prozess der Giralgeldschöpfung wird durch eine immer kleiner werdende Reserve gebremst, denn jede Bank kann stets nur einen bestimmten Anteil des Geldes verleihen, das ihr zugeflossen ist. Trotzdem sind die Einlagen im Bankensystem um ein Vielfaches derjenigen Einlage gestiegen, die durch die ursprüngliche Kreditgewährung entstanden sind. Deshalb wird auch von einer „multiplen" Giralgeldschöpfung gesprochen. Folgende Grafik verdeutlicht den Prozess der Geldschöpfung noch einmal:

Begrenzung der Geldschöpfung durch Barauszahlung und Mindestreserve

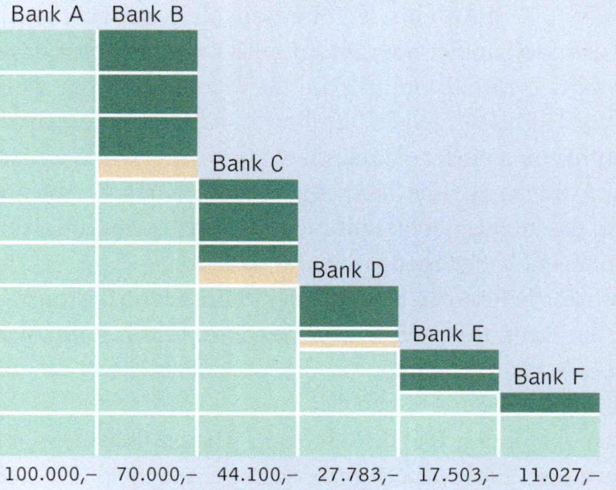

100.000,–	70.000,–	44.100,–	27.783,–	17.503,–	11.027,–	**70 % Giralgeld**
	30.000,–	18.900,–	11.907,–	7.502,–	4.726,–	**30 % Barauszahlung**
	7.000,–	4.410,–	2.778,–	1.750,–	1.103,–	**10 % Mindestreserve***

* Die 10 % beziehen sich auf das Giralgeld.

Über die (Giral-)Geldschöpfung beeinflussen auch die Banken die Höhe der Geldmenge und machen deren Steuerung für die Zentralbank zu einer schwierigen Aufgabe. Zur Umsetzung stehen ihr verschiedene geldpolitische Instrumente zur Verfügung. Besonders wichtig sind dabei die Offenmarktgeschäfte, das Angebot ständiger Fazilitäten sowie die Einrichtung eines Mindestreservensystems.

Q

Offenmarktpolitik: Hierunter wird der An- und Verkauf von Wertpapieren durch die Zentralbank an bzw. von Banken am „offenen Markt" verstanden. Kauft die Zentralbank von Banken Wertpapiere, erhalten diese Zentralbankgeld und die Bankenliquidität erhöht sich. Sie können also zusätzliches Giralgeld schöpfen. Verkauft die Zentralbank Wertpapiere an Banken, müssen diese mit Zentralbankgeld zahlen und die Liquidität verringert sich, sie können weniger Kredite vergeben. Bei befristeten Offenmarktgeschäften übernimmt das Eurosystem Wertpapiere von einer Bank, das diese danach wieder zurücknehmen muss. Solche Geschäfte gibt es in zwei Formen:
Zum einen ein wöchentlich abzuschließendes 14-tägiges Geschäft (Hauptrefinanzierungsgeschäft), als Pfand dienen hierbei besonders sichere Wertpapiere. Zum anderen bietet das Eurosystem einmal im Monat ein Geschäft mit einer Befristung von drei Monaten. Die Zinsen bei den kurzfristigen Offenmarktgeschäften werden entweder vom Eurosystem festgesetzt oder ergeben sich aus den Zinsgeboten der Banken, d. h. aus einer „Versteigerung" von Zentralbankgeld.

Ständige Fazilitäten: Mit der Spitzenrefinanzierungsfazilität und der Einlagefazilität stehen zwei weitere Instrumente zur Geldmarktsteuerung zur Verfügung. Die Spitzenrefinanzierungsfazilität ermöglicht den Banken, über Nacht – das heißt für einen Tag – von sich aus und im Prinzip unbegrenzt Geld zu einem über dem Satz der Hauptrefinanzierungsfazilität liegenden Zins aufzunehmen. Umgekehrt können die Kreditinstitute überschüssige Liquidität zu einem darunter liegenden Zins beim Eurosystem anlegen. Dieses Instrument nennt man Einlagefazilität. Die Zinsen für die Spitzenrefinanzierung und die Einlagen bilden somit einen Zinskorridor für den Tagesgeldsatz. Die Zinssätze für die ständigen Fazilitäten werden auch als „Leitzinsen" bezeichnet.

Mindestreservepolitik: Mindestreserven sind Guthaben, die von den Geschäftsbanken zwangsweise bei der Zentralbank hinterlegt werden müssen. Sie reduzieren die Bankenliquidität und damit die Geldschöpfungsmöglichkeiten. Mindestreservepflichtig sind die Verbindlichkeiten von Banken aus Einlagen von Kunden sowie aus ausgegebenen Schuldverschreibungen mit bis zu zwei Jahren Laufzeit und Geldmarktpapieren. Durch die Erhöhung oder Verminderung der Zinssätze verteuert oder verbilligt das Eurosystem die Refinanzierung der Kreditinstitute. Damit beeinflusst es das Kreditgeschäft der Banken und somit die Nachfrage nach Waren und Dienstleistungen.
Quelle: nach von Kitsche, Adalbert/Markmann, Heinz (Hrsg.): Geld und Geldpolitik. Ein Heft für die Schule, Sekundarstufe I, Ausgabe 2003/2004, Verlag TH. Mann, Gelsenkirchen, 2003

i

Fazilität
Das Wort ist abgeleitet von dem lateinischen Begriff „facilitas" = Leichtigkeit.

Die nachfolgende Darstellung verdeutlicht die Wirkungen der eben beschriebenen Instrumente der Zentralbanken:

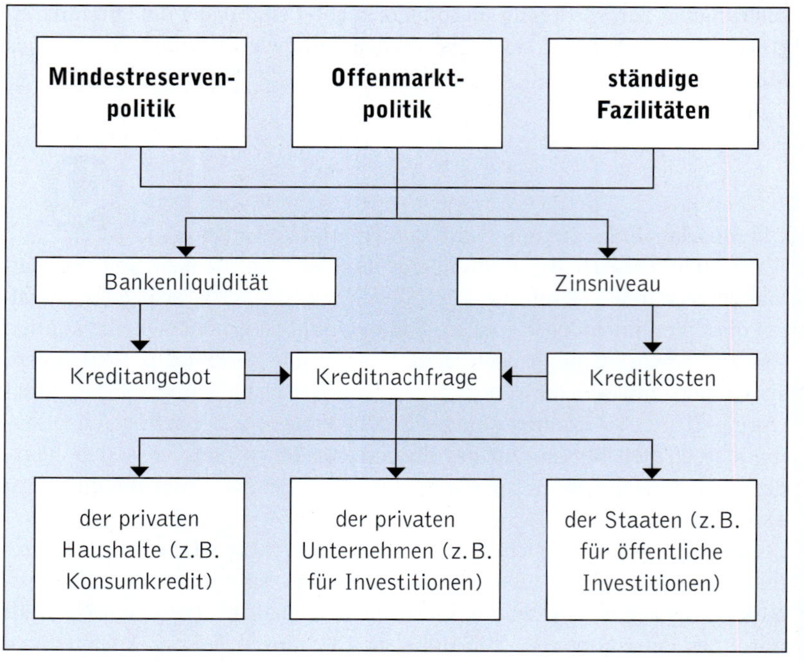

Ob die Zentralbank mit ihrer Politik Erfolg hat, hängt von verschiedenen Faktoren ab. Zunächst einmal müssen die Banken die Notenbankimpulse aufnehmen und an ihre Kunden weitergeben. Hinzu kommt, dass die Zentralbank in Zeiten von Wirtschaftsflaute die Rahmenbedingungen für vermehrte Kreditaufnahme und Investitionen verbessern, jedoch kein Unternehmen zwingen kann, Befürchtungen hinsichtlich der künftigen Wirtschaftsentwicklung aufzugeben und entsprechend zu agieren.

Das macht deutlich, dass eine erfolgreiche Geldpolitik stark von der Unterstützung aller am Wirtschaftsprozess beteiligten Akteure abhängt. Gefragt sind beispielsweise die Regierungen hinsichtlich einer gleichlaufenden Wirtschafts- und Finanzpolitik. Versucht die Zentralbank, die Geldmenge zu verringern, um der Inflation entgegenzuwirken, ist die Wirksamkeit gering, wenn der Staat seine Schulden ausweitet und über Kredite finanziert. Denn durch die Nachfrage steigen die Preise wiederum. Auch stark steigende Löhne können zu einem Anstieg der Preise führen. Deshalb nehmen Verhandlungen zwischen Tarifparteien ebenfalls Einfluss auf den Erfolg geldpolitischer Maßnahmen. Wird in Zeiten eines hohen Zinsniveaus viel Geld aus dem Ausland hierzulande angelegt, fließen Devisen ins Land. Kauft die Zentralbank diese an, wird Geldschöpfung betrieben, und es besteht Inflationsgefahr. Weiterhin können Entwicklungen am Weltmarkt die Politik der Zentralbanken durchkreuzen. Ein Beispiel sind stark steigende Preise für Rohstoffe wie Erdöl, die einen erheblichen Kostendruck auslösen.

Festzuhalten bleibt, dass die Geldmengensteuerung eine komplizierte Aufgabe ist. Vielfältige Wirkungsketten und Unwägbarkeiten müssen berücksichtigt werden, um vorausschauend geldpolitische Maßnahmen ergreifen zu können. Kein Wunder, dass sich auch die Experten nicht immer einig sind.

1. Beschreiben Sie den „Geldschöpfungsprozess" im Bankensystem.
2. Erläutern Sie, wie das geldpolitische Instrumentarium die Geldschöpfungsmöglichkeiten der Banken beeinflusst und inwieweit damit ebenfalls Preisniveau, Beschäftigung und Wachstum beeinflussbar sind.

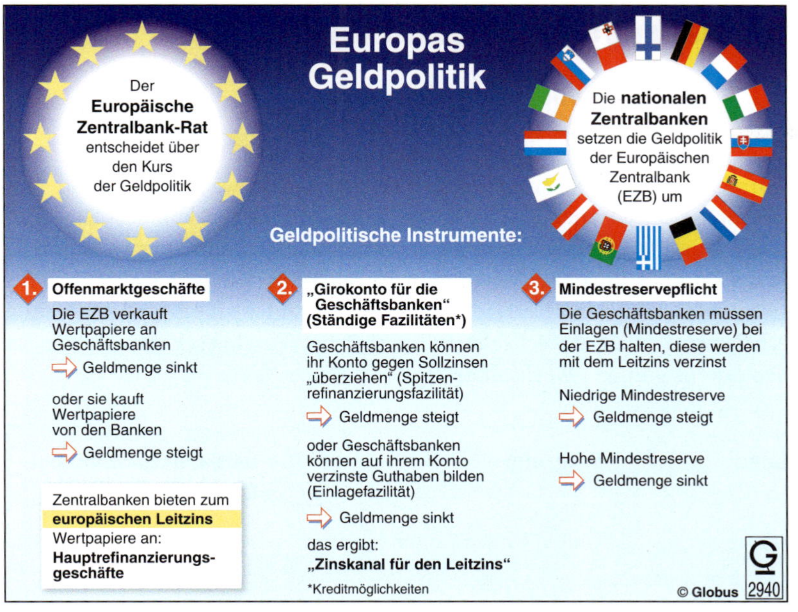

EZB versinkt im Streit über Geldpolitik

Zehn Tage vor der nächsten Zinsentscheidung der Europäischen Zentralbank (EZB) streiten Europas Notenbanker über das richtige Leitzinsniveau. Während Bundesbank-Präsident Axel Weber an seinem Nein zu Zinsen unter einem Prozent unbeirrt festhält, will sein niederländischer Kollege Nout Wellink wenigstens über niedrigere Zinsen diskutieren.

Wellink ließ allerdings offen, ob er sich selbst Zinsen unter einem Prozent vorstellen kann. Andere europäische Notenbanker haben sich bereits für eine laxere Geldpolitik im Kampf gegen Finanzkrise und Rezession starkgemacht. Der Leitzins liegt gegenwärtig bei 1,25 %. EZB-Präsident Jean-Claude Trichet hat bereits deutlich gemacht, dass er bereit ist, Anfang Mai die Refinanzierung der Banken nochmals zu erleichtern und den Zins erneut zu senken. Wie weit der Zins fallen soll, ist aber umstritten.

Bundesbank-Chef Weber sprach sich im Interview mit der „Frankfurter Allgemeinen Zeitung“ dafür aus, den Schlüsselzins um einen weiteren Viertel-Prozentpunkt zu kappen, „weil die Wirtschaft noch für geraume Zeit hinter ihrem Wachstumspotenzial herhinken wird“. Damit sollte der Boden aber erreicht sein. [...]

Die Führung der EZB streitet seit Wochen über den richtigen geldpolitischen Kurs und die passenden Antworten auf die Krise. Während in den USA, Großbritannien, Japan und anderen Ländern die jeweiligen Zentralbanken aggressiv vorgegangen sind und auf die Krise mit Leitzinsen nahe null Prozent sowie unorthodoxen geldpolitischen Maßnahmen reagiert haben, hat die EZB bislang noch vergleichsweise verhalten reagiert. [...]

Quelle: www.handelsblatt.com vom 27.04.2009

Axel Weber

Nout Wellink

Jean-Claude Trichet

3 Währung und Wechselkurs

3.1 Was der Wechselkurs bedeutet

Der Waren- und Dienstleistungsaustausch über Landesgrenzen hinweg kann nur reibungslos funktionieren, wenn Landeswährungen ohne jede Beschränkung in andere Währungen getauscht werden können. Ein deutscher Maschinenhersteller wird von seinem Geschäftspartner in Russland lieber Euro als Rubel entgegennehmen. Der Importeur muss also Euro für seine Landeswährung kaufen. Sofern ein Verkäufer eine fremde Währung erhält, wird er diese wechseln wollen. Solche Tauschgeschäfte erfolgen zu den jeweils gültigen Wechselkursen.

Land	Währung	umgangssprachliche Bezeichnung
USA	United States Dollar (USD)	Buck
EU	Euro (EUR)	Fiber
Japan	Japanische Yen (JPY)	Yen
Großbritannien	Britische Pfund (GBP)	Cable
Schweiz	Schweizer Franken (CHF)	Swissy
Kanada	Kanadische Dollar (CAD)	Loonie
Australien	Australische Dollar (AUD)	Aussie
Neuseeland	Neuseeländische Dollar (NZD)	Kiwi

Der Wechselkurs ist der Preis einer Währung, ausgedrückt in einer anderen Währung. Er bildet sich beim Austausch auf dem Devisenmarkt. Im Wechselkurs spiegelt sich beispielsweise der Außenwert der Euros gegenüber dem US-Dollar wider. Es wird zwischen einer Mengen- und einer Preisnotierung unterschieden. Die Mengennotierung gibt die Menge ausländischer Währungseinheiten an, die für eine einheimische Währungseinheit getauscht werden kann, zum Beispiel 1,– € = 0,96 US-Dollar. Die Preisnotierung hingegen gibt den Preis der Inlandswährung je Einheit ausländischer Währung an, zum Beispiel 1 US-Dollar = 1,04 €.

Wer bereits auf Reisen außerhalb Europas war, hat sicherlich schon einmal Geld in eine andere Währung getauscht. Ist der Euro „stark“, hat das Vorteile für den Reisenden: Ein hoher Wechselkurs bedeutet, dass der Gegenwert entsprechend hoch ist. Auch Importeure freuen sich: Bei einem hohen Außenwert des Euro können Waren in anderen Ländern vergleichsweise günstig gekauft werden. Anders sieht die Lage hingegen für Exporteure aus:

Starker Euro schwächt Exporte
Der Höhenflug des Euro und die Krise an den Finanzmärkten belasten zunehmend das Exportgeschäft deutscher Firmen. Im nächsten Jahr drohe sich das Wachstum der Ausfuhren zu halbieren, warnt der Präsident des Bundesverbandes des Deutschen Groß- und Außenhandels (BGA), Anton Börner. „Sollte sich die US-Finanzkrise ausweiten und die Weltkonjunktur weiter dämpfen, könnte das Exportplus 2008 auf nur noch fünf Prozent zurückgehen", sagte er dem Handelsblatt. [...]
Am Freitag kostete der Euro zeitweise 1,4966 Dollar, so viel wie nie zuvor. Experten rechnen damit, dass der Euro in absehbarer Zeit die Marke von 1,50 Dollar überspringen kann. Nach Börners Einschätzung wird die gebremste Ausfuhr auch das gesamtwirtschaftliche Wachstum negativ beeinflussen. „Für das nächste Jahr rechne ich höchstens noch mit einem Wachstum von 1,7 %, mehr ist nicht zu erwarten", sagte der BGA-Präsident. [...]
Von der Dollar-Schwäche betroffen sind Unternehmen, die die Herstellung ihrer Produkte in Euro bezahlen, von den Kunden aber in Dollar entlohnt werden. Dies ist zum Beispiel der Fall bei Airbus. Der Chef des Mutterkonzerns EADS, Louis Gallois, kündigte in der „Welt am Sonntag" an, „Teile der Produktions- und Zulieferbereiche in den Dollar-Raum zu verlagern", falls der Dollar weiterhin derart schwach bleibe. Dies werde negative Konsequenzen für die gesamte europäische Luftfahrtindustrie haben. In Deutschland leiden traditionell die Branchen Automobilbau, Chemie und Maschinenbau unter einer Dollarabwertung. Für die Premiumbauer BMW, Mercedes und Porsche sind die USA als größter Automarkt der Welt von entscheidender Bedeutung. Die Konzerne müssen sich teuer gegen das Wechselkursrisiko absichern. Allein BMW kostete das im vergangenen Jahr 666 Millionen Euro. Um das Währungsrisiko zu verringern, wollen die Münchener die Produktion im Werk Spartanburg in South Carolina bis 2010 von derzeit 140.000 auf 250.000 Autos hochfahren. Für den Chemieriesen BASF bedeutet jeder Cent, den der Euro gegenüber dem Dollar zulegt, 250 Millionen Euro weniger Umsatz. [...]
Quelle: Handelsblatt Nr. 228, vom 26.11.2007, S. 1

Arbeiten an einem Airbus A380 in Hamburg

Im Umkehrschluss bedeutet also ein schwacher Euro für Unternehmen, die ihre Waren außerhalb der Eurozone verkaufen, dass für jede Einheit ausländischer Währung ein höherer Euro-Betrag eingelöst werden kann. Sie können ihre Waren im Ausland also billiger anbieten, ohne Umsatzeinbußen hinzunehmen.

Nun liegt die Folgerung nahe, dass ein schwacher Euro vorteilhafter für exportorientierte Nationen wie Deutschland ist. Ein Trugschluss, denn ein schwacher Euro sorgt dafür, dass Investitionen aus dem Ausland ausbleiben. Über kurz oder lang leidet dann auch die Wettbewerbsfähigkeit einer Volkswirtschaft. Gerade wenn es große Nationen wie die USA oder China trifft, kann dies negative Auswirkungen auf die gesamte Weltwirtschaft haben. In solchen Fällen ist es durchaus möglich, dass sich die Zentralbanken der Länder einschalten und durch Käufe oder Verkäufe am Devisenmarkt in das Geschehen eingreifen. Derartige Markteingriffe sind jedoch sehr selten, denn das Austauschverhältnis der Währungen soll sich frei durch Angebot und Nachfrage entwickeln.

1. Ein bestimmtes Auto kostet in Deutschland 12.000,– € und in den USA 14.000 $. Vergleichen Sie, wie viel Dollar das Auto in Deutschland kostet.

2. Führen Sie ein Expertengespräch mit einem Außenhandelskaufmann/einer Außenhandelskauffrau durch: Wie werden internationale Geschäfte gegen Wechselkursrisiken abgesichert?

3. In welcher Weise können Kursschwankungen das Geschäft belasten?

Was wird auf dem Devisenmarkt gehandelt?
Kreditinstitute, Investmentfonds, Zentralbanken, Privatpersonen und Devisenhändler gehören zu den Akteuren auf dem globalen Devisenmarkt. Erwartungen über Entwicklungen in der Zukunft sind der Ausgangspunkt für ihr Handeln. Der Devisenmarkt ist der größte Finanzmarkt der Welt. 2007 wurden täglich etwa 3,5 bis 4 Billionen US-Dollar umgesetzt. Einen Börsenplatz im physischen Sinne gibt es nicht; der Handel vollzieht sich über ein weltumspannendes Netz von Bankbeziehungen.

Ist die Wahrscheinlichkeit hoch, dass z. B. der US-Dollar an Wert gegenüber anderen Devisen gewinnt, lohnt es sich, in US-Dollar zu investieren. Wenn dann tatsächlich der Dollarkurs gestiegen ist, erhält der Investor beim Umtausch in „seine" Währung mehr Geld.

Eine andere Anlageform sind Anleihen (siehe S. 147) eines bestimmten Landes. Anleger, die Anleihen gezeichnet haben, müssen jedoch den Wechselkurs im Auge behalten. Zwar erhalten sie nach Ablauf der Frist ihr Geld einschließlich der vereinbarten Zinsen in der jeweiligen Währung zurück, jedoch kann der Gegenwert nach dem Geldumtausch geringer sein als der, der vorher investiert worden war.

Ein großer Personenkreis, der indirekt über Geschäftsbanken am Handel teilnimmt, sind Importeure und Exporteure, die sich gegen Wechselkursrisiken absichern wollen. Der Grund: Häufig fallen Geschäftsabschluss und Zahlung des vereinbarten Preises zeitlich auseinander; in dieser Zeitspanne können sich Wechselkurse ändern.

3.2 Was Wechselkurse bewegt

Seit seiner Einführung 1999 in damals 11 EU-Mitgliedstaaten unterliegt der Euro im Verhältnis zu anderen Währungen Schwankungen. Besonders ausgeprägt sind diese gegenüber dem US-Dollar.

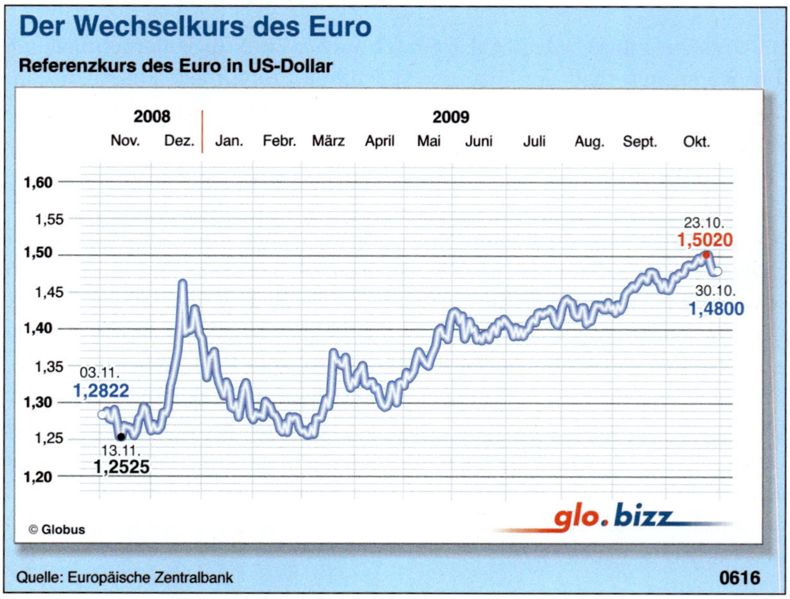

Von den Faktoren, die auf beide Marktseiten einwirken und damit den Wechselkurs (= Preis) bestimmen, berichtet folgender Quellentext:

Q

[...] Doch was bestimmt den Wechselkurs des Euro, abgesehen von solchen seltenen Markteingriffen? Ganz wesentlich ist die Konjunktur in der Eurozone, vor allem in Deutschland, der bedeutendsten Volkswirtschaft Europas. Brummt die Konjunktur, ist die Produktivität der Unternehmen hoch. Je produktiver wiederum die Unternehmen sind, desto mehr können sie exportieren. Entsprechend mehr nehmen die Exporteure in fremden Währungen ein.
Da sie die Produktion in Euroland bezahlen müssen, tauschen sie diese Devisen wieder in Euro. Am Devisenmarkt werden also verstärkt Euro nachgefragt. Floriert die Wirtschaft, steigt aber auch die Nachfrage nach ausländischen Produkten und die Importe nehmen zu. Für die Einfuhren wird dann wiederum mehr von den fremden Währungen nachgefragt. Ob der Euro stark oder schwach ist, hängt also auch von der Höhe des Exportüberschusses ab. Liegt der Wert der Warenausfuhr der Europäer über dem der Wareneinfuhr, wird der Wechselkurs des Euro gestärkt.
Dazu kommt noch ein wichtiger Effekt auf dem Kapitalmarkt: Eine gesunde europäische Wirtschaft signalisiert, dass dort investiertes Kapital gute und nachhaltige Gewinne abwirft. Das macht eine Kapitalanlage in Euro attraktiver.
Mit der Konjunktur hängt auch der zweite wesentliche Bestimmungsfaktor des Euro-Kurses zusammen.
Der Wechselkurs orientiert sich auch daran, welche Währung real ist, also nach Abzug der Inflation, mehr Zinsen abwirft – und wie sich diese Zinsdifferenz nach Ansicht der Marktteilnehmer in Zukunft entwickeln wird. Ist der Realzins beispielsweise in den USA höher als der in Euroland, macht dies den Dollar als Anlagewährung tendenziell attraktiver. Deshalb reagieren die Wechselkurse stets auf die Zinsentscheidungen der Zentralbanken, oder genauer: auf die Art und Weise, wie diese die aktuellen Markterwartungen für den Zinskurs bestätigen oder korrigieren. Die Zinspolitik der Notenbanken orientiert sich wiederum stark an der Konjunktur. Brummt die Wirtschaft, droht höhere Inflation, der die Zentralbank mit höheren Zinsen zu begegnen versucht.
Schließlich spielt auch die Wirtschafts- und Fiskalpolitik eine wichtige Rolle für den Außenwert des Euro. Wie die europäische Wirtschaft stehen auch die Regierungen in der Pflicht, internationales Vertrauen in die Gemeinschaftswährung zu schaffen. Dass etwa Deutschland mit seiner Neuverschuldung wiederholt gegen den Stabilitäts- und Wachstumspakt der Währungsunion verstoßen hat, hat dieses Vertrauen nicht gefördert.
Zudem reagiert der Euro sehr empfindlich auf Unstimmigkeiten zwischen den Teilnehmerländern. Im Juli 2005 geriet er stark unter Druck, als italienische Politiker aus Unzufriedenheit über den hohen Wechselkurs eine Debatte um ein Auseinanderbrechen der Euro-Gruppe anstießen. [...]
Schließlich bestimmt auch die Entwicklung der Devisenreserven in aller Welt den Euro-Kurs. Diese deuten auf ein wachsendes Vertrauen in den Euro hin:
Seit seiner Einführung haben viele Zentralbanken ihre Reserven zunehmend zu Gunsten des Euro diversifiziert. Dafür gibt es aber auch rein politische

i

Stabilitäts- und Wachstumspakt
Diese Vereinbarung wurde im Rahmen der europäischen Wirtschafts- und Währungsunion geschlossen. Darin verpflichten sich die Euro-Länder, wichtige Voraussetzungen für eine stabile Gemeinschaftswährung (z. B. ein geringes Haushaltsdefizit) einzuhalten.

1. Erläutern Sie, welche Faktoren dazu beigetragen haben, dass der Euro an Bedeutung gewonnen hat.

2. Begründen Sie, warum gerade China über hohe Devisenreserven verfügt.

3. Diskutieren Sie, welche Währung neben dem Euro möglicherweise den US-Dollar als Leitwährung ablösen könnte.

Gründe: Gerade in der islamischen Welt, wo die Reputation der USA in den vergangenen Jahren gelitten hat, hat sich der Trend zum Aufbau von Euro-Reserven zu Lasten des Dollar verstärkt.
Doch bis der Euro den Dollar als weltweite Leitwährung ablösen kann, wird es laut einer Studie der Bank für Internationalen Zahlungsausgleich in Basel eine ganze Weile dauern. Denn noch liegt der Euro-Anteil der Währungsreserven weit unter dem Dollar-Anteil von rund 66 % der über vier Billionen Dollar schweren Währungsreserven der Zentralbanken.
Quelle: Landmesser, Detlef (2006) „Der Euro – stark oder schwach ein Gewinn", Essay im Dossier „Wirtschaft", Bundeszentrale für politische Bildung (www.bpb.de, abgerufen am 30.07.2009)

3.3 Wechselkurssysteme

Wechselkurse ergeben sich nicht nur durch das freie Spiel der Marktkräfte, sondern können auch durch internationale Verträge festgelegt werden. In einem System fester Wechselkurse werden zwischen Ländern Wechselkurse vereinbart (Paritäten) und bestimmte Bandbreiten festgelegt, innerhalb derer der Kurs schwanken darf. Ein festes Wechselkurssystem war das bis 1973 geltende Währungssystem von Bretton Woods, für das 1944 der Grundstein gelegt worden war.

Mit der Gründung des IWF [Internationaler Währungsfonds] wurde das Ziel angestrebt, nach der Zeit der Devisenbewirtschaftung in den Dreißigerjahren und nach den Zerstörungen des Zweiten Weltkriegs eine funktionsfähige Währungsordnung zu etablieren. Als „Ankerpunkt" kamen nur die Vereinigten Staaten in Betracht; die USA waren nach dem Zweiten Weltkrieg die eindeutig dominierende Wirtschaftsmacht und die Führungsnation der westlichen Staaten. [...]
Auf der Konferenz von Bretton Woods wurde beschlossen, dass jedes Land seine Währung fest an den Dollar oder das Gold binden sollte. Der Dollar war mit 35 $ je Unze fest an das Gold gekoppelt. Ein solches Nebeneinander von Gold und Devisen als internationales Zahlungsmittel wird als Gelddevisenstandard bezeichnet. Wenngleich die Goldbindung nur formellen Charakter hatte und der Dollar als Leitwährung den internationalen Handel dominierte, so bestand doch prinzipielle Einlösepflicht des Dollars in Gold. Die Währungsbehörden der übrigen Währungen mussten sich an die Geldpolitik der USA anpassen, um ihre Währung gegenüber dem Dollar stabil zu halten. Die sich auf dem Devisenmarkt ergebenden Kurse sollten in einer Bandbreite von +/– 1% zur festgelegten Parität bleiben. [...]
[...] Eine Grundvoraussetzung für die Wiederbelebung der internationalen Wirtschaftsbeziehungen nach dem Zweiten Weltkrieg war eine Neuordnung der Währungsbeziehungen. Die USA und England ergriffen die Initiative, und noch vor dem Ende des Weltkrieges wurde 1944 auf der Konferenz von Bretton Woods der Internationale Währungsfonds (IWF) ins Leben gerufen. An seiner Einrichtung war der britische Ökonom John M. Keynes (1883–1946) maßgeblich beteiligt.

Zunächst handelte es sich nur um die Währungsordnung der westlichen Länder. Nach dem Ende des Ost-West-Konflikts sind heute nahezu alle Länder der Welt Mitglied im IWF (Stand 2008: 185).
Zunächst erwies sich das System fester Wechselkurse mit dem Dollar als Leitwährung als effizientes System zur Finanzierung des rasch wachsenden Welthandels. Es stellte in den Fünfziger- und Sechzigerjahren rasch wachsenden Ländern Europas und den Entwicklungsländern die notwendige Liquidität (knappe Dollars) zur Finanzierung der Importe zur Verfügung, begünstigte den Aufbau der Exportwirtschaft dieser Länder und ermöglichte ihnen den allmählichen Abbau von Kapitalverkehrskontrollen. Ab Mitte der Sechzigerjahre geriet das Bretton-Woods-System in zunehmende Schwierigkeiten und ist schließlich gescheitert. Eine wichtige Ursache war, dass viele Länder, darunter auch die USA und die Bundesrepublik Deutschland, nicht bereit waren, ihre interne Wirtschaftspolitik dem Ziel stabiler Wechselkurse unterzuordnen und die Gefahr höherer Arbeitslosigkeit durch Konjunkturdämpfung zu tragen. [...]
Seit Anfang der Siebzigerjahre gingen die IWF-Staaten zu flexiblen Wechselkursen über. Mit einem Beschluss des IWF von 1978 wurde den Mitgliedsländern die Art der Wechselkursregulierung selbst überlassen, wobei die Bindung an das Gold untersagt wurde.
In der Folge entwickelten sich unterschiedliche Mechanismen: Viele Länder praktizieren flexible Wechselkurse, während sich andere an den US-Dollar, den französischen Franc oder die D-Mark banden.
Innerhalb der Europäischen Gemeinschaft wurde [...] am 1. Januar 1999 die gemeinsame Währung (Euro) eingeführt. Der Kurs des Euro schwankt flexibel gegenüber Dollar, Pfund und Yen. Aber auch dort, wo flexible Wechselkurse vorherrschen, wird in der Realität eine Politik des „managed floating" betrieben. Von Seiten der Währungsbehörden wird unter bestimmten Umständen auf den sich frei am Markt ergebenden Kurs Einfluss genommen. Oft ist es das Ziel der Arbeitsplatzerhaltung in der Exportindustrie, das zum Kauf fremder Währungen animiert, um eine Aufwertung der heimischen Währung zu verhindern. [...]
Quelle: Kruber, Klaus-Peter, „Internationale Wirtschaftsbeziehungen" Ökonomische Bildung online, Modul R01, Oldenburg 2009, S. 67ff.

John M. Keynes gehört zu den bedeutendsten Ökonomen des 20. Jahrhunderts. Sein wichtigstes Werk, „General Theory of Employment, Interest and Money", erschien 1936 und enthält bis dato grundlegend neue Ansichten über die Rolle des Staates in der Marktwirtschaft. Seine Ideen haben auch heute noch Einfluss auf neue ökonomische Theorien und Politik.

In Europa gibt es zwei Wechselkurssysteme. Der Außenwert des Euro, also gegenüber Drittländern wie den USA oder Japan, wird durch Angebot und Nachfrage auf den Devisenmärkten bestimmt. Daraus ergibt sich ein frei schwankender Wechselkurs. Daneben gibt es den so genannten Wechselkursmechanismus II (WKM II). Er bindet die Währungen von EU-Mitgliedstaaten, die nicht zur Währungsunion gehören, an den Euro. Es handelt sich also um ein Festkurssystem, bei dem der Euro die Leitwährung ist.
Wenn der Wechselkurs über eine bestimmte Bandbreite hinaus schwankt (in der Regel −/+ 15 % um den Euro-Leitkurs), sind die Zentralbanken verpflichtet, durch Käufe und Verkäufe die unter Druck geratene Währung zu stützen. Damit bietet der WKM II den teilnehmenden Ländern Schutz gegen spekulative Wechselkursverzerrungen. Jedoch gelten für sie auch die in der Eurozone verfolgte Stabilitätspolitik und insbesondere die im Maastricht-Vertrag festgelegten Kriterien für wirtschaftliche Konvergenz (Annährung, Übereinstimmung). Mit dem WKM II wird das Ziel verfolgt, dass diese Länder früher oder später der Eurozone beitreten.

Konvergenzkriterien
Hierunter versteht man die im Maastrichter Vertrag festgelegten Bedingungen, die ein Land erfüllen muss, um an der Wirtschafts- und Währungsunion teilnehmen zu können. Dazu gehören unter anderem Preisniveaustabilität, maximale Verschuldungsgrenzen und relativ stabile Wechselkurse.

Viele Länder halten ihre Wechselkurse noch immer in einer festen Relation zu einer anderen Währung. Sowohl das System flexibler als auch fester Wechselkurse ist mit Vor- und Nachteilen verbunden. Die nachfolgenden Tabellen nennen einige von ihnen:

Freie Wechselkurssysteme

Vorteile	Nachteile
• Kursänderungen erfolgen eher langsam als plötzlich. • Es gibt einen Ausgleich unterschiedlicher Lohn- und Preistrends im In- und Ausland. • Die Gefahr des Imports einer Inflation aus dem Ausland ist begrenzt. • Eine eigene Wirtschaftspolitik ist möglich.	• Es gibt Planungssicherheit für Im- und Exporteure. • Kurssicherungskosten fallen an. • Der Finanzsektor kann über Kapitalströme und Spekulationen den Güter- und Dienstleistungssektor beeinflussen.

Feste Wechselkurssysteme

Vorteile	Nachteile
• Transaktionskosten zur Kurssicherung fallen nicht an. • Auslandstransaktionen können besser kalkuliert werden. • Eine Abwertung der Währung zur Förderung des Exports werden verhindert. • Andere Länder können im Fall einer Währungsunion (wie zum Beispiel in der EU) herangeführt werden. Dies fördert politische Integration und Arbeitsteilung zwischen den Volkswirtschaften.	• Eine Koordination der Wirtschaftspolitik der Teilnehmerländer ist erforderlich. • Es besteht die Gefahr des Imports einer Inflation aus dem Ausland und/oder des Exports von Arbeitslosigkeit. • Plötzliche Kursänderungen sind möglich. • Bei großen Ungleichgewichten werden Währungsspekulationen gefördert. • Es besteht Abhängigkeit von der Politik des Leitwährungslandes. • Es ist keine autonome, an der Binnenwirtschaft ausgerichtete Geld- und Konjunkturpolitik möglich.

1. Recherchieren Sie mindestens drei Länder, die über ein System fester Wechselkurse verfügen.
2. Diskutieren Sie die Idee, den US-Dollar und den Euro in ein System fester Wechselkurse zu integrieren. Welche Auswirkungen würde dies nach sich ziehen?

4 Internationale Finanzmärkte

4.1 Definition und Bedeutung

Die weltweiten Kapitalströme weisen seit Jahrzehnten starke Zuwächse auf. Das Tempo und der Umfang der Transaktionen sorgen für eine ganz neue Qualität der wirtschaftlichen Verflechtungen. Die Finanzmärkte haben die nationale Ebene verlassen und sich mehr und mehr zu globalen Umschlagplätzen für Finanzmittel entwickelt. Damit geht eine Internationalisierung der Anlagetätigkeit und Kreditvergabe einher. Häufig werden Kredite an multinationale Konzerne oder Staaten von mehreren Banken gemeinsam vergeben oder große Anleihen an verschiedenen Börsen auf der Welt gleichzeitig eingeführt.

Unter dem Oberbegriff „Finanzmarkt" fasst man alle Märkte zusammen, auf denen Handel mit Kapital betrieben wird. Im Gegensatz dazu stehen die Gütermärkte. Man unterscheidet einerseits zwischen nationalen und internationalen Finanzmärkten, andererseits nach dem Gegenstand der gehandelten Finanzkontrakte in Geld-, Kredit- und Kapitalmärkte sowie den Devisenmarkt für den Austausch von Währungen.

Ende der 1970er-Jahre machten die internationalen Finanztransaktionen 6 % des Bruttoinlandsproduktes der USA aus. Zwanzig Jahre später waren es im Vergleich zum Basisjahr bereits 180 %. Die Ursachen für diese Internationalisierung sind vielfältig. Zum einen haben sich die Bedürfnisse der Sparer und Investoren geändert; neue Akteure wie große Investmentfondsgesellschaften und neue Finanzinstrumente sind hinzugekommen. Weiterhin wurden Transformations- und Schwellenländer in die Weltwirtschaft integriert. Auch die Informations- und Kommunikationstechnologien haben seit den 1990er -Jahren zu einer Beschleunigung der Globalisierung der Finanzbeziehungen geführt. Heutzutage ist es „per Knopfdruck" möglich, rund um die Welt und rund um die Uhr in Sekundenschnelle ein Finanzgeschäft zu erledigen. Bereits geringe Zins- oder Kursunterschiede führen sofort zur Arbitrage, einem Geschäft, das Preisunterschiede für ein und dasselbe Gut zwischen verschiedenen Märkten ausnutzt und damit zu Angleichung führt.

Die Höhe der Umsätze an Finanzmärkten steht in keinem Verhältnis zum Umfang des Waren- und Dienstleistungsaustausches. Allein im Devisenmarkt wurde 2007 pro Tag ein Volumen von über 3.000 Milliarden US-Dollar gehandelt. Internationale Kapitalströme lösen sich zunehmend von Entwicklungen im güterwirtschaftlichen Bereich. Man spricht davon, dass sich die Finanzmärkte von der Realwirtschaft entkoppeln. Dennoch beeinflussen internationale Finanzmarktakteure zunehmend Entwicklungen in den nationalen Volkswirtschaften.

Globaler Kapitalmarkt

Globaler Kapitalbestand

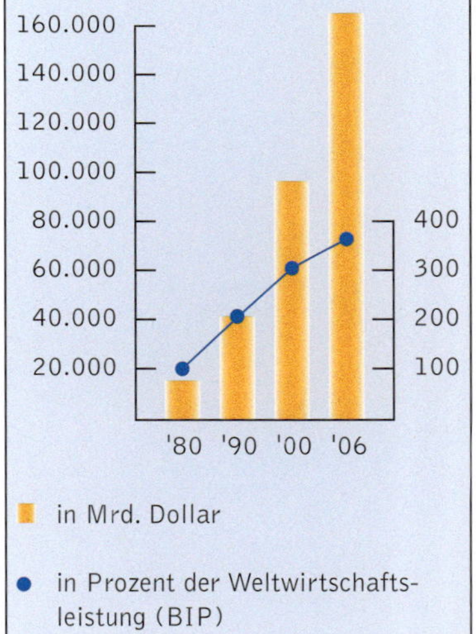

Kapitalbestand: Aktien, private und staatliche Schuldtitel, Bankeinlagen

4.2 Finanzmärkte in der Krise

Immer wieder kommt es an den Finanzmärkten zu erheblichen Turbulenzen von Währungen. Dafür gibt es unterschiedliche Auslöser. Manchmal nutzen Spekulanten auf dem Devisenmarkt Kursdifferenzen aus, indem sie sich bei Erwartung einer künftigen Abwertung einer Währung in dieser verschulden. Sie nehmen Kredite in dieser Währung auf und tauschen diese am Devisenmarkt in eine andere, deren Aufwertung erwartet wird. Wenn sich viele Marktteilnehmer einem Meinungsführer anschließen, können die internationalen Kapitalströme aufgeheizt werden. Nicht selten bildet sich infolgedessen eine spekulative Blase, die nach ihrem Platzen zu einer Finanzkrise führt.

Q

[...] Der erste Krach einer Börse fand im Jahre 1637 in den Niederlanden statt. Gehandelt wurden damals allerdings nicht Aktien oder Anleihen, sondern Tulpenzwiebeln. In den Jahren zuvor hatte halb Holland begonnen, mit den damals in Europa als exotisch geltenden Tulpen zu spekulieren. Seinerzeit fanden auch Termingeschäfte auf die Blumen statt. Auf dem Höhepunkt der Spekulation wurde eine Zwiebel mit umgerechnet 87.000 € bezahlt. Als schließlich die Käufer fehlten, brach der Markt zusammen wie ein Kartenhaus. [...]

Quelle: Braunberger, Gerald: „Eine kurze Geschichte der Finanzkrise" in Frankfurter Allgemeine Zeitung Nr. 221 vom 20.09.2008, S. 14

Weltwirtschaftskrise 1929: Der Spekulant Walter Thornton bietet am 30.10.1929 sein Auto für 100 US-Dollar in bar an.

Besonders verheerende Folgen hatte der Börsenkrach von 1929 an der Wall Street in den USA. Viele amerikanische Privatanleger hatten ihr Vermögen am Aktienmarkt investiert. Der Kursverfall setzte ein, als das Vertrauen in den Markt verloren ging. Am 24. Oktober 1924 brach die Börse dann zusammen, und Millionen Anleger verloren ihr Geld. Es kam es zu einer schweren Weltwirtschaftskrise, die über Jahre dauerte. Über die genauen Ursachen und Hintergründe der Entwicklungen streiten Experten noch heute.

Ein anderes prominentes Beispiel ist die so genannte Asienkrise, die vor etwa zehn Jahren viele Länder Südostasiens überzog. Was war passiert? Die Märkte in Ost- und Südostasien verzeichneten ein starkes wirtschaftliches Wachstum, was nicht zuletzt auf eine Reihe von liberalen Reformen zurückzuführen war. Doch der Aufschwung stand auf wackeligem Boden: Durch Spekulationen am Finanzmarkt und ungenügend gesicherte Kredite entstand ein Boom ohne solide Grundlage. Kurz: Die Länder lebten über ihre Verhältnisse. Die Blase platzte, als die Spekulanten die kurzfristigen Anlagen verkauften und die Fehlverwendung von Krediten sichtbar wurde. Banken, Versicherungen und große Unternehmen gingen bankrott. Ganze Volkswirtschaften kollabierten sogar. Die Arbeitslosigkeit und Armut nahmen rasch wieder zu.
Durch die Unterstützung des Internationalen Währungsfonds konnten die Länder die Krise ab 1999 überwinden. Zu den Maßnahmen zählten Strukturreformen im Finanzsektor, eine Verschärfung der Bankenaufsicht und der Transparenz der Finanzströme, die Deregulierung der Märkte und die Aufhebung von Monopolen, Kürzungen der Staatshaushalte sowie die Privatisierung von Staatsunternehmen.

Internationaler Währungsfonds (IWF)
Aufgaben

- Förderung der internationalen Zusammenarbeit im Bereich der Währungspolitik
- Kreditvergabe bei Währungskrisen, Zahlungsbilanzstörungen oder wirtschaftlicher Umstrukturierung
- Förderung des Welthandels

→ Dem IWF gehören 185 Mitgliedstaaten an (Stand 2005). Jedes Mitglied muss Zahlungen an den Fonds leisten. Die Höhe richtet sich nach einer festgesetzten Quote, die dann auch über das Stimmgewicht und die Höhe der möglichen Inanspruchnahme der finanziellen Mittel (Kreditfazilitäten) entscheidet. In die Berechnung der Quote fließen unterschiedliche Kennzahlen wie das Bruttoinlandsprodukt und die Währungsreserven eines Landes ein.

In den letzten Jahren gab es auch in Brasilien, in der Russischen Föderation und in Argentinien Finanzkrisen, die auf ähnliche Ursachen (insbesondere marode Bankaufsicht, fehlgeleitete Wirtschaftspolitik und instabiles Finanzsystem) zurückzuführen sind. In diesem Zusammenhang sind auch die Ereignisse interessant, die sich Ende 1990er-Jahre entwickelten. Im Mittelpunkt standen jedoch nicht Nationen, sondern eine ganze Branche:

[...] Ende der neunziger Jahre hatte die Industrienationen ein Technologietaumel erfasst, der auch der Börse bisher fernstehende Privatanleger an den Aktienmarkt lockte. Damals stiegen nicht nur die Kurse etablierter Telekommunikationskonzerne wie der Deutschen Telekom. Auch Neugründungen mit schwer nachvollziehbaren Geschäftsmodellen und einem den Umsatz übertreffenden Verlust wurden von Anlegern das Geld geradezu nachgeworfen. An der Börse entstanden eigene Marktsegmente für junge Technologiewerte, darunter in Deutschland der Neue Markt. Gefördert wurde das bunte Börsentreiben durch eine vor allem von der amerikanischen Fed [US-amerikanische Zentralbank] betriebene lockere Geldpolitik sowie die Deregulierung der Telekommunikationsmärkte, die das Ende der alten staatlichen Monopolbetriebe einläutete. Die Technologieblase war auch die Zeit großer Fusionen und Übernahmen, die überwiegend mit Aktien und nicht mit Geld finanziert wurden. Den spektakulärsten Fall bildete die Übernahme der deutschen Mannesmann durch die britische Vodafone. Die Euphorie endete im Frühjahr 2000, als allmählich deutlich wurde, dass viele Unternehmen die eigenen Gewinnerwartungen niemals erfüllen konnten. Der Kurssturz war äußerst heftig und zog sich mehrere Jahre hin. [...]
Quelle: Braunberger, Gerald: „Eine kurze Geschichte der Finanzkrise“ in Frankfurter Allgemeine Zeitung Nr. 221 vom 20.09.2008, S. 14

Weltbank
Eine wichtige Institution neben dem IWF ist die Weltbank (Internationale Bank für Wiederaufbau und Entwicklung). Sie vergibt langfristige Darlehen an Entwicklungsländer zur Unterstützung des wirtschaftlichen Aufbaus und refinanziert diese an den internationalen Kapitalmärkten.

1. Bilden Sie Arbeitsgruppen, die aus drei bis vier Personen bestehen. Recherchieren Sie die genaueren Hintergründe und Folgen der Krisen in Argentinien, Brasilien, der Russischen Föderation und der USA 1929 sowie der Technologieblase, die nebenstehend beschrieben ist. Stellen Sie Ihre Ergebnisse den anderen Arbeitsgruppen vor.

Verluste der Banken infolge der „Subprime-Krise"
(Stand 03/2008)

	bisher: 288 Mrd. US-Dollar	weiterhin erwartet: 95 Mrd. US-Dollar
USA	144	49
Eurozone	45	12
Groß-britannien	40	22
Schweiz	23	0
Skandina-vien	1	1
übriges Europa	14	9
Japan	10	0
China	3	2
Kanada	7	0
Golfstaaten	1	0

1. Erstellen Sie einen Zeitstrahl, auf dem Sie die Abfolge der Ereignisse erfassen. Recherchieren Sie ggf. fehlende Informationen im Internet.
2. Interpretieren Sie die nebenstehende Karikatur. Denken Sie, dass es nur einen Schuldigen an der Krise gibt? Diskutieren Sie in der Klasse.

Lange Zeit hielt man es in den USA und Europa für ausgeschlossen, dass es auch hier zu Finanzkrisen größeren Ausmaßes kommen kann. Ein Trugschluss wie sich spätestens 2007 herausstellte. Damals kam es in den USA zu der so genannten „Subprime-Krise": Eine großzügige Kreditvergabe führte dazu, dass sich viele Menschen auch mit wenig Einkommen und wenig Sicherheiten Immobilien kaufen konnten.

Die Nachfrage nach Eigenheimen stieg an und damit stiegen auch die Preise. Es bildete sich eine Immobilienblase, die 2007 platzte. Denn es zeigte sich rasch, dass viele Immobilienbesitzer ihren Zahlungsverpflichtungen nicht nachkommen konnten. Es kam zu unzähligen Zwangsversteigerungen; da die meisten Häuser jedoch völlig überbewertet waren und sich niemand fand, der genug zahlt, damit die Kreditinstitute ihr Geld zurückbekommen, machten die Banken Verluste.

Aufgrund der vielschichtigen, internationalen Finanzverflechtungen waren nicht nur amerikanische Kreditinstitute betroffen, sondern Banken rund um den Globus. Der Grund waren neuartige Finanzprodukte, die es möglich machten, die Forderungen und Risiken aus den Krediten zu bündeln und auszulagern, indem sie an andere Banken (z. B. in Deutschland oder Frankreich) weiterverkauft wurden.

Im Zuge der Ereignisse mussten die Käufer solcher Papiere feststellen, dass diese keinen Wert mehr besaßen, weil die Kredite nicht zurückgezahlt werden konnten. Das bedeutete riesige Verluste, und viele Banken gerieten in ernste Schwierigkeiten. Einige mussten vom Staat unterstützt werden, um nicht bankrottzugehen. Dazu gehörte unter anderem der Münchner Immobilienfinanzier Hypo Real Estate. In Großbritannien, Belgien und Island wurden Banken sogar verstaatlicht. In den USA musste Lehmann Brothers, eine der größten amerikanischen Investmentbanken, Insolvenz anmelden.

GLOBALE FINANZKRISE

Die Auswirkungen der Krise waren und sind vielfältig, weitreichend und gleichen einem Dominospiel. Ende 2008 erreichte sie auch die Realwirtschaft, also die Waren- und Dienstleistungsmärkte. Davon berichtet der Artikel auf der nächsten Seite.

Q

USA: Am Rande des Abgrunds
Die größte Volkswirtschaft der Welt gerät ins Wanken. Die Großbanken machen Verluste in bislang nicht gekannter Höhe, das Vertrauen der amerikanischen Verbraucher schwindet, und die Zahlungsmoral sinkt. Eine Rezession scheint kaum noch abwendbar.

Die Abschreibungen und Verluste der Citigroup sind so gewaltig, dass eine Zahl in dem „Blutbad“ fast untergeht: Um mehr als 4 Milliarden Dollar steigen die Kreditkosten der amerikanischen Großbank, weil viele Konsumenten ihre Schulden nicht mehr bezahlen können. Nach Angaben von Citi betrifft das nicht nur notleidende Hausbesitzer. Auch bei Autofinanzierungen, Kreditkarten und Konsumentenkrediten steigen die Zahlungsausfälle. Und das ist nur der Anfang, glaubt Richard Bove, Analyst beim Investmenthaus Punk, Ziegel in Miami: „Citigroup wird in diesem Jahr vermutlich 28 Milliarden Dollar für Kreditausfälle zurücklegen müssen.“

Grund für die stark nachlassende Zahlungsmoral der Amerikaner ist das wirtschaftliche Klima, das sich in den vergangenen Monaten dramatisch verschlechtert hat. [...]
Für Amerikas Geschäftsbanken verheißt das nichts Gutes. Trifft die anbahnende Rezession die Branche doch zu einem denkbar ungünstigen Zeitpunkt. Mehr als 100 Milliarden Dollar haben die Banken im Zuge der so genannten Subprime-Krise bereits auf riskante Hypothekenprodukte abgeschrieben. Der größte Teil davon geht auf das Konto von US-Instituten. Steigen jetzt die Zahlungsausfälle nicht nur bei den Baudarlehn, sondern auch bei allen anderen Konsumentenkrediten, rollt auf die Finanzbranche eine zweite Welle von Abschreibungen und Verlusten zu. [...]
Wenn die Banken schwächeln und in ihrer Not sogar auf Kapitalhilfen ausländischer Regierungen angewiesen sind, trifft das auch die reale Wirtschaft. Auf diesen Zusammenhang hat gerade US-Notenbank-Chef Ben Bernanke hingewiesen. Die Refinanzierungsprobleme der Banken hätten dazu geführt, dass die Kreditvergabe an Konsumenten und Unternehmen heute deutlich restriktiver sei, sagte der Fed-Chef in Washington. Wenn die Banken den Geldhahn zudrehen, sitzt die gesamte Wirtschaft auf dem Trockenen. So entsteht ein Teufelskreis, in dem sich Finanzkrise und Wirtschaftskrise gegenseitig verstärken. [...]
Quelle: Riecke, Torsten in: Handelsblatt, Nr. 011 vom 16.01.2008, S. 2

Angesichts der Krise reagierten die Zentralbanken und versorgten die Märkte massiv mit Geld und senkten auch die Leitzinsen.

Auch der Staat wurde aktiv. Mit großen Rettungspaketen wurden die Finanzmärkte stabilisiert. Im Zuge der Entwicklungen kam es zu einem weltweiten Abschwung der Konjunktur. Auch in Deutschland steuerte der Staat mit riesigen Konjunkturpaketen gegen, um die Wirtschaft zu stützen.

Es wurde unter anderem die so genannte Abwrackprämie eingeführt und ein Zehn-Milliarden-Euro-Programm zum Ausbau von Kindergärten, Schulen, Universitäten und kommunalen Einrichtungen aufgelegt.

Rettungsprogramme ausgewählter Industrieländer zur Stabilisierung der Finanzmärkte
(Stand 11/2008)

	in Mrd. Euro	Anteil am BIP 2007 in %
Großbritannien	640	30
USA	550	5
Deutschland	480	20
Irland	400	210
Frankreich	360	19
Niederlande	200	35
Spanien	150	14
Österreich	100	37
Schweiz	45	13
Japan	29	1
Portugal	20	12
Belgien	6	2
Australien	5	1

(Quelle: Bundeswirtschaftsministerium)

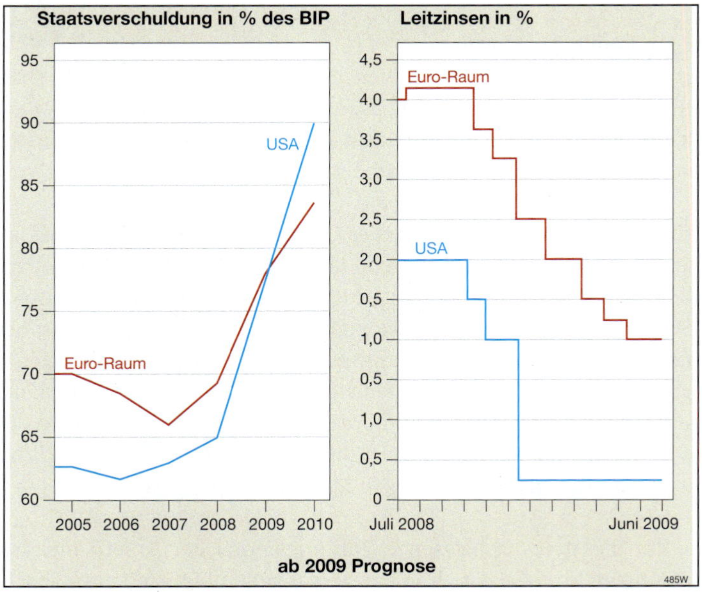

Rückblickend lässt sich sagen, dass ein Zusammenspiel zwischen politischen Rahmenbedingungen, neuartigen Finanzprodukten und vernachlässigter Risikoeinschätzung letztlich dafür gesorgt hat, dass aus der Immobilienkrise eine Finanz- und schließlich eine Wirtschaftskrise geworden ist. Auch wenn sich Instabilitäten und Krisen auf den Finanzmärkten wahrscheinlich nie vermeiden lassen, stellt sich doch die Frage, wie die internationale Wirtschaftspolitik Fehlentwicklungen zukünftig besser in den Griff bekommen kann. Erste Ansätze wurden auf den Weltfinanzgipfel der wichtigsten Industrie- und Schwellenländer (G20) beschlossen.

Überblick über die Ergebnisse Weltfinanzgipfel 2008

Transparenz u. Verantwortlichkeit in Bezug auf komplexe Finanzprodukte erhöhen	Finanzmärkte müssen frei von Manipulation bleiben und dürfen kriminelle Aktivitäten nicht unterstützen	internationale Finanzinstitutionen modernisieren
Ausbau einer soliden Regulierung und einer strengeren Aufsicht	internationale Zusammenarbeit stärken	Modernisierung des internationalen Währungsfonds und der Weltbank
Forum für Finanzstabilität: das internationale Gremium zur Stabilität der Finanzmärkte soll erweitert werden	Vorantreiben der Liberalisierung des Welthandels	starke Kooperation im Vorgehen gegen Steueroasen

Da jedes einzelne Land starke Anreize hat, den Finanzsektor seinen länderspezifischen Gegebenheiten entgegenkommend zu regulieren, ist die Konkretisierung von Regeln für die internationalen Finanzmärkte äußerst schwierig und langwierig. Die Schaffung eines Ordnungsrahmens für die globalen Finanzströme bleibt also auch in Zukunft eine wichtige Aufgabe internationaler Wirtschaftspolitik.

1. Beschreiben Sie, in welcher konjunkturellen Phase sich die Bundesrepublik Deutschland gerade befindet. An welchen Stellen sind Auswirkungen der Finanzkrise spürbar?
2. Diskutieren Sie, ob die Finanzkrise durch mehr regulierende Vorschriften hätte vermieden werden können oder ob sie auf einen Fehler im System der Geld- und Währungsordnung zurückzuführen ist.

5 Geldanlagen und Finanzierung

5.1 Geldanlagen

Es gibt viele Gründe dafür, Geld zu sparen. Nachfolgende Grafik zeigt, welche Motive der durchschnittliche Bundesbürger verfolgt, wenn er spart:

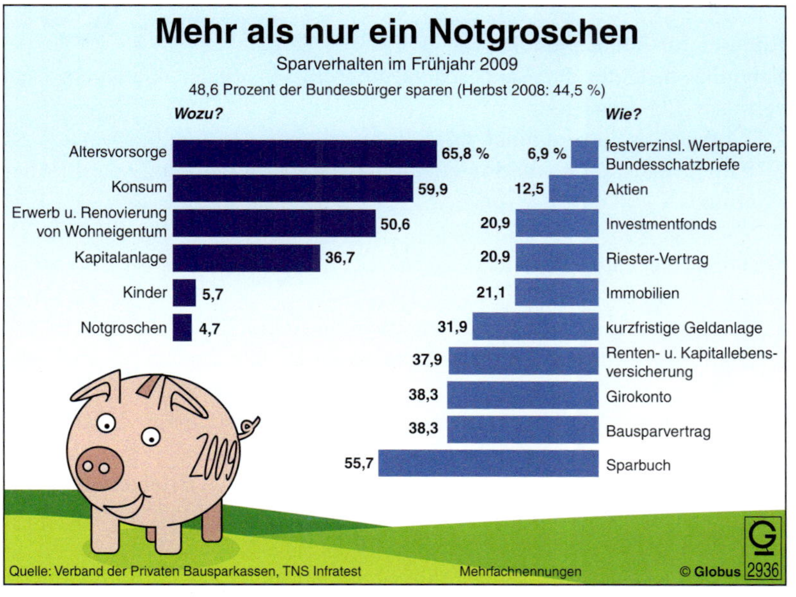

Neben dem „klassischen" Sparbuch gibt es eine ganze Reihe weiterer Möglichkeiten, Vermögen zu bilden, wie nachfolgende Tabelle zeigt:

Anlageform	Was ist das?
Sparbuch	Es handelt sich um eine Urkunde, in der die Spareinlagen bei den Banken festgehalten werden.
Bausparvertrag	Regelmäßig wird Geld in einen Vertrag einbezahlt und mit einem geringen Satz verzinst. Als Ausgleich erhält der Sparer jedoch einen Anspruch auf einen günstigen Bausparkredit.
börsennotierte Aktien	Die Aktie ist ein Wertpapier in Form eines Teilhaberpapiers. Der Käufer erwirbt damit einen Anteil an einer Aktiengesellschaft. Erträge resultieren aus Dividenden oder Kursgewinnen beim Verkauf der Aktien.
Renten- bzw. Kapitallebensversicherung	Es handelt sich um eine Art Sparvertrag, bei dem die Versicherungssumme mit dem Eintreten des Versicherungsfalls (z.B. Erreichen eines bestimmten Alters) fällig wird.
Termingeld („Festgeld")	Hier werden Spareinlagen für die Dauer von ein, drei, sechs oder zwölf Monaten festgelegt.
Anleihen/festverzinsliche Wertpapiere	Darunter kann man sich eine Art Schuldschein vorstellen, in dem sich der Emittent verpflichtet, geliehenes Kapital zu einem festgelegten Zeitpunkt einschließlich Zinsen zurückzuzahlen.
Investmentfonds	Ein Fonds fasst die Anlagebeträge vieler Sparer zusammen und investiert diese – je nach Ausrichtung – in Wertpapiere und andere Investitionsgüter. Die Rendite steht vorher nicht fest.
Immobilien	Dabei handelt es sich um eine Anlageform mit einem fassbaren Sachwert, die sowohl zum Aufbau von Vermögen als auch zur Altersvorsorge genutzt wird.
Riester-Rente	Der Sparer zahlt jeden Monat vereinbarte Beträge ein, die vom Staat durch Zulagen und Sonderabzugsmöglichkeiten bei der Steuerzahlung gefördert werden. Daraus erhält er später im Alter monatliche Rentenzahlungen.

Stellt sich die Frage, welche Anlageform die richtige ist. Die Antwort darauf muss jeder für sich selbst herausfinden, denn jede einzelne hat Vor- und Nachteile. Ideal sind solche, die ständig verfügbar sind, eine hohe Rendite und ein geringes Risiko aufweisen. Nach den drei Faktoren Verfügbarkeit, Rendite und Sicherheit lassen sich im Grunde alle Anlageformen beurteilen.

Faktoren für Anlageprodukte

Liquidität bedeutet: Ich kann schnell und einfach wieder über mein Geld verfügen. Beispiele:

- Tagesgeld: hohe Liquidität, da täglich verfügbar
- Rentenversicherung: geringe Liquidität, da die Auszahlung erst im Alter erfolgt

Sicherheit bedeutet: Wie sicher ist meine Anlage? Wie hoch ist das Risiko, dass ich mein Geld verliere?

- Bundesanleihen: hohe Sicherheit, da Bundesrepublik Gläubiger
- Optionsscheine: hohes Verlustrisiko, da hochspekulativ

Rendite bedeutet: Welchen stetigen Ertrag bringt das Finanzprodukt?

- Unternehmensanleihe: hohe Rendite
- Immobilien in schlechter Lage: kaum Aussicht auf Wertsteigerung, sogar Verluste bei Wiederverkauf möglich

Dabei gibt es eine gegenseitige Abhängigkeit der drei Faktoren untereinander:

höhere Rendite	→	geringere Liquidität
	→	geringere Sicherheit
höhere Liquidität	→	geringere Rendite
	→	geringere Sicherheit
höhere Sicherheit	→	geringere Rendite
	→	geringere Liquidität

Lang laufende Anleihen beispielsweise sind meist in der Rendite stärker als ein Sparbuch. Aktien sind weniger sicher als Bundesanleihen. Liquide bleibt man mit Tagesgeldkonten, Aktien und Investmentfonds, während sich eine Kapitallebensversicherung nur mit großen Verlusten vor Ablauf auflösen lässt. Nach der Betrachtung der Finanzprodukte ist es sinnvoll, diese Dreieckskonstellation auf sich selbst anzuwenden. Denn Finanzprodukte passen umso besser zu Ihnen, je ähnlicher Ihr individuelles Anlegerprofil in diesen Aspekten dem Produkt ähnelt – besonders wenn einer der drei Faktoren dominieren soll.

Beispiel:
Wer liquide bleiben will, sollte beispielsweise nicht zu einer Rentenversicherung greifen, und wer Sicherheit schätzt, ist mit Optionsscheinen nicht gut bedient. Daher sollten Sie sich selbst zunächst hinsichtlich Liquiditätserfordernisse, Risikobelastbarkeit und Renditevorgabe einstufen und dies mit dem Profil des Produktes vergleichen. In vielen Fällen ist es möglich und sinnvoll, die drei Faktoren durch Mischung verschiedener Geldanlagen angemessen zu berücksichtigen.

In diesem Spannungsfeld bewegt sich jede Vermögensanlage:

Sicherheit – das Risiko einer Anlage (Beispiele: Währungs-, Zins- und Kursrisiko),
Rendite – der erzielte Ertrag (Beispiel: Zins- und Dividendenzahlungen, Weiterentwicklung) und
Liquidität – die Verfügbarkeit der Geldanlage (Beispiele: täglich oder erst nach mehreren Jahren).
Quelle: nach Bortenlänger, Christine/Rub, Sabine Theodora (2005): Kompass Geldanlage. Ihr Weg zu Vermögen und finanzieller Sicherheit. S. 29ff. Schäffer-Poeschel, Stuttgart

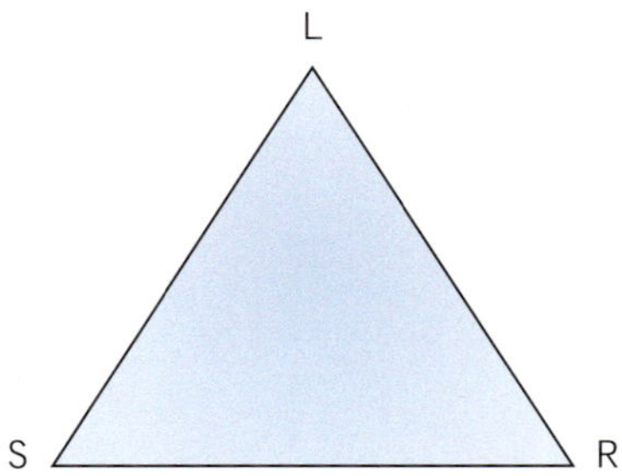

Daneben gibt es zwei weitere wichtige Aspekte, die bei der Wahl der individuell passenden Anlage berücksichtigt werden sollten. Zum einen sollte der Sparer darauf achten, dass die Anlage einfach in der Handhabung ist und seinen Bedürfnissen entgegenkommt. Sicherlich möchte nicht jeder regelmäßig Aktienkursverläufe beobachten oder sich anderweitiges Fachwissen aneignen. Und man sollte auch verstehen, worum es sich bei der jeweiligen Anlageform genau handelt und ob besondere Anforderungen oder Bedingungen zu berücksichtigen sind. Neben der Bequemlichkeit kann auch der Spaßfaktor ein weiteres wichtiges Kriterium bei der Beurteilung sein. Je nach der Mentalität des Anlegers kann die Unterhaltung von Immobilien oder der Umgang mit Aktien ein spannendes Hobby sein, mit dem er sich gerne auseinandersetzt.

5.2 Finanzierung

Um sich verschiedene Konsumwünsche zu erfüllen, ist Ersparnisbildung nur ein Weg. Eine andere Möglichkeit ist die Nutzung von Krediten. Hier lassen sich grundsätzlich drei Formen von Krediten unterscheiden:

- Der **Dispositionskredit** erlaubt die Überziehung des Girokontos bis zu einem bestimmten Betrag, der vom Einkommen abhängt. Die Rückzahlung erfolgt automatisch durch Kontogutschriften.

- Bei einem **Konsumentenkredit** geht es um einen festen Betrag, der entweder in vereinbarten Raten oder zu einem späteren Zeitpunkt in einer Summe zurückgezahlt wird. Die Laufzeiten liegen in der Regel zwischen sechs Monaten und drei Jahren.

- Der **Hypothekenkredit** wird in der Regel zur Baufinanzierung eingesetzt und über eine Immobilie abgesichert. Die Rückzahlung erfolgt in festgelegten monatlichen Raten und häufig werden Sondertilgungen geleistet. Die Laufzeiten liegen zumeist zwischen 15 und 30 Jahren.

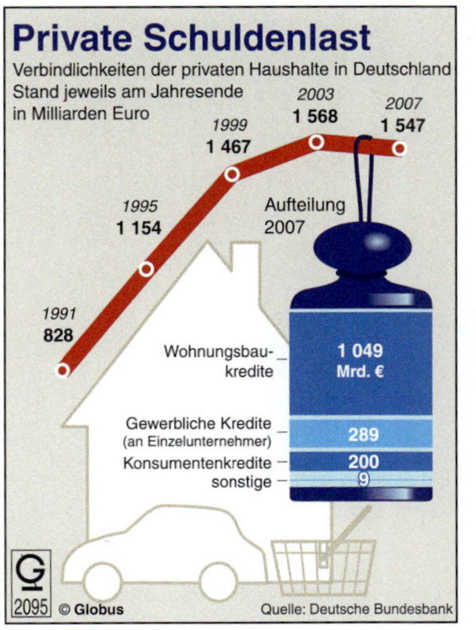

Das „Schuldenmachen", also die Nutzung von Krediten, ist in Deutschland in der jüngsten Vergangenheit beinahe „normal" geworden. Egal, ob es um die Finanzierung eines neuen Autos, einer schicken Wohnungseinrichtung, einer lang ersehnten Fernreise oder schlicht um den notwendigen Ersatz für die alte Waschmaschine geht – an Angeboten mangelt es nicht.

Problematisch wird es, wenn die Menschen ihren Zahlungsverpflichtungen nicht mehr nachkommen können. Dafür kann es verschiedene Gründe geben. Manche haben mehrere Kredite aufgenommen, den Dispositionskredit ausgeschöpft und mit Kreditkarte gezahlt, bis sie die Übersicht über die meist bargeldlosen Zahlungsströme verloren haben. Es gibt auch viele Haushalte, deren Lebensbedingungen sich beispielsweise durch Arbeitslosigkeit oder Krankheit verschlechtert haben und sie in der Folge ihre Schulden nicht mehr zurückzahlen können.

Ein Weg aus der Schuldenspirale ist neben dem Offenbarungseid die Privatinsolvenz. Damit wird hoch verschuldeten Privathaushalten die Möglichkeit eingeräumt, sich unter bestimmten Bedingungen von ihrer Restschuld befreien zu lassen, um sich in finanzieller Hinsicht wieder ein neues Leben aufzubauen. Die Privatinsolvenz muss beim Gericht beantragt werden. Der Prozess der Entschuldung dauert sechs Jahre, in denen jede zumutbare Arbeit angenommen werden muss. Der Lohn muss bis auf den pfändungsfreien Teil an die Gläubiger zurückgezahlt werden. Mit dem Ende dieser „Wohlverhaltensphase" ist der Schuldner von allen Verbindlichkeiten befreit.

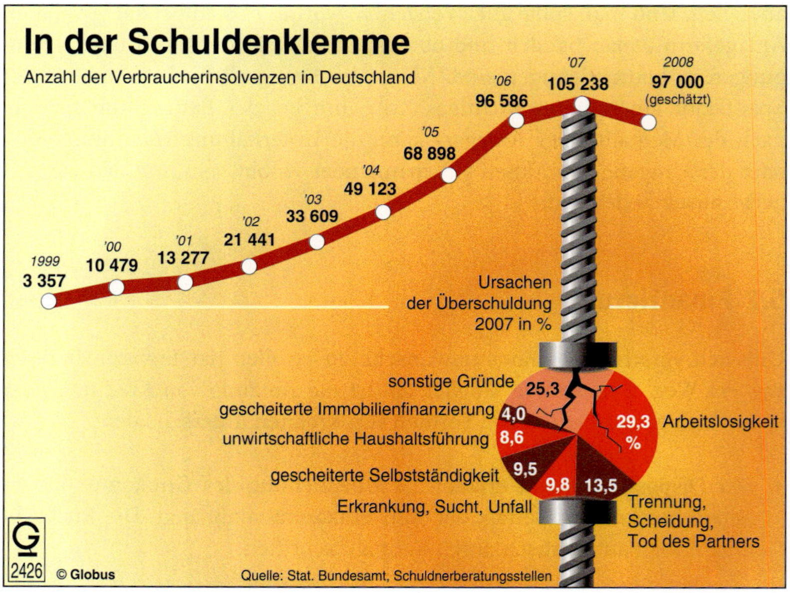

Der Abbau eines Schuldenbergs ist oft nicht einfach, und auch der Gang durch eine Privatinsolvenz ist mit vielen Unannehmlichkeiten verbunden. Deshalb: Vorsicht mit einer Kreditaufnahme, lieber auf die Erfüllung von Wünschen verzichten!

!

1. Nennen Sie verschiedene Gründe für Überschuldungen.
2. Diskutieren Sie im Klassenverband, inwiefern ein Wertewandel bezüglich des Inkaufnehmens von Verschuldungen zu erkennen ist. Wie ist dieser zu erklären?
3. Recherchieren Sie im Internet, wie ein Privatinsolvenzverfahren abläuft.
   Internetlinks: www.insolvenzrecht.info/privatinsolvenz.htm; http.//srv-deutschland.de

In diesem Kapitel haben Sie sich mit geldpolitischen Aspekten auseinandergesetzt. Sie haben die Europäische Zentralbank sowie die ihr zur Verfügung stehenden Instrumente zur Steuerung der Geldmenge kennengelernt. Weiterhin haben Sie gesehen, dass es zwischen geldpolitischen und anderen wirtschaftspolitischen Forderungen zu Konflikten kommen kann. Außerdem können Sie Ursachen und Wirkungen von inflationären Prozessen erläutern und wissen, wie die Inflation gemessen werden kann.
Die hinter den Begriffen Währungssysteme und Wechselkurse stehende Bedeutung ist Ihnen bekannt. Sie können das Verhältnis des Euro zu anderen Weltwährungen einschätzen.
Sie kennen die Bedeutung der Wertaufbewahrungsfunktion des Geldes und können einzelne Formen der Geldanlage bewerten.

Mit den folgenden Aufgaben können Sie Ihr Wissen überprüfen:

1. Erläutern Sie mit eigenen Worten, welche Funktionen das Geld in einer Volkswirtschaft übernimmt.

2. Beschreiben Sie Aufgaben und Ziele der Europäischen Zentralbank.

3. Stellen Sie den „Geldschöpfungsprozess“ im Bankensystem mithilfe eines Zahlenbeispiels dar.

4. Ermitteln Sie die richtigen der nachfolgenden Aussagen und begründen Sie Ihre Entscheidung.
   - Durch die Gewährung von Krediten schöpfen die Banken Giralgeld.
   - Mindestreserven sind Guthaben der Banken bei der Zentralbank, deren Höhe sich nach dem Leitzins richtet.
   - Durch die Geldschöpfung der Banken steigt die Geldmenge.
   - Die EBZ muss bei ihren Entscheidungen eng mit den Regierungen zusammenarbeiten.

5. Erläutern Sie, welche Bedeutung die Veränderung der Leitzinsen hat.

6. Erklären Sie den Unterschied zwischen „Preisstabilität“ und „Preisniveaustabilität“.

7. Was versteht man unter dem Begriff „Inflation“?

8. Legen Sie dar, warum Bevölkerungsgruppen (z. B. Rentner, Sozialhilfeempfänger, Sachvermögensbesitzer, Selbstständige) von einer Inflation nicht im gleichen Maße betroffen sind.

9. Beschreiben Sie, in welchen Zielkonflikt sich die EBZ befindet, wenn sie einerseits die Stabilität des Geldwertes sichern und andererseits die Regierung bei ihrem Kampf gegen die Arbeitslosigkeit unterstützen will.

10. Erläutern Sie, welche Auswirkungen ein steigender Eurokurs auf die privaten Haushalte und Unternehmen in Deutschland hat. Wie verhält es sich, wenn der Kurs fällt?

11. Geben Sie mit eigenen Worten wieder, welche Wechselkurssysteme unterschieden werden und wodurch diese gekennzeichnet sind.

12. Beschreiben Sie, was man unter dem „Finanzmarkt" versteht.

13. Stellen Sie mithilfe einer einfachen Grafik dar, warum amerikanische Hausbesitzer eine weltweite Rezession auslösen konnten.

14. Erklären und bewerten Sie folgende Karikaturen (siehe hierzu auch die Checkliste auf Seite 235):

15. Präzisieren Sie die einzelnen Anlageformen mithilfe einer Internetrecherche (z. B. www.bundesbank.de/bildung; www.verbraucherfinanzwissen.de).

16. Beurteilen Sie die nachfolgend aufgelisteten unterschiedlichen Anlageformen im Hinblick auf Sicherheit, Rentabilität, Liquidität, Bequemlichkeit und „Spaßfaktor":
- Girokonto
- Sparbuch
- Termingeld bzw. Festgeld
- Bundesanleihen
- Bausparvertrag
- Aktien
- Investmentfonds
- Immobilien
- Kapitallebensversicherungen

IV Markt und Marketing

1 **Märkte**

2 **Andere gesellschaftliche Koordinationsmechanismen als Märkte**

3 **Der absatzwirtschaftliche Prozess im Überblick**

4 **Käuferverhalten – Informationen durch Marktforschung**

5 **Kommunikationspolitik – Entwicklung einer Werbekonzeption**

6 **Verbraucherpolitik**

Heute gelten viele Märkte als gesättigt. Unternehmen ziehen daraus die Konsequenz, marktorientiert zu denken und zu handeln. Grundlage für das Marketing sind Marktanalysen, mittels derer die Unternehmen die Konkurrenz, gesetzliche und technische Entwicklungen, Trends und vor allem die Bedürfnisse der Zielgruppen im Auge behalten. Das Kapitel zeigt auf, wie Unternehmen Marktforschung betreiben und ihre Märkte segmentieren. Aus dem Bereich der Marktbearbeitung durch absatzpolitische Instrumente wird die Kommunikationspolitik herausgegriffen und dargestellt, wie eine Werbekonzeption erstellt wird. Da auf gesättigten Märkten eine Fülle von Informationen auf den Verbraucher einwirken, kann dieser kaum den Überblick behalten. Das Kapitel schließt ab mit einem kritischen Blick auf die Ziele und Maßnahmen der Verbraucherpolitik.

1 Märkte

Ein Markt besteht aus einer Gruppe potenzieller Käufer, welche Sachgüter und Dienstleistungen nachfragen, und einer Gruppe von Verkäufern, die diese anbieten. Anbieter und Nachfrager können sich zu einer bestimmten Zeit, an einem bestimmten Ort treffen, beispielsweise auf dem städtischen Wochenmarkt oder auch im Internet, z. B. auf einer Online-Versteigerungsplattform. Meistens finden sie aber in einem Geschäft zusammen, in dem Waren mit Preisen ausgezeichnet werden, und die Nachfrager entscheiden, ob und wie viel sie kaufen. Marktpreis und Mengen werden nicht von einzelnen Käufern und Verkäufern bestimmt, sondern durch alle Marktteilnehmer und ihr Zusammenwirken am Markt.

1.1 Faktormärkte und Gütermarkte

Beispiel für ein Investitionsgut: Rübenvollerntemaschine

Auf Märkten geht es um den Verkauf von Lebensmitteln, Autos oder Vierkantschrauben; es kann um die Arbeitsleistung von Archäologen gehen, den Verkauf von Energie oder Immobilien. Vereinfachend lassen sich Märkte in Güter- und Faktormärkte unterscheiden:

Gütermärkte werden wiederum unterschieden in **Konsumgütermärkte**, wo Lebensmittel, Handys, Autos, PCs oder Kosmetika nachgefragt werden, und **Investitionsgütermärkte**, also z. B. Märkte für Maschinen, Werkzeuge, Häuser oder Transporter.

Faktormärkte sind Märkte, auf denen die Produktionsfaktoren Arbeit, Boden und Kapital gehandelt werden. Ein Beispiel: Ein Computerhersteller braucht Beschäftigte, um beispielsweise Computerhardware zu montieren (= Arbeit, die von Haushalten zur Verfügung gestellt wird), er benötigt Grundstücksflächen für Werkshallen und Kapital zur Herstellung von Produkten und Investitionen in Maschinen.

1.2 Preise als Koordinationsmechanismen

Wie Preise als Koordinationsmechanismus wirken, lässt sich vereinfacht in der folgenden Grafik darstellen, die bereits aus der 10. Jahrgangsstufe bekannt ist. Je höher der Preis für eine Ware steigt, desto geringer ist die Nachfrage:

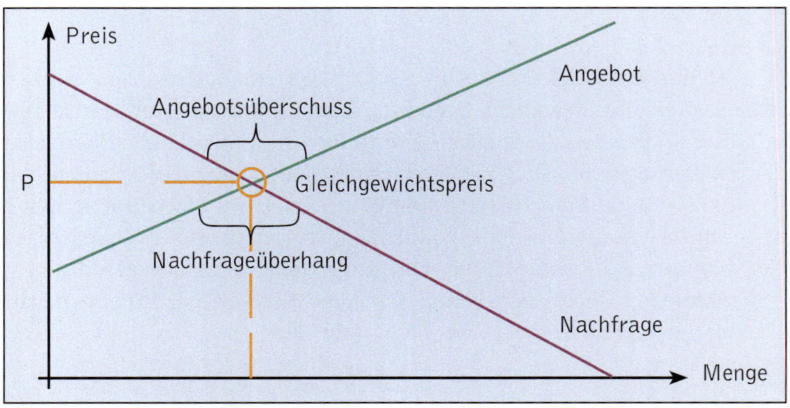

Wenn beispielsweise die Nachfrage nach besonders emissionsarmen Autos steigt und die Nachfrage nach Geländewagen und Sportwagen sinkt, werden die Hersteller von umweltfreundlichen Autos die Produktion ausweiten und möglicherweise die Preise erhöhen. Die Gewinne der Hersteller nehmen zu. So können sie ihre Kapazitäten ausbauen. Ferner treten vermutlich neue Anbieter in den Markt ein. Auch bei den Zuliefererfirmen tritt eine erhöhte Nachfrage auf, z. B. nach technischen Komponenten, aber auch nach Arbeitskräften. Ein umgekehrter Prozess läuft im Markt für Geländewagen und Sportwagen ab, die in der Regel einen hohen Kraftstoffverbrauch haben. Auch hier wird ein neuer Gleichgewichtspreis gefunden, bei dem sich Angebot und Nachfrage einpendeln.

Der Zeitarbeitsmarkt als Beispiel für einen Faktormarkt
Ist die Nachfrage nach Autos groß, werden zumeist die Kapazitäten ausgelastet sein. Die Hersteller werden sich das erforderliche Personal flexibel am Arbeitsmarkt über Personaldienstleister beschaffen. Seit 2003 hat sich die Zahl der Zeitarbeiter mehr als verdoppelt. So arbeiteten im Jahr 2007 schon ca. 700.000 Menschen in Zeitarbeit. Die exportstarken Branchen – die Automobil- und Metallindustrie – machen sich die gesetzliche Lockerung seit 2003 besonders zunutze, denn seither dürfen Zeitarbeiter länger als ein Jahr in einem Unternehmen beschäftigt werden. Die Entlohnung ist zwar über einen Tarifvertrag geregelt, aber sie ist in der Regel um ein Viertel niedriger als bei den fest angestellt Beschäftigten. Ohne die Zeitarbeiter hätten der Maschinenbau und auch die Automobilindustrie die Zeiten des Booms kaum bewältigen können. Aufgrund der vergleichsweise geringen Entlohnung von Zeitarbeitern wird in der Politik immer wieder diskutiert, ob jetzt für diese Branche ein Mindestlohn festgeschrieben werden sollte.

Zeitarbeit – gut für alle?
Die betrieblichen Flexibilisierungsvorteile durch Zeitarbeit sind unbestritten. Dennoch verlaufen die Diskussionen über den Einsatz von Zeitarbeit äußerst konträr.

Insbesondere aus Sicht der Zeitarbeiter können sich einige Nachteile ergeben. Hierauf geht der nachfolgende Zeitungsartikel ein.

Arbeitskraft auf Abruf
Die Zeitarbeit boomt wie keine andere Branche. Sie schafft Wachstum, Beweglichkeit – und eine Zweiklassengesellschaft.

Keine andere Branche boomt in Deutschland so wie die Zeitarbeit. Rund die Hälfte aller neuen Stellen, die im vergangenen Jahr geschaffen wurden, entstanden dort. Gut zwei Drittel gingen an Menschen, die vorher keine Arbeitsstelle hatten. Das sagt etwas über die Dynamik dieser Branche, die den Aufbau von Jobs beschleunigt. Aber es sagt auch etwas über die Art des gegenwärtigen Aufschwungs, der in der unteren Hälfte der Gesellschaft bisher kaum Wohlstand entstehen lässt. Jeder achte Vollzeit-Leiharbeiter braucht Unterstützung durch Hartz IV – ein Anteil, so hoch wie in keiner anderen Branche. [...]

1. Auf Gütermärkten, z. B. auf dem Automarkt, sind die Preise der Produkte für den Kunden leicht zu erkennen. Beurteilen Sie, wie es sich damit auf dem Arbeits- bzw. Kapitalmarkt verhält.

2. Diskutieren Sie: Wird der Marktmechanismus in der Realität so funktionieren wie beschrieben, und wird die Nachfrage nach Gelände- sowie Sportwagen sinken? Welche weiteren Aspekte könnten eine Rolle spielen?

Aus Überzeugung heuert kaum jemand bei einer der knapp 5.000 Zeitarbeitsfirmen in Deutschland an. Manchmal ist es – wie bei Hansen – die einzige Möglichkeit, als Berufsanfänger in einen renommierten Konzern zu kommen. Meistens aber ist es, wie beim Staplerfahrer Kremer, überhaupt die einzige Chance auf einen Job. Wer als Ungelernter heute eine Arbeit sucht, wird oft nur bei der Zeitarbeit fündig. Dort steigt das Angebot für Geringqualifizierte, während es auf anderen Gebieten seit Langem sinkt.

Es ist unstrittig, dass mancher Arbeitgeber durch Leiharbeiter bestehende Jobs in seiner Firma ersetzt. Das gelte für ein Viertel aller Unternehmen, die Kunden der Zeitarbeitsfirmen sind, hat eine erste Studie ergeben. [...]

Zeitarbeit bleibt in Deutschland vorerst in den meisten Fällen ein geschlossenes System – und ist für Arbeitssuchende nicht das erhoffte Sprungbrett in die Unternehmen. Der Wirtschaftsingenieur Hansen wird zwar irgendwann eine reguläre Stelle haben; als Leiharbeiter gibt er sich maximal drei Jahre. Doch für den Staplerfahrer Kremer und die Infinion-Mitarbeiterin Monika Reiter dürfte die normale Anstellung wohl ein Traum bleiben – Endstation Zeitarbeit.

So bildet sich auf dem Arbeitsmarkt eine Zweiklassengesellschaft aus: Leiharbeiter sollen die Jobs der Stammbelegschaft sichern und bleiben selbst ausgesperrt. Wie sie damit klarkommen, dass ihr Arbeitsleben immer wieder unterbrochen wird, bleibt ihr Problem. „Wir müssen die wilde Ökonomie und die unruhigen Arbeitsmärkte von heute mit Sicherungsmaßnahmen der Menschen flankieren", sagt der Wissenschaftler Eckart Hildebrandt. „Aber ob und wie wir das hinkriegen, ist völlig offen – weil das in der Gesellschaft derzeit kein Thema ist."

Quelle: Die Zeit, 26. 4.2007, Nr. 18, S. 23

1. Welche Auswirkungen kann ein Mindestlohngesetz für den Arbeitsmarkt der Zeitarbeiter haben?
2. Stellen Sie die Interessen der Zeitarbeiter und der Unternehmen in einer Tabelle gegenüber.

Der Automobilmarkt als Beispiel für einen Gütermarkt

Heute gelten viele Märkte als gesättigt. Das heißt für Unternehmen, eine Absatzsteigerung und weiteres Wachstum sind häufig nur möglich, wenn Kunden den Wettbewerbern abgeworben werden. Da dies ein ausgesprochen schwieriges Unterfangen ist, gewinnt das Ziel, die bestehenden Kunden zu halten und für Folgekäufe zu motivieren, eine hohe Bedeutung. Die Automobilbranche bietet dafür ein Beispiel: Über Jahrzehnte hinweg konnte sie sich auf expandierende Märkte in den USA, Japan und Westeuropa verlassen. Jetzt steigt die Zahl der Neuzulassungen auf diesen Märkten nicht mehr in nennenswertem Umfang. Dies ist nicht nur auf den Hauptabsatzmärkten ein großes Problem für deutsche Automobilunternehmen; hinzu kommt, dass asiatische Hersteller zunehmend mehr auf die eigenen Kernmärkte vordringen und sich hier mit preisgünstigen, aber zuverlässigen Modellen einen Kundenstamm schaffen. Global wächst der Automobilmarkt nach wie vor, aber Prognosen sagen, dass Massenmotorisierung in Zukunft vor allem in den so genannten BRIC-Staaten Brasilien, Russland, Indien und China stattfinden wird. Als Gründe werden die gute Konjunkturentwicklung in diesen Staaten verbunden mit steigenden Einkommen und verbesserten Möglichkeiten der Fahrzeugfinanzierung angesehen. Viele Fahrzeuge werden aber zunächst im Low-Cost-Segment verkauft werden, also an Erstkäufer, die preiswerte Autos kaufen. Auch Osteuropa mit seinen Wachstumsmärkten

Gesättigte Märkte
Auf gesättigten Märkten sind Umsatzsteigerungen nur auf Kosten der Wettbewerber möglich, deren Marktanteil schrumpft.

Expandierende Märkte
Das Marktwachstum verteilt sich auf die Wettbewerber. Umsatzzuwächse sind möglich auch ohne Wachstum des Marktanteils.

könnte die Verluste auf den Kernmärkten auffangen. Ob jedoch deutsche Hersteller auf den neuen Märkten mit ihren heimischen Modellen erfolgreich sein können, ist fraglich.

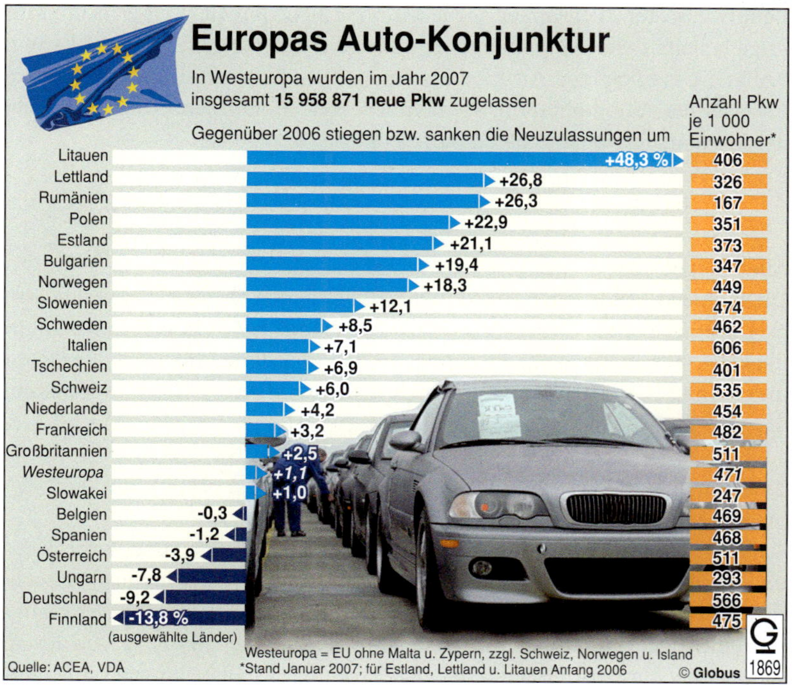

1. Schildern Sie die Situation auf dem globalen Automobilmarkt anhand der Grafik, und untermauern Sie Ihre Beschreibung mit Informationen aus dem Text.

1.3 Marketing für Autos – besser sein als andere

Gesättigte Märkte führen zu einer hohen Wettbewerbsintensität. Unter dem großen Konkurrenzdruck werden daher nur starke Unternehmen Erfolg haben und überlebensfähig sein.

In den klassischen Kernmärkten der deutschen Automobilhersteller sind die meisten Haushalte mit Autos ausgestattet. Nachfrage entsteht vor allem aus dem Ersatzbedarf. Das **strategische** Marketing, d. h. die langfristige Ausrichtung der Marketingpolitik, dient dem Aufbau und der Absicherung von Wettbewerbsvorteilen, sei es z. B. durch attraktive Preise, besondere Ausstattungsmerkmale, ein gutes Image oder kraftstoffsparenden Verbrauch. Nur mit einem klaren Wettbewerbsvorteil aus der Sicht des Verbrauchers ist ein Unternehmen in der Lage, sich von seinen Konkurrenten zu unterscheiden und dem Verbraucher Argumente dafür zu liefern, die eigenen Autos denen der Konkurrenten vorzuziehen. Solch ein Wettbewerbsvorteil muss nicht **technischer** Natur sein, sondern kann auch **immaterieller** Art sein, z. B. wenn ein Auto ein besonders gutes Image hat oder ein starkes Sicherheitsgefühl vermittelt. Die Orientierung an den Bedürfnissen der Verbraucher liegt in der Annahme begründet, dass diese ihren Nutzen maximieren wollen. Verbraucher kaufen nicht irgendein Produkt, sondern sie suchen sich genau dasjenige, von dem sie sich einen bestimmten Nutzen – Geschwindigkeit, Image, Sicherheit oder Ähnliches – erhoffen und bei dem sie davon ausgehen können, dass ihre individuellen Bedürfnisse besser befriedigt werden als bei anderen Anbietern am Markt.

Marketing bedeutet ganz allgemein „Denken vom Markt her". Ausgangspunkt aller unternehmerischer Aktivitäten sind die Bedürfnisse der Nachfolger.

1. Finden Sie ein eigenes Beispiel, an dem Sie den Nutzen des Verbrauchers und den Wettbewerbsvorteil eines Unternehmens erläutern können.

1.4 Marktanalyse

Um wettbewerbsfähig zu bleiben, müssen Unternehmen die Konkurrenz auf globalen Märkten, gesetzliche und technische Entwicklungen, Trends und Bedürfnisse der Zielgruppen sowie wirtschaftliche Entwicklungen immer im Auge behalten. Solche Marktanalysen sind die Grundlage für das Marketing. Anhand des folgenden Artikels aus einer Wirtschaftszeitung wird exemplarisch an der Automobilindustrie deutlich, welche Rahmenbedingungen bei der Marktanalyse zu beachten sind.

Allein gegen alle
Die Finanzkrise beutelt die Automobil-Industrie. Als ob das nicht reichte, stecken Deutschlands Vorzeigemarken Daimler und BMW in einem riskanten Spagat – sie müssen umweltschonende Elektromobile und Luxus-Karossen unter einen Hut bringen und lernen, mit kleineren Autos Geld zu verdienen. [...]

Einerseits hat die Finanzkrise die Branche voll erfasst und mit ihr auch die Vorzeige-Konzerne Daimler und BMW. [...]
Andererseits hat sich die Autowelt wesentlich schneller verändert, als es irgendein Experte vorhergesehen hat – unabhängig von der haltlosen Zockerei zahlreicher Banker und Investoren. Die Probleme der Branche sind vielschichtiger, und sie greifen tiefer. Am Beispiel von Daimler und BMW lässt sich vielmehr ablesen, dass das gesamte Mobilitätskonzept auf dem Prüfstein steht, weil immer mehr Menschen sich die Frage stellen, wie viel Auto, und wenn überhaupt, welches sie eigentlich noch brauchen. Das führt dazu, dass sich vor allem die so genannten Premium-Hersteller, die in den zurückliegenden Jahren viel Geld damit verdienten, immer größere, stärkere und letztlich auch teurere Autos zu bauen, neu erfinden müssen. Und eines wird immer deutlicher: Beide tragen zwar große Namen. Doch womöglich sind sie allein eine Nummer zu klein für die globalisierte Autowelt und ihre immer komplexeren Ansprüche.
Sichtbar wird das schon bei einem wesentlichen Treiber dieser Entwicklung, der Sorge um das Weltklima – die EU-Kommission in Brüssel hat den Autoherstellern die Pistole auf die Brust gesetzt. Sie müssen bis 2012 den Ausstoß des klimaschädlichen Gases Kohlendioxyd drastisch reduzieren. Konzernen, denen das nicht gelingt, drohen milliardenschwere Strafzahlungen. Gleichzeitig schicken sich Städte und Kommunen weltweit an, Benzinschleudern aus den Städten zu verbannen. Stattdessen fördern sie Elektromobile, weil immer mehr Menschen in die Städte ziehen und diese schlicht keine weiteren Stinker mehr wollen. Zur gleichen Zeit sind Konsumenten weltweit angesichts von Finanzkrise und Umweltdebatte tief verunsichert. Viele kaufen entweder gar kein Auto oder im Zweifel ein kleineres – selbst wenn das eigene Konto gut gefüllt ist.

Beide, Mercedes wie BMW, müssen daher jetzt handeln und nicht nur ihre Dickschiffe zum Sparen erziehen, sondern auch mehr kleinere Fahrzeuge verkaufen, um den sich ändernden Kundenbedürfnissen gerecht zu werden, die aufgedrückten Klima- und natürlich auch die selbst gesetzten Umsatz- und Ertragsziele zu erreichen.

Dass beide mit gut über eine Million jährlich produzierten Fahrzeugen global gesehen nur mittelgroße Autohersteller sind – Toyota etwa baut mehr als neun Millionen Autos und kann bei seinen Zulieferern darum billiger einkaufen und die Entwicklungskosten auf mehr Kunden verteilen –, macht die Sache nicht einfacher. [...]

„Die Erwartungshaltung gerade an die Premium-Hersteller zum Thema Elektrofahrzeug ist hoch“, sagt Gregor Matthies, Partner und Autoexperte beim Beratungsunternehmen Bain & Company. „Sie können es sich nicht erlauben, dass ein Kunde, der zusätzlich zu seiner Limousine noch ein Elektroauto für die Fahrt zur Arbeit sucht, bei seinem Händler kein passendes Angebot findet.“ Solche Kunden landeten sonst im Showroom der Konkurrenz und tauschten schlimmstenfalls bei nächster Gelegenheit auch gleich noch ihr großes Fahrzeug aus.
Gleichzeitig sind die Premium-Marken gezwungen, sich auch noch grundsätzlich die Frage stellen zu lassen, was an ihnen eigentlich noch „Premium“ ist. „Die Attribute, die früher einmal Premium ausgezeichnet haben – Größe, Komfort und Sicherheit – reichen nicht mehr aus“, sagt Berater Matthies, hinzu kämen Verbrauchseffizienz, Emissionssenkung und soziale Akzeptanz, „das sind die Werte, die viele Kunden jetzt von Premium-Marken erwarten.“

All das verlangt BMW wie Daimler einen schwer zu bewältigenden Spagat ab, der ihre Ertragsziele gefährdet. Auf der einen Seite stehen prestigesüchtige Autofans vor allem in den Schwellenländern, die unverändert Hubraum und Pferdestärken verlangen. Auf der anderen Seite gibt es in Europa und zunehmend auch in den USA eine neue Generation von Käufern, die ökologisch und sozial vertretbare Fahrzeuge fordert. BMW und Daimler müssen beides gleichzeitig anbieten – und das kostet.
Quelle: WirtschaftsWoche Nr. 42, 13.10.2008, S. 66

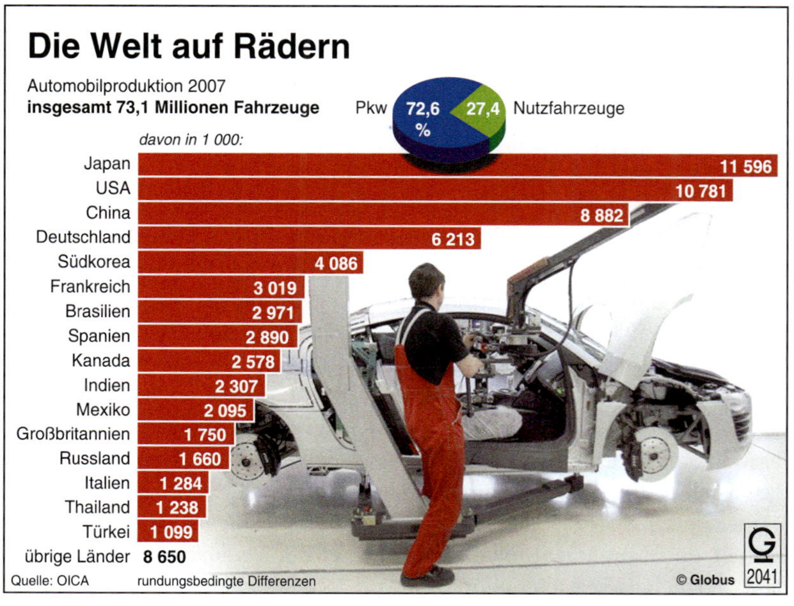

1. Fassen Sie kurz zusammen, worin die Marketingaufgaben der Hersteller bestehen.

2. Betreiben Sie eine Marktanalyse:
   a) Für welche Zielgruppen haben BMW und Mercedes bislang Autos gebaut?
   b) Inwiefern verändert das Eingreifen des Staates durch rechtliche Regelungen den Automobilmarkt der Zukunft in Deutschland?
   c) Wie haben sich die Kundenbedürfnisse verändert? Fassen Sie die Aspekte, welche die Kaufentscheidung der Kunden beeinflussen, zusammen.
   d) Wie sind die Wettbewerber im Automobilmarkt aufgestellt?

3. Was könnten Gründe für Konzentrationstendenzen in der Automobilindustrie sein?

2 Andere gesellschaftliche Koordinationsmechanismen als Märkte

Viele Menschen gehen davon aus, dass in marktwirtschaftlichen Systemen alle Entscheidungen auf Märkten fallen. Es ist richtig, dass Märkte effiziente Entscheidungsmechanismen sind, aber hier werden nur die **wirtschaftlichen** Aktivitäten unserer Gesellschaft organisiert. Weitere Entscheidungs- und Koordinationsmechanismen, um zu gesellschaftlichen Ergebnissen zu kommen, sind die Demokratie, Verhandlungssysteme und Bürokratie. Sie werden nachfolgend skizziert.

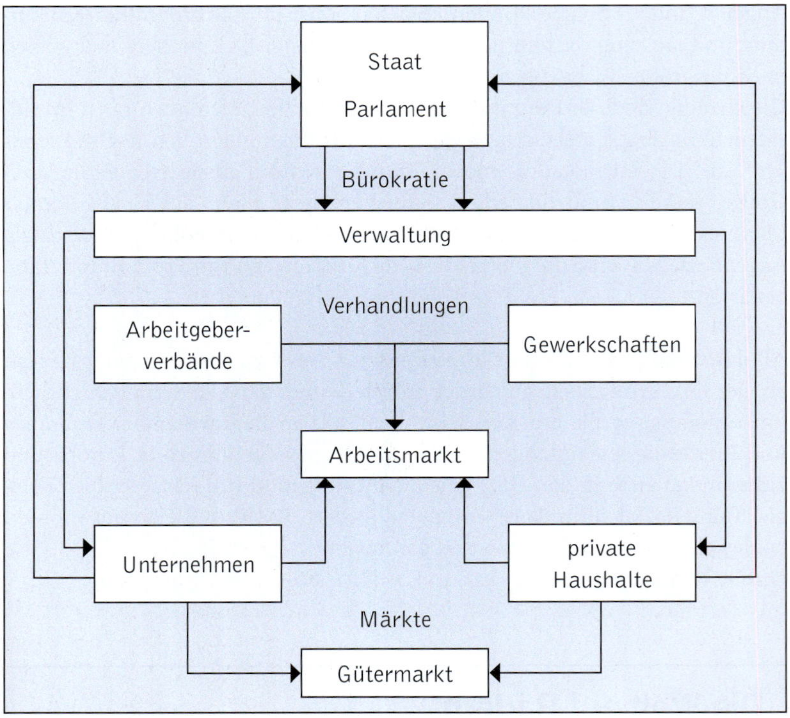

Gesellschaftliche Koordinationsmechanismen

2.1 Demokratie

Die Demokratie zeichnet sich aus durch freie, gleiche und geheime **Wahlen**. Gesellschaftliche Gruppen (Parteien) stellen ihre Zielvorstellungen vor und suchen dafür eine politische Mehrheit. Wahlen ermöglichen dem Bürger, am Willensbildungs- und Entscheidungsprozess teilzuhaben. Mit der demokratischen Wahlentscheidung der Wähler wird auch eine Entscheidung über die Wirtschaftspolitik gefällt, z. B. in der Form, dass die verschiedenen Parteien unterschiedliche Steuerpolitiken präferieren. Was unterscheidet demokratische Staaten von nichtdemokratischen Staaten? Vor allem die in der Verfassung verankerten Rechte aller Bürger wie Schutz der Menschenwürde, das Recht auf freie Entfaltung der Persönlichkeit, die Chancengleichheit aller Bürger, Meinungs- und Versammlungsfreiheit, Glaubens- und Gewissensfreiheit, Recht auf Eigentum usw. Ein Nachteil der Demokratie besteht darin, dass möglicherweise die Interessen von Minderheiten und auch solcher Gruppen, die sich nicht gut organisieren können, unberücksichtigt bleiben.

Freie Wahlen legitimieren eine demokratische Regierung auf Zeit.

!

1. Nennen Sie Beispiele für gesellschaftliche Regeln aus nichtdemokratischen Staaten.
2. Nennen Sie Beispiele, die zeigen, dass auch bei uns die Demokratie manchmal in Gefahr gerät.

2.2 Verhandlungssysteme

Der Koordinationsmechanismus „Verhandlungen" ist z. B. auf dem Arbeitsmarkt sehr wichtig. Verhandlungspartner sind Arbeitgeber oder Arbeitgeberverband und Gewerkschaften (**Tarifparteien**). Es wäre zwar möglich, dass sich Löhne durch Zusammentreffen von Angebot und Nachfrage auf einem Gleichgewichtslohn einpendeln. Allerdings wäre dies politisch und sozial teilweise nur schwer zu vertreten. Eine gewisse Ähnlichkeit zum Preisbildungsmechanismus besteht aber insofern, als dass die Verhandlungspartner sich nur einigen, wenn beide ihre Interessen ausreichend verwirklicht sehen.

Ein **Tarifvertrag** ist ein schriftlicher Vertrag zwischen den beiden Verhandlungspartnern, der praktisch die (Mindest-)Arbeitsbedingungen der Arbeitnehmer regelt, z. B. Lohn/Gehalt, Arbeitszeiten etc. Der Staat kann nicht in die Verhandlungen eingreifen, es besteht Tarifautonomie. Der Vorteil solcher Verhandlungen liegt darin, dass die Tarifpartner im Zuge der Diskussionen eigene Lernprozesse durchmachen. Hierdurch wächst das gegenseitige Verständnis, sodass Konflikte relativ friedlich geregelt werden können. Ein Nachteil besteht – ähnlich wie beim demokratischen Entscheidungsverfahren – darin, dass sich verhandlungsfähige Gruppen nur für gut organisierbare Interessen bilden können. Arbeitnehmer treten in den Streik, wenn sie keine andere Möglichkeit sehen, Gehör für ihre Position zu finden. Solche Wege sind z. B. Rentnern oder ethnischen Minderheiten versperrt.
In **innerbetrieblichen Verhandlungen** kann ein einzelner Arbeitnehmer – sofern sein Gehalt nicht tarifgebunden ist – im Personalgespräch versuchen, eine Lohnerhöhung zu erzielen. Innerbetriebliche Verhandlungen können auch über den Betriebsrat geführt werden. Dieser verhandelt z. B. einen Sozialplan mit den Arbeitgebern, wenn Entlassungen unvermeidbar sind.

1. Interpretieren Sie die Karikatur.

2.3 Bürokratie

Bürokratie bedeutet, dass Verwaltungsaufgaben in staatlicher Hand durch Arbeitsteilung und hierarchische Strukturen organisiert und Entscheidungswege durch Vorschriften, Gesetze und Verordnungen geregelt sind. Gleichartige Fragestellungen und Probleme müssen somit nicht jedes Mal neu gelöst werden. Dies hat neben Kostenersparnissen den Vorteil, dass bürokratische Systeme sehr beständig und ihre Handlungen berechenbar sind. Im Übermaß können diese Vorteile allerdings zu Nachteilen geraten. Da die Verwaltungsmitarbeiter nicht vorrangig Verantwortung für die Verfahrensweisen tragen müssen, sondern fast jede ihrer Handlungen geregelt ist, sind die Anreize, Innovationen einzubringen, eingeschränkt. Je umfassender eine bürokratische Organisation ist, desto gravierender wird das Problem der Unbeweglichkeit und Ineffizienz.

Mitarbeiter: „Chef, wir sollten unsere alten Computer einer Schule spenden."
Chef: „Gute Idee."
Buchhalterin: „Wenn ich die Computer als Spende ausbuche, schreibt unsere Bilanz einen Verlust von 1.000,– €. Werfen wir sie weg, sind's nur 700,– €."
Mitarbeiter: „Die Schule bietet an, die Differenz von 300,– € zu bezahlen."
Buchhalterin: „Wir haben aber kein Konto, auf das wir das Geld buchen könnten." – Die Schule hat die Computer nie bekommen.

1. Nennen Sie Beispiele für bürokratische Organisationen.
2. Nennen Sie Bereiche, in denen Bürokratie gute Dienste leistet und wichtig ist.
3. Wie realistisch schätzen Sie den Dialog ein? Kann Bürokratie derart ausufern?

3 Der absatzwirtschaftliche Prozess im Überblick

Am Beispiel des Automobilmarktes wurde bereits deutlich, wie wichtig Marketing besonders auf gesättigten Märkten ist. Der Marketinggrundgedanke ist eine marktbezogene Denkhaltung, die **alle unternehmerischen Aktivitäten** prägt. Absatzpolitik ist innerhalb des Marketings eher ein Begriff, der sich auf den Einsatz der Marketinginstrumente bezieht.

Wir greifen den absatzwirtschaftlichen Prozess aus „Wirtschaftslehre 9/10" noch einmal auf:

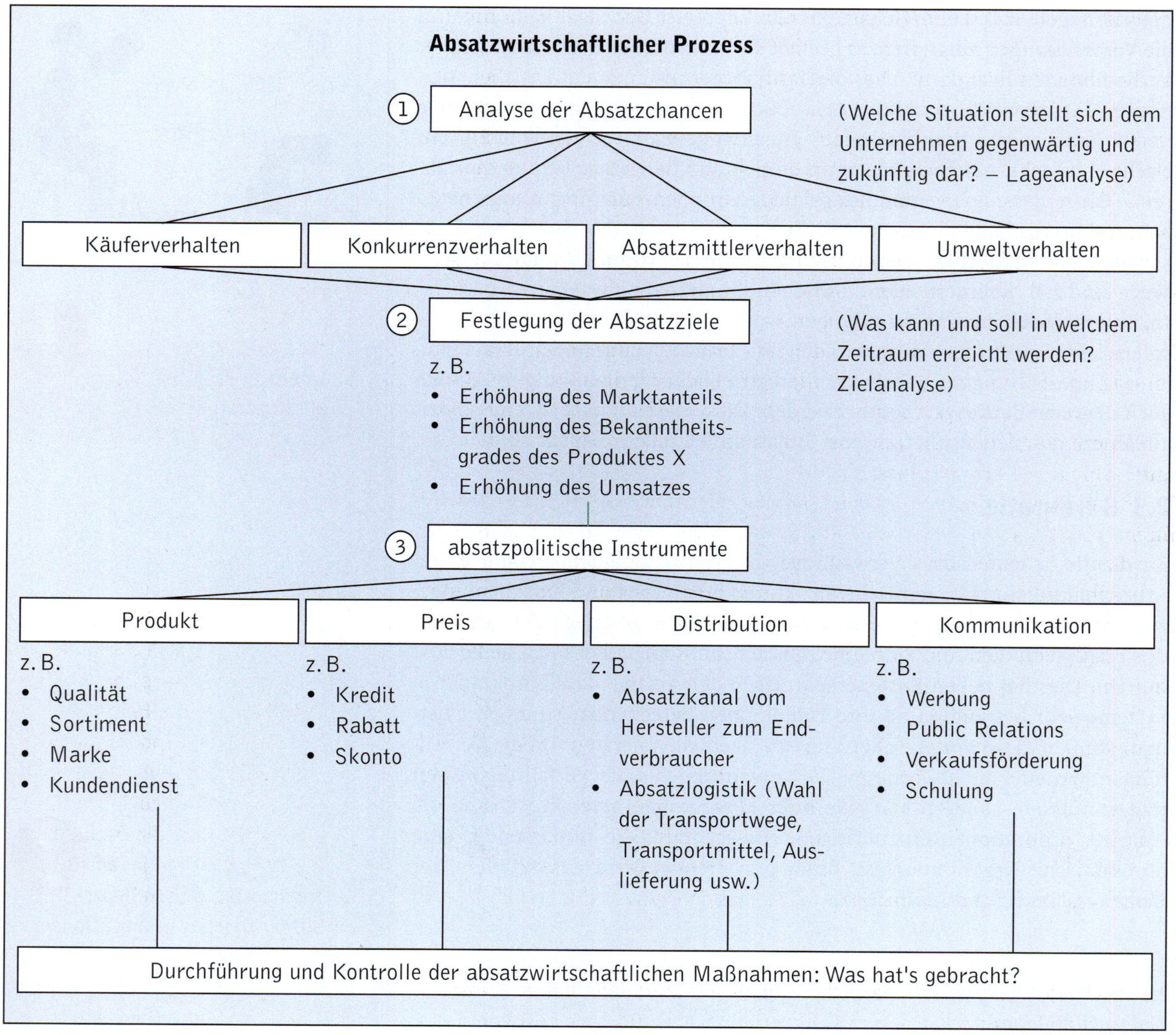

Die Situationsanalyse ist der Ausgangspunkt für alle Aktivitäten, die später auf die Absatzmärkte ausgerichtet sind. Eine besondere Schlüsselrolle kommt dem Käuferverhalten zu, aber auch weitere Faktoren, z. B. die Konkurrenzsituation sind sorgfältig zu analysieren. Eine wichtige Quelle für Informationen stellt die Marktforschung dar.

In einem weiteren Schritt sind dann die Ziele festzulegen, die es durch den Einsatz von Marketinginstrumenten zu erreichen gilt. Ein Ziel kann sein: Für das Produkt „X“ sollen im nächsten Jahr fünf Prozent Neukunden gewonnen werden. Dabei sind die übergeordneten Unternehmensziele (z. B. Gewinn, Umsatz, Image) zu berücksichtigen. Schließlich können Maßnahmen im Rahmen der Produkt-, Preis-, Distributions- und Kommunikationspolitik festgelegt werden. Im angelsächsischen Sprachgebrauch spricht man auch von den „4 P's“ des Marketing: product, price, placement und promotion. Diese Begriffe werden auch in Deutschland so verwendet. Am Ende des Prozesses ist jedes Instrument im Hinblick auf seinen Erfolg zu überprüfen und gegebenenfalls zu überdenken.

Im Rahmen einer Arbeitsgruppe beschließen Mädchen des 10. Jahrgangs eines Gymnasiums die Gründung einer Schülerfirma. Ihre Geschäftsidee ist die Herstellung und der Verkauf von Taschen aus Restmaterialien wie Stoffresten, Kunststoffen, Tetrapaks und Ähnlichem. Sie errechnen sich gute Absatzchancen, weil ihre Produkte von ortsansässigen Händlern nicht vertrieben werden. Die Schülerinnen haben sich das Ziel gesetzt, eine regionale Bekanntheit zu erlangen und schließlich genügend Umsatz zur Finanzierung von Jahrgangsfeten zu erwirtschaften.
Nachdem die eigentliche Geschäftsidee feststeht, beraten die „Jungunternehmerinnen“ bei einem weiteren Treffen über absatzpolitische Instrumente und sammeln hierfür spontane Ideen:
Sie wollen verschiedene Formate anbieten: Handtaschen, Einkaufstaschen, Fahrradtaschen. Auch die Eigenschaften sollen unterschiedlich sein: Einige Taschen werden praktisch gestaltet, z. B. wasserfest bzw. abwaschbar, andere wiederum sollen durch besonderes Design hervorstechen. Somit wird es unterschiedliche Preise geben.
In ortsansässigen Geschäften wollen die Schülerinnen anfragen, ob Muster ihrer Produkte im Schaufenster mit ausgestellt werden können (z. B. eine Handtasche im Schaufenster des Drogeriemarktes, die Fahrradttasche beim Fahrradhändler). Sie beabsichtigen, auch im Internet Fotos ihrer Produkte zu veröffentlichen und über die Herstellung zu informieren. Der Verkauf selbst soll allerdings nur im schuleigenen Shop stattfinden und die Bezahlung in bar erfolgen.

Einige Taschen der „Jungunternehmerinnen“ aus der Jeans-Kollektion

1. a) Im nebenstehenden Fall haben die Schülerinnen absatzpolitische Instrumente diskutiert und festgelegt. Ordnen Sie die Entscheidungen der Produkt-, Preis-, Distributions- und Kommunikationspolitik zu.
   b) Ergänzen Sie die Analyse der Absatzchancen im absatzwirtschaftlichen Prozess.

Innerhalb des absatzwirtschaftlichen Prozesses wenden wir uns im folgenden Kapitel zunächst dem Käuferverhalten zu und hier besonders der Frage, wie durch Marktforschung Informationen über das Konsumentenverhalten zu gewinnen sind. Dabei wird auch herausgestellt, für welche Unternehmensbereiche Marktforschung betrieben wird. Schließlich beleuchten wir die Kommunikationspolitik, die dazu dient, das Käuferverhalten positiv zu beeinflussen bzw. den Käufer zum Kauf eines bestimmten Produktes zu bewegen.

4 Käuferverhalten – Informationen durch Marktforschung

Wie schon bekannt, begleiten Marktforschungsuntersuchungen den gesamten absatzwirtschaftlichen Prozess. Unternehmen möchten im Rahmen einer **Lageanalyse** zunächst wissen, welche Menschen ihre Produkte kaufen könnten. Welche Vorlieben haben die anvisierten Zielgruppen, welche Einstellungen, welche finanziellen Möglichkeiten, welche Kaufgewohnheiten? All diese Fragen sollten die Unternehmen vor einer Produkteinführung möglichst genau beantworten können.

Häufig werden auf der Basis der Marktforschungsergebnisse **Käufertypologien** erstellt. In diesem Fall wird der Gesamtmarkt aktueller und potenzieller Käufer in Teilmärkte aufgeteilt. Diese Vorgehensweise bezeichnet man als **Marktsegmentierung**: Personen werden so aufgeteilt (segmentiert), dass sie sich innerhalb ihrer Käufergruppe möglichst ähnlich sind, sich von anderen Gruppen aber deutlich unterscheiden. Kriterien der Marktsegmentierung sind z. B. Alter, Einstellungen, Kaufverhalten.

Beispiel für eine Käufertypologie:
2004 wurde im Rahmen einer Marktforschung aus der Grundgesamtheit von 25,34 Millionen deutschsprachigen Frauen zwischen 14 und 64 Jahren eine Stichprobe von 6.608 ausgewählt, die sowohl mündlich als auch schriftlich befragt wurde. Die Ergebnisse dieser Befragungen geben ein repräsentatives Abbild der Käufertypen aller Frauen dieser Altersgruppe in Deutschland. Bei der Auswertung wurden die befragten Frauen anhand ihrer Antworten zu sieben unterschiedlichen Konsumtypen klassifiziert.

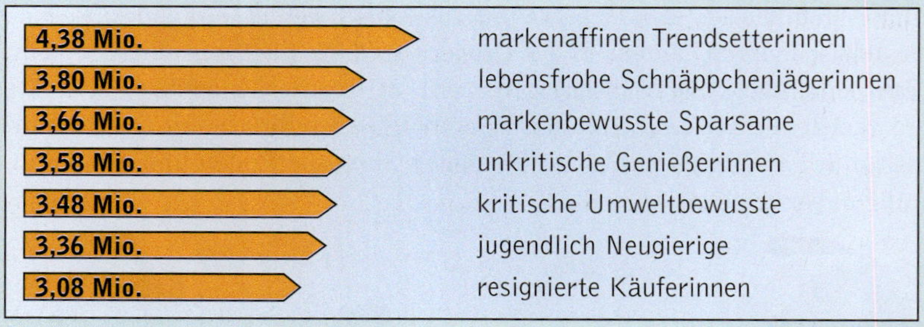

1. Welche Marktsegmente könnte ein Fahrradhändler bedienen?

Ziel der Marktsegmentierung ist, die Marketinginstrumente genau auf die Zielgruppen abzustimmen. Das heißt, die Vermarktung des Produktes – vom Design und Nutzen über Preisbestimmung, Absatzwegepolitik bis hin zu Verkaufsargumentation und Werbung – kann so auf die Zielgruppe ausgerichtet werden, dass damit gute Verkaufsergebnisse möglich sind.

Neben der Lageanalyse eines Unternehmens ist auch die Untersuchung der potenziellen oder tatsächlichen **Wirkung der Marketinginstrumente** auf die Käufer Gegenstand der Marktforschung. In so genannten Pretests wird schon vor dem Start einer Werbekampagne getestet, wie die Werbung bei den Zielgruppen voraussichtlich ankommt. So können **Erfolgsprognosen** erstellt werden.

Im Nachgang könnte die Frage lauten: Wie hat die Werbung tatsächlich auf den Kunden gewirkt? Dann dient die Marktforschung dazu, Anhaltspunkte zu suchen, ob eine Werbekampagne erfolgreich war (z. B. Messung der Werbewirkung in Form von Werbeerinnerung oder Wiedererkennen sowie Beurteilung der Werbung).

Weitere Fragen hinsichtlich des Marketingerfolgs sind: Wie gestalten sich Verwendungsgewohnheiten? Welches Image ist beim Kunden verankert? Wie zufrieden ist der Kunde? Je nach Ergebnis dieser **Kontrolle** durch die Marktforschung können absatzwirtschaftliche Maßnahmen korrigiert werden. Das beste Kriterium ist natürlich, wie häufig ein Produkt gekauft worden ist.

Der Prozess der Marktforschung
In Zeitungen liest man häufig über Ergebnisse von Marktforschungsstudien. Wenn solch ein Ergebnis bereits in einer lesbaren Form vorliegt, die erhobenen Daten also bereits analysiert und interpretiert sind, ist die gesamte Arbeit schon getan. Was aber steht hinter diesen Ergebnissen, wie kommen sie zustande? Anhand eines Beispiels über die Typologie von Autofahrern wird der Prozess der Marktforschung nachfolgend erklärt. Typische Fragestellungen sind beispielsweise folgende:
- Wer sitzt in welchem Auto?
- Welche Marke zieht Sportler, Spießer oder Draufgänger an?
- Worauf stehen Studentinnen und worauf Besserverdiener?

Daraus entstand eine Typologie der Autofahrer. Sie verrät viel über die Bilder in unseren Köpfen.

So haben Forscher herausgefunden, dass z. B. Fahrer einer bestimmten Automarke als „attraktiv und draufgängerisch“ eingestuft werden. Auf diese Art und Weise habe ein bestimmter Premiumhersteller in den vergangenen Jahren einen enormen Imagewechsel durchlaufen. Galten seine Fahrzeuge früher als „Seniorenkutschen“, werden sie heute laut Studie von „jungen, dynamischen Menschen“ bevorzugt.
Den Fahrern einer anderen Marke wiederum haftet das Image „dick und schüchtern“ an. Ferner seien die Kunden dieses Herstellers eher „älter, unsportlich und ziemlich weit weg von der Chefetage“, so das Ergebnis der Forschung.

Wie kommen die Marktforscher nun zu diesen Ergebnissen? Der Marktforschungsprozess kann in fünf Arbeitsschritte zerlegt werden. Man spricht auch von den 5 D's der Marktforschung: Definition, Design, Datengewinnung, Datenanalyse und Dokumentation.

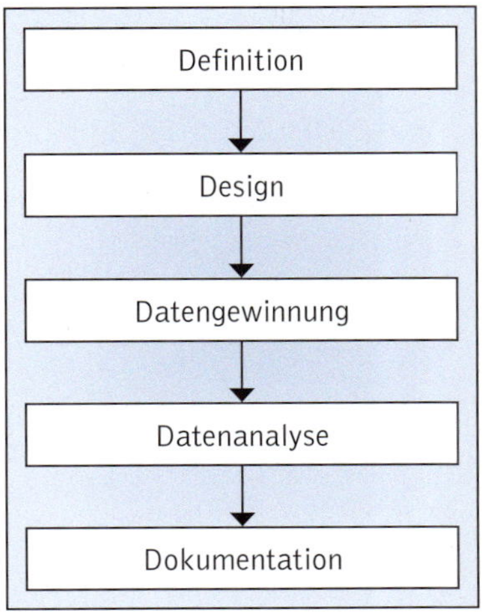

Definition
Bei der Definition geht es um die Festlegung des **Untersuchungsziels** bzw. des Forschungsproblems. In der oben erwähnten Studie haben sich die Marktforscher ganz zu Beginn des Forschungsprozesses die Frage gestellt, ob es Unterschiede zwischen den Fahrern bestimmter Automarken in Bezug auf ihre Einstellung und ihren Charakter gibt. Im Falle einer Auftragsforschung wird solch ein Thema exakt vorgegeben. Auftraggeber können Verbände, Unternehmen oder andere Organisationen sein. Bei den von Marktforschern bzw. Marktforschungsunternehmen selbst initiierten Projekten ist der Spielraum zur Ausgestaltung eines Themas größer.

Jeder Marktforschungsstudie liegen schon bestimmte **Hypothesen** zugrunde. Die Forscher fragen also nicht einfach „ins Blaue“ hinein, sondern sie vermuten bereits bestimmte Zusammenhänge – durch **theoretische Analysen**, Sekundärstudien, vielleicht auch Markterkundungen – im zuvor genannten Fall zwischen Charaktereigenschaften und Automarken. Würden sie keinerlei Annahmen treffen, wüssten sie nicht, wonach sie fragen sollten und was ihnen auffallen sollte. An den Ergebnissen des Autobeispiels lässt sich erkennen, dass die Marktforscher beispielsweise bereits Vermutungen über Schüchternheit und Autotyp hatten.

Nun lässt sich kaum die Frage stellen: Sind sie schüchtern oder halten Sie bestimmte Autofahrer für schüchtern? Schließlich versteht jeder Mensch unter Schüchternheit etwas anderes. Also gilt es, genau festzulegen, was in der eigenen Studie mit Schüchternheit gemeint ist. Eine Messbarmachtung – in der Fachsprache **Operationalisierung** – könnte zum Beispiel so aussehen: Schüchtern ist, wer in keinem Verein führend tätig ist, nicht gerne vor Gruppen spricht und sich nicht rege im schulischen Unterricht beteiligt bzw. beteiligt hat.

Wissen wir nach solch einer Befragung aber wirklich, ob Schüchternheit etwas mit der Wahl des Autotyps zu tun hat? Sind die Ergebnisse wahr? Viele Wissenschaftler vertreten die Meinung, dass eine oder auch mehrere Befragungen nicht darüber entscheiden dürfen, ob eine Annahme **wahr** ist. Wohl aber kann ein einziger Fall, der in Widerspruch zur Hypothese steht, diese verwerfen. Die Wissenschaftler gewinnen also Erkenntnisse über die Wirklichkeit nicht durch schlichte Ansammlung wahren Wissens, sondern über die systematische Ausklammerung falscher Aussagen durch empirische Messungen. Eine Annahme, die durch weitere Forschungen nicht widerlegt werden kann, gilt als vorläufig bestätigt. Dahinter steht die Denkweise, dass wir keinen logischen Grund dafür haben, anzunehmen, dass soziale Phänomene auf immer und ewig Gültigkeit haben.

1. Diskutieren Sie diesen Denkansatz der wissenschaftlichen Marktforschung, und stellen Sie die Vor- und Nachteile heraus.

Design

In dem Beispiel wurde eine Umfrage, also eine **Primär-Marktforschung**, in Form einer mündlichen oder schriftlichen Befragung gemacht. Wichtig ist auch die Frage nach der **Grundgesamtheit**. Damit sind alle Personen gemeint, die für eine bestimmte Fragestellung in Betracht kommen (bei der Wahlforschung z. B. die gesamte wahlberechtigte Bevölkerung).

Die für unser Beispiel theoretisch infrage kommende Grundgesamtheit umfasst wahrscheinlich alle Bürger Deutschlands ab einem gewissen Alter. Befragt werden konnten aus Zeit- und Kostengründen nur 1.000 Personen, es wurde also eine **Stichprobe** gemacht. Hierbei bemüht man sich aber stets darum, dass diese Stichprobe ein genaues Abbild der Grundgesamtheit darstellt und damit repräsentativ ist. Würde man die Befragung vor der Schule durchführen, wäre dies sicher nicht der Fall, weil nur junge Leute befragt werden würden. Bei einer Zufallsauswahl hingegen, bei der alle Bürger Deutschlands die gleiche Chance hätten, befragt zu werden, handelt es sich um eine repräsentative Stichprobe.

Datengewinnung
Die **Befragung** ist die bedeutendste Methode der Datengewinnung in der Marktforschung. Sie wurde auch im vorliegenden Beispiel angewandt, entweder telefonisch oder schriftlich. Möglich ist auch die Kombination beider Methoden. Die Fragen selbst werden häufig nach ihrer Antwortmöglichkeit unterschieden. Welche Fragen könnten die Forscher in der vorliegenden Marktforschungsstudie gestellt haben?

Wahrscheinlich haben sie einige einfache, **offene** Fragen nach dem Alter und dem Fahrzeugtyp gestellt.

Meinungsumfragen gibt es zu vielen Themen.

1. Wie alt sind Sie?

2. Was für ein Auto fahren Sie?

Im Falle einer **geschlossenen** Frage wären die Autotypen schon vorgegeben, und der Befragte müsste die entsprechende Marke ankreuzen.

Auch einige **Skalafragen** könnten Bestandteil des Fragebogens gewesen sein. Schüchternheit z. B. lässt sich nicht unbedingt durch „Ja" oder „Nein" abbilden. Bei Skalafragen geht es darum, nicht nur das Vorhandensein eines Sachverhalts, sondern auch die Intensität der Ausprägung zu messen. Schüchternheit wurde bereits operationalisiert. Nun ließe sich zum Beispiel fragen:

1. Ich spreche gerne vor Gruppen.

1	2	3	4	5
Sehr gerne				gar nicht gerne

Die einfache Ja-Nein-Frage lässt eindeutigere Zuordnungen zu.

2. Ich bin/war in einer verantwortlichen Position in einem Verein aktiv.

○ ja ○ nein

Häufig macht es Sinn, die Kategorie „weiß nicht" hinzuzufügen.

3. Ich habe keinerlei Scheu, vor Gruppen zu sprechen.

○ ja ○ nein ○ weiß nicht

Datenanalyse
In der Phase der Datenanalyse erfolgt die **Verschlüsselung** und **Eingabe der Daten** sowie die **Auswertung** mittels statistischer Verfahren. Um in statistischen Programmen arbeiten zu können, müssen alle Fragebögen in Form von Zahlenreihen eingegeben werden. Das könnte im vorliegenden Beispiel so aussehen:

Fragebogen	Alter	Geschlecht	Sprechen vor Gruppen	Marke A	Marke B	Marke C	Marke D
1	18	0	5	0	0	1	0
2	25	0	1	0	0	0	0
3	40	0	3	1	0	0	0
4	60	1	2	0	1	0	1

Eine einfache Häufigkeitsanalyse liegt vor, wenn aus der Datenmatrix nur eine Spalte, also eine Ausprägung (z. B. Autotyp), herausgegriffen wird. Dann lassen sich Aussagen treffen wie: „20 % der Befragten fahren Marke A". Zählt man die Ausprägungen eines Merkmals (Geschlecht) gegen die eines anderen aus (Autotyp) lassen sich bereits Aussagen treffen wie: „Von den Fahrern der Marke A sind 70 % männlich."

Dokumentation
Die Dokumentation besteht aus der Erstellung des **Forschungsberichtes**. Dies ist sozusagen die Krönung der gesamten Arbeit und schließlich auch die sichtbare Leistung der Forscher, die dem Auftraggeber ausgehändigt wird. Neben den Resultaten enthält der Forschungsbericht auch die Ausführungen über die Methodik – also die Operationalisierungen, die verwendeten Fragebögen, die statistischen Analysemethoden usw. Dadurch ist für jeden nachvollziehbar, ob schlüssig gearbeitet wurde. Schließlich geht es in der Marktforschung darum, etwas über die Wirklichkeit zu erfahren. In unserem Autobeispiel wurden die Forschungsergebnisse ohne Ausführungen über Statistik und Methodik in einer Zeitung veröffentlicht. Der interessierte Wissenschaftler wird sich jedoch den Forschungsbericht anfordern, wenn er mit den Ergebnissen der Studie weitere Analysen betreiben will.

1. Sie haben nun den Prozess der Marktforschung kennengelernt. Überlegen Sie gemeinsam mit Ihren Klassenkameraden ein Thema, das Sie interessiert, und entwickeln Sie Fragestellungen für ein eventuelles Marktforschungsvorhaben.

Marktforschung – auf der Jagd nach Phantomen?
Die Ergebnisse von Marktforschungsstudien werden häufig öffentlichkeitswirksam „verkauft". Darauf geht die nachfolgende Kolumne ein.

Schrecken des Marktes
Weil es zu meinen Aufgaben an der Universität gehört, junge Menschen auf eine Managementkarriere im Marketing vorzubereiten, habe ich jahrelang ein Phantom gejagt: den sprunghaften Kunden. Denn der Nachwuchs sollte schon wissen, was sich da draußen abspielt – in der Wirklichkeit. Und die Kunde vom sprunghaften Kunden sorgte ja für mächtige Unruhe in Marktforschung und Marketingpraxis.

Da schien sich etwas anzubahnen, eine Revolution. In allen erdenklichen „Studien" lief so ein unkalkulierbarer Typ herum, der zwar teure Sakkos trug, aber billige Jeans, oder umgekehrt, ich weiß es nicht mehr genau. Denn plötzlich gab es ihn nicht mehr.

Dafür traten Nachfolger auf. Und die waren noch schlimmer. Wie in einem Computerspiel über die „Schrecken des Marktes" präsentierten ungezählte Studien selbst ernannter Berater den vorgeblich völlig überforderten Marketingpraktikern ständig neue Avatare im Kontext virtueller Märkte: widerspenstige Umwälzer, Bourgeois-Bohemiens, Metrosexuelle, Lohas, Prosumenten, Stand-up-Consumers oder Nature-Pleasuristen, alle mit bösem Grinsen im Web 2.0 klassische Märkte niederreißend, ehe sie in den unüberschaubaren Dimensionen der virtuellen Konsumwelten des Long Tail oder des Web 3.0 – oder was immer dann kommt – dem klassischen Marketing aus dem Blickfeld geraten.

Ich jagte ein ums andere Mal auch diese Phantome, um den drohenden Umwälzungen vorauseilen zu können, ehe sie stattfänden. Ich studierte also diese Studien und fand – nichts, außer großen Worten, weiteren lärmenden Anglizismen und ein paar Anekdoten von Trendscouts über Jugendliche in Tokio oder New York, die „heute schon" ein wildes Stilgemisch pflegen, das morgen alle Märkte auf den Kopf stellen würde.

Wir schauten uns daraufhin die jungen Leute auf den heimischen Straßen an und stellten fest, dass sie eigentlich alle gleich aussehen. Zum Beispiel die jungen Frauen: enge Jeans in die Stiefel gesteckt, dazu diese kurze Jacke, ein Massenphänomen, wenngleich hübsch anzuschauen. Und viele tragen die Namen der Alten von gestern – Anna, Lena und Marie.

Aber die Alten von morgen, tönte es dann, die „silberhaarige Revolution", die Golden Girls und Grampies, die Growing Retired Active Moneyed People in an Excellent State?!

Wir hetzten also nach der kurzen Ruhepause den neuen Alten hinterher, die ungezählten weiteren Studien zufolge in den nächsten 30 Jahren den Markt aufmischen werden.

Sie zu finden stellte sich nach einigem Nachdenken als recht einfach heraus: Wir schauten alle in den Spiegel und fragten unsere Spiegelbilder: Wie soll es weitergehen? Die Antwort war wenig revolutionär: Wie immer. Mit Familie, Freunden, Sport und Sex, Erfolg und Sicherheit und Sinn. Ein einfacher Traum, der den Quellencode für das geheime Betriebssystem unserer Alltagskultur und das Geheimnis des Erfolgs liefert: Stabilität. Wenn's geht, bitte auf abwechslungsreiche Weise. So einfach. Einfach? Ganz sicher nicht. Denn daraus folgt eine höchst schwierige Herausforderung an das Genie des modernen Marketings: mit atemberaubenden Innovationen dafür zu sorgen, dass möglichst alles beim Alten bleibt.

Quelle: Kolumne von Holger Rust aus dem Harvard Business Manager 12/2008, S. 135

!

1. Analysieren Sie den Quellentext anhand folgender Fragen:
   a) Welche Hypothesen überprüft der Autor?
   b) Konnten die Hypothesen bestätigt oder widerlegt werden?
   c) Was sagt der Autor über die Qualität der angesprochenen Marktforschung aus?
   d) Welche Schlüsse zieht der Autor für das Marketing?

5 Kommunikationspolitik – Entwicklung einer Werbekonzeption

Betrachten wir den absatzwirtschaftlichen Prozess (siehe Kapitel 3), so wird deutlich, dass die Kommunikationspolitik eines Unternehmens oder einer Organisation nur eines der vier absatzpolitischen Instrumente ist. Besonders allgegenwärtig innerhalb der Kommunikationspolitik ist die Flut an Werbung, die uns täglich umgibt – im Internet, in Zeitungen und Zeitschriften, auf Plakatwänden, im Kino, auf Bussen oder im Fernsehen. Ähnlich wie bei der Marktforschung sehen wir als Verbraucher in der Regel am Ende nur das Ergebnis, z. B. den Spot oder die Anzeige. Der Prozess, der einer kommunikativen Maßnahme vorausgeht, soll nachfolgend am Beispiel der Entwicklung von Anzeigen- und Bildmotiven für die Marke „Gaensefurther Schloss Quelle" näher beleuchtet werden. Produkte, die zu dieser Marke gehören, sind Mineralwässer, aber auch alkoholfreie Getränke in diversen Sorten und Gebindegrößen. Die Bildmotive finden z. B. im Internetauftritt oder in Anzeigen für die Produkte Verwendung.

Gegenstandsbereiche einer Werbekonzeption sind:

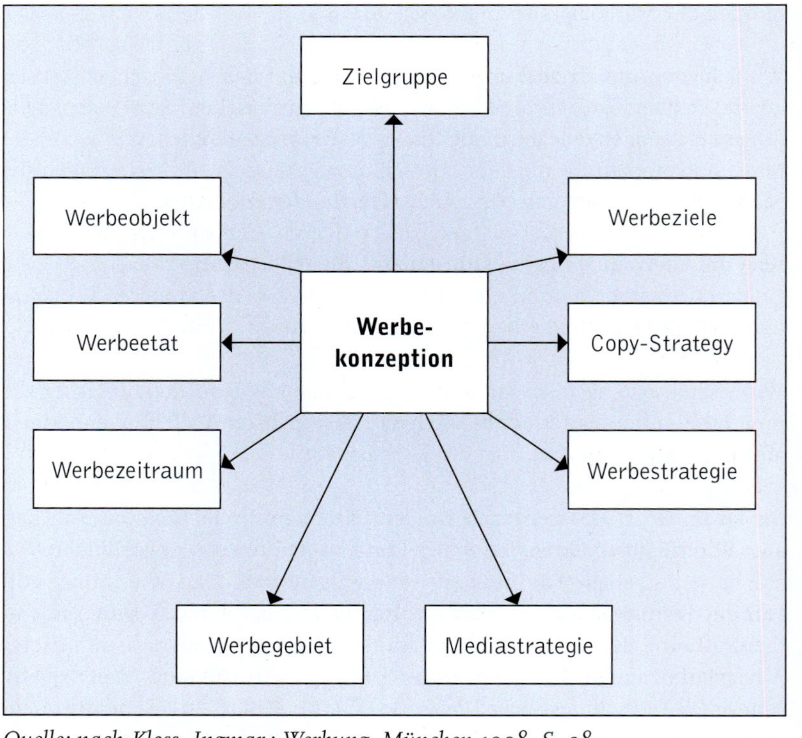

Quelle: nach Kloss, Ingmar.: Werbung, München 1998, S. 98

Marke
Produkt oder Dienstleistung mit einem unverwechselbaren Nutzen aus Kundensicht

Grundlage für eine Werbekonzeption sind das gewünschte Image und die übergeordnete Positionierung der Marke. Entsprechend der Markenpositionierung und dem werblichen Auftritt der Marke müssen die zur Marke gehörenden Produkte ebenfalls – wie ein Werber sagt – positioniert und beworben werden. Bevor ein Werber tätig wird, muss er von der werbenden Unternehmung wissen, wie das Produkt beim Konsumenten dargestellt werden soll.

5.1 Vorüberlegungen: Markenimage und Positionierung

Ein besonders wichtiges Ziel der Werbung besteht darin, ein **Markenimage** aufzubauen. Wie bereits in Kapitel 1.4 deutlich wurde, sind die meisten Märkte gesättigt. Über das Image kann eine Differenzierung der eigenen Marke von denen der Konkurrenten geschaffen werden. Images werden vom Konsumenten nach und nach gelernt, indem vielseitige markenbezogene Informationen aufgenommen werden, z. B. durch Erzählungen im Freundeskreis, Werbespots, Verkaufsberatung, Beobachtung des Marken- und Konsumverhaltens anderer Menschen, eigene Produkterfahrungen usw.

Markenhersteller möchten das Image ihrer Marke positiv beeinflussen. Um ein Image zu schaffen, muss zunächst klar sein, wie ein Produkt positioniert werden soll – oder anders gesagt: Welche Position soll ein Produkt in den Köpfen der Konsumenten einnehmen? Steht diese **Positionierung** einer Marke fest, wird sie zur Grundlage für alle weiteren Maßnahmen im Rahmen der Kommunikationspolitik (und natürlich auch für alle Maßnahmen im Rahmen der Preis-, Produkt- und Distributionspolitik). Zum Aufbau einer Positionierung sollten einige **Leitlinien** beachtet werden:

1. Es sind genau diejenigen Produkteigenschaften in der Werbung herauszustellen, die für den Konsumenten subjektiv wichtig sind. Es kommt also nicht auf die objektiven Eigenschaften des Produktes an, beispielsweise gute Bildqualität der Fotoaufnahmen eines Handys, wenn die Zielgruppe sich vor allem für die einfache Bedienung interessiert. Es ist auch weniger an Produkteigenschaften zu denken (übersichtliches Menü) als an den subjektiven Nutzen (schnelle und einfache Bedienung).

2. Die Produkteigenschaften sollten sich von der Konkurrenz abheben. Gibt es kaum Qualitätsunterschiede, sollte die Marke noch mehr als ohnehin empfehlenswert mit emotionalen Kernbotschaften verknüpft werden.

3. Die Positionierung sollte sich nur auf wenige relevante Eigenschaften beziehen.

Die Positionierung der Marke „Gaensefurther Schloss Quelle“
Dreh- und Angelpunkt für eine Positionierung der Marke „Gaensefurther Schloss Quelle“ sind die Mineralwässer. Auf deren Basis werden auch alle anderen alkoholfreien Getränke, z. B. Sprudel, Brausen, Vitamin- oder Wellness-Getränke, in diversen Sorten und Gebindegrößen hergestellt.

Eine erste Frage ist, in welchem Preissegment das Mineralwasser angesiedelt sein soll. In unserem Beispiel sieht das wie folgt aus:
Die Marke „Gaensefurther Schloss Quelle“ ist im **mittleren Preissegment** angesiedelt. Es handelt sich bei den Kernprodukten um **qualitativ hochwertige** Mineralwässer, die über eine sehr gute Mineralisierung verfügen. Gaensefurther versteht sich als **Familienmarke**, da eine breite Produktpalette – vom Wasser über Brause bis zur Schorle – angeboten wird. Die Marke ist fest **verankert in der Region**. Hintergrund ist, dass der Firmensitz in Gaensefurth in Sachsen-Anhalt liegt, was auch Hauptvertriebsgebiet ist. Vom **emotionalen Auftritt** her möchte Gaensefurther sympathisch, aufgeschlossen, bodenständig (aber nicht altbacken) sowie natur- und familienverbunden wahrgenommen werden.

Markenimage
ist das Gesamtbild, das der Konsument von einer Marke hat, bestehend aus Informationen über die Marke und Emotionen im Zusammenhang mit der Marke. Der Markenname dient beim Einkauf als Schlüsselreiz, der das gelernte Markenimage beim Konsumenten wachruft. Das Markenimage wird durch Werbung stark beeinflusst.

Positionierung
(Markennutzenversprechen)
Bestimmte Markeneigenschaften sollen eine dominierende Stellung in der Wahrnehmung der Nachfrager einnehmen und eine Abgrenzung zu Konkurrenzprodukten gewährleisten.

Zur Positionierung des neuen Produktes „Leichte Schorle"
Innerhalb der breiten Produktpalette werden einzelne Produkte im Rahmen der Markenstrategie positioniert. Es können aber andere Akzente gesetzt werden. So hat das Unternehmen Gaensefurther durch Sekundäranalysen herausgefunden, dass bekömmliche Schorlen mit reduziertem Fruchtanteil im Trend liegen. Denn der Genuss derartiger Getränke ist aus Sicht der Verbraucher bequem und zugleich gesund. Diese Nutzenkategorien waren für das Unternehmen Gaensefurther Anregung, das Produkt „Leichte Schorle" zu entwickeln und entlang der beiden Dimensionen Bequemlichkeit, in der Fachsprache **Convenience**, und **Gesundheit** zu positionieren.

Für den Konsumenten ist es deshalb umso leichter, das Markenimage von „Gaensefurther Schloss Quelle" auf Erweiterungen des Sortiments zu übertragen, je ähnlicher die Produkte vom Image her sind. Durch die Markenausdehnung profitieren beide: Das neue Produkt kann durch das gefestigte Markenimage besser im Markt eingeführt werden, und die Marke erhält durch das neue Produkt Aktualität sowie eine weitere Ausdehnung und Stärkung.

Der Weg der Erstellung einer Werbekonzeption für das neue Produkt „Leichte Schorle" wird nun anhand folgender Punkte kurz dargestellt:
- Werbeobjekt
- Zielgruppe
- Werbeziele
- Copy-Strategy
- Werbestrategie
- Rahmenbedingungen und Mediaplanung

5.2 Das Werbeobjekt

Das Werbeobjekt ist der Gegenstand, der beworben werden soll. Für die bisherigen Produkte von „Gaensefurther Schloss Quelle" wurde ein werblicher Auftritt entwickelt, der mit einer skizzierten Gans und einem dazugehörigen Wortspiel arbeitet. Das visuelle Grundmotiv der Gans als reines, sauberes Wassertier transportiert Eigenschaften wie Natürlichkeit sowie Klarheit und findet Studien zufolge eine hohe Akzeptanz bei den Konsumenten. Textlich wird jeweils ein zentraler Nutzenvorteil für den Kunden hervorgehoben. In Anlehnung an die Positionierung der Marke als Ganzes wurden für Mineralwässer folgende Bildmotive entwickelt:

1. Worin könnte die Funktion solcher Wortspiele aus werblicher Sicht liegen?

In diesen Rahmen für einen werblichen Auftritt können auch andere Produktvarianten integriert werden, beispielsweise im nebenstehenden Bild die Apfelschorle (nicht zu verwechseln mit der „Leichten Schorle“, für die hier die Entwicklung einer Werbekonzeption Schritt für Schritt nachgezeichnet wird).

Damit auch für die „Leichte Schorle“ ein zielgenauer Werbeauftritt entwickelt werden kann, ist es nötig, die Produkteigenheiten noch genauer zu beschreiben.

Die Eigenschaften der „Leichten Schorle“ gestalten sich wie folgt:
Sie besteht aus ...

- natürlichem Mineralwasser,
- einem Fruchtgehalt mit 25 % natürlichem Fruchtsaft und ist
- ohne Kristallzucker, ohne Süßstoffe, ohne Farbstoffe,
- rot, schmeckt nach fruchtigen Beeren,
- durch den leichten Kohlensäuregehalt erfrischend.

5.3 Die Zielgruppe

Mit Zielgruppe sind alle Personen gemeint, die mit der Werbung angesprochen werden sollen. Unternehmen richten ihre Werbung nur an solche Personen, die bereits Kunden sind oder aber in Zukunft ihre Kunden werden könnten. Diese Zielgruppen sollten sich anhand bestimmter Merkmale deutlich von den Nicht-Zielgruppen unterscheiden.

Zielgruppen der „Gaensefurther Schloss Quelle“
Zielgruppen der Marke „Gaensefurther Schloss Quelle“ sind – die gesamte Produktpalette betrachtend vom Mineralwasser bis zur Brause – alle Bevölkerungsgruppen, bis auf Kleinkinder. Denn Gaensefurther möchte sich als Familienwasser verstanden wissen.

Bei der neuen „Leichten Schorle“ wurde darüber nachgedacht, mit der jungen Generation nur eine Teilzielgruppe zu bedienen und das Getränk vom emotionalen Auftritt her als flippig und frech zu positionieren. Letztlich entschied man sich aber dafür, Familien mit Schulkindern sowie Männer und Frauen zwischen 25 und 55 Jahren anzusprechen. Dies entspricht größtenteils der Zielgruppe der Marke.

5.4 Die Werbeziele

Werbung dient dem Zweck, die Aufmerksamkeit des Konsumenten auf die Produkte zu richten und positive Einstellungen zu den Produkten zu fördern. Letztlich sollen Konsumenten dazu bewegt werden, die Produkte zu kaufen. Abstrahiert man einmal vom Produkt und Konsumenten und überträgt Werbung auf andere Einsatzgebiete, dann lässt sich grundsätzlich sagen, dass Werbung versucht, die Einstellung und das Tun der Zielgruppen zu beeinflussen, z. B. sollen ...

- Wähler eine bestimmte Partei wählen,
- Bürger für bestimmte Hilfsorganisationen spenden,
- Autofahrer umsichtig und regelgerecht fahren.

Man unterscheidet ökonomische und außerökonomische (verhaltenswissenschaftliche) Ziele.

1. Ordnen Sie die Ziele nach ökonomischen und außerökonomischen Zielen.

2. Finden Sie weitere Einflussfaktoren auf das Kaufverhalten.

Werbeziele der Marke „Gaensefurther Schloss Quelle“

- Umsatzsteigerung
- Steigerung der Aktualität und Bekanntheit
- Gewinnsteigerung
- Erhöhung der Produktkenntnisse
- Differenzierung von der Konkurrenz
- Erhöhung der Kauffrequenz

Die ökonomischen Ziele lassen sich nur sehr schlecht messen, weil eine Umsatzsteigerung nicht eindeutig auf eine Werbekampagne zurückgeführt werden kann. Werbung ist nur ein Einflussfaktor auf das Kaufverhalten der Konsumenten. Hingegen lassen sich außerökonomische Werbeziele durch wissenschaftliche Marktforschung relativ problemlos messen.

5.5 Die Copy-Strategie

Die Copy-Strategie ist die Grundlage für die kreative Umsetzung einer Werbekampagne für die Marke und entsprechend auch für ihre zu bewerbenden Produkte. Sie drückt aus, was die Werbung dem Konsumenten vermitteln soll, und enthält vier Aussagen:

1. **Benefit:** Nutzenversprechen im Sinne eines Basisnutzens. Warum soll der Konsument diese Marke anderen Marken vorziehen?
2. **Reason Why:** Begründung des Basisnutzens
3. **Target Audience:** Zielgruppe, die durch die Werbung angesprochen werden soll
4. **Tonality:** Emotionalität/Atmosphäre, die durch die Werbung vermittelt wird.

Positionierung und Copy-Strategie gehören zur langfristigen Ausrichtung eines Unternehmens. Sie sind keinen kurzfristigen Änderungen unterworfen und setzen die Maßstäbe für Folgekampagnen. Es gibt einige Leitlinien zur Formulierung einer Copy-Strategie.

Sie sollte ...

- sehr konkret sein,
- einfach sein (ein oder höchstens zwei Hauptversprechen),
- in sich schlüssig sein (alles muss zueinander passen),
- über Vorteile aus Sicht des Verbrauchers sprechen (nicht über Produkteigenschaften),
- konkurrenzfähig sein.

Die Copy-Strategie für die Marke „Gaensefurther Schloss Quelle“ und ihre Kernprodukte Mineralwässer sieht wie folgt aus:

1. **Benefit**: Gaensefurther ist qualitativ eines der besten Mineralwässer am Markt. Der Claim: „Gaensefurther Schloss Quelle ... Eines der Besten“ ist Programm.
2. **Reason Why:** Die sehr gute Mineralisierung unterscheidet Gaensefurther von seinen Mitbewerbern.
3. **Target Audience:** Es ist eine Familienmarke vom Kind bis zum Erwachsenen.
4. **Tonality**: Es wird der Gesamteindruck „heile Welt“ vermittelt: naturverbunden, familiär, sympathisch, aufgeschlossen, regional verankert (bodenständig).

Bei der Copy-Strategie für die „Leichte Schorle“ wurde der Akzent verändert – ähnlich wie schon bei der Apfelschorle.

1. **Benefit**: Fruchtsaft und qualitativ hochwertiges Wasser sind bereits zu einer erfrischenden Schorle gemischt (Bequemlichkeit) und dabei auf natürlicher Basis so zusammengestellt, dass dies sich positiv auf die Gesundheit auswirkt.
2. **Reason Why:** reduzierter Fruchtanteil von 25 %, ohne Kristallzucker, ohne Süß- und Farbstoffe, Natürlichkeit des Produkts
3. **Target Audience:** Familien mit Schulkindern, Männer und Frauen zwischen 25 und 55 Jahren
3. **Tonality:** frisch, aktiv, vital

5.6 Die Werbestrategie

In diesem Stadium der Entwicklung einer Werbekonzeption wird festgelegt, welche Werbemittel eingesetzt werden sollen, um die Werbeziele zu erreichen. Häufig eingesetzte Werbemittel sind Anzeigen in Zeitschriften, Spots im Fernsehen oder Radio sowie Plakate.

Das Unternehmen „Gaensefurther Schloss Quelle“ arbeitet häufig über Plakatkampagnen, aber auch der Internetauftritt wird als Kommunikationsinstrument eingesetzt.

Nach Festlegung der Werbemittel wird ein so genanntes Briefing für die Werbeagentur erstellt, in dem alles erfasst wird, was für die kreative Umsetzung nötig ist. Dazu gehören alle notwendigen Informationen über das Unternehmen, über die Konkurrenz, die bisherige Werbung des eigenen Unternehmens wie auch von Konkurrenzunternehmen, Informationen über das Produkt, die Kommunikationsziele sowie das Budget. Besonders wichtig sind die Informationen, die in der Copy-Strategy für das Produkt festgehalten sind.

Auf dieser Basis soll die Werbeagentur nun in die Lage versetzt werden, einen werblichen Auftritt zu erarbeiten. In einem Team bestehend aus Kundenberater, Texter und Grafiker (Art Director) sowie fallweise Media-Fachleuten werden erste Entwürfe erarbeitet, mit dem Kunden abgestimmt, überarbeitet, noch einige Male abgestimmt und schließlich produziert.
Der aufwendige Abstimmungsprozess hängt u. a. damit zusammen, dass das Risiko eines Flops minimiert werden soll. Ein Flop würde z. B. bedeuten, dass die Kampagne der Marke keinerlei Sympathien einbringt oder aber die „tolle“ Werbung gar nicht in Zusammenhang mit dem Produkt gebracht wird.

Werbestrategie für die „Leichte Schorle“
Nebenstehender werblicher Auftritt wurde für die „Leichte Schorle“ von einer Werbeagentur vorgestellt und von „Gaensefurther Schloss Quelle“ freigegeben.

Die Copy-Strategie der „Leichten Schorle“ wurde umgesetzt, indem ein Slogan gewählt wurde, der die beiden Kernargumente Convenience und Gesundheit beinhaltet: „Perfekt gemischt!“ verdeutlicht die Aussage bildlich, indem ganze Früchte (Gesundheit) mit viel Wasser gemischt werden (Convenience). Die Randinformation (ohne Süßstoffe, ohne Farbstoffe, ohne Zucker) unterstreicht die Bildaussage argumentativ. Frische, Vitalität, Aktivität werden von der surfenden Gans auf dem sprudelnden Wasser verkörpert.

1. Wurde die Positionierung der Marke „Gaensefurther Schloss Quelle“ ausreichend berücksichtigt? Ein Urteil können Sie sich bilden, indem Sie die Merkmale des Bildmotivs mit denen der Kernprodukte „Mineralwässer“ abgleichen.

5.7 Rahmenbedingungen und Mediaplanung

Zu den Rahmenbedingungen der Werbeaktion gehören die Festlegung des Werbegebietes, des Werbezeitraumes und des Werbeetats. Normalerweise sind die Festlegungen zu diesen Rahmengrößen schon durch den Marketingplan vorgegeben. Sie werden nicht im Rahmen einer Werbekonzeption erarbeitet. So wird die Marke Gaensefurther z. B. in Ostdeutschland beworben, weil hier das Vertriebsgebiet ist. Es wäre sinnlos, dort Werbung zu betreiben, wo das Produkt gar nicht erhältlich ist.

Werbung gelangt über die Medien zu den Zielgruppen. Der Erfolg einer Werbung hängt auch ganz entscheidend davon ab, ob sie effektiv verbreitet wird. Es ist Aufgabe der Mediaplaner, herauszufiltern, welche Medien am besten dazu geeignet sind, die Werbung an die Zielgruppe zu bringen. Häufig übernehmen spezialisierte Dienstleistungsunternehmen diese Aufgabe oder aber hauseigene Mediaagenturen in Werbeagenturen.

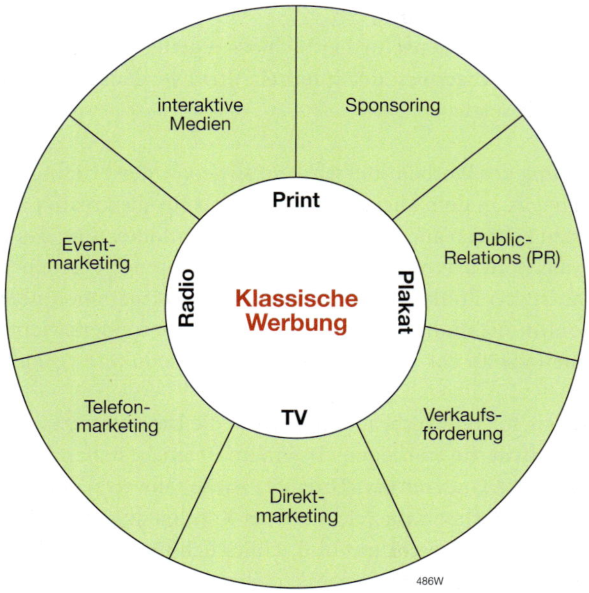

Was es neben klassischer Werbung noch an Möglichkeiten in der Kommunikationspolitik gibt.

Interview mit Henning Birkenstock, Geschäftsführer der Full-Service-Agentur Frese & Wolff, Oldenburg

Henning Birkenstock

Das Interview führte Dr. Claudia Verstraete

V: Wie ist das Bild junger Menschen über die Arbeit in einer Werbeagentur?
B: Die meisten haben die Vorstellung, dass hier coole Leute zusammensitzen und sich Gedanken darüber machen, wie man Produkte an den Mann bringen kann. Wenn sie dann die Idee haben, geht's zum Shooting oder zum Dreh, und dann entsteht ein lustiger Werbespot, ein Radiospot oder eine Anzeigenkampagne. Klassische Werbung steht in der Wahrnehmung immer ganz oben.

V: Wie sieht denn die Realität aus?
B: Klassische Werbung macht vielleicht ein Drittel unserer Arbeit aus. Dann entstehen Kampagnen wie die für die Gaensefurther Schloss Quelle. Zwei Drittel gehen eigentlich in den Bereich der nichtklassischen Kommunikation, nämlich dann, wenn es einem Unternehmen darum geht, innerhalb des eigenen Unternehmens zu informieren – zum Beispiel die eigene Vertriebsmannschaft über ein neues Produkt – oder die Handelspartner bzw. Absatzmittler dabei zu unterstützen, das eigene Produkt zu verkaufen. Oft sind das werbliche Aktivitäten, die relativ literaturlastig sind, wie Broschüren und Folder sowie Verkaufspromotions.
V: Ist ein Großteil Ihrer Arbeit also das, was man in der Fachwelt „Below the Line" nennt?
B: Genau. Man trennt zwischen „Above the Line", das ist eigentlich der klassische Bereich, und „Below the Line", das ist der nichtklassische Bereich, und darunter fällt dann eben auch so etwas wie Verkaufsförderung und Packaging. Verpackungsgestaltung hat an Bedeutung dramatisch zugenommen. Das liegt einfach daran, dass die Werbebudgets der Unternehmen schrumpfen und die Möglichkeit, ein Produkt zu bewerben, gerade am Point of Sale (am Verkaufsort) immer geringer wird. Der Handel lässt kaum noch Werbeaktivitäten der Unternehmen zu, und das Produkt muss für sich im Regal stehend eigentlich alles erklären. Es muss informieren, es muss Displayfunktionen enthalten, es muss sich selbst verkaufen.

Ein extremes Beispiel ist da der Do-It-Yourself-Bereich im Baumarkt. Hier stehen beratungsintensive Produkte, aber es ist keiner mehr da, der beraten könnte.
V: Können Sie mir die wichtigsten Berufe in Ihrer Werbeagentur und die entsprechenden Profile nennen?
B: Ja, es sind einmal die Kaufleute für Marketingkommunikation, die man früher Werbekaufleute nannte. Sie übernehmen Kundenberater- oder Kontakterfunktionen in unterschiedlichen Hierarchieebenen. Angefangen vom Juniorkontakter über Kontakter bis hin zum Etatdirektor. Daneben gibt es Grafiker, die dieses Fach entweder studiert oder Mediengestaltung gelernt haben und einen kreativen Anspruch haben. Mediengestaltung umfasst ja mehr den technischen Bereich, also Desktop-Publishing. Weiterhin gibt es Texter, die aus ganz unterschiedlichen Bereichen kommen können, die also so genannte Quereinsteiger sind. Das können Wirtschaftswissenschaftler oder Germanisten sein. Einer unserer Texter beispielsweise ist Steuerfachmann.
V: Ich dachte immer, Steuerleute wären eher nüchtern und trocken?
B: Ja, aber Texter müssen konzeptionell stark sein. Sie sollen ja nicht nur eine witzige Idee haben, sie sollen ein Konzept passend zu einer Marke und deren Umfeld entwickeln. Sie sollen eine Idee erarbeiten, die über verschiedene Ebenen dekliniert werden kann, zum Beispiel über klassische Werbung, Verkaufsförderung, Messeausstattung, und die in verschiedenen Medien funktioniert. Die Kernaufgabe des Texters ist zunächst mal, wirklich konzeptionell tätig zu sein, während der Kundenberater oder der Etatdirektor, also die Beratungsebene, die gesamten Rahmenbedingungen aufbereitet.
V: Rahmenbedingungen aufbereiten, was heißt das?
B: Es muss erst einmal geprüft werden, welche Inhalte, die der Kunde uns übergibt, relevant sind, welche Restriktionen es gibt. Sind die Kundenwün-

sche in der Realität überhaupt umsetzbar, was macht aus kommunikativer Sicht Sinn? Wie sollte die Botschaftenhierarchie in der Werbung aufgebaut sein, was soll eigentlich transportiert werden, an wen, in welchem Markt? Durch Beantwortung all dieser Fragen erstellt der Kontakter mit dem Kunden das Briefing. Hinzu kommen Kostenpläne, Zeitpläne und das weitere Zusammenstellen von Informationen. Erst wenn das alles steht, geht der Kontakter zum Grafiker und zum Texter, verfasst ein so genanntes internes Kreativbriefing und sagt ihnen: „Das ist die Aufgabenstellung." Danach entwickelt der Texter, eventuell zusammen mit dem grafisch Kreativen, eine Idee. Wie kriege ich diese Botschaft verpackt und kommuniziert? Das ist der Job eines Texters.

V: Und welche Berufe gibt es noch?

B: Dann gibt es natürlich Produktion und Einkauf. Hier sind Mitarbeiter tätig, die die gesamten Produktionsprozesse rund um Druck, Lithoerstellung etc. koordinieren und steuern. Schließlich haben wir noch Mediaplaner, die Mediastrategien entwickeln und umsetzen. Die Frage ist: Mit welchem Budgetrahmen, den ich zur Verfügung habe, kann ich eigentlich welche Medien sinnvoll bedienen?

V: Sind nun eigentlich alle Mitarbeiter kreativ?

B: Ich erwarte auch vom Einkauf, von den Media-Mitarbeitern und von der Beratung ein gewisses Maß an Kreativität. Jeder, der einen Kundenauftrag bearbeitet, sollte sich fragen: Ist das, was wir tun, eigentlich richtig? Geht es auch anders? Welche noch nicht genutzten Möglichkeiten haben wir eigentlich? Wer zum Beispiel sagt, wir haben immer Großflächenplakate geschaltet, und das wird auch in Zukunft so funktionieren, ist bei uns nicht richtig.

V: Was genau heißt für Sie nun Kreativität?

B: Analysefähigkeit und Entwicklung von alternativen Ansätzen und Perspektiven, aus denen ein Thema angegangen werden kann.

V: Ist im umgekehrten Sinn jeder Job, der vom Kunden kommt, kreativ?

B: Es gibt auch Jobs, die man aufgrund seiner Erfahrung und Routine relativ schnell abarbeiten kann. Gebrauchsanweisungen zum Beispiel müssen sauber gestaltet und textlich gut ausformuliert sein. Da erfinden wir das Rad nicht neu.

V: Wie viel Prozent eines Jobs für einen Kunden sind Kreativarbeit und wie viel sind Fleiß- und Büroarbeit?

B: Schwer zu sagen. Am Anfang ist fast jeder Job – abgesehen von der Einschränkung, die ich gerade nannte – ein Kreativjob. Wenn die Idee, zum Beispiel das Layout für eine Broschüre, steht und vom Kunden akzeptiert wurde, dann beginnt eigentlich der Fleißteil, die Beschaffung von Bildern, das Austexten von Inhalten ...

V: Wenn Sie jetzt jemanden davon überzeugen müssten, in einer Werbeagentur zu arbeiten, was würden Sie als guten Grund nennen?

B: Ich glaube, dass es kaum eine vielseitigere Herausforderung gibt, als auf dieser Seite einer Geschäftsbeziehung zu arbeiten. Wir haben Einblicke in ganz unterschiedliche Branchen und Produktwelten und Kommunikationsebenen. Wer die Vielfalt liebt mit der Komplexität, die daran hängt, der ist in einer Full-Service-Agentur genau richtig. Abwechslungsreicher kann man es eigentlich kaum bekommen. Bewusst muss man sich aber darüber sein, dass hier auch etwas mehr gearbeitet wird als woanders. Wenn der Kunde am Freitag um 16:00 Uhr noch anruft und ein Problem hat, dann ist eben nicht Wochenende, dann ist Job.

1. Erläutern Sie mit eigenen Worten:
   a) Was versteht man unter „klassischer Werbung"?
   b) Welche Werbung wird als „Below the Line" bezeichnet?
   c) Was heißt es, in einer Werbeagentur „konzeptionell" zu arbeiten?
   d) Welche Informationen enthält ein Briefing?
   e) Welche Vor- und Nachteile hat es, in einer Werbeagentur zu arbeiten?

6 Verbraucherpolitik

Verbraucherpolitik umfasst alle staatlichen Maßnahmen, die darauf abzielen, Gleichberechtigung und Chancengleichheit zwischen den Anbietern und den Nachfragern zu schaffen und die Interessen der Konsumenten zu stärken.

Die Notwendigkeit des Verbraucherschutzes wird aus einer ungleichen Machtverteilung zwischen Anbieter und Nachfrager abgeleitet. Als Beispiele werden von Verbraucherschützern z. B. unübersichtliche Märkte, das Überangebot auf Märkten, unverständliche Vertragsklauseln oder irreführende Produktinformationen genannt. Verbraucherpolitik bezieht sich zum einen auf den Schutz des Verbrauchers und zum anderen auf die Information der Verbraucher.

6.1 Verbraucherpolitik in Deutschland

In Deutschland ist auf oberster Ebene das **Bundesministerium für Ernährung, Landwirtschaft und Verbraucherschutz (BMELV)** zuständig für Verbraucherpolitik, Verbraucherschutz und Verbraucherinformation.

Es beschäftigt sich insbesondere mit folgenden Themen:
- gesundheitlicher Verbraucherschutz und Schutz des Verbrauchers vor Täuschungen bei Lebensmitteln, Kosmetika und anderen Produkten,
- Ernährungspolitik sowie Ernährungsaufklärung,
- Grundsatzfragen der Verbraucherinformation,
- Schutz der wirtschaftlichen Interessen der Verbraucher als Querschnittsabteilung zwischen den Fachabteilungen, beispielsweise sind dies:
  - das Justizministerium bei Regelungen des Bürgerlichen Rechts (z. B. Kaufvertrag) und des Handels- und Wirtschaftsrechts (z. B. Recht gegen unlauteren Wettbewerb),
  - das Wirtschaftsministerium bei Regelungen und Maßnahmen der Wettbewerbs- und Preispolitik, der Telekommunikations- oder Energiepolitik.

Im Rahmen der Verbraucherinformation fordert das Bundesministerium die Verbraucher z. B. auf Plakaten zu einem vorsichtigeren Umgang mit ihren persönlichen Daten auf – etwa bei der Ausgabe der eigenen E-Mail-Adresse oder bei der Weitergabe der Adresse bei Gewinnspielen.

Während die Gesetzgebung im Bereich des Verbraucherschutzes durch den Bund erfolgt, spielen die **Verbraucherzentralen** und die **Verbraucherzentrale Bundesverband e. V.** (vzbv) eine zentrale Rolle bei der Rechtskontrolle und -durchsetzung. Die vzbv ist die Dachorganisation von 16 Verbraucherzentralen der Länder, Verbraucherverbänden und weiteren verbrauchernahen Verbänden in Deutschland. Sie vertritt die Interessen der Verbraucher gegenüber Politik, Wirtschaft und Gesellschaft auf Bundesebene. Die Verbraucherzentralen in den 16 Bundesländern gewährleisten die Beratung und Information zu Fragen des Verbraucherschutzes auf örtlicher Ebene.

Das Verbraucherrecht ist in Deutschland überwiegend im Zivilrecht geregelt. Dafür gibt es keine zentrale Aufsichtsbehörde. Die Verbraucherzentralen und die Verbraucherzentrale Bundesverband setzen sich deshalb für die

Kontrolle und Durchsetzung von Recht und Gesetz ein. Sie sind sogar durch die Gesetzgebung mit Klagebefugnissen ausgestattet. Die vzbv gibt an, jährlich in rund 400 Verfahren gegen Verstöße gegen Verbraucherschutzbestimmungen vorzugehen. Damit wird erreicht, dass Gerichte Vertragsklauseln, die Verbraucher einseitig benachteiligen, überprüfen.

Verbraucherfreundlich: Verträge können nach einem Jahr gekündigt werden.

Ein Beispiel:
Die vzbv konnte erwirken, dass die Kündigungsfrist für Versicherungsverträge herabgesetzt wurde. Vorher war es üblich, Verbraucher zehn Jahre lang an eine Versicherung zu binden ohne die Möglichkeit einer früheren Kündigung. Der Gesetzgeber korrigierte diese einseitige Benachteiligung der Verbraucher. Heute sind Verträge mit einjähriger Kündigungsfrist Standard.

Die Verbraucherzentrale Bundesverband setzt sich auf drei Ebenen für die Rechte der Verbraucher ein: durch verbraucherpolitische Lobbyarbeit und Politikberatung, durch Rechtsdurchsetzung sowie durch Förderung der Verbraucherberatung.

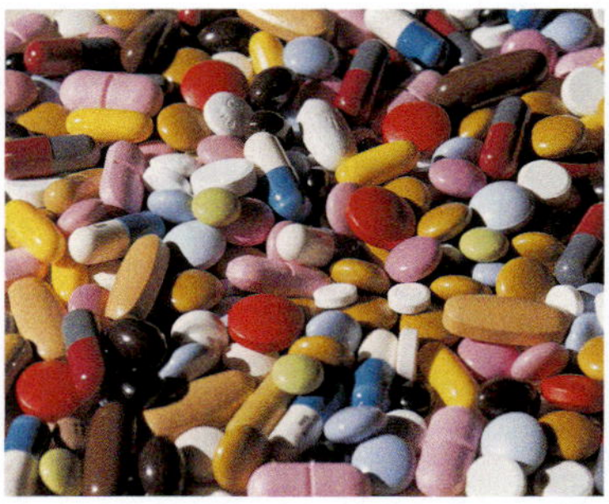

Arzneimittelschäden: Die Beweislast wurde umgekehrt.

Ein weiteres Beispiel aus der Arbeit der Verbraucherzentrale Bundesverband, um Verbraucherpolitik in Deutschland zu verdeutlichen:
Bislang mussten Patienten, die durch die Einnahme von Medikamenten Schäden davontrugen, einen kausalen Zusammenhang zwischen der Einnahme des Medikaments und den Folgeschäden nachweisen. Ohne einen solchen Nachweis, der nur sehr schwierig zu erbringen ist, hatten Patienten keinen Anspruch auf Schmerzensgeld. Nun ist auf Druck der Verbraucherzentrale Bundesverband eine Gesetzesänderung in Kraft getreten, mit der die Beweislast umgekehrt wird. Die Hersteller müssen jetzt nachweisen, dass die Schädigung nicht von den Arzneimitteln kommt.

Neben der Erstreitung des Verbraucherrechts auf verbraucherfreundliche Produkte spielt die Information und Aufklärung auch bei der Bundeszentrale eine große Rolle. So erhofft man durch umfassende Information des Verbrauchers, echte Wahlfreiheit und das Bewusstsein für einen nachhaltigen Konsum zu schaffen. Das Ziel ist, dass Verbraucher, die sich bei einer Neuanschaffung ausreichend informiert haben, die Wahl mit dem höchsten Nutzen aus der Perspektive der Nachhaltigkeit treffen: Dies sind Produkte, die sowohl wirtschaftlich als auch ökologisch und gesellschaftlich bedenkenlos sind. Kritiker aber wenden ein, dass Verbraucher damit überfordert sind.

Verbraucheraufklärung und -information durch Produkttests wird beispielsweise durch die **Stiftung Warentest** betrieben. Die Aufgabe dieser Organisation besteht darin, Verbrauchern durch vergleichende Tests von Waren und Dienstleistungen eine unabhängige und objektive Unterstützung bei der Produkt- oder Dienstleistungsbeurteilung zu bieten. Dazu kauft die Stiftung ein Produkt anonym im Handel ein oder nimmt Dienstleistungen verdeckt in Anspruch. Nach wissenschaftlichen Methoden werden die Angebote anschließend getestet und auf einer Skala von „sehr gut" bis „mangelhaft" bewertet. Schließlich werden die Ergebnisse in den Zeitschriften „test" und „Finanztest" veröffentlicht.

Neben den staatlichen Einrichtungen zum Verbraucherschutz gibt es auch freiwillige Schutzeinrichtungen, z. B. den **Deutschen Werberat**. Der Werberat ist die Selbstkontrollinstanz der Werbebranche, der über den Bereich staatlicher Rechtsetzung hinaus Konflikte zwischen werbenden Unternehmen und Verbrauchern regelt. Er stellt Verhaltensregeln und Richtlinien auf, z. B. für Plakatwerbung und Anzeigen. Wenn ein Unternehmen trotz Beanstandung durch den Werberat die Werbemaßnahme nicht einstellt, erhält das Unternehmen eine öffentliche Rüge. Der Werberat sendet in diesem Fall eine Pressemitteilung an die Massenmedien und kann somit erhebliche Imageschäden für das Unternehmen herbeiführen.

Ein Beispiel: Ein Möbelhersteller warb in seinem Prospekt mit dem Slogan „Wir nehmen Ihre ‚Alte' in Zahlung und schicken sie in die Wüste" für eine Eintauschaktion gebrauchter Möbel gegen neue. Groß abgebildet war in dem Prospekt eine ältere Dame neben einer Sitzgarnitur. Die Beschwerdeführerin sah in Wortwahl und Abbildung die Diskriminierung älterer Menschen und die Diskriminierung von Frauen. Nach Intervention durch den Werberat erklärte sich das werbende Unternehmen bereit, die Werbung einzustellen.

Weitere Beispiele unter: www.werberat.de.

6.2 Verbraucherpolitik auf europäischer Ebene

Auf europäischer Ebene ist die **Europäische Union** die wichtigste Institution, die Verbraucherpolitik betreibt. Die EU verfolgt das Ziel, Verbraucher dabei zu unterstützen, Entscheidungen am Markt „in voller Sachkenntnis" zu treffen. Umgesetzt wird die Aufgabe der Verbraucherbildung und -information sowie des Verbraucherschutzes von der **Europäischen Kommission**. Diese Institution hat die Aufgabe, die Politik der Union – z. B. bei Beschlüssen und Gesetzen – zu realisieren und eigene Rechtsvorschriften und Maßnahmen vorzuschlagen.

Ein Beispiel für Verbraucherinformation und -aufklärung ist das Projekt Dolceta der Generaldirektion für Gesundheit und Verbraucherschutz. Unter http://www.dolceta.eu wurde eine interaktive Online-Lernumgebung in allen EU-Mitgliedstaaten eingerichtet. Die Inhalte zu Themen wie Geldanlage, Kaufverträge, Werbestrategien oder gesunde Ernährung wurden in den einzelnen Ländern von Bildungsinstitutionen erstellt. Die einzelnen Module sind von allen Bürgern der EU kostenlos abrufbar. Lehrer, die Multiplikatoren in Sachen Verbraucherbildung sind, erhalten hier eigenes Unterrichtsmaterial.

1. Rufen Sie unter der nebenstehenden Adresse die Internetseite des Dolceta-Projektes auf. Sie finden dort umfangreiche Informationen sowie viele Testfragen zu verschiedenen Themen in mehreren Schwierigkeitsgraden.

Für die Jahre 2007 bis 2013 verfolgt die Europäische Kommission in Bezug auf Verbraucherschutz folgende Ziele:

1. Eine Stärkung der Verbraucher kommt den Bürgern zugute, belebt aber auch den Wettbewerb beträchtlich. Mündige Verbraucher benötigen echte Wahlmöglichkeiten, genaue Informationen, transparente Märkte und das Vertrauen, das durch wirksamen Schutz und ausgeprägte Rechte entsteht.

2. Verbesserung des Verbraucherwohls in puncto Preis, Wahlmöglichkeiten, Qualität, Vielfalt, Erschwinglichkeit und Sicherheit. Das Wohl der Verbraucher ist das Kernstück gut funktionierender Märkte.

EU-Verbraucherkommissarin Meglena Kuneva während einer Konferenz zu den Gefahren durch Walkmen am 28.09.2009

3. Wirksamer Schutz der Verbraucher vor ernsthaften Risiken und Gefahren, gegen die sich der Einzelne nicht alleine schützen kann. Ein hohes Schutzniveau ist für das Vertrauen der Verbraucher sehr wichtig.

Hinter diesen drei Zielsetzungen steht das Gesamtziel der Europäischen Union, bis 2013 einen wirksamen Binnenmarkt herbeizuführen. Derzeit wird die Entwicklung des Binnenmarktes in der EU von der Europäischen Kommission noch als unbefriedigend bezeichnet, weil er in 27 kleine, nationale Märkte zersplittert ist. Aber es wird das Potenzial gesehen, dass sich der Binnenmarkt zum größten Einzelhandelsmarkt der Welt entwickelt.

Mit dem grenzüberschreitenden Einkauf – z. B. von Neufahrzeugen, so die Einschätzung der Kommission – hätten Verbraucher mehr Wahlmöglichkeiten, und auf dem nationalen Markt würde mehr Wettbewerb ausgelöst werden. Der Euro habe den grenzüberschreitenden Einkauf bereits erleichtert, aber die Hindernisse für einen selbstständigen Einzelhandelsbinnenmarkt überwögen noch. So fehle den Verbrauchern bislang eine ausreichende Sicherheit bei Verbraucherverträgen und bei Rechtsstreitigkeiten; die Angst vor unseriösen Geschäftemachern, defekten Produkten oder Ähnlichem sei groß. Die Kommission strebt daher ein einheitlich hohes Schutzniveau in allen Ländern an, um das Vertrauen der Verbraucher in Produkte, Händler oder Verkaufsmethoden anderer EU-Länder aufzubauen.

6.3 Kritik an der Verbraucherpolitik

Kritisch zu betrachten ist das Bild, das einige Vertreter der Verbraucherpolitik in Deutschland und in der EU vom Verbraucher haben. So wird von einem rationalen Konsumenten ausgegangen. Wenn der Konsument gut informiert ist – so die gängige Meinung – dann kauft er preisbewusst, ökologisch und verantwortungsbewusst ein. Er wählt dasjenige Produkt aus, welches für ihn am gesündesten oder sichersten ist und für die Gesellschaft und Umwelt am besten. Voraussetzung ist nach Ansicht der Verbraucherpolitiker lediglich, dass Konsumenten ausreichend über ihre gesellschaftliche Verantwortung und die Konsequenzen ihres Konsumverhaltens lernen und auch die Tricks der Werbemacher durchschauen. Dies ist ein sehr idealtypisches Bild.

Faktisch lesen nicht alle Konsumenten Testzeitschriften, suchen Bildungsangebote der Verbraucherinstitutionen auf oder recherchieren Produktinformationen im Internet. Autos werden gekauft, weil das Design und Image gefällt, manchmal tritt dann der Umweltgedanke in den Hintergrund. Der Kleidungskauf hat etwas mit Selbstdarstellung zu tun, er unterliegt Einflussfaktoren wie Trends oder persönlichen Stimmungen und begründet sich nur selten in der Notwendigkeit, einen warmen Pullover zu benötigen. Anstatt dies zu akzeptieren und über geeignete Rahmenbedingungen zur Änderung des Verhaltens nachzudenken, wird über Informationspolitik versucht, den Verbraucher zu ändern. Wissen, Einstellungen und Verhalten – dies ist aus Studien seit Langem belegt – müssen aber nicht zwangsläufig Hand in Hand gehen. Am deutlichsten wird dies beim Thema Umwelt: Die meisten Menschen haben eine positive Einstellung zum Umweltschutz, aber die wenigsten sind bereit, dafür persönliche Einbußen hinzunehmen, sei es die Bequemlichkeit bei der Autonutzung, die Optik bei der Mode oder auch Einbußen finanzieller Art, da ökologisch unbedenkliche Produkte in der Regel teurer sind.

Außerdem beschäftigen sich Verbraucher nicht von morgens bis abends mit vernünftigen Konsumentscheidungen. Vieles wird – ohne nachzudenken – schnell und routinemäßig eingekauft. Dieses scheinbar „unvernünftige" Verhalten im Konsumbereich kann aus Sicht des Verbrauchers sogar sehr vernünftig und zweckmäßig sein, weil dadurch der Konsument wiederum andere Vorteile hat.

Wie in Deutschland legt auch die Europäische Union das Bild des „informierten", rationalen Konsumenten zugrunde. Über Appelle an das moralische Bewusstsein wird versucht, den Verbraucher zu ändern. Aber auch die Aufklärung darüber, dass z. B. übermäßiger Konsum bei uns gleichzeitig mit schlechten Arbeitsbedingungen in Produktionsländern zusammenhängt, kann kaum das Verhalten der Verbraucher beeinflussen. Konsumenten interessieren sich für die Preise und für die Qualität von Produkten, aber weniger für Arbeits- und Produktionsbedingungen. So ist ohne geeignete institutionelle Rahmenbedingungen – Gesetze oder Förderungen – zu beobachten, dass die Arbeit der Verbraucherpolitiker ohne nachhaltige Wirkung verpufft.

Auch die Entwicklung des Binnenmarktes in der EU zu einem großen Einzelhandelsmarkt kann nach Schaffung von Rechtsschutz und Aufklärung nicht ohne Weiteres vorausgesetzt werden. Neben Aufklärung und Vertrauen in eine seriöse Geschäftsabwicklung kommen eine Reihe von Einflussfaktoren hinzu, die das Kaufverhalten der Verbraucher beeinflussen.

Hierzu einige Beispiele:

- Bestellungen bei einem ausländischen Anbieter bringen hohe Transportkosten mit sich. Auch wenn man einen günstigen Anbieter im Ausland gefunden hat, können die Gesamtkosten des Kaufs hoch sein.

- Die geografische Entfernung ist ein Kaufhemmnis für solche Produkte, die man vor dem Erwerb gesehen oder anprobiert haben möchte.

- Wenn es nicht um standardmäßige Kaufabwicklungen im Internet geht, sondern Rückfragen oder Beratungen nötig sind, kann auch die Sprache eine Barriere darstellen genauso wie unterschiedliche Gepflogenheiten bei der Abwicklung des Kaufs.

- Es kann auch nicht vorausgesetzt werden, dass alle Anbieter an dem Ziel eines transparenten Binnenmarktes interessiert sind und dieses unterstützen. Ein großer Markt mit transparenten Preisen erzeugt bei den Unternehmen mehr Wettbewerb und mehr Preisdruck. Auf atomisierten, vielfältigen Märkten ist es hingegen möglich, unterschiedliche Preise für ein Produkt festzusetzen. Wo wenig Konkurrenz ist, können auch höhere Preise genommen werden.

1. a) Sehen Sie sich im Jahre 2013 als Nutzer des EU-Binnenmarktes als größten Einzelhandelsmarkt der Welt?
   b) Wovon hängt Ihre Nutzung ab? Diskutieren Sie Ihre Standpunkte.

In diesem Kapitel haben Sie den Markt als Koordinationsmechanismus für wirtschaftliche Aktivitäten kennengelernt, und Sie haben erfahren, dass darüberhinaus Demokratie, Verhandlungssysteme und Bürokratie zu den gesellschaftlichen Koordinationsmechanismen zählen.
Der absatzwirtschaftliche Prozess wurde Ihnen noch einmal im Überblick vorgestellt. Sie wissen nun, was man unter Marktforschung versteht und wie deren Prozess abläuft.
Die Kommunikationspolitik haben Sie anhand der Entwicklung einer realen Werbekonzeption schrittweise erarbeitet.
Im letzten Abschnitt haben Sie erfahren, wie wichtig Verbraucherpolitik auf nationaler und europäischer Ebene für den Interessensausgleich zwischen Anbieter und Verbraucher ist.

Mit folgenden Aufgaben können Sie eigenständig Ihr Wissen prüfen und vertiefen:

1. Überlegen Sie sich ein eigenes Beispiel für einen Gütermarkt, an dem Sie den Preismechanismus erklären. Nehmen Sie kritisch Stellung zum Modell des Preismechanismus.

2. Erklären Sie, warum Unternehmen auf gesättigten Märkten Marketing betreiben müssen.

3. „Unsere Gesellschaft hat mehr Koordinationsmechanismen als nur Märkte.“ Erläutern Sie diese Aussage.

4. Was bedeutet „Marktsegmentierung“? Nennen Sie ein Beispiel.

5. Ein Kosmetikunternehmen legt seiner Marktforschungsstudie folgende Hypothese zugrunde: „Junge Männer sind in Bezug auf ihre äußere Erscheinung eitler als ältere Männer.“
   a) Operationalisieren Sie „eitel“, „älter“ und „äußeres Erscheinungsbild“.
   b) Welche Fragen lassen sich daraus ableiten?

6. Was bedeutet „Positionierung“? Nennen Sie Beispiele für die Positionierung von Marken.

7. Stellen Sie die zentralen Aufgaben der Verbraucherpolitik in Deutschland dar.

V Wirtschaftspolitik

In diesem Kapitel gehen wir zunächst der Frage nach, warum der Staat in einem marktwirtschaftlichen Wirtschaftssystem überhaupt Wirtschaftspolitik betreiben muss. Es ist doch der Markt als Koordinationsmechanismus zwischen Angebot und Nachfrage, der alles bestens regelt. Wir werden sehen, dass die Bedingungen für ein freies Zusammenspiel der Marktkräfte nicht automatisch auf allen Märkten günstig sind und staatliche Eingriffe erforderlich sind.
Wer aber ist mit „dem Staat“ gemeint, und auf welche Weise kann wirtschaftliches Geschehen beeinflusst werden? Sie werden in einem weitern Schritt erfahren, dass staatliche Eingriffe nahezu allgegenwärtig sind und von ganz unterschiedlichen Institutionen wirtschaftspolitische Impulse ausgehen. Natürlich werden mit der Wirtschaftspolitik viele verschiedene Ziele verfolgt. Vor allem stehen Themen wie wirtschaftliches Wachstum, mehr Beschäftigung und ein stabiles Preisniveau im Mittelpunkt.
Die Entwicklung, Entscheidung und Umsetzung entsprechender Maßnahmen sind herausfordernde Aufgaben für alle Beteiligten. Nicht selten kommt es zu kontroversen Auseinandersetzungen, da die Interessen mitunter weit auseinandergehen. Dies lässt sich besonders gut an einem wichtigen wirtschaftspolitischen Handlungsfeld nachvollziehen: der Energiepolitik. Die Diskussion um Klimaschutz, niedrige Preise und eine sichere Versorgung ist allgegenwärtig und macht dieses Politikfeld zu einem „hochspannenden“ Thema, bei dem es um die Bewältigung großer gesellschaftlicher Herausforderungen geht.

1 Einführung in die Wirtschaftspolitik einer sozialen Marktwirtschaft

Montagmorgen, 6:30 Uhr: Herr Müller sitzt mit seiner Familie am Frühstückstisch. Wie jeden Morgen gibt es Brötchen, Kaffee und die Tageszeitung. Für Herrn Müller ein absolutes Muss – man will schließlich informiert sein und im Büro mitreden können. Er nimmt einen Schluck Kaffee, schlägt die Zeitung auf und beginnt, die ersten Schlagzeilen zu lesen.

Wachstum schafft zu wenig Arbeitsplätze!

Hohe Benzinpreise – Opposition fordert Entlastung der Verbraucher

Land lehnt Antrag auf Zuschuss zum Bau des neuen Schwimmbades ab

Zahl der Hartz-IV-Empfänger wieder gestiegen

Koalition garantiert: Keine zusätzlichen Steuerbelastung

Die tägliche Zeitungslektüre bringt Herrn Müller oft schon morgens in Rage.

Arbeitslosigkeit, soziale Ungleichheiten und zur Krönung wurde der Fördermittelantrag für das neue Schwimmbad – nach einem Jahr Bearbeitungszeit – auch noch abgelehnt. „Was machen die da oben eigentlich den ganzen Tag?", poltert Herr Müller los. „Die sollen sich mal bewegen!" Frau Müller, an die emotionalen Ausbrüche ihres Mannes bei der Lektüre der Tageszeitung seit Jahren gewöhnt, reagiert gelassen. „Du liebe Güte, was soll der Staat denn noch alles machen? Er tut doch eine ganze Menge; immerhin sind die Arbeitslosenzahlen in der letzten Zeit zurückgegangen. Krippenplätze soll es auch mehr geben und ..." Herr Müller schneidet seiner Frau das Wort ab: „Und warum liest man dann jeden Tag von Problemen in der Wirtschaft? Scheinbar bekommt keiner von unseren lieben Politikern auch nur eines davon annähernd in den Griff!"

Ob in Tageszeitungen, Nachrichtenmagazinen oder politischen Diskussionsrunden – häufig geht es um notwendige Korrekturen durch „den Staat". Grundlegende Sachverhalte werden dabei oft außer Acht gelassen: Wer verbirgt sich eigentlich hinter dem Begriff „Staat"? Welche Aufgaben kommen ihm in unserem Wirtschaftssystem überhaupt zu – und wann sollte er sich aus dem Geschehen besser heraushalten?

Zur Beantwortung dieser Fragen ist es notwendig, zunächst die zentralen Merkmale der sozialen Marktwirtschaft als Wirtschaftsordnung der Bundesrepublik Deutschland zu betrachten. Festgelegt sind darin die Spielregeln, nach denen die Akteure und eben auch der Staat im Wirtschaftsgeschehen eines Landes agieren können und sollen.

1.1 Kennzeichen und Prinzipien der sozialen Marktwirtschaft

In einer Marktwirtschaft treffen die Wirtschaftsteilnehmer ihre Entscheidungen frei und unabhängig voneinander auf Märkten. Dort – und nicht etwa durch zentrale Pläne der Regierung – wird entschieden, welche Sachgüter und Dienstleistungen letztlich angeboten werden. Gelenkt wird der Wirtschaftsprozess über Preise, deren Höhe sich durch das Zusammenspiel von Angebot und Nachfrage ergibt und nicht von staatlicher Seite vorgegeben wird. Man spricht daher auch von einer „dezentralen Planung".

In einer Marktwirtschaft wird das Privateigentum in besonderer Weise geschützt und garantiert. Nicht „der Staat" verfügt über Maschinen und Fabriken, sondern einzelne Bürger. Waren und Dienstleistungen werden zum absolut überwiegenden Teil von privatwirtschaftlich organisierten Unternehmen bereitgestellt. Brötchen, Autos und Computerspiele sind dafür ebenso Beispiele wie Kohle und Strom. Nur in wenigen Ausnahmefällen, wie zum Beispiel bei Feuerwehr- und Polizeifahrzeugen oder Schulgebäuden, ist der Staat Eigentümer. Die Unternehmen arbeiten in einer Marktwirtschaft nach dem erwerbswirtschaftlichen Prinzip. Sie streben also nach Maximierung ihrer Gewinne und nicht danach, staatlich vorgegebene Pläne zu erfüllen.

In einer Marktwirtschaft eine Ausnahme: Eigentum in der Hand des Staates.

Auch ein Banken- und ein funktionierendes Steuer- und Abgabensystem gelten als Merkmale einer Marktwirtschaft. In einer staatlich gelenkten Zentralverwaltungs- bzw. Planwirtschaft kommt ihnen dagegen kaum eine Bedeutung zu. Die Grafik fasst die genannten Punkte noch einmal zusammen und macht gleichzeitig deutlich, worin sich grundsätzlich eine marktwirtschaftliche von einer zentralverwaltungswirtschaftlichen Ordnung unterscheidet:

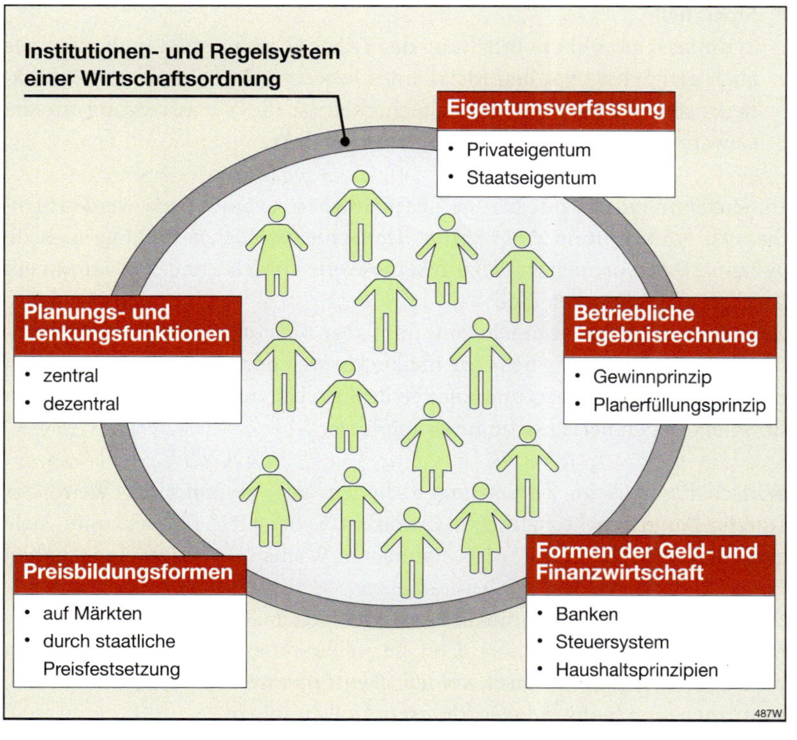

1. Bilden Sie dazu Arbeitsgruppen mit drei bis fünf Teilnehmern. Jede Gruppe setzt sich mit einem der folgenden Länder auseinander: Bolivien, China, Spanien und Türkei. Ermitteln Sie, welche zentralen Elemente die Wirtschaftsordnung kennzeichnen, und stellen Sie Ihre Ergebnisse den anderen Gruppen vor.

In der Theorie der marktwirtschaftlichen Ordnung fallen dem Staat und seinen Einrichtungen nur wenige wirtschaftspolitische Aufgaben zu. Er soll insbesondere dafür sorgen, dass der Wettbewerb auf den Märkten störungsfrei ablaufen kann. Der Staat hat somit lediglich eine Überwachungsfunktion und garantiert durch seine Rechtsordnung zum Beispiel Vertragsfreiheit, freie Berufs- und Arbeitsplatzwahl sowie die Gewerbefreiheit. Dabei sollen wirtschaftspolitische Handlungen der Verwirklichung gesellschaftlicher Grundwerte dienen. Wie in vielen anderen westlichen Industrieländern werden auch in Deutschland folgende Werte als zentral angesehen, die auch im Grundgesetz festgeschrieben wurden:

- **Freiheit**
  ... bedeutet, dass ein Individuum sein Leben weitgehend nach eigenen Vorstellungen gestalten kann. Dies ist die notwendige Voraussetzung für die Entfaltung der eigenen Persönlichkeit. Die Wirtschaftspolitik hat sicherzustellen, dass die persönliche Freiheit jedes Einzelnen durch wirtschaftliches Handeln und wirtschaftliche Macht nicht eingeschränkt wird.

- **Gerechtigkeit**
  ... bedeutet, dass alle Bürger eines Staates die gleichen Rechte besitzen. Niemand darf beispielsweise aufgrund seines Geschlechts, seiner Abstammung oder seines Glaubens benachteiligt oder bevorzugt werden. Es geht also um die Herstellung von individueller Chancengleichheit. Für die Wirtschaftspolitik geht es vor allem um die möglichst gerechte Verteilung von Einkommen und Vermögen. Zu bedenken ist jedoch, dass es keine allgemein gültige Definition oder Formel für Gerechtigkeit gibt. Was letztlich als gerecht empfunden wird, muss eine Gesellschaft für sich unter den gegebenen Umständen immer wieder neu bestimmen.

- **Sicherheit**
  ... umfasst sowohl die Erhaltung des Friedens nach innen und außen als auch den Schutz vor den Risiken des Lebens (z. B. Behinderung, Krankheit), soweit dies möglich ist. Sicherheit ist die Voraussetzung für die Gewährleistung von Freiheit und Gerechtigkeit.

Im Zusammenhang mit den gesellschaftlichen Grundwerten werden häufig auch Fortschritt oder Förderung des Gemeinwohls als wichtige Aspekte genannt. Dabei handelt es sich um keine Werte an sich, sondern eher um ein gesellschaftspolitisches Ziel.
Zum Fortschritt bzw. Gemeinwohl trägt aber nicht allein eine positive wirtschaftliche Entwicklung bei. Eine intakte Umwelt oder soziale Netze gehören beispielsweise auch dazu und müssen deshalb bei wirtwirtschaftspolitischen Entscheidungen berücksichtigt werden.

Wirtschaftspolitische Zielsetzungen dienen also in indirekter Weise der Durchsetzung gesellschaftlicher Grundwerte. Beispiele für bekannte Ziele sind u. a. die Sicherung wirtschaftlichen Wachstums oder eines hohen Beschäftigungsstandes.
Wichtig in diesem Zusammenhang ist, dass solche Zielformulierungen operationalisiert werden können, d. h., sie sollen konkretisiert und nach Möglichkeit nachweisbar verfasst werden. Denn nur wenn Ziele messbar sind, kann auch eine (notwendige) Erfolgskontrolle erfolgen.

wirtschaftliche Ziele		gesellschaftliche Grundwerte
Beispiele • wirtschaftliches Wachstum • Vollbeschäftigung • gerechte Einkommens- und Vermögensverteilung • ...	dienen der Verwirklichung	• Freiheit • Gerechtigkeit • Sicherheit • Fortschritt bzw. Förderung des Gemeinwohls

Die Grundidee der marktwirtschaftlichen Ordnung hört sich einfach an, ihre Umsetzung ist jedoch äußerst schwierig. In der Realität greifen die Regierungen und Volksvertretungen auf Bundes-, Landes- und kommunaler Ebene sehr oft in das Wirtschaftsgeschehen ein. Der wichtigste Grund ist, dass der Markt „versagen" kann und es ihm nicht gelingt, die knappen Mittel effizient zu vertiefen. Es bedarf dann korrigierender Eingriffe des Staates.

Betrachten wir auf der Suche nach Ursachen für Marktversagen zunächst die so genannten öffentlichen Güter, zu denen z. B. ein Deich an der Nordsee und die Straßenbeleuchtung in einer Stadt zählen. Sie stellen Güter dar, die nicht auf Märkten gehandelt werden können und von staatlicher Stelle bereitgestellt werden müssen. Im Gegensatz zu privaten Gütern, wie einem Paar Schuhe, einem MP3-Player oder einem Haarschnitt, können öffentliche Güter von jedem genutzt werden – selbst dann, wenn er nicht einen Cent dafür bezahlt hat. Sofern ein notwendiges Gut einfach nicht über den Markt bereitgestellt wird, muss der Staat selbst als Anbieter auftreten.

Privates Gut ...

öffentliches Gut

Eng mit diesem Phänomen verbunden ist, dass bei der Preisbildung manchmal nicht alle für die Gesellschaft relevanten Kostenfaktoren berücksichtigt werden: Wir zahlen eigentlich zu wenig!

1. Suchen Sie auf aktuellen Wirtschaftsseiten einer Tageszeitung Formulierungen wirtschaftspolitischer Ziele von politischen Entscheidungsträgern und listen Sie diese auf.

2. Untersuchen Sie, inwieweit sich der Erfolg bzw. die Zielerreichung der von Ihnen gefundenen Zielformulierungen überprüfen lässt (beispielsweise anhand bestimmter Daten).

3. Erläutern Sie, warum oftmals nichtoperationalisierbare Ziele formuliert werden.

4. Anlog zum Begriff „Marktversagen" gibt es auch den Begriff „Staatsversagen". Was, denken Sie, könnte sich hinter diesem Begriff verbergen? Recherchieren Sie ggf. im Internet.

Kranke Bäume – externer Effekt durch schädliche Abgase

Externe Kosten der Stromerzeugung in Deutschland 2005

Energieträger zur Stromerzeugung in Deutschland 2005	externe Kosten je kWh
Braunkohle	8,7 Cent
Steinkohle	6,8 Cent
Heizöl	6,1 Cent
Erdgas	3,9 Cent
Wasserkraft	0,4 Cent
Fotovoltaik	0,8 Cent
Windkraft	0,1 Cent
fossile Energieträger (Durchschnitt 2005)	7,0 Cent

Quelle: Umweltbundesamt 2007

Viel Konkurrenz auf einem Wochemarkt

Beim Autofahren entstehen z. B. schädliche Abgase. Für die Kosten, die hierdurch entstehen, kommen nun aber nicht die Autofahrer auf, sondern die betroffenen Personen. Hier haben wir es mit externen Effekten, genauer gesagt mit externen Kosten, zu tun. „Extern" deshalb, weil die Handlungen der Akteure Effekte bzw. Kosten für Außenstehende verursachen, die diese nicht selbst beeinflussen können. Intuitiv ist klar, dass das nicht gerecht ist. Der Staat muss nun versuchen, hier Lösungen zu finden, die allen Beteiligten gerecht werden.

Q

Autofahren ist zu billig

Bundesamt möchte Kosten für Umwelt besser erfassen

Berlin. Umwelt- und Klimaschäden müssen sich nach Auffassung des Umweltbundesamtes stärker in höheren Preisen widerspiegeln. So sei das Autofahren – gemessen an den Folgen für Umwelt und Gesundheit – noch immer zu billig, sagte Umweltbundesamt-Chef Andreas Troge in Berlin. Ein Auto mit sieben Litern Durchschnittsverbrauch etwa verursache je Kilometer drei Cent Folgekosten. „Bei einer durchschnittlichen Gesamtfahrleistung von 100.000 Kilometern sind dies 3.000,– € an externen Kosten pro Fahrzeug", so Troge. Diesen entstünden vor allem aus der Emission von Luftschadstoffen wie Feinstaub oder Stickoxiden, aber auch des Klimaschädlings Kohlendioxid. Ökonomen verstehen unter „externen Kosten" jenen Aufwand, den nicht der Verursacher trägt, sondern die Allgemeinheit. Je höher diese externen Kosten, desto mehr lebt der Verursacher auf Kosten Dritter. Dies zu korrigieren erfordere höhere Preise, etwa für Kraftstoffe, so Troge. So müsse die Ökosteuer von derzeit 15,3 Cent je Liter weiter ansteigen, fordert das Umweltbundesamt. Bei einem Niveau von 32,0 Cent könnten die externen Kosten eines Mittelklasse-Autos hinreichend berücksichtigt sein. Auch die Lkw-Maut, derzeit im Schnitt 12,4 Cent je Kilometer, müsse weiter steigen; nach Berechnungen der Umweltbehörde auf 17,0 Cent.

„Solange die Preise den Verzehr an unserer Umwelt nicht adäquat wiedergeben, müssen wir immer größere Anstrengungen unternehmen, um falsche Signale zu korrigieren", warnte Troge. Bisher scheitere die Schätzung solcher Kosten jedoch schon an methodischen Fragen: Was genau sind die Folgen, etwa für die Gesundheit? Wie hoch ist der Preis einer Erkrankung? Was ist unbeschädigte Natur wert? Und wie hoch ist eigentlich der Preis bei Schäden, die erst in 100 Jahren auftreten? Diese Bewertung soll nun eine „Methodenkonvention" des Umweltamtes nachvollziehbar machen. [...]

Quelle: Bauchmüller, Michael, in: Süddeutsche Zeitung, 18.04.2007, S. 6

Ein weiterer wichtiger Grund für staatliche Eingriffe in das Marktgeschehen ist das Entstehen von Marktmacht und deren Missbrauch. Von Marktmacht wird immer dann gesprochen, wenn entweder ein einzelnes oder mehrere Unternehmen gemeinsam eine so starke Marktstellung haben, dass sie von Wettbewerbern nicht wirksam kontrolliert werden können. Marktmächtige Unternehmen verfügen dann über Freiheiten bei der Preissetzung. Sie können höhere Preise festlegen, als das auf einem Markt mit vielen Konkurrenten (z. B. Gemüsestände auf dem Wochenmarkt, Friseurgeschäfte in der Innenstadt) möglich wäre, und auf diese Weise zusätzlich Gewinne erzielen. Diese beruhen dann jedoch nicht auf besseren Leistungen.

Zusammenfassend kann man also feststellen, dass staatliche Eingriffe in das Wirtschaftsgeschehen aus unterschiedlichen Gründen notwendig sind. Wir werden darauf an anderer Stelle genauer eingehen. Kommen wir jetzt noch einmal zurück zur Betrachtung der Wirtschaftsordnung der Bundesrepublik Deutschland. Die grundsätzliche Freiheit der Märkte ist zwar ein wichtiges, jedoch nicht das einzige Merkmal. Folgende Beispiele zeigen, welches Kennzeichen noch von Bedeutung ist:

- Verdient eine Familie nicht genügend Geld, um für die grundlegenden Bedürfnisse aller Mitglieder (z. B. Lebensmittel, Kleidung, Wohnraum) aufzukommen, kann sie bei staatlichen Stellen finanzielle Unterstützung beantragen.

- Im Rahmen der Einkommensbesteuerung findet ein sozialer Ausgleich statt. Für Haushalte mit einem hohen Einkommen gelten höhere Steuersätze als für solche mit geringerem Einkommen.

Sozialer Ausgleich ist also ein weiteres wesentliches Kennzeichen unserer Wirtschaftsordnung. Konkret haben wir es in Deutschland mit der so genannten „sozialen Marktwirtschaft" zu tun. Die Hintergründe und Ereignisse, die zu dieser besonderen Ausprägung geführt haben, werden im Kapitel 1.2 genauer beleuchtet. An dieser Stelle wollen wir uns zunächst mit charakteristischen Kennzeichen und Prinzipien auseinandersetzen.

Artikel 20 Absatz 1 Grundgesetz
Die Bundesrepublik Deutschland ist ein demokratischer und sozialer Bundesstaat.

Dem Staat fällt die Aufgabe zu, zunächst den ordnungspolitischen Rahmen zu setzen. Dazu gehört insbesondere ein Rechtsrahmen, der die Freiheitsrechte für alle Mitglieder der Gesellschaft sichert (z. B. Vertragsfreiheit, Privateigentum an Produktionsmitteln, freie Berufswahl). Unterschiedliche Maßnahmen dienen dann dazu, Schwankungen in der wirtschaftlichen Entwicklung und extreme soziale Ungleichheiten auszugleichen. Man kann also sagen, dass die soziale Marktwirtschaft die Freiheit auf den Märkten mit sozialem Ausgleich zu verbinden versucht. Drei Prinzipien kennzeichnen sie:

- **Wettbewerbsprinzip**
  Der Wettbewerb ist besser als eine Planbehörde dazu geeignet, die wirtschaftliche Entwicklung zu fördern und neues technisches Wissen hervorzubringen. Hinzu kommt, dass gerade diese Form der Wirtschaftens dem menschlichen Bedürfnis nach individueller Freiheit (z. B. bei der Arbeitsplatzwahl oder bei Konsumentscheidungen) entspricht. Einseitige wirtschaftliche Macht, die negative Folgen haben kann, soll durch Wettbewerbsregeln und Kontrolle verhindert werden.

- **Sozialprinzip**
  Kommt es in einigen Bereichen der Marktwirtschaft zu Verzerrungen, soll der Staat im Rahmen der Sozialpolitik ein System der sozialen Sicherung einrichten. Da, wo die sich selbst überlassenen Marktkräfte die sozialen Fragen einer Volkswirtschaft nicht lösen können, greift er ordnend und steuernd ein. Er errichtet beispielsweise auch Schulen, Krankenhäuser oder Verkehrsbetriebe, um den Bedarf an lebenswichtigen Sachgütern und Dienstleistungen zu decken, die von privatwirtschaftlich organisierten Unternehmen nicht oder nur im geringen Umfang zur Verfügung gestellt werden.

Konjunktur
Bezeichnung der Gesamtsituation einer Volkswirtschaft, die sich aus der gleichzeitigen Betrachtung verschiedener volkswirtschaftlicher Größen ableitet. Die Entwicklung ist von wellenförmigen Schwankungen gekennzeichnet, die als Konjunkturphasen bezeichnet werden.

- **Marktkonformitätsprinzip**
  Alle Eingriffe vonseiten des Staates sollen die Marktprozesse so wenig wie möglich stören.

Häufig wird noch ein viertes, das **konjunkturpolitische Prinzip** genannt. Dahinter verbirgt sich die Aufgabe des Staates, durch entsprechende Maßnahmen zu große Schwankungen in der Wirtschaftsentwicklung zu vermeiden.

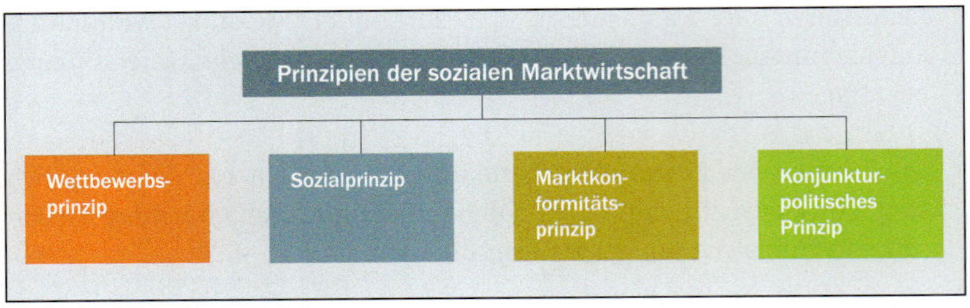

1.2 Entstehung der sozialen Marktwirtschaft nach dem Zweiten Weltkrieg

Jede Wirtschaftsordnung hat eine besondere Geschichte und ist damit das Ergebnis eines oft langwierigen historischen Prozesses. Ihre Ausgestaltung ist aber keine Aufgabe, die zu irgendeinem Zeitpunkt wirklich abgeschlossen ist. Soziokulturelle Entwicklungen, technischer Fortschritt, besondere Ereignisse und vieles mehr tragen dazu bei, dass eine Wirtschaftsordnung sich permanent weiterentwickelt. Auch in der Bundesrepublik Deutschland lässt sich dieser Entwicklungsprozess nachvollziehen. In den folgenden Abschnitten werden wichtige Schritte nachgezeichnet, die zum Entstehen der sozialen Marktwirtschaft geführt haben.

Nach dem Ende des Zweiten Weltkriegs kam der Frage nach der zukünftigen Wirtschaftsordnung eine besondere Bedeutung zu. Für eine gewisse Zeit wurde auch nach 1945 die Kriegszwangswirtschaft (Regulierung der Gütermärkte, Bildung von „Schwarzmärkten" mit Tauschhandel, Lebensmittelkarten als Bezugsberechtigung) fortgesetzt. Natürlich konnte dies nur eine Übergangslösung sein. Vertreter, die eine „freie Marktwirtschaft" forderten, kamen kaum zu Wort, vielmehr wurden nun die Diskussionen um eine neue Wirtschaftsordnung wieder verstärkt von Kapitalismuskritikern beherrscht. Noch immer stand man unter dem Eindruck des politischen Misslingens der Weimarer Republik und der nach 1918 ausgebliebenen Sozialisierung, die eine Verbesserung der Lebensbedingungen großer Bevölkerungsteile mit sich bringen sollte. Der Schock der Weltwirtschaftskrise der Zwanzigerjahre hatte sich fest im Gedächtnis der Bevölkerung eingenistet. Den vorhandenen Institutionen traute man nicht zu, solche Krisen zu verhindern oder zu bewältigen. Der Glaube, dass eher eine sozialistisch geprägte Wirtschaftsordnung solche Krisen mit ihren dramatischen ökonomischen, politischen und psychologischen Dimensionen erst gar nicht hätte entstehen lassen, machte sich breit. Auch wirtschaftswissenschaftliche Vertreter äußerten die Meinung, dass es eine gewisse Unvermeidlichkeit für einen Marsch in den Sozialismus gäbe, so z. B. Joseph Schumpeter in seiner 1942 erschienenen Monografie über „Capitalism, Socialism and Democracy".

1. Beschreiben Sie die Hauptaufgaben, die dem Staat in der sozialen Marktwirtschaft zugeschrieben werden.

Doch es sollte anders kommen. Als Beginn der sozialen Marktwirtschaft in Deutschland kann der 20. Juni 1948, der Tag der Währungsreform, gelten, an dem allen Deutschen in der amerikanischen und der britischen Zone die Deutsche Mark ausgehändigt wurde. Jeder Bewohner der westlichen Besatzungszone erhielt 40 DM Startgeld. Es war Ludwig Erhard, der als damaliger Direktor der Verwaltung für Wirtschaft in den Zonen der Briten und Amerikaner eine Wirtschaftsreform verkündete, in deren Rahmen die Freigabe der Preise einen besonderen Stellenwert einnahm und die noch von der Kriegszeit stammende Planwirtschaft damit nahezu schlagartig auf eine Marktwirtschaft umstellte.

1. a) Ermitteln Sie, welche Länder heute als sozialistisch geprägt gelten und anhand welcher Merkmale dies festgemacht wird.
   b) Finden Sie heraus, ob bestimmte Ereignisse oder Entwicklungen dort zum Sozialismus führten.

Schlangen bei der Ausgabe des neuen Geldes

Ludwig Erhard – Vater des deutschen „Wirtschaftswunders"

Im März 1948 wurde Ludwig Erhard Wirtschaftsdirektor der Zweizonenverwaltung („Bizone") und stand damit vor der Aufgabe, die Neuordnung des Geldwesens durch eine Reform der allgemeinen Wirtschaftsordnung zu ergänzen. Ludwig Erhard übernahm am 20.11.1949 für die kommenden 14 Jahre das Wirtschaftsressort des ersten Bundeskanzlers der Republik, Konrad Adenauer. Grundlage für Erhards Wirtschaftspolitik war das Programm der sozialen Marktwirtschaft, das Alfred Müller-Armack, Nationalökonom in Münster und seit den 1940er-Jahren mit Erhard befreundet, entworfen hatte. Erhard verfolgte eine Politik mit dem Ziel „Wohlstand für alle", und der Wiederaufbau der deutschen Wirtschaft geht maßgeblich auf sein Wirken zurück. Die Wirtschaft musste seiner Meinung nach aus den Fesseln der staatlichen Bevormundung gelöst werden. Schon während der Besatzungszeit hob er als Direktor des Wirtschaftsrates eigenmächtig Wirtschaftsbeschränkungen und Preisbindungen auf und wurde deshalb sogar in das Büro des amerikanischen Militärgouverneurs Lucius D. Clay zitiert. Erhards Programm war die Vermittlung eines festen Glaubens an die regulierende Kraft der freien Märkte.

Nach der Währungsreform ging die Schere zwischen Löhnen und Preisen erst einmal weit auf. In den ersten Tagen waren die Läden leer gekauft, und

Ludwig Erhard
** 4.2.1897 in Fürth*
† 5.5.1977 in Bonn

die Preise kletterten in die Höhe. Der Abbruch des marktwirtschaftlichen Experimentes wurde verlangt und der „unfähige Politiker“ Erhard sollte entfernt werden. Im November 1948 riefen Gewerkschaften zum Generalstreik auf „gegen die Anarchie auf den Warenmärkten und gegen das weitere Auseinanderklaffen von Löhnen und Preisen“. Etwa neun Millionen Arbeiter folgten dieser Aufforderung. Die Auseinandersetzungen um die Wirtschaftsordnung dauerten an, sie standen ein halbes Jahr später im Mittelpunkt des Wahlkampfes, in dem Ludwig Erhard aber schon die „Wahllokomotive“ der CDU/CSU war, weil sich der Erfolg der Wirtschaftspolitik zeigte.
1957 ernannte Adenauer ihn zum Vizekanzler der Republik. Erhard verfolgte konsequent seine von ihm für richtig gehaltene Linie. 1960 erreichte das Wachstum eine Traumhöhe von 8,6 %, die Löhne und Gehälter in der Metallindustrie stiegen um 8,5 % und „Arbeitslosigkeit“ war allmählich ein selten gebrauchtes Wort. Von 1963 bis 1966 war Erhard Bundeskanzler.

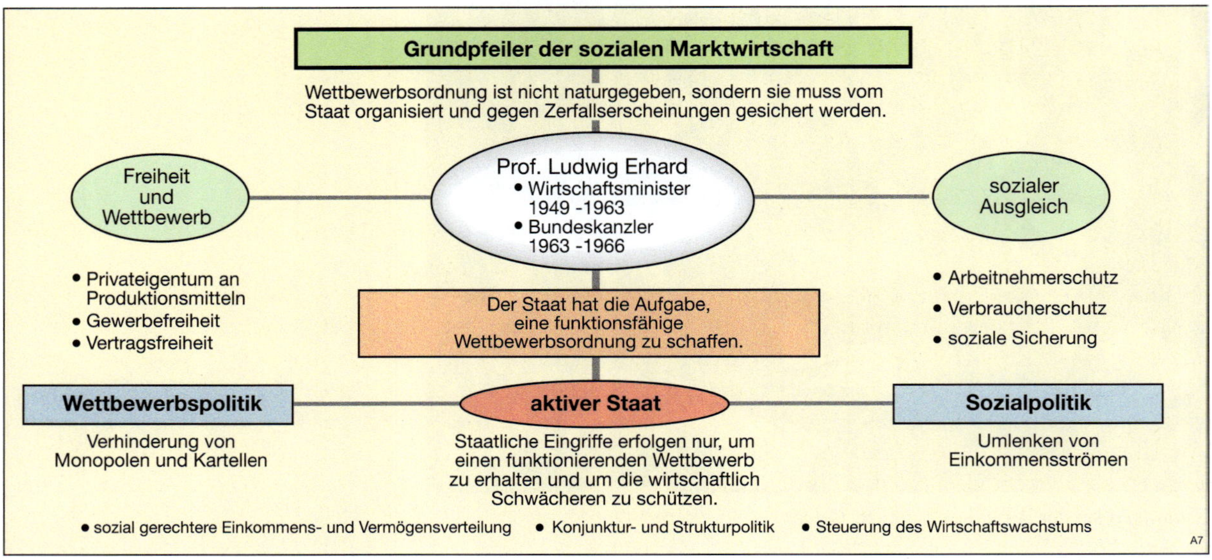

Bis heute hat das Konzept der sozialen Marktwirtschaft in der Bundesrepublik Deutschland Bestand. Besonders kontrovers wird seit jeher über die Frage diskutiert, was genau „sozial“ heißt und wie viel Staat wirklich gebraucht wird. Die beiden folgenden Artikel zeigen Ausschnitte aus der aktuellen Debatte.

Soziale Marktwirtschaft ist mehr als Hartz IV

Die aktuelle Krise auf den Finanzmärkten bringt marktwirtschaftliche Prinzipien generell in Verruf und damit auch die deutsche Wirtschaftsordnung, die soziale Marktwirtschaft. Lange Zeit ein Erfolgsmodell, hatte sie allerdings schon vor der aktuellen Krise viel Vertrauen verloren. Nur noch rund ein Drittel der Deutschen hatte in den letzten Jahren eine „gute Meinung“ über die deutsche Wirtschaftsordnung, etwa ebenso viele lehnten sie ab. Besonders enttäuscht zeigen sich die Ostdeutschen, von denen sich unmittelbar nach der Wende mehr als 75 % der Befragten positiv über das für sie neue Wirtschaftssystem äußerten. Heute sind es kaum mehr 20 %!

War es in Ostdeutschland vor allem die massive und andauernde Arbeitslosigkeit, die zur Enttäuschung über die soziale Marktwirtschaft führte, so wuchs in Westdeutschland die Kritik wegen des „Abbaus des Sozialstaats", wegen der Hartz-Gesetze, wegen zunehmender Kinder- und Altersarmut sowie wegen sinkender Realeinkommen breiter Schichten, während die Einkommen von Managern und Aktionären stiegen. Politisch hat dies zu einem deutlichen Linksruck im Parteiengefüge geführt.

Ist die deutsche Wirtschaftsordnung nicht zureichend sozial? Woran kann man das überhaupt messen? Üblicherweise, aber sehr oberflächlich, wird das „Soziale" mit dem sozialen Netz gleichgesetzt. Ein Blick auf die Entwicklung der Ausgaben zeigt, dass von einem sozialstaatlichen „Abbau" nicht die Rede sein kann: Absolut sind sie seit den 50er-Jahren bis heute immer gestiegen, zeitweise sogar überproportional. Die Sozialleistungsquote (also der Anteil der Sozialausgaben am Bruttoinlandsprodukt), die anfangs rund 15 % betrug, stieg bereits bis Mitte der 70er-Jahre auf 33 % an. Seither debattieren wir schon über die „Grenzen des Sozialstaats"! Sozialreformen und zuletzt die Abnahme der Arbeitslosigkeit haben die Quote dann trotz Wiedervereinigung und „Sozialunion" auf etwa 30 % im vergangenen Jahr reduziert.

Die Väter der sozialen Marktwirtschaft, die Freiburger „Ordoliberalen" um Walter Eucken, aber auch Ludwig Erhard, interpretierten das „Soziale" der sozialen Marktwirtschaft primär anders: Sie wiesen vor allem auf die sozialen Effekte einer wettbewerbsorientierten, weitgehend monopolfreien Marktwirtschaft hin: Freiheit der Entscheidungen für Konsumenten und Produzenten, die Orientierung der Produktion an den Wünschen der Verbraucher, eine durch Wettbewerb erzwungene hohe wirtschaftliche Effizienz – all das führe zu entsprechend hohen Pro-Kopf-Einkommen und damit zum „Wohlstand für alle". Erst die funktionierende Wettbewerbswirtschaft biete das tragfähige Fundament für eine sozialstaatliche Einkommensumverteilung. Diese Einsicht geht politisch immer wieder verloren, wenn man außer Acht lässt, dass jede Sozialausgabe letztlich nur via Sozialabgaben oder Steuern aus den Markteinkommen anderer finanziert werden kann.

Seit Beginn der sozialen Marktwirtschaft ruht das „Soziale" noch auf einer dritten Säule: Auch die Wirtschaftspolitik verfolgt soziale Ziele. So verlangt das Stabilitätsgesetz ein beständiges Preisniveau, einen hohen Beschäftigungsgrad sowie angemessenes Wirtschaftswachstum. Die Strukturpolitik soll den notwendigen Wandel sozial erträglich machen. Sozial wirken auch die umverteilende Steuerpolitik, die Bildungspolitik mit weitgehend kostenlosem Schul- und Hochschulbesuch, die Mieter- und Verbraucherschutzpolitik und anderes. Das „Soziale" ist in vielfacher Weise in der sozialen Marktwirtschaft verankert.

Woher dann das eingangs beschriebene Unbehagen an der deutschen Wirtschaftsordnung? Es ist zum einen die Folge einer kurzsichtigen Allianz von Politikern und Wählern, die sich von zusätzlichen Sozialausgaben beiderseitige Vorteile versprechen, ohne die langfristigen Folgen zu bedenken. Zum anderen beeinträchtigen zunehmend Konstruktionsfehler im deutschen Sozialstaat seine Effizienz und verursachen unnötig hohe Kosten. So lastet etwa die Finanzierung der Sozialausgaben seit Bismarck weitgehend auf

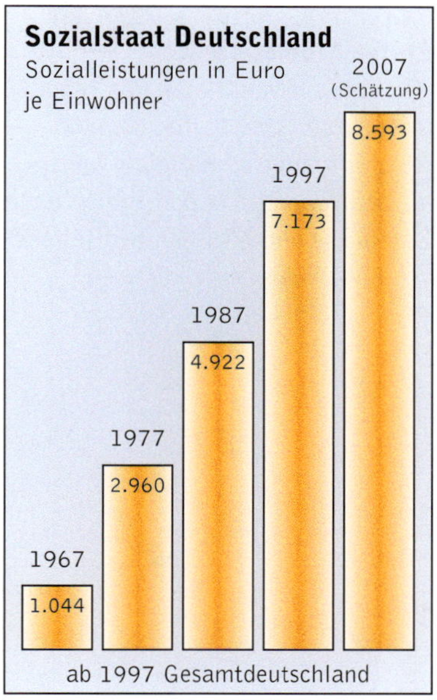

Ordoliberalismus

Der Begriff steht für den Entwurf einer freiheitlichen Wirtschafts- und Gesellschaftsordnung. Es besteht jedoch nach Auffassung der Ordoliberalen die Notwendigkeit, dem privatwirtschaftlichen Wettbewerb einen gesetzlichen Rahmen zu geben. Damit soll der Staat sicherstellen, dass die Vorteile wirtschaftlicher Freiheit nicht ausgenutzt werden. Ordolibarale Gedanken hatten prägenden Einfluss auf die Ausgestaltung der sozialen Marktwirtschaft.

Erster Arbeitsmarkt
Hierunter versteht man den regulären Arbeitsmarkt, bei dem die Beschäftigungsverhältnisse anders als beim zweiten Arbeitsmarkt ohne Zuschüsse und Maßnahmen seitens der Politik zustande kommen.

dem Arbeitsverhältnis: Steigende Sozialausgaben verteuern also die Arbeit und machen es lohnend, sie zu ersetzen. Die resultierende Arbeitslosigkeit erhöht wiederum die Sozialausgaben. Man gerät geradezu in eine Falle.
Vor den Hartz-Gesetzen boten die Regeln für Arbeitslosengeld und Sozialhilfe wenig Anreiz, nach Beschäftigung am ersten Arbeitsmarkt zu suchen – denn bei Antritt der Stelle verlor man weitgehend das Sozialgeld und stellte sich so, selbst bei Vollzeitarbeit, in der Regel netto nicht viel besser als ohne Job. Die neuen, zaghaften Kombilohn-Modelle haben dieses Problem auch noch nicht völlig gelöst. Eine weitreichende staatliche Alterssicherung schließlich schwächt die Anreize, Eigenvorsorge für das Alter zu betreiben (auch in Form von Kindern).

Die Strukturpolitik war und ist ebenfalls oft unnötig teuer. Statt mit befristeten Anpassungshilfen wird sie zumeist mit Dauersubventionen betrieben, die nicht nur zu Mitnahmeeffekten einladen, sondern auch zum Missbrauch.
Fazit: Das Soziale in der sozialen Marktwirtschaft lässt sich nicht nur an den Ausgaben für das soziale Netz ablesen. Es ruht vielmehr auf drei Säulen, die sich im Zeichen des „Wirtschaftswunders“ zunächst gegenseitig stabilisiert und zur Akzeptanz der „sozialen Marktwirtschaft“ beigetragen haben. Allmählich kam es aber zu Wucherungen, deren Therapie allzu lange verschleppt wurde, auch durch die parteipolitische Konkurrenz unterschiedlicher Konzepte.

Der Reformbedarf bedeutet aber keine grundsätzliche Abkehr von der sozialen Marktwirtschaft, auch nicht vom Sozialstaat. Die marktwirtschaftliche Basis muss jedoch wieder mehr Dynamik erhalten, der Sozialstaat effizienter gestaltet werden, um im globalen Wettbewerb auf Dauer bestehen zu können. [...]
Quelle: Hampe, Peter in: Süddeutsche Zeitung, 12.11.2008, S. 22

1. Erläutern Sie kurz, auf welchen drei Säulen die soziale Marktwirtschaft nach Ansicht des Autors ruht.

2. Arbeiten Sie heraus, warum der Autor von einem „Konstruktionsfehler im deutschen Sozialstaat" spricht. Welche Entwicklungen mögen dabei eine Rolle spielen?

3. Welche Lösung bietet der Autor für die bestehenden Probleme an?

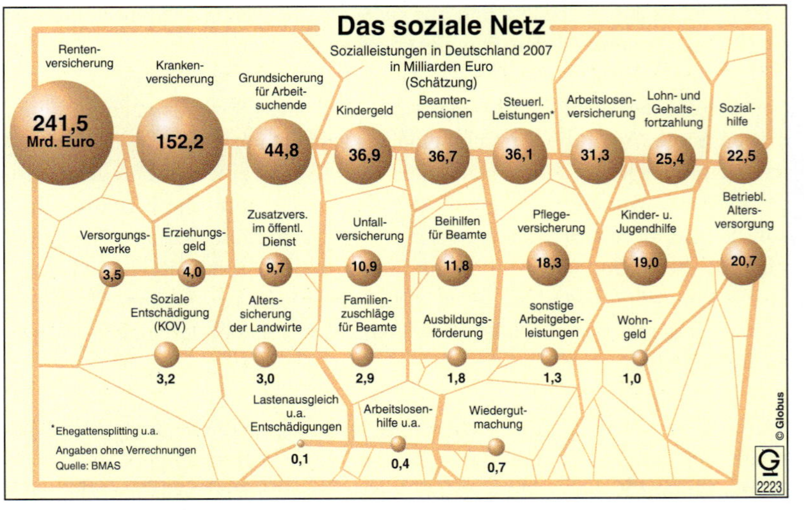

Auch der folgende Artikel beschäftigt sich mit der Entwicklung der sozialen Marktwirtschaft in den letzten Jahren und mit der Frage, wie diese in Zukunft aussehen soll.

Soziale Rechte sind keine Almosen

Im Reformeifer drohen die Grundlagen unserer Verfassung als vermeintlicher Ballast verloren zu gehen

[...] Gesetzt wird auf die Freiheit der Märkte, der Unternehmen und ihres Wettbewerbs in der längst widerlegten, aber immer aufs Neue propagierten Hoffnung, dass so Wohlstand entsteht, von dem für alle genug abfällt. Dabei wird jedoch übersehen, dass dieser Zuwachs an Freiheit auf der einen Seite zugleich einen Verlust von Freiheit auf der anderen mit sich bringt, werden doch denen Rechte und Ressourcen genommen, die mit diesen erst in die Lage versetzt wurden, die auch ihnen grundrechtlich verbürgten Freiheiten zu nutzen. Soziale Rechte sind im demokratischen Sozialstaat keine Almosen des Staates, sondern Grundrechtsverwirklichung!

Nun steht außer Frage, dass sich aus den Grundrechten nicht im Detail ablesen lässt, welcher soziale Standard angemessen ist, um für alle Chancen zu eröffnen und sie in ausreichendem Umfang gegen Risiken abzusichern. Es ist Sache der Politik, dieses Maß auszutarieren und den ökonomischen wie gesellschaftlichen Notwendigkeiten anzupassen. Stete Reformbedürftigkeit kennzeichnet den Sozialstaat, der auf gesellschaftlichen Wandel wie neue Bedürfnisstrukturen zu reagieren hat, damit der soziale Ausgleich, den er bewirken soll, nicht selbst neue Schieflagen erzeugt.

Es beschleicht einen aber der Eindruck, dass dieses Anliegen heutzutage quasi auf den Kopf gestellt zu werden droht, wenn im Eifer der Reformen zur „Entlastung der Wirtschaft" denen, die wenig haben, genommen wird, um es denen zu geben, die schon haben, oder wenn Freiheit sich am Kapital ausrichtet und zur Legitimation der Freisetzung von Menschen gereicht, die nur noch als störende Kostenfaktoren wahrgenommen werden. Auf solchen Wegen bleibt nicht nur der Sozialstaat Stück für Stück auf der Strecke, sondern es geht auch das verloren, was eine Gemeinschaft zusammenhält. [...]

Grundrechtsschutz bedeutet deshalb auch, sich diesen gesellschaftlichen Tendenzen entgegenzustellen. Wie sagte Johannes Rau zu Recht in seiner letzten Berliner Rede: „Es ist ein Irrtum zu glauben, dass man Menschen zu besserer oder mehr Leistung motivieren kann, wenn sie ständig Angst haben müssen, ihren Arbeitsplatz zu verlieren oder im Alter in Not zu geraten. Jeder Mensch braucht eine gewisse Grundsicherheit, damit er den Kopf frei hat, auch für Anstrengung und Erfolg im Beruf." [...]

Und noch aus einer weiteren Richtung weht den Grundrechten der Wind entgegen. Das Verständnis von dem, was Sache des Staates ist, hat in den letzten Jahren einen Wandel erfahren. Dem Staat wird inzwischen laut der Rückmarsch geblasen, und dies nicht nur, weil seine Kassen immer leerer werden, sondern damit der Bürger endlich frei von der Last und Gängelung des Staates agieren kann, wie uns erklärt wird. Dies klingt zunächst durchaus überzeugend und den Grundrechten entgegenkommend, setzen doch gerade sie dem Staat Grenzen, um dem Bürger seine Freiheit zu wahren. Aber geht die Rechnung „je weniger Staat, desto mehr Freiheit" auf? Es ist schon erstaunlich, wie viele auch auf Seiten der Sozialdemokratie inzwischen daran glauben. [...]

Soziale Leistungen – mehr als nur ein Kostenfaktor

Der Sozialstaat und die sozial eingebundene Marktwirtschaft konnten sich in der Bundesrepublik zum Erfolgsmodell entwickeln, das eine starke D-Mark, das soziale Sicherungssystem und die Mitbestimmung der Arbeitnehmer zu den anerkannten Markenzeichen Deutschlands reüssieren ließ.
Aber ist damit schon alles auch für die Zukunft so zum Besten bestellt worden, dass dem Staate zu tun nicht mehr viel übrig bleibt? Schaut man auf die Verteilung von Geld, Macht und Chancen in unserer heutigen Gesellschaft zwischen Arm und Reich, Jung und Alt, Männern und Frauen, Familien und Singles und sieht zugleich das wachsende Bedürfnis der Menschen, vor immer mehr ihnen drohenden Lebensrisiken geschützt zu werden, dann kann davon keine Rede sein. Hier ist noch viel zu bewegen. Soll der Staat aber die Aufgaben erfüllen, die ihm das Grundgesetz mit seinen grundrechtlichen Wertentscheidungen vorgibt, braucht er Handlungskraft und darf wegen eines Schlankheitsverdikts nicht der Magersucht verfallen. Er braucht Ressourcen, um Freiheit eröffnen wie Gleichheit herstellen zu können und braucht Menschen, die dies für ihn tun.
Einen schlanken Staat kann sich nur der leisten und wünschen, der selbst ausreichend Speckringe angesetzt hat und von seinem gedeckten Tisch nichts abgeben möchte. [...]
Quelle: Hohmann-Dennhardt, Christine, in: Frankfurter Rundschau, 12.07.2004, S. 6

1. Die Bedürfnispyramide von Maslow, in der die menschlichen Bedürfnisse auf verschiedenen Ebenen dargestellt werden, kennen Sie aus der Jahrgangsstufe 9. Denken Sie, dass Herr Rau in seiner Rede darauf Bezug nimmt? Begründen Sie ihre Antwort.
2. Welche Forderungen stellt die Autorin an den Staat?

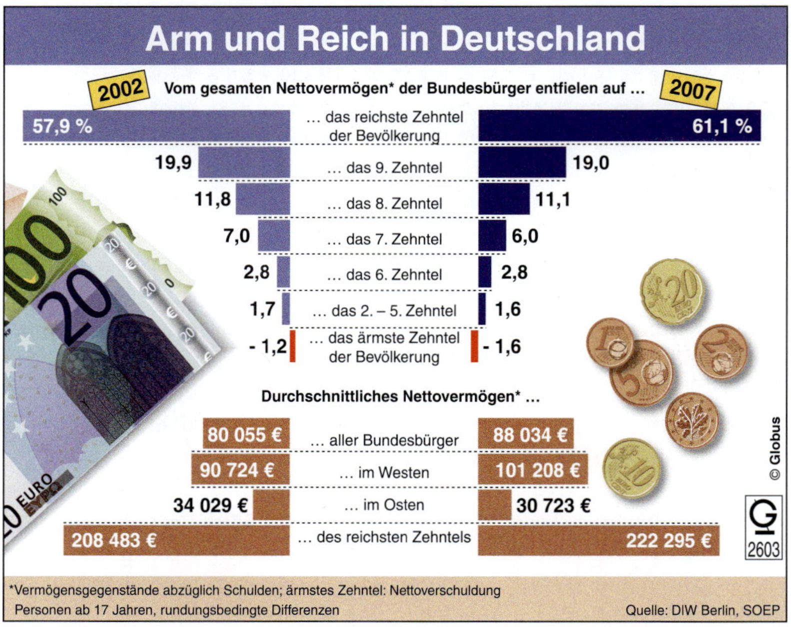

Die beiden Artikel haben deutlich gemacht, dass es zur Frage, welche Rolle der Staat in einer sozialen Marktwirtschaft spielt, durchaus unterschiedliche Positionen gibt. So sieht beispielsweise die Verfasserin des zweiten Artikels die Ursachen für aktuelle Probleme an anderer Stelle als der Autor des ersten Beitrags. Dementsprechend unterscheiden sich auch deren Lösungsvorschläge. Unabhängig von der eigenen Position wird deutlich, dass die Ausgestaltung der Wirtschaftsordnung eines Landes als Daueraufgabe anzusehen und tatsächlich zu keinem Zeitpunkt abgeschlossen ist.

1. Welches sind Ihrer Meinung nach die drei größten Probleme, auf die die soziale Marktwirtschaft reagieren muss? Wie könnte dies aussehen? Begründen Sie Ihre Meinung.

1.3 Träger der Wirtschaftspolitik

Wer macht eigentlich Wirtschaftspolitik? – Träger der Wirtschaftspolitik und wirtschaftspolitische Beeinflussungskräfte

Auf die oben gestellte Frage: „Wer macht eigentlich Wirtschaftspolitik?“, erhält man meistens die Antwort: „Der Staat.“ Wer ist damit konkret gemeint? Neben staatlichen Einflussnahmen auf den unterschiedlichsten Ebenen gehen auch von vielen anderen Institutionen wirtschaftspolitische Impulse aus. Um einen Überblick über wirtschaftspolitische Themen, Entscheidungsträger und mögliche Beeinflussungskräfte zu erlangen, bietet es sich an, eine Woche lang die Berichterstattung einer regionalen und überregionalen Tageszeitung zu untersuchen.

Eine Woche wirtschaftspolitische Berichterstattung in einer Tageszeitung

Werten Sie – evtl. arbeitsteilig – eine Woche lang eine regionale oder überregionale Tageszeitung aus. Systematisieren Sie die bei der Zeitungsanalyse festgestellten wirtschaftspolitischen Akteure und Aktivitäten mithilfe einer Übersicht auf den folgenden Seiten, und werten Sie Ihre Ergebnisse anhand folgender Fragestellungen aus:

- Welche wirtschaftspolitischen Themen standen in der „Erfassungswoche“ im Mittelpunkt der wirtschaftlichen Diskussion?
- Benennen Sie die an dem jeweiligen Thema beteiligten Akteure.
- Welche Beziehungen zwischen Wirtschaft (Unternehmen/Konsumenten/Gewerkschaften) und Politik wurden deutlich?
- Konnten Zielkonflikte gelöst werden? Welche Opportunitätskosten wurden in Kauf genommen? (Eventuell die Diskussion weiter verfolgen.)

Berücksichtigen Sie bei Ihrer Auswertung neben dem politischen Teil und dem (europäischen) Wirtschaftsteil auch den Regional- und Lokalteil der Tageszeitung. Vermerken Sie mit den folgenden Kürzeln, in welchem Teil der Zeitung die Artikel platziert sind: P = Politikteil; W = Wirtschaftsteil; R = Regionalteil (nicht in allen Zeitungen üblich); L = Lokalteil.
Legen Sie ein Erfassungsraster nach folgendem Muster an, und tragen Sie Ihre Beobachtungen ein.

Wochentag	**Themen/ Artikelüberschriften**	**politische Entscheidungsträger**	**Beeinflussungskräfte (z.B. Verbände, Gewerkschaften, Kammern, Vereine etc.)**
Montag, den			
Dienstag, den			
Mittwoch, den			
Donnerstag, den			
Freitag, den			
Samstag, den			

Träger der Wirtschaftspolitik und wirtschaftspolitische Beeinflussungskräfte

Trägerebene	legislative Instanzen	primäre exekutive Instanzen	sekundäre exekutive Instanzen	Sonstige
Europäische Union	Rat der EU	Kommission der EU	nachgeordnete Instanzen, z. B. Verwaltung der Strukturfonds	z. B. internationale Institutionen wie die WTO
Bundesebene (BRD)	Bundestag • Ausschüsse • Plenum Bundesrat Vermittlungsausschuss	Bundesregierung • Bundeskanzler • Bundesminister (insbesondere für Wirtschaft und Finanzen) • ferner einige Organisationseinheiten in anderen Bundesministerien, wie für Verkehrswirtschaft im Verkehrsministerium; Ernährungs-, Land- u. Forstwirtschaft im Ministerium für Ernährung, Landwirtschaft u.a. Forsten; Wohnungswirtschaft im Ministerium für Raumordnung, Bauwesen u. Städtebau	nachgeordnete Bundesverwaltungen mit Entscheidungsbefugnis in ihrem Zuständigkeitsbereich u.a. • Bundeskartellamt • Bundesaufsichtsamt für das Kreditwesen	Beratungsgremien, z. B. Sachverständigenrat
Länderebene (BRD)	Landtage der Bundesländer Parlamente der Stadtstaaten	Landesregierungen Ministerpräsidenten bzw. Regierende Bürgermeister • Landesminister bzw. Senatoren, insbesondere für Wirtschaft u. Finanzen	nachgeordnete Landesverwaltungen mit Entscheidungsbefugnis in Einzelfällen u.a. • Regierungspräsidenten • Bezirksämter	Gewerkschaften
Kommunalebene (BRD)	Gemeinderäte Stadträte Kreistage	Gemeinde-, Stadt-, Kreisverwaltungen • Gemeinde-, Stadt-, Kreisdirektoren • Leiter von Ämtern, insbesondere von Bau- und Beschäftigungsämtern	Zweckverbände der Gemeinden, Städte, Kreise mit Entscheidungsbesorgungsleistungen u.a. für • Wasserversorgung • Müllabfuhr	Industrie- und Handelskammer

Die Untersuchung der Berichterstattung über wirtschaftspolitische Themen zeigt, dass „der Staat“ keine einheitliche Größe ist, sondern sich aus einer Vielzahl von gesetzgebenden und ausführenden Instanzen auf mehreren Entscheidungs- und Handlungsebenen mit durchaus divergierenden Interessen zusammensetzt. Dabei ist zu berücksichtigen, dass politische Entscheidungsprozesse immer vor dem Hintergrund unterschiedlicher Interessen ablaufen und von vielen Seiten beeinflusst werden. Das zeigt: Am Willensbildungs- und Entscheidungsprozess sind nicht nur Menschen mit besonderen Funktionen innerhalb staatlicher Institutionen, sondern auch viele verschiedene Interessensgruppen beteiligt. Anhand eines Beispiels werden wir uns in Kapitel 2 noch ausführlich mit den unterschiedlichen Akteuren auseinandersetzen.

1.4 Ziele der Wirtschaftspolitik

Wir haben bereits erfahren, dass die Wirtschaftspolitik ihre Ziele aus den gesellschaftlichen Grundwerten ableiten muss. Es gibt ein ganzes Konglomerat von wirtschaftspolitischen Zielen, die in Gesetzen, Beschlüssen und Regierungserklärungen festgehalten werden.

Für die Bundesrepublik sind die in dem „Gesetz zur Förderung der Stabilität und des Wachstums der Wirtschaft“ – das so genannte Stabilitätsgesetz von 1967 – formulierten Ziele zentral:
- angemessenes Wirtschaftswachstum,
- stabiles Preisniveau,
- hoher Beschäftigungsstand und
- außenwirtschaftliches Gleichgewicht.

Die Akteure auf Bundes- wie auch auf Landesebene haben bei ihren wirtschafts- und finanzpolitischen Entscheidungen die vier Ziele gleichberechtigt zu beachten. Auf diese Weise soll die Gesamtwirtschaft im Gleichgewicht gehalten werden. Der Zielkatalog wird auch als „magisches Viereck“ bezeichnet, weil wechselseitige Abhängigkeiten und Zielkonflikte zwischen den einzelnen Eckpunkten bestehen (d. h., die Verfolgung eines Ziels beeinträchtigt das Erreichen eines anderen Ziels). In der Regel besteht ein Zielkonflikt zwischen einem hohen Beschäftigungsstand und einem stabilen Preisniveau. Der Grund hierfür ist, dass bei einer wachsenden Wirtschaft die Preise steigen; sofern viele Menschen in Lohn und Brot stehen, werden sie Lohnerhöhungen aushandeln. Werden nun die zusätzlichen Einnahmen für Konsumausgaben verwendet, sorgen diese bei höheren Produktionskosten für allgemein steigende Preise.

Neben Zielkonflikten gibt es aber auch Zielharmonien. Beispielsweise begünstigen die Ziele Wirtschaftswachstum und ein hoher Beschäftigungsstand in der Regel einander.

Wichtig ist, dass die wirtschaftspolitischen Ziele messbar sind, damit der Erfolg bestimmter Maßnahmen kontrolliert werden kann. Das Beschäftigungsziel ist mit einer möglichst geringen Arbeitslosenquote verbunden. Wenn in einem bestimmten Zeitraum eine Sozialproduktgröße (z. B. Bruttoinlandsprodukt) prozentual zugenommen hat oder das Pro-Kopf-Einkommen gestiegen ist, spricht man von Wirtschaftswachstum. Eine möglichst niedrige Inflationsrate steht wiederum für Preisniveaustabilität.

!

1. Karl Schiller sagte einmal: „So viel Markt wie möglich, so viel Staat wie nötig.“ Wie könnte ein so formuliertes Ziel Ihrer Meinung nach kontrolliert werden? Diskutieren Sie darüber.

Sachverständigenrat zur Begutachtung der gesamtwirtschaftlichen Entwicklung
Dieses Expertengremium setzt sich wissenschaftlich mit der gesamtwirtschaftlichen Entwicklung der Bundesrepublik auseinander. Es berät die Bundesregierung bei wichtigen Entscheidungen und richtet sich mit seinen Gutachten auch an die Öffentlichkeit.
Weitere Informationen finden Sie unter: www.sachverstaendigenrat-wirtschaft.de

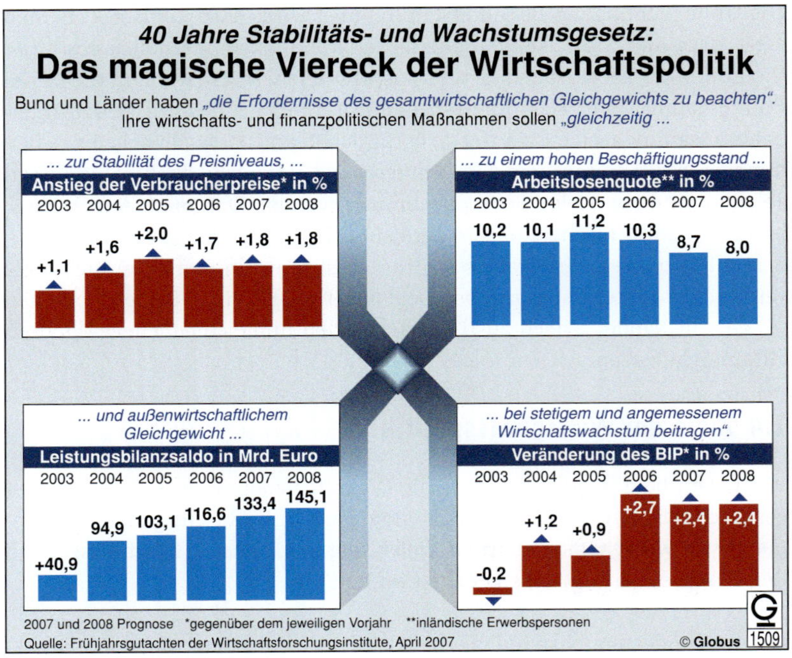

Häufig wird der Zielkatalog noch um zwei weitere Punkte erweitert:
- gerechte Einkommens- und Vermögensverteilung und
- Schutz der natürlichen Umwelt.

Diese beiden Punkte spielen nicht nur in der aktuellen wirtschaftspolitischen Diskussion eine wichtige Rolle, sondern lassen sich zum Teil auch aus dem Grundgesetz ableiten. Dort ist seit dem 1.7.1994 im Art. 20a der Umweltschutz als Staatsziel verankert worden.
Die Verbesserung der Verteilung von Vermögen und Einkommen wurde 1963 im „Gesetz über die Bildung des Sachverständigenrates“ gefordert. Problematisch ist in diesem Zusammenhang, dass es keine allgemeingültige Definition von Gerechtigkeit gibt. Da sie nur im gesellschaftlichen Dialog bestimmt werden kann, ist ein ständiger Wandel dessen, was als gerecht angesehen werden kann, vorprogrammiert.

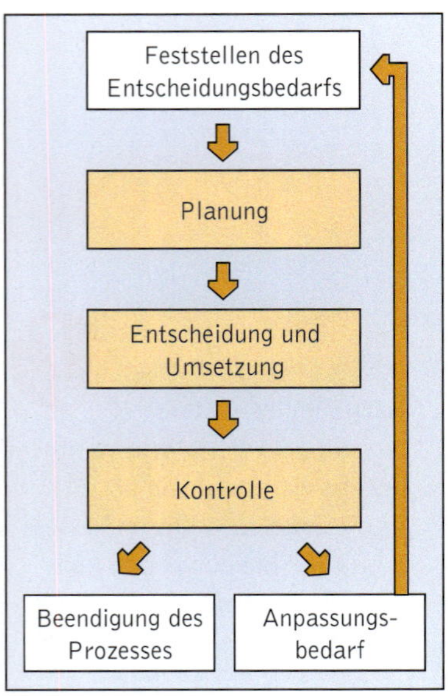

Wirtschaftspolitik erstreckt sich auf die Durchführung von Maßnahmen, mit denen bestimmte ökonomische und soziale Ziele verwirklicht werden sollen. Dass überhaupt staatlicherseits eine Notwendigkeit für wirtschaftspolitisches Handeln besteht, ergibt sich aus der Feststellung, dass der autonome, private Wirtschaftsprozess insgesamt nicht die gewünschten Resultate bringt.
[...] Die Festlegung der konkreten wirtschaftspolitischen Ziele erfolgt im Zuge der politischen Willensbildung: Das zu realisierende wirtschaftspolitische Zielsystem kann nicht objektiv ermittelt werden, sondern hängt von subjektiven, normativen Wertvorstellungen ab. Folglich lässt sich ausführlich darüber streiten, was richtig und was falsch ist. Dies gilt ebenso für den – logisch gesehen – nächsten Schritt: für die Auswahl der einzusetzenden Instrumente und der zu ergreifenden Maßnahmen.

Zwar gibt es in der ökonomischen Theorie eine Reihe von Hinweisen, was unter dem Gesichtspunkt von Ursache und Wirkung richtig oder falsch ist: Zum Beispiel ist eine kräftige Lohnsteuererhöhung wohl kaum geeignet, einen Konsumschub auszulösen. Aber auch die Mittelauswahl und der Mitteleinsatz, z. B. hinsichtlich Zeitpunkt und Dosierung, ist eine subjektive Entscheidung, und die politische Praxis belehrt uns, dass man auch darüber sehr ausführlich streiten kann. Das wirtschaftliche Handeln ist daher ein permanenter Entscheidungsprozess, in dem – wie bei jedem Entscheidungsproblem – die Phasen der Planung (alternative Ziele bzw. Instrumente), der Entscheidung (Zielprioritäten, Auswahl der Instrumente) und der Kontrolle (Vergleich des Erreichten mit dem angestrebten Zustand) durchlaufen wird. [...]

Quelle: Altmann, Jörn (2007): Wirtschaftspolitik, 8. Aufl., Stuttgart, S. 5

1.5 Staatliches Handeln im Marktgeschehen – Ordnungs-, Struktur- und Prozesspolitik

Man unterscheidet die verschiedenen Maßnahmen, mit denen der Staat das wirtschaftspolitische Geschehen lenkt, in drei Handlungsfelder: Ordnungs-, Struktur- und Prozesspolitik. Was genau ist darunter zu verstehen?

Immer wenn es um die Gestaltung oder Weiterentwicklung der wirtschaftlichen Rahmenbedingungen – um die „Spielregeln" für das Handeln der Akteure und ihre Beziehungen zueinander – geht, spricht man von einer **ordnungspolitischen Maßnahme**. Wichtige Bestandteile des Ordnungsrahmens der gesamten Volkswirtschaft sind zum Beispiel die Regelungen zum Verbraucherschutz oder zur Sozialversicherung. Es gibt aber auch Bestimmungen und Normen, die nur für spezielle Bereiche der Wirtschaft gelten. Ein Beispiel ist in Deutschland die Festschreibung der Tarifautonomie am Arbeitsmarkt. Sollen entsprechende Maßnahmen umgesetzt werden, geschieht dies aufgrund ihrer Tragweite in der Regel nur in größeren Zeitabständen.

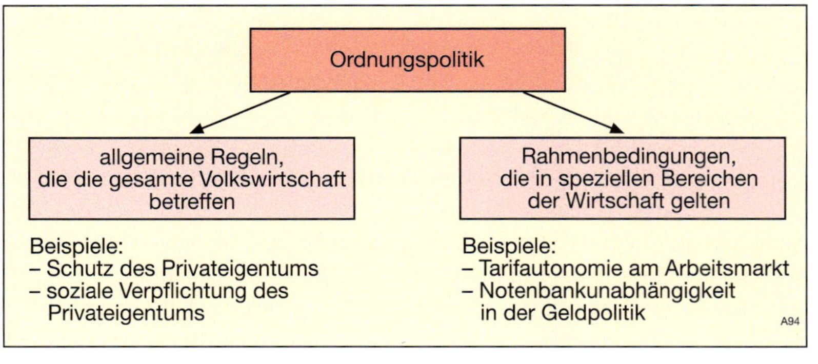

Die Ordnungspolitik hat eine Leitbildfunktion. Wenn sie an Konsistenz verliert und möglicherweise sogar willkürliche Rahmensetzungen erfolgen, dann werden effiziente Problemlösungen verhindert. Eine inkonsistente und widersprüchliche Ordnungspolitik wird in Deutschland häufig beklagt und es wird betont, dass der Staat sogar zu oft in den Markt eingreift.

Zentrales Element der „Marktapparatur" ist das Preissystem.
[...] Preise [informieren] über geänderte Knappheiten und Präferenzen; sie kontrollieren (als Gewinn- und Verlustmeldungen) die Macht der Akteure und lenken knappe Ressourcen in effizientere Verwendungen. Wirtschaftspolitische Maßnahmen, die ihre Ziele dadurch zu verwirklichen suchen, dass sie den Preismechanismus manipulieren, zerstören genau diese sozial wichtigen Funktionen des Marktes. Gleichzeitig führen sie häufig zu Ausweichreaktionen und Nebenwirkungen, die auch dem ursprünglichen (sozial-)politischen Zweck genau zuwiderlaufen.
So führt etwa eine Politik der Mietpreisbindung dazu, dass knapper Wohnraum noch knapper wird, da Mietpreisstopps Anreize für Investoren zerstören, preiswerte Mietwohnungen zu bauen. Die entstandene Übernachfrage muss nun nach nichtmonetären Rationierungskriterien bewältigt werden. Vermieter können dann aus einer langen Warteschlange von Wohnungssuchenden auswählen. Dies trifft gerade soziale Randgruppen (Ausländer, Sozialhilfeempfänger als „unerwünschte Mieter") negativ, während reiche Haushalte entweder nicht betroffen sind (da für Luxuswohnungen keine Mietpreisbindung besteht) oder informell höhere Mieten („Bestechungsgelder") zahlen können. Mietpreisbindungen sind somit nicht nur nicht marktkonform, sie verfehlen auch ihr sozialpolitisches Ziel, wie regelmäßig empirisch nachgewiesen wurde [...]. Sozialpolitisch sinnvoll und weit eher marktkonform wären dagegen direkte Transfers an die wirklich Bedürftigen – etwa in Form von Wohngeld.

Doch nicht nur staatlich verordnete Höchstpreise, auch politisch gesetzte Mindestpreise haben wirtschaftlich schädliche und sozial bedenkliche Wirkungen. Musterbeispiel hierfür ist die Agrarpolitik der Europäischen Union [...]. Mit Mindestpreisen und Abnahmegarantien sowie einer Abschottung des EU-Agrarmarktes vor ausländischen Importen sollten die Einkommen der Landwirte gesichert werden. Die Folge war eine enorme Überproduktion von Agrarprodukten, die unter gewaltigem Aufwand an Steuergeldern von staatlichen Stellen aufgekauft, gehortet und vernichtet werden musste (Milchseen, Butterberge) oder mit subventionierten Dumpingpreisen in andere Länder exportiert wurde. Sozialpolitisch war dies mehr als bedenklich:

- kleinbäuerliche Familienbetriebe erhalten sehr viel weniger Subventionen als agrarindustrielle Großbauern, da die Subvention mit der Produktionsmenge steigt;
- ärmere Haushalte geben einen größeren Teil ihres Einkommens für Nahrungsmittel aus; durch die künstlich hochgehaltenen Agrarpreise werden sie überproportional belastet;
- Landwirten aus Entwicklungsländern wird der Zutritt zum europäischen Markt erschwert, gleichzeitig werden sie mit subventionierten Agrarimporten überschwemmt.

Auch hier gilt wieder: Man kann das sozialpolitische Ziel einer Umverteilung zugunsten notleidender Landwirte (oder andere Ziele wie Landschaftspflege usw.) besser fördern und gleichzeitig die „Marktapparatur" des Preissystems weniger stark manipulieren. Dies versucht die Europäische Union seit 1992 ansatzweise durch stärkere Betonung direkter Einkommenstransfers, die sich nicht mehr an der Produktionsmenge orientieren.

Quelle: Wohlgemuth; Michael: Ordnungsökonomik, Baustein im Projekt „Ökonomische Bildung online", Institut für Ökonomische Bildung Oldenburg, 2003, S. 62

1. a) Fertigen Sie ein Schaubild mit der Ihnen bekannten grafischen Darstellung eines Marktgleichgewichts an.
   b) An welcher Stelle muss ein Höchst- bzw. Mindestpreis eingezeichnet werden, damit er wirksam ist? Begründen Sie Ihre Entscheidung und interpretieren Sie das Ergebnis.

Wirtschaftspolitische Maßnahmen können auch darauf abzielen, die Struktur einer Volkswirtschaft zu beeinflussen. Wenn der Staat sich beispielsweise dazu entschließt, sich an einem großen Unternehmen zu beteiligen oder wenn er landwirtschaftliche Betriebe mit finanziellen Hilfen unterstützt, dann haben wir es mit typischen **strukturpolitischen Maßnahmen** zu tun. Sie zielen darauf ab, entweder die regionale Wirtschaftsstruktur oder die Struktur einer Branche zu beeinflussen. Je nach Zielsetzung werden deshalb Erhaltungs-, Anpassungs- und Förderungssubventionen gezahlt.

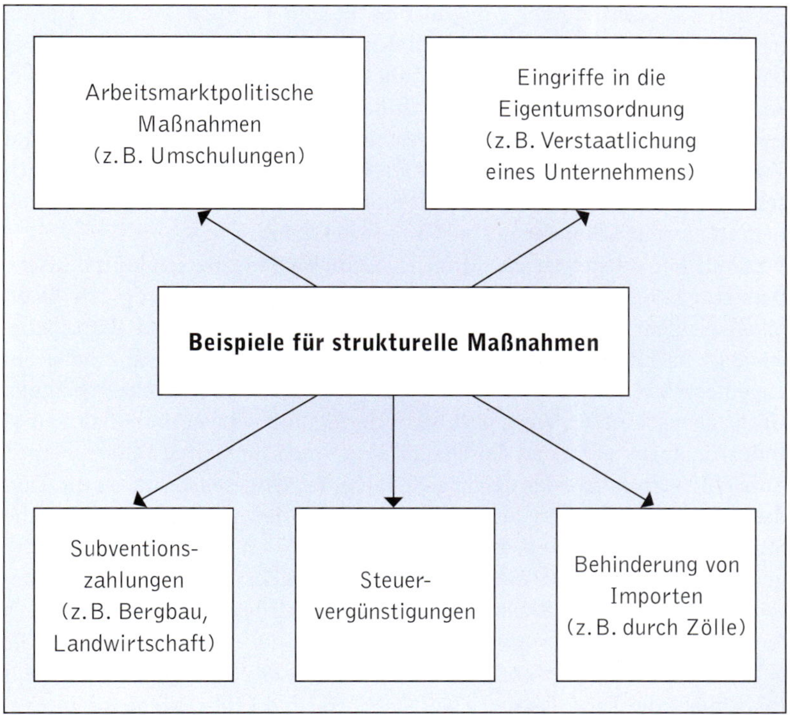

Der Grund für strukturpolitische Maßnahmen ist in den meisten Fällen, dass Veränderungen in der Wirtschaft mit gravierenden negativen Folgen wie Arbeitslosigkeit für eine Region oder Branche verbunden sind, die entweder abgeschwächt oder sozial verträglich gestaltet werden sollen. Auslöser für solche Veränderungen ist unter anderem die zunehmende Internationalisierung vieler Märkte (z. B. Landwirtschaft, Automobilmarkt), in deren Folge einige in Deutschland angesiedelte Unternehmen unter Druck geraten sind. Die Wettbewerbsbedingungen wandeln sich dann immer schneller, und nicht alle Unternehmen können sich umgehend darauf einstellen. Im Schiffbau konnte man dies in den letzten Jahren beobachten. Auch die Verbreitung von Informations- und Kommunikationstechnologien im Zuge des technologischen Wandels hat Umwälzungen mit sich gebracht. Nicht vergessen werden sollte jedoch, dass diese Entwicklungen für andere Unternehmen und Branchen gleichzeitig Chancen darstellen und sich neue Märkte eröffnen.

Ein Büro in den 1960er-Jahren ...

... und heute

Wie bereits erwähnt, beziehen sich strukturpolitische Maßnahmen nicht nur auf bestimmte Wirtschaftszweige, sondern beeinflussen auch regionale Wirtschaftsstrukturen. Der Artikel auf der nächsten Seite zeigt, wie dies konkret aussehen kann:

Meilenstein gelungener Strukturpolitik

Exakt 100 Tage vor der Eröffnung liegen die Vorbereitungen für die Landesgartenschau voll im Plan. Das bestätigten Wirtschaftsminister Hendrik Hering und Oberbürgermeisterin Birgit Collin-Langen gestern bei einer Pressekonferenz.

Die Vorfreude war den beiden Verantwortlichen beim Stelldichein mit einer großen Zahl von Medienvertretern deutlich anzumerken. [...]

Dass neben etlichen tausend Tages-Tickets und Wertgutscheinen bis zum gestrigen Tag 7.000 Dauerkarten erworben wurden, nannte Collin-Langen „ohne jede Übertreibung ein brillantes Ergebnis". Auch Minister Hering freut sich als derjenige, der im April den Kartenvorverkauf offiziell eröffnet hatte, hundert Tag vor dem Start darüber, „dass ich nicht der Einzige geblieben bin, der eine Dauerkarte gekauft hat". Hering zeigte sich beeindruckt von der vollständigen Metamorphose eines Stadtteils „vom Schandfleck zum Traumfleck". Die Vorbereitungen seien weitgehend abgeschlossen, fraglich sei nur, „ob die Rüdesheimer mit ihrem neuen Aussichtspunkt auf die schönere Rheinseite schon fertig sind", scherzte Hering.

Wesentlicher ernster ist der Minister, wenn er über die strukturpolitische Bedeutung der Gartenschau spricht. Die größte Veränderung des Stadtbilds seit dem Zweiten Weltkrieg werde den Tourismus- und Wirtschaftsstandort nachhaltig stärken. Das Weltkulturerbe Mittelrheintal erhalte ein angemessenes Entree. „Das war vorher inakzeptabel und eher geeignet, Gäste abzuschrecken", erinnert sich Hering mit Grausen an Bahn- und Industriebrachen, die nun Geschichte sind. Auch für Gerhard Bukenberger, Aufsichtsratsvorsitzender der begleitenden Projektgesellschaft, ist die Landesgartenschau 2008 in Bingen „ein weiterer Meilenstein für erfolgreiche Strukturpolitik in Bingen". Bukenberger empfahl den Verantwortlichen dringend, an dem Erfolgsmodell Gartenschauen „in der derzeitigen Konfiguration" festzuhalten. In Rheinland-Pfalz setzte sich bei der Vergabe der Gartenschauen nur das beste Projekt durch, „nicht der politische Proporz". Es gebe in Rheinland-Pfalz noch viele strukturpolitische Probleme, die mit dem Instrument der Landesgartenschau „hervorragend gelöst" werden könnten, sagte Bukenberger an die Adresse von Minister Hering. [...]

Quelle: von Haag, Thomas in: Allgemeine Zeitung Mainz, 10.01.2008, Lokales Bingen, S. 16

1. Recherchieren Sie in der Tagespresse drei Beispiele für regionale und sektorale strukturpolitische Maßnahmen.
   a) Welche Maßnahmen dienen primär der Erhaltung und welche eher der Anpassung an vorhandene Strukturen?
   b) Wer profitiert von den Maßnahmen? Welche negativen Folgen sind möglicherweise zu erwarten?

Der rheinland-pfälzische Ministerpräsident Kurt Beck (rechts) und Wirtschaftsminister Hendrik Hering (Mitte) auf der Landesgartenschau in Bingen 2008

Die Einstellung von Subventionszahlungen, die oft im Rahmen von strukturpolitischen Maßnahmen gezahlt werden, ist problematisch, denn kaum jemand möchte auf gewohnte Unterstützung verzichten. Das gilt umso mehr, wenn die mit den Maßnahmen verbundenen Ziele nicht erreicht werden. Bei Fördersubventionen besteht außerdem die Schwierigkeit, „zukunftsfähige" Branchen zu erkennen, die über die Wettbewerbsfähigkeit der Volkswirtschaft in den nächsten Jahrzehnten entscheiden.

Weiterhin können wirtschaftspolitische Maßnahmen auch auf die direkte Steuerung des Wirtschaftsgeschehens gerichtet sein. Man spricht dann von der **Prozesspolitik**. Im Unterschied zu ordnungspolitischen Maßnahmen, die verbindliche Rahmenbedingungen festlegen, greift der Staat hier selbst in das Geschehen ein. Prozesspolitik wird betrieben, um die gesamtwirtschaftliche Entwicklung zu stabilisieren. Dafür ist die wirtschaftliche Aktivität entweder anzuregen oder zu dämpfen. Eine Maßnahme kann zum Beispiel die Erhöhung der eigenen Ausgaben sein, indem Arbeitsaufträge an Firmen vergeben werden. Auf diese Weise können ökonomische Kennzahlen, wie die Auftragslage der Unternehmen oder die Arbeitslosigkeit, beeinflusst werden. Prozesspolitische Eingriffe sind permanent zu beobachten und zumeist kurzfristig angelegt.

Im Unterschied zu strukturpolitischen Maßnahmen geht es hierbei um eine direkte Steuerung des Wirtschaftsgeschehens und nicht um dessen Strukturen und Rahmenbedingungen. Es besteht jedoch insofern eine Verbindung zwischen Ordnungs- und Prozesspolitik, als dass die zweite auf der ersten aufbaut. Im Rahmen der Ordnungspolitik fällt die Entscheidung über die Form der Planung und Lenkung, die sich in der Prozesspolitik äußert. Folgende Grafik fasst die Kernmerkmale der drei Formen wirtschaftspolitischen Handelns noch einmal anschaulich zusammen:

Handlungsfelder der Wirtschaftspolitik

Ordnungspolitik ...	**Strukturpolitik ...**	**Prozesspolitik ...**
legt die allgemeinen rechtlichen, sozialen und wirtschaftlichen Rahmenbedingungen für wirtschaftliches Handeln fest/gestaltet die Wirtschaftsordnung.	versucht regionale Wirtschaftsstrukturen und/oder einzelne Wirtschaftssektoren zu gestalten.	zielt auf die Stabilisierung der gesamtwirtschaftlichen Entwicklung (Konjunktur) ab.
• Wettbewerbsordnung • Verbraucherschutz • Umweltschutz	• Regionalentwicklung • Forschungsentwicklung • Strukturanpassung • Arbeitsmarktpolitik	• Einnahmen- und Ausgabenpolitik • Geld- und Währungspolitik einer autonomen Zentralbank

Unabhängig davon, ob es sich um Ordnungs-, Struktur- oder Prozesspolitik handelt – nicht selten lösen wirtschaftspolitische Entscheidungen leidenschaftliche Diskussionen darüber aus, ob staatliche Eingriffe nicht mehr Probleme verursachen, als diese zu lösen. Auch im Zusammenhang mit energiepolitischen Fragestellungen findet man eine Vielzahl solcher Diskussionen, die eine ganze Menge mit Wirtschaftspolitik zu tun haben, denn die Energiepolitik ist ein spannendes Aufgabenfeld innerhalb der Wirtschaftspolitik.

2 Energiepolitik als Bestandteil der Wirtschaftspolitik

2.1 Was ist Energiepolitik?

1. Entwickeln Sie eine Mind-Map, in der Sie alle Assoziationen festhalten, die Ihnen zum Begriff „Energiepolitik" spontan einfallen.

Es vergeht kaum ein Tag, an dem Herr Müller nicht einen oder mehrere Artikel zur Energiepolitik in Deutschland, in Europa oder in der Welt in seiner Zeitung finden wird. Im Bereich der Energiewirtschaft sind eben nicht nur Unternehmen und private Haushalte wichtige Akteure, sondern auch „der Staat". Warum aber ist Energiepolitik überhaupt notwendig?

Wir haben auf Seite 189 bereits gute Gründe dafür kennengelernt, warum der Staat an der einen oder anderen Stelle in das Geschehen auf den Märkten eingreift. Jetzt soll es speziell um den Bereich der Energieerzeugung und -nutzung gehen. Hier wird besonders intensiv über Umwelt- und Klimaprobleme diskutiert. So führen Umweltschützer häufig an, dass die Preise für Energie zu niedrig seien und deshalb zu viel davon verbraucht werde. Die Begründung ist also in der Existenz externer Effekte zu suchen: Nicht alle Kosten, die beim „Verbrauch" sauberer Luft durch Abgase entstehen, werden auch von den Verursachern getragen. Zum anderen spielen öffentliche Güter eine Rolle, zu denen auch das Klima bzw. unsere über Gebühr belastete Atmosphäre zählt.

Heftig diskutiert: Umweltbelastung durch Braunkohlekraftwerke

Daneben gibt es auch Bereiche, in denen die Bedingungen für einen „gut funktionierenden" Markt ungünstig sind. Etwa dann, wenn nur wenige Unternehmen besonders wichtige Güter anbieten und den Markt beherrschen. Die Preise fallen dann in der Regel höher aus als in einer Situation mit vielen Konkurrenten. So wird in Deutschland häufig die Diskussion geführt, ob die Energiepreise aufgrund der besonderen Angebotsstrukturen zu hoch seien. Nicht selten beklagt man in diesem Zusammenhang, dass sich die großen Anbieter als Besitzer der Kraftwerke und Netze untereinander absprächen und auf diese Weise ihre Marktmacht ausnutzten.

Unabhängig von der Berechtigung dieses Arguments steht fest: Marktmacht und deren Missbrauch stellen eine wichtige Legitimation für einen staatlichen Eingriff dar. In welcher Form dieser Eingriff erfolgen sollte, ist in jedem speziellen Fall genau zu überprüfen.

Damit ist zwar geklärt, warum es Energiepolitik gibt, aber noch nicht, was genau darunter verstanden wird. Wer im Internet oder in Lehrbüchern nach Erläuterungen für diesen Begriff sucht, wird auf eine ganze Reihe von Definitionen stoßen:

Q

Energiepolitik ist ein wesentlicher Bestandteil der Wirtschaftspolitik und steht im Dienst der allgemeinen wirtschafts- und gesellschaftspolitischen Ziele. Eine sichere, wirtschaftliche und umweltverträgliche Energieversorgung ist eine Grundvoraussetzung für die Funktionsfähigkeit der Wirtschaft und die Befriedigung fundamentaler Bedürfnisse der Bürger. Im Hinblick auf die Erhaltung der natürlichen Lebensgrundlagen spielen für die Energiepolitik Maßnahmen, die auf eine Verminderung der durch Energieerzeugung und -verwendung hervorgerufenen Emissionen abzielen, eine wichtige Rolle.

Quelle: Energieportal des Bundesministeriums für Wirtschaft und Technologie: Glossar (www.energie-verstehen.de), 25.02.2009

Q

Energiepolitik, im engeren Sinn die Staatstätigkeit, die auf verbindliche Regelungen des Systems der Aufbereitung, Umwandlung, Verteilung und Verwendung von Energie zielt. Im weiteren Sinne betrifft sie die Gesamtheit der institutionellen Bedingungen, Kräfte und Bestrebungen, die darauf gerichtet sind, gesellschaftlich verbindliche Entscheidungen über die Struktur und Entwicklung der Bereitstellung, Verteilung und Verwendung von Energie zu treffen.

Quelle: Brauch, Hans Günter: „Energiepolitik im Zeichen der Klimapolitik beim Übergang zum 21. Jahrhundert", in: Brauch, Hans Günter, Energiepolitik, Berlin/Heidelberg/NewYork, 1997, S. 1

Die Definitionen zeigen, wie facettenreich der Begriff „Energiepolitik" ist. Sie machen aber auch deutlich, worum es im Kern geht: Im Mittelpunkt stehen verbindliche Regelungen über die Bereitstellung und Verteilung von Energie in einer Volkswirtschaft. Und: Energiepolitik ist ein wesentlicher Bestandteil der Wirtschaftspolitik. Die verschiedenen Maßnahmen, mit denen der Staat das energiepolitische Geschehen lenkt, lassen sich vor allen Dingen den beiden bekannten Kategorien Ordnungs- und Strukturpolitik zuordnen.

Ein gut gedämmtes Haus hilft Energie zu sparen.

Die Verabschiedung von Gesetzen im Bereich Klimaschutz gehört zum Beispiel zur Ordnungspolitik. Die Energieeinsparverordnung (EnEV) etwa konkretisiert das deutsche Baurecht und gibt Regeln für diesen Bereich vor. Es geht darum, Gebäude so zu gestalten, dass sie möglichst wenig Energie – und damit Geld – „verheizen". Eine besonders wichtige ordnungspolitische Maßnahme der letzten Jahre war die Liberalisierung der deutschen Strom- und Gasmärkte, die auf die Initiative der Europäischen Union zurückgeht. Früher gab es in der deutschen Energieversorgung nur staatliche Unternehmen. Die Verbraucher konnten nicht zwischen verschiedenen Anbietern wählen, sondern mussten auf ihren regionalen Versorger zurückgreifen. Konkurrenz war nicht vorgesehen.

Heute sieht es etwas anders aus: Die privaten Haushalte und die Industrie können zwischen verschiedenen in ihrem Versorgungsgebiet tätigen Anbietern wählen. Die Unternehmen stehen also im Wettbewerb miteinander. Die Idee ist dabei, dass sie sich um eine effizientere Bereitstellung der Energie bemühen und diese im Idealfall zu geringeren Preisen anbieten.
Der nachfolgende Artikel zeigt, dass es trotz dieser Entwicklungen auch heute noch viele offene Fragen zur Wettbewerbssituation insbesondere auf dem Strommarkt gibt.

Der Preis ist heiß
Alles hätte so schön werden können: Die Märkte öffnen sich, die Preise sinken, die Verbraucher sind zufrieden. Doch die Liberalisierung des Strommarktes nahm einen anderen Verlauf. Nach zehn Jahren Wettbewerb im Stromsektor lässt sich feststellen: Die großen Erfolge blieben aus.
Der Startschuss fiel im April 1998 mit dem Inkrafttreten des novellierten Energiewirtschaftsgesetzes. Die Novelle setzte die EU-Richtlinie zum Elektrizitätsbinnenmarkt in nationales Recht um. [...]
Die Öffnung des Stromsektors lief zunächst vielversprechend. Lässt man Steuern und Abgaben außen vor, ergibt sich folgendes Bild: Ab April 1998 sanken die Preise deutlich. Doch bereits ab 2000 ging es wieder nach oben. Mittlerweile haben die Nettopreise das Niveau des Jahres 1998 längst überschritten. Was hat das mit der Liberalisierung zu tun? Sind nicht die gestiegenen Notierungen für Energierohstoffe ausschlaggebend für das Preisniveau? Das ist nur zum Teil der Fall. Ein heimischer Energieträger wie Braunkohle ist von den Weltmärkten unabhängig. Und bei der Kernkraft machen die Uranpreise nur einen winzigen Bruchteil der Kosten je produzierter Energieeinheit aus. Allein Braunkohle und Kernkraft stehen für die Hälfte der Stromproduktion. Die Hauptgründe für das steigende Nettopreisniveau sind an anderer Stelle zu suchen: Die Erzeugungskapazitäten sind knapp. Sie liegen in der Hand weniger Anbieter. Die Knappheit ist preistreibend. Außerdem funktioniert der grenzüberschreitende Stromaustausch nur eingeschränkt. In den vergangenen Jahren entstand ein umfangreiches Instrumentarium, das helfen soll, verkrustete Strukturen aufzubrechen. So stellt eine Verordnung sicher, dass jeder Kraftwerksbauer seine Anlage an das Netz der etablierten Unternehmen anschließen darf. Diskriminierungsversuche sollen damit im Keim erstickt werden. Außerdem hat der Gesetzgeber den Anbieterwechsel für alle Kunden vereinfacht. Hinzu kommt die Regulierung der Netzentgelte. Schärfstes Schwert der Behörden ist die Kartellrechtsnovelle.
Sie soll missbräuchliche Preisgestaltung durch marktmächtige Unternehmen verhindern. [...]
Kurth [Präsident der Bundesnetzagentur, die über den Wettbewerb im Strom- und Gasmarkt wacht] ist optimistisch. Er sieht „erhebliche Potenziale der Liberalisierung, die sich für alle Verbraucher vorteilhaft auswirken können". [...]
Die Branche warnt vor überhöhten Erwartungen. Die Politik konzentriere sich mal auf erneuerbare Energien, mal auf den Wettbewerb, mal auf den Klimaschutz. „Was fehlt, ist ein energiepolitisches Gesamtkonzept, das den Unternehmen Investitionssicherheit bietet, um die Energieversorgung langfristig zu gewährleisten. [...]
Quelle: Stratmann, Klaus in: Handelsblatt Nr. 75 vom 17.04.2008, S. 2

Ein gutes Beispiel für Strukturpolitik ist der Steinkohlebergbau in Deutschland. Aufgrund der hohen Förderkosten kann die deutsche Steinkohle nicht mit den niedrigen Preisen importierter Produkte aus Australien oder Polen mithalten. Um den Steinkohlebergbau als Wirtschaftssektor und Arbeitgeber zu erhalten, zahlt der deutsche Staat seit vielen Jahren Subventionen.

Anfang 2007 wurde nun beschlossen, die Subventionierung nur noch bis 2018 fortzusetzen. Bund und Länder wollen dann aus der Steinkohleförderung aussteigen. Kritiker und Befürworter der bisher verfolgten Energiepolitik haben in der Vergangenheit viele unterschiedliche Argumente angeführt, die für oder gegen den Erhalt des deutschen Steinkohlebergbaus sprechen. Die folgende Tabelle enthält einige davon:

Beschäftigte im Steinkohlebergbau in Deutschland (in tsd.)

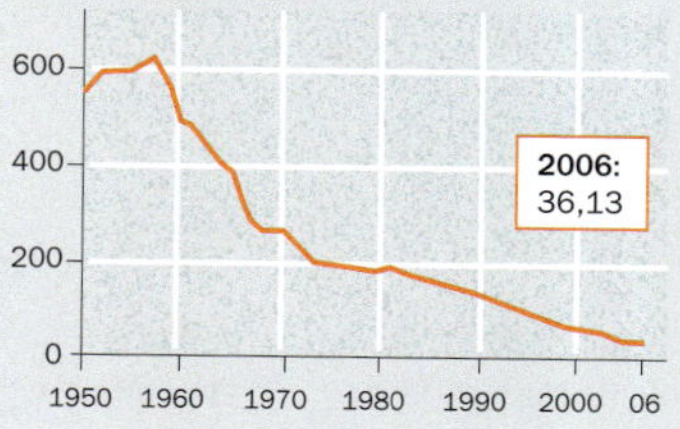

Argumente für und gegen eine Subventionierung des deutschen Steinkohlebergbaus

Pro	Kontra
• Deutschland besitzt außer Braun- und Steinkohle keine Energieträger und ist auf Lieferungen aus dem Ausland angewiesen. Die Steinkohle leistet somit einen Beitrag zur Versorgungssicherheit. Sie wird in Zukunft vielleicht wieder wettbewerbsfähig sein, weil auf dem Weltmarkt die Preise steigen.	• Verschiedene Studien belegen, dass auch in den kommenden Jahrzehnten die auf dem Weltmarkt zur Verfügung stehende Steinkohle günstiger sein wird als die deutsche.
• Die deutsche Bergbautechnik ist international führend. Für die Entwicklung und Erprobung als auch für die Sicherheit einer stabilen Absatzbasis sind heimische Bergwerke notwendig.	• Die Hersteller von Bergbaumaschinen erzielen mehr als 80 % ihres Umsatzes im Ausland. In der Branche sind nur halb so viele Mitarbeiter beschäftigt wie im Bergbau selbst.
• Subventionen sichern Arbeitsplätze.	• Durch den Erhalt unrentabler Unternehmen werden Steuergelder verschwendet. Die für Subventionen ausgegebenen Geldmittel fehlen an anderer Stelle, wo sie sinnvoller verwendet werden könnten – etwa für Bildung oder Infrastruktur. Langfristig wirken sich Umstrukturierung und Modernisierung positiv auch für die ehemals im Bergbau Beschäftigten aus.

Auch wenn es bei strukturpolitischen Maßnahmen auf den ersten Blick oft um den Erhalt bestehender Strukturen in einer Region oder Branche geht, steht zumeist aber die schrittweise Anpassung an neue Bedingungen im Vordergrund. Im Ruhrgebiet, wo lange viele Menschen im Bergbau beschäftigt waren, haben sich im Laufe der Zeit ganz neue, innovative Wirtschaftszweige angesiedelt.

Energiepolitisches Zieldreieck

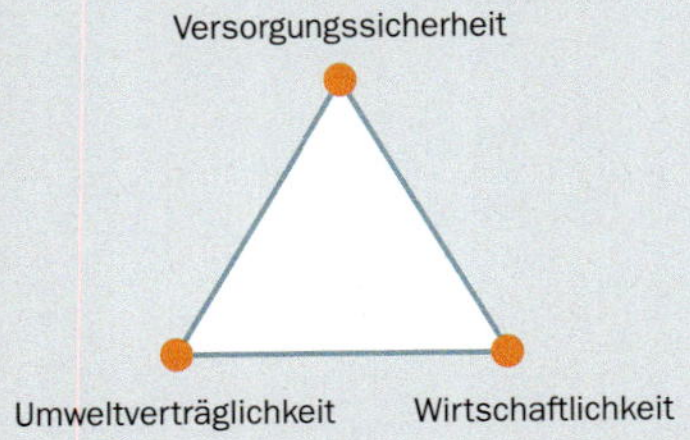

Sowohl die Diskussion um die Liberalisierung der Strom- und Gasmärkte als auch die um die Subvention des Steinkohleabbaus in Deutschland zeigen, dass es bei der Beschäftigung mit energiepolitischen Themen viele Berührungspunkte mit anderen Politikfeldern wie der Wettbewerbspolitik gibt. Aus der Forderung nach einer umweltverträglichen Energieversorgung lässt sich unmittelbar eine Querverbindung zur Umweltpolitik ableiten. Auch andere Politikressorts, wie die Sicherheits- oder Technologiepolitik, befassen sich mit energiepolitischen Angelegenheiten.

Wie wir noch sehen werden, ist Energiepolitik in einem internationalen Rahmen eingebettet und damit nicht nur eine nationalstaatliche Angelegenheit. Gerade die Europäische Union ist ein wichtiger Akteur, der zunehmend an Einfluss gewinnt und Regelungen beschließt.

Gleichgültig, ob auf nationaler oder europäischer Ebene – Energiepolitik verfolgt drei übergreifende Ziele: Versorgungssicherheit, Wirtschaftlichkeit und Umweltverträglichkeit. Im Mittelpunkt aller Bemühungen steht also die Gewährleistung einer sicheren, preiswerten und umweltschonenden Energieversorgung. Man spricht auch vom „energiepolitischen Zieldreieck". Bei konkreten politischen Entscheidungen ist es eine schwierige Aufgabe, alle drei Ziele gleichberechtigt zu berücksichtigen. Wird eines von ihnen übermäßig betont, rücken die anderen in den Hintergrund. Es kommt immer wieder zu so genannten Zielkonflikten.

1. Nehmen Sie die von Ihnen angefertigte Mind-Map zum Thema „Energiepolitik" noch einmal zur Hand. Prüfen Sie, welche Aspekte darin zu finden sind. Ergänzen Sie ggf. Ihre Mind-Map.

Stellt sich die Frage, was unter den Begriffen Versorgungssicherheit, Umweltverträglichkeit und Wirtschaftlichkeit genau verstanden wird. Und warum sind gerade diese drei Ziele von herausragender Bedeutung für die Gestaltung der Energiepolitik?

2.2 Das energiepolitische Zieldreieck

Versorgungssicherheit

Ohne Energie – etwa in Form von Strom und Gas, Diesel und Benzin – sähe unser Alltag im wahrsten Sinne des Wortes düster aus. Gewaltige Probleme entstehen, wenn das Angebot für den Energiebedarf nicht ausreicht. Ganz deutlich zeigt sich zum Beispiel, wie sehr Haushalte und Unternehmen auf Energie angewiesen sind, wenn uns ein unvorhergesehener Stromausfall „erwischt":

Hilfe, es schneit!

Das Münsterland in Nordrhein-Westfalen erlebt den schwersten Stromausfall der Geschichte. [...]

Das Schlimmste sei die Kälte, sagt Kamilla Brickmann. Nur noch sechs Grad Wohnungstemperatur! Seit Tagen harrt sie mit Mann und Kleinkindern in der Stadthalle Ochtrup aus, gemeinsam mit anderen Menschen, deren Zuhause kalt und dunkel ist. „Zuerst war es ja ganz romantisch, Candle-Light-Dinner und so, aber jetzt habe ich die Schnauze voll." [...]
Im Münsterland hat eine viertel Million Menschen das erste Adventswochenende unfreiwillig bei Kerzenschein vor dem Kamin verbracht. Orte wie Borken, Coesfeld, Ochtrup und Steinfurt künden von gebrochenen Strom

masten, von Leitungen ohne Saft, vom größten Stromausfall in der Geschichte der Bundesrepublik.
In den Ställen von Michael Hewing nahe Ochtrup brüllen 250 Muttersäue und 1.500 Ferkel nach Futter, Wasser, Luft und Wärme. Strom fehlt, um Wasser aus dem 40 Meter tiefen Brunnen zu pumpen – ohne Wärme erfrieren die Ferkel – ohne Elektrizität ist der Stall nicht belüftet, fällt die Futteranlage aus.
„Blanke Existenzangst“ hat Hewing schon am Freitag dazu getrieben, per Traktor – das Auto war eingeschneit – Notstromaggregate zu organisieren, die er später vorsorglich einmotten will. [...]
Quelle: Gammelin, Cerstin, in: Die ZEIT, Nr. 49 vom 01.02.2005, S. 15

Stromausfall mit unabsehbaren Folgen

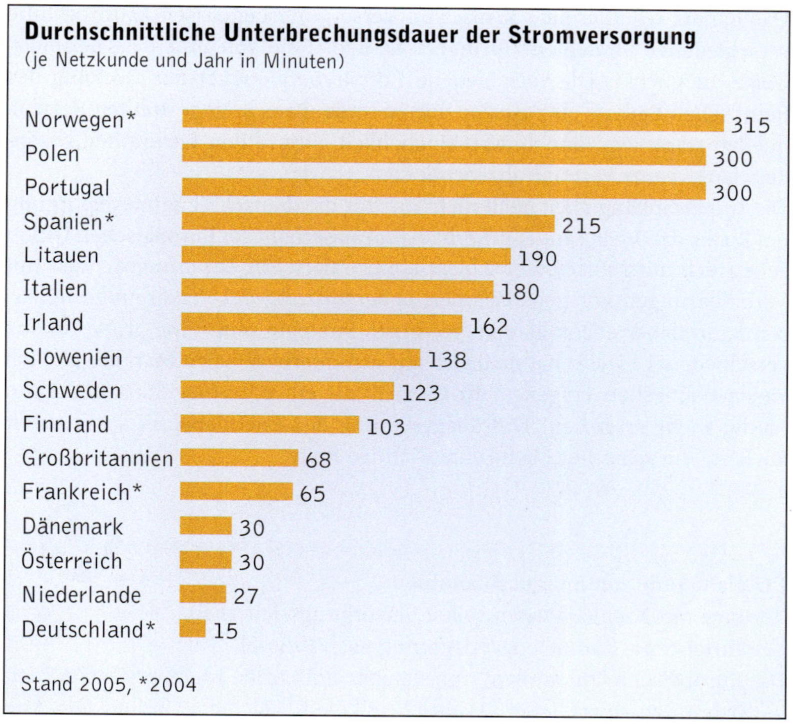

Die gesamte Volkswirtschaft muss in ausreichendem Maße und ohne Unterbrechung Zugang zu Energie haben, um kontinuierlich und hochwertig produzieren zu können. Neben den beiden Zielen Wirtschaftlichkeit und Umweltverträglichkeit steht die Versorgungssicherheit daher ganz oben im energiepolitischen Programm. Dazu gehört auch, dass Haushalte und Unternehmen die Energie in einer für sie nutzbaren Form bekommen. Voraussetzung für die Versorgung mit Strom und Gas ist, dass die Netz- und Transportinfrastrukturen einwandfrei funktionieren und einen zuverlässigen Betrieb garantieren.

Es gibt einen weiteren wichtigen Aspekt im Zusammenhang mit der Zuverlässigkeit der Energieversorgung: Den Betreibern von Kraftwerken und Raffinerien müssen genügend Rohstoffe zur Verfügung stehen, damit daraus Strom, Wärme und Kraftstoffe hergestellt werden können. Wenn heimische Energiequellen nicht in ausreichendem Maße vorhanden sind,

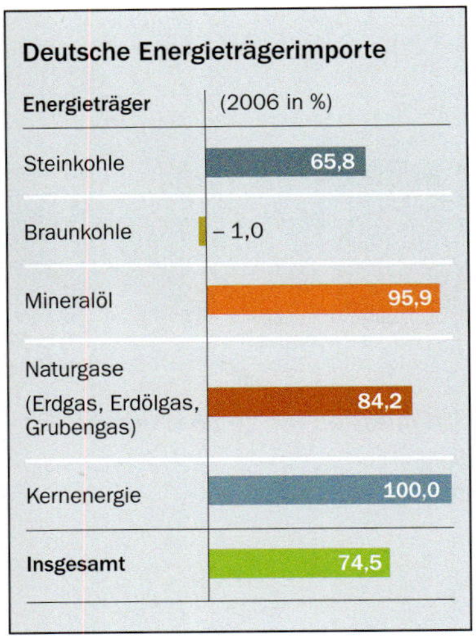

ist man auf Importe aus anderen Ländern angewiesen. Die nebenstehende Grafik zeigt, welche Primärenergieträger Deutschland importieren muss, um seinen Energiebedarf zu decken. Deutlich wird die Abhängigkeit von ausländischen Zulieferern.

Schwierigkeiten können sich ergeben, wenn Energierohstoffe von wenigen oder sogar nur von einem einzigen Anbieter bezogen werden. Sollte es zu Lieferschwierigkeiten kommen, könnte das Abnehmerland unter Umständen „auf dem Trockenen sitzen". Verschärft wird das Problem der Importabhängigkeit durch die räumliche Verteilung der Lagerstätten. Gerade die wichtigsten Energierohstoffe – Erdgas und Erdöl – findet man vor allen Dingen in Ländern, deren politische Rahmenbedingungen als instabil bezeichnet werden und die deshalb als latente Krisenherde gelten.

Das daraus resultierende Risiko von Versorgungsengpässen kann mithilfe verschiedener Strategien verringert werden. Eine von ihnen ist beispielsweise, möglichst viele verschiedene Primärenergieträger zur Deckung des heimischen Bedarfs einzusetzen, die außerdem aus breit gestreuten Bezugsquellen stammen. Eine andere Möglichkeit ist, mit den Lieferanten besonders langfristige Verträge abzuschließen.
Die Importabhängigkeit stellt nicht nur für die deutsche Energieversorgung ein Risiko dar. Viele Länder innerhalb und außerhalb der Europäischen Union sehen sich mit demselben Problem konfrontiert. Ein Zusammenschluss mit Vereinbarungen zur gegenseitigen Unterstützung bei Versorgungsengpässen kann daher ebenfalls eine geeignete Strategie sein. Eine große Allianz verschiedener Länder hat natürlich auf den internationalen Märkten und bei vielen politischen Fragen mehr Gewicht als ein einzelner Staat und kann häufig mehr erreichen. Die Ausgestaltung der Energiepolitik spielt daher auch auf europäischer Ebene eine wichtige Rolle.

EU plant Serie von Energieabkommen
Verträge mit Nachbarstaaten sollen Versorgungssicherheit gewährleisten – Kompetenzverlagerung nach Brüssel
Die Europäische Union plant, mit nahezu allen ihren Nachbarstaaten Energieabkommen zu schließen. Dadurch soll die EU sich ein „breites Netz von Ländern rund um die EU erschließen, das auf der Basis gleicher Regeln und Prinzipien, die von der EU-Energiepolitik abgeleitet sind, agiert", heißt es in dem Aktionsplan Energie, den die Europäische Kommission morgen vorstellen will. [...]
Nun sollen die Nachbarländer der 27 EU-Staaten in eine Art größere Energiegemeinschaft eingebunden werden. Nachdem zunächst die EU-Mitgliedstaaten und der Westbalkan dazugehörten, sollen nun „graduell weitere Länder" dazustoßen. [...]
Parallel dazu will die EU ihre Kooperation mit Russland und dem Ölkartell Opec stärken. Außerdem sollen Vertreter des deutschen Auswärtigen Amtes nach FTD-Informationen bei einem Treffen in Brüssel im Dezember die Möglichkeit einer Energiepartnerschaft mit den USA ins Feld geführt haben. [...]
Quelle: Schmid, Fidelius, in: Financial Times Deutschland vom 09.01.2007, S. 13

Wirtschaftlichkeit

Ob wir das Licht im Wohnzimmer einschalten oder in den Urlaub fliegen – jede Energienutzung hat ihren Preis und stellt einen Kostenfaktor dar. Und weil jeder von uns nahezu ständig auf Energie für die unterschiedlichsten Aktivitäten angewiesen ist, können sich hohe Preise durchaus negativ auf einzel- und gesamtwirtschaftliche Entwicklungen auswirken.

Ein Beispiel: In Zeiten hoher Strom-, Gas- oder Benzinpreise bleibt privaten Haushalten weniger von ihrem monatlichen Budget, um davon andere Sachgüter und Dienstleistungen zu bezahlen. Der Blick auf folgende Grafik zeigt, dass die jährlichen Ausgaben für Strom und Gas in einem Zweipersonenhaushalt einen nicht zu unterschätzenden Kostenfaktor darstellen:

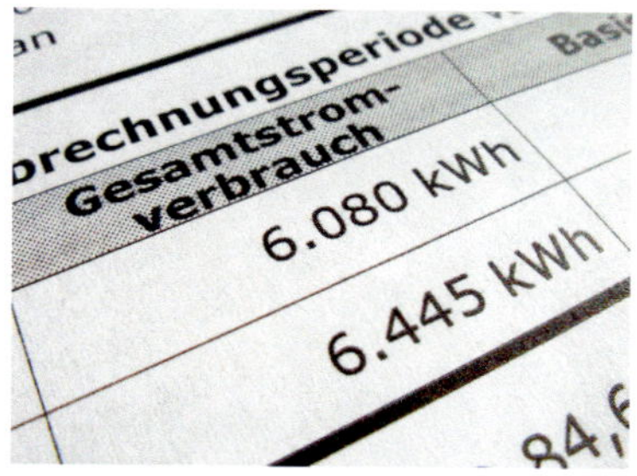

Energiekosten – ein nicht zu unterschätzender Posten im Haushaltsbudget

Ausgaben eines 2-Personen-Haushaltes für Gas und Strom (Durchschnittsverbrauch pro Jahr in Euro)

	Erdgas	Strom	
	20.000 kWh	2.500 kWh	insgesamt:
Stuttgart	1.290 Euro	551 Euro	1.841 Euro
Essen	1.267	560	1.827
Düsseldorf	1.291	535	1.825
Köln	1.295	525	1.820
Dortmund	1.290	516	1.806
Berlin	1.269	528	1.796
Bremen	1.222	551	1.773

Hohe Energiekosten treffen ebenso Unternehmen, ganz besonders natürlich energieintensive Branchen wie die Metallerzeugung oder die chemische Industrie. Steigende Kraftstoffpreise spüren auch speziell die im Transportgeschäft tätigen Betriebe, zum Beispiel Speditionen oder Busunternehmen. In der Folge fallen ihre Gewinne geringer aus. Möglicherweise kann es dann dazu kommen, dass weniger in die Erweiterung oder den Ausbau der Betriebe investiert wird. Gerade solchen Unternehmen, die sich im internationalen Wettbewerb durchsetzen müssen, entstehen oft Nachteile gegenüber der Konkurrenz im Ausland: Kann die benötigte Energie dort vergleichsweise billig bezogen werden, fällt entsprechend auch die Preiskalkulation für die auf dem Markt angebotenen Güter günstiger aus. Sofern es also nicht gelingt, Energie einzusparen, sehen sich viele Unternehmen zur Kostenreduktion an anderen Stellen gezwungen, etwa im Personalbereich. Es gibt auch Betriebe, die ihre Produktion ins Ausland verlagern, um von den günstigen Preisen zu profitieren.

Auf den ersten Blick ist also klar, was mit „Wirtschaftlichkeit" der Energieversorgung gemeint ist: Die Abnehmer – sowohl private Haushalte als auch Unternehmen – sollen einen möglichst geringen Preis bezahlen.

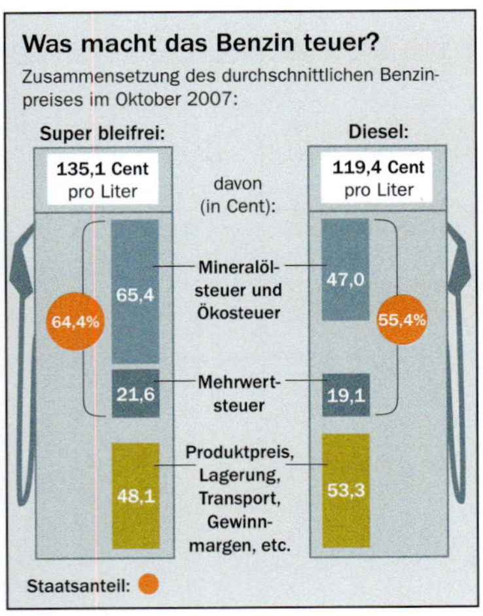

Wie kann man dieses Ziel erreichen, und welche Rolle spielt dabei die Politik?

1. Um überhaupt Energie in einer nutzbaren Form bereitstellen zu können, müssen zunächst Rohstoffe beschafft werden. Es kann dabei durchaus eine Strategie sein, sich auf besonders kostengünstige Primärenergieträger wie Steinkohle zu konzentrieren. Hierbei ist Deutschland allerdings auf Importe aus anderen Ländern angewiesen. Angesichts der weltweit sinkenden Ressourcen und des steigenden Bedarfs kann langfristig mit Preissteigerungen auf den internationalen Beschaffungsmärkten für fossile Energieträger gerechnet werden. Tatsächliche oder gefühlte Knappheiten sind entscheidende Faktoren. Unter diesem Gesichtspunkt ist zu überlegen, wie es langfristig um die „Wirtschaftlichkeit“ einer auf Kohle basierenden Versorgungsstrategie bestellt sein wird.

2. Der Preis für die Energie, die wir täglich nutzen, ergibt sich nicht allein aus den Kosten der Rohstoffe. Es müssen auch Herstellungs- und Transportkosten in der Kalkulation berücksichtigt werden. Verluste, die durch beschädigte Leitungen, lange Transportwege und Umwandlungsprozesse entstehen können, sind deshalb so gering wie möglich zu halten. Der Einsatz moderner Techniken und funktionierender Infrastrukturen ist dafür eine wichtige Voraussetzung.

3. Die Zusammensetzung der Kraftstoffpreise in Deutschland zeigt, dass Steuern einen nicht unerheblichen Anteil der Gesamtkosten ausmachen. Ein ähnliches Bild liefert die genauere Aufschlüsslung der Bestandteile des Strompreises:

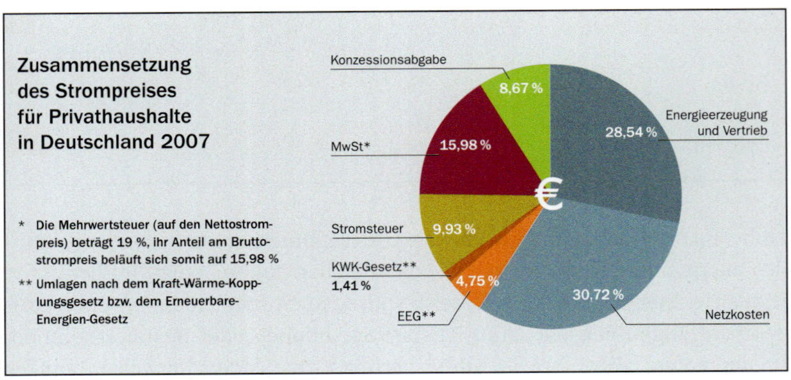

Die Schlussfolgerung, dass geringere Steuersätze günstige Energiepreise bedeuten, liegt nahe. Dabei sind jedoch zwei wichtige Aspekte zu berücksichtigen: Zum einen ist der Staat prinzipiell auf Einnahmen aus Steuern und Abgaben angewiesen, um seine Aufgaben erfüllen zu können. Zum anderen hat er die Möglichkeit, den Energieverbrauch in einem begrenzten Rahmen über die Mitgestaltung der Preise zu lenken – beispielsweise um einen sparsameren und umsichtigeren Umgang mit der Energie zu fördern.

4. Darüber hinaus wird die Preisgestaltung ganz wesentlich von den jeweiligen Markt- und Wettbewerbsstrukturen beeinflusst. Diese haben sich in den letzten Jahren im Bereich der deutschen Strom- und Gasversorgung gewaltig verändert.

Umweltverträglichkeit
Sowohl Erzeugung als auch Nutzung der Energie ist in vielen Fällen mit negativen Folgen für die Umwelt verbunden. Feinstaubbelastungen durch Verkehr und Veränderungen der Landschaft durch Ressourcenabbau sind nur zwei von vielen Beispielen. Ursachen und Wirkungen von Umweltbelastungen liegen nicht immer nah beieinander. Ein treffendes Beispiel dafür ist der hauptsächlich durch Kohlendioxid- und andere Treibhausgasemissionen verursachte Klimawandel, dessen Auswirkungen weltweit zu spüren sind.

Da eine saubere und natürliche Umwelt grundlegende Voraussetzung für eine hohe Lebensqualität der Menschen ist, spielt ihr Schutz in der Energiepolitik eine große Rolle. Unumstritten stellt der Klimawandel die größte Herausforderung dar, die sie momentan zu bewältigen hat.

Mobilität geht oft zu Lasten der Umwelt.

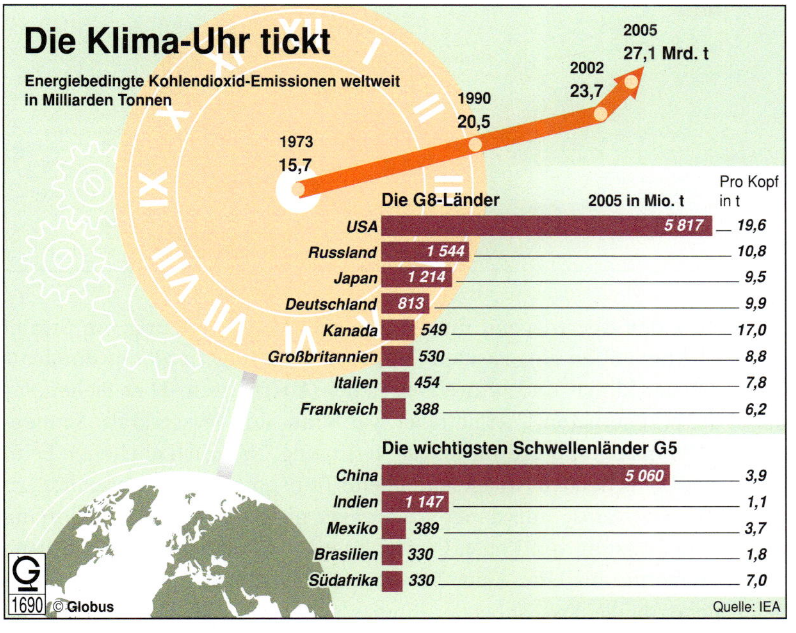

In den vergangenen Jahrzehnten hat man zahlreiche Methoden zur umweltschonenderen Gestaltung der Energieerzeugung und -nutzung entwickelt. Negative Auswirkungen der Energienutzung lassen sich am einfachsten und effektivsten reduzieren, indem weniger Energie verbraucht wird. Wenn beispielsweise ein Haushalt seinen jährlichen Stromverbrauch um die Hälfte senkt, spart er nicht nur Geld – es müssen auch weniger Rohstoffe zur Stromerzeugung eingesetzt werden. Belastungen für die Umwelt, wie sie beispielsweise durch ungenutzte Abwärme oder Emissionen entstehen können, treten in geringerem Maße auf. Voraussetzung ist natürlich, dass der eingesparte Strom nicht an anderer Stelle „vergeudet“ wird.

Bei der Umwandlung von Energierohstoffen in für uns nutzbare Energieformen, wie zum Beispiel Bewegungsenergie, die zum Antrieb eines Autos benötigt und aus der Verbrennung von Diesel bzw. Benzin gewonnen wird, entstehen Verluste. Das heißt: Ein Teil der eingesetzten Energie geht einfach verloren – meistens in Form von Wärme. Sofern es gelingt, die „Ausbeute“ aus den Energieträgern zu erhöhen, kann die Umwelt deutlich entlastet werden, denn die gleiche Menge Endenergie wird dann mit weniger

Rohstoffen hergestellt. Ein weiterer Ansatzpunkt, um solchen Verlusten entgegenzuwirken, ist die sinnvolle Nutzung der im Erzeugungsprozess unbeabsichtigt entstandenen Wärme. Mit Hilfe der so genannten Kraft-Wärme-Kopplung kann in modernen Kraftwerken die im Stromerzeugungsprozess entstandene Abwärme in das Fernwärmenetz eingespeist werden und steht zum Heizen von Gebäuden zur Verfügung. Denkbar ist der Einsatz der Technik auch in privaten Haushalten. Das Prinzip illustriert die nachfolgende Grafik noch einmal anschaulich:

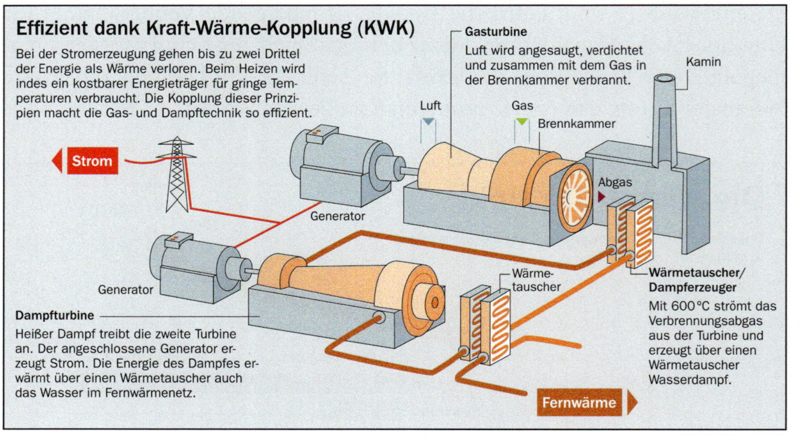

Gegenüber den überwiegend für die Erzeugung und Nutzung von Strom, Gas und Kraftstoffen eingesetzten fossilen Energieträgern gibt es durchaus auch weniger klima- und umweltbelastende Alternativen. Hier stehen vor allem die erneuerbaren Energieträger wie Wind- und Wasserkraft, Sonnenenergie, Biomasse und Erdwärme zur Verfügung. Natürlich entstehen beim Bau der entsprechenden Anlagen und beim Transport von Bioenergieträgern wie Mais oder Raps Emissionen, allerdings nicht in demselben Umfang wie bei der Nutzung von Kohle, Öl und Gas. Zwar fallen bei der Erzeugung von Kernenergie aus Uran keine bzw. kaum Treibhausgase an, dafür jedoch gefährliche Abfälle. Das ist bei der Biomasse nicht der Fall.

Alternative Energieerzeugung durch Windkraft

CO_2-Vermeidung durch die Nutzung Erneuerbarer Energien in Deutschland 2006

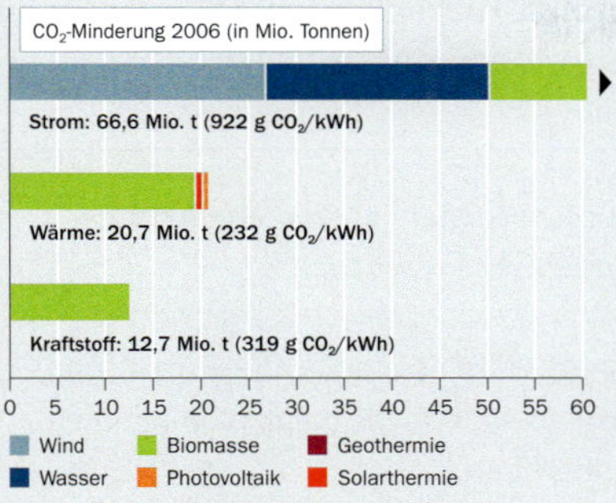

Strom-erzeugung	überwiegend substituiert	CO_2-Faktor (g kWh)	Anteil CO_2 Minderung (%)
Windenergie	Steinkohle (Erdgas,Braunkohle)	862	39,7
Wasserkraft	Braunkohle	1 088	33,9
Biomasse	Stein-/Braunkohle, Erdgas	(745 – 1 088)	22,4
Photovoltaik	Erdgas, Braunkohle	1 367	2,3
Geothermie	Braunkohle	1 088	0,0002

In diesem Kapitel wurde erklärt, was unter den Begriffen Versorgungssicherheit, Wirtschaftlichkeit und Umweltverträglichkeit als Seiten des energiepolitischen Zieldreiecks zu verstehen ist. Zudem wurden verschiedene Wege aufgezeigt, auf denen die einzelnen Ziele erreicht werden können. Das klingt zunächst nicht besonders schwierig. Die besondere Herausforderung liegt jedoch in der praktischen Umsetzung, bei der gleichzeitig alle Ziele berücksichtigt werden sollen. Mit den unvermeidbaren Widersprüchen und daraus resultierenden Konflikten müssen sich die energiepolitischen Akteure auseinandersetzen. Die wichtigsten unter ihnen werden auf den nächsten Seiten kurz vorgestellt.

1. Fassen Sie mit eigenen Worten zusammen, welche Argumente sich jeweils hinter den unterschiedlichen energiepolitischen Zielen verbergen.

2.3 Wer macht Energiepolitik?

Die Antwort auf diese Frage scheint auf den ersten Blick einfach zu sein: Der Staat! Hinter diesem Begriff verbirgt sich jedoch ein ganzes Geflecht aus Institutionen und Personen, die bestimmte Parteien unterstützen, Positionen bekleiden und Interessen vertreten. Es ist also schwierig, von „dem“ Staat auszugehen, der mit einer Stimme für seine Bürger spricht. Bei genauerer Betrachtung erkennt man außerdem, dass politische Entscheidungen nicht einseitige Akte staatlicher Instanzen sind.

Der Deutsche Bundestag

Diese Sachverhalte werden im englischsprachigen Raum sehr schnell deutlich, denn hier werden drei Begriffe für Politik unterschieden:

- **„politics“** bezeichnet die prozessuale Dimension. Im Vordergrund steht die politische Gestaltung des Gemeinwesens durch die Vermittlung zwischen Interessen und durch den Prozess der Willensbildung (Konflikt und Konsens).

- **„policy“** bezeichnet die inhaltliche Dimension. Im Vordergrund stehen Bereiche wie Wirtschafts-, Verkehrs- und Energiepolitik bzw. die Programme der Parteien.

- **„polity“** meint die institutionelle Dimension von Politik. Im Vordergrund steht das Normengefüge (Verfassung, Traditionen), aus dem sich Konsequenzen für politische Verfahren (z B. gesetzliche Regelungen), Einrichtungen (z. B. Parlament) und Ordnungsvorstellungen (z. B. Gewaltenteilung) ergeben.

An den Prozessen, Inhalten und Institutionen der Politik ist eine Vielzahl von Menschen beteiligt, die auch ihre jeweils eigenen Interessen vertreten. Am Beispiel der Steinkohleförderung und -subventionierung (siehe S. 211) lassen sich widersprüchliche Vorstellungen sehr gut verfolgen:

„Unsere Stadt kann es sich wirklich nicht leisten, noch mehr Arbeitsplätze zu verlieren! Dafür fühle ich mich verantwortlich."

„Die Kassen sind leer. Für den Haushalt wäre es eine große Entlastung, die Subventionen für den Bergbau irgendwann nicht mehr einplanen zu müssen. Irgendwo muss ich einfach streichen."

„Es ist Wahlkampf. Für mich zählt jede einzelne Stimme – auch die der Bergarbeiter und ihrer Familien. Ich will keine Stammwähler verlieren."

„Wir vertreten die Rechte der Steuerzahler und bekämpfen die Verschwendung von Geldmitteln. Wie stehe ich denn da, wenn ich nicht den Subventionsabbau vorantreibe?"

Aufgrund unterschiedlicher Vorstellungen und Zielsetzungen ist es nicht weiter überraschend, dass es im Rahmen von politischen Willensbildungs- und Entscheidungsprozessen häufig zu Konflikten kommt. Stellt sich die Frage, wer genau mit wem aneinandergerät. Die nächsten Seiten geben einen Überblick über die wichtigsten Personengruppen und Institutionen im Bereich der Energiepolitik.

Bund, Länder und die kommunale Ebene

Dass die Energiepolitik auf Bundesebene ein wichtiges Thema ist, erklärt sich fast von selbst. Rechtvorschriften wie das Energieeinsparungsgesetz oder das Erneuerbare-Energien-Gesetz werden von der jeweils amtierenden Bundesregierung in den Bundestag eingebracht und dort verabschiedet. Sie gelten dann überall in Deutschland. In verschiedenen Ministerien gehören Energiefragen zu den alltäglichen Aufgaben.

Das Bundesministerium für Wirtschaft und Technologie ist immer dann zuständig, wenn es um allgemeine Fragen der Energieversorgung geht. Hier wurden beispielsweise die Vorschriften vorbereitet, die den Wettbewerb auf dem nationalen Strom- und Gasmarkt regeln. Andere Aufgabenfelder sind die Kohle- und Rohstoffpolitik, in deren Mittelpunkt die Entwicklung von Strategien für eine sichere Versorgung Deutschlands mit den zur Energieerzeugung benötigten Rohstoffen steht. Es gibt auch Bereiche, in denen das Bundesministerium für Umwelt, Naturschutz und Reaktorsicherheit zuständig ist. Dazu gehören unter anderem die Endlagerung von radioaktiven Abfällen, der Ausbau der erneuerbaren Energien und der Klimaschutz.

www.bundesregierung.de
www.bmbf.de
www.bmu.de
www.bmwi.de

Um die Entwicklung neuer Technologien, mit deren Hilfe Energieressourcen effizienter genutzt werden können, kümmert sich hingegen das Ministerium für Bildung und Forschung. Gerade die Abhängigkeit Deutschlands von Energieimporten und die gleichzeitige Verknappung der fossilen Primärenergieträger sind Aspekte, die verdeutlichen, dass Energiepolitik immer mit Blick auf das internationale Geschehen betrieben werden muss. Deshalb gestaltet das Auswärtige Amt – zuständig für die Außenpolitik – energiepolitische Prozesse mit.

Auch die Bundesländer sind energiepolitisch aktiv. Viele Förderprogramme, etwa zum Ausbau von Anlagen zur Nutzung erneuerbarer Energien, werden nicht bundesweit, sondern für bestimmte Regionen ausgeschrieben. Das Beispiel Steinkohle hat gezeigt, dass die Frage nach Schließung von Bergwerken in Deutschland ein wichtiges Thema war und ist. Die wenigen noch aktiven Zechen liegen alle in Nordrhein-Westfalen und im Saarland. Verständlich ist, dass dort Kohlepolitik eine besondere Rolle spielt. Da etwa 20 % der in der Bundesrepublik eingesetzten Primärenergieträger ihren Ursprung in Sachsen-Anhalt haben, muss sich die Landesregierung mit vielen wichtigen energiepolitischen Fragen auseinandersetzen. Hierbei geht es vor allem um die Inanspruchnahme von Braunkohle, Erdgas und die Nutzung der erneuerbaren Energien wie Windkraft und Biomasse.

Die Landesregierung von Sachsen-Anhalt hat 2007 ein Konzept verabschiedet, in dem die energiepolitischen Handlungsschwerpunkte des Landes für die Zeit von 2007 bis 2020 festgelegt wurden.

Über diese gestaltende Aufgabe hinaus können die Länder auch direkt Einfluss auf das Gesetzgebungsverfahren nehmen. Denn über den Bundesrat sind sie an vielen Entscheidungen auf Bundesebene beteiligt und können unter Umständen auch die Verabschiedung bestimmter Gesetze verhindern.

Die Kommunen, also die Städte, Gemeinden und Landkreise, haben nur sehr begrenzt Einfluss auf die politischen Entscheidungen der Bundesregierung. Dennoch sollte ihre Position nicht unterschätzt werden. Neben den Bundesländern spielen sie immer dann eine wichtige Rolle, wenn es beispielsweise um die Errichtung von Windrädern geht. Die Kommunen weisen Flächen aus, genehmigen Anträge und verhindern gegebenenfalls auch den Bau neuer Anlagen. Daneben beteiligen sich viele Kommunen aktiv an Initiativen, in denen es beispielsweise um Energieeffizienz oder Energiesparen geht, und übernehmen damit eine wichtige Vorbildfunktion.

Die Flagge der Europäischen Union

Europa und die Welt

Keineswegs wird die Bundesregierung bei ihren energiepolitischen Handlungen nur von staatlichen Akteuren auf nationaler Ebene bestimmt. Eine besonders wichtige Größe stellt für Deutschland die Europäische Union (EU) dar. Auch wenn Energiepolitik grundsätzlich Angelegenheit der einzelnen Mitgliedstaaten ist, stehen der EU viele Möglichkeiten zur Verfügung, mit denen sie dieses Politikfeld gestalten kann.

Aufgrund der Zuständigkeit der EU für Binnenmarkt, Wettbewerb und Umweltschutz werden die Aktivitäten der Mitgliedstaaten im Energiebereich erheblich beeinflusst. Über zahlreiche Verordnungen und Richtlinien gibt die EU der nationalen Gesetzgebung ihrer Mitgliedstaaten eine gemeinsame Richtung vor. Dabei greift sie durchaus auch in innerstaatliche Strukturen ein, wie die Liberalisierung der Strom- und Gasmärkte in Europa und damit auch in Deutschland gezeigt hat. Der entscheidende Impuls dafür kam 1996 von der EU mit den Binnenmarktrichtlinien Strom und Gas. Sie enthalten Vorschriften zur Marktöffnung in diesen beiden Zweigen der Energiewirtschaft. Europa wollte damit erreichen, dass auch hier möglichst freier Wettbewerb herrscht und sich die Kunden ihren Strom- und Gaslieferanten aussuchen können.

1. Recherchieren Sie, durch welche Eckpunkte die Energiepolitik in „Ihrem" Bundesland gekennzeichnet ist? Ermitteln Sie, welche Schwerpunkte die Landesregierung setzt.

Zentrale energie- und umweltpolitische Herausforderungen wie der Klimawandel oder die zunehmende Importabhängigkeit Europas bei den fossilen Energieträgern haben in den letzten Jahren dazu geführt, dass Energiepolitik auf der europäischen Agenda weit nach oben gerückt ist und in diesem Politikfeld viele Aktivitäten angestoßen wurden. Wichtige Bereiche, in denen die EU in den nächsten Jahren eine gemeinsame Energiepolitik gestalten möchte, zeigt die Grafik:

Die Bundesregierung agiert über bilaterale und multilaterale Verträge auch in einem internationalen Kontext. Solche Beziehungen können Einfluss auf die Ausgestaltung bestimmter Politikfelder nehmen. Ein Beispiel: 2005 wurde in Deutschland und einigen anderen europäischen Ländern der Handel mit Emissionsrechten für Kohlendioxid (CO_2) eingeführt. Grundlage hierfür ist einer der bekanntesten internationalen Verträge: das Kyoto-Protokoll von 1997. In ihm haben sich viele Industriestaaten dazu verpflichtet, den Ausstoß an klimaschädlichen Gasen zu senken. Sowohl die EU als Staatengemeinschaft als auch Deutschland haben den Vertrag unterschrieben, in dem unter anderem Instrumente zum Klimaschutz festgelegt wurden.

Bewegt man sich weiter auf der internationalen Ebene, stellt man fest, dass Deutschland in weltweite Organisationen wie z. B. die Vereinten Nationen (UNO) eingebunden ist. Im Energiebereich sind die wohl bekanntesten die Internationale Energie Agentur (IEA) und der Weltenergierat (World Energy Council). Die IEA verfolgt primär das Ziel, in Krisenzeiten die Energieversorgung zu sichern, übernimmt aber auch Aufgaben des Klimaschutzes und der Förderung der Energieeffizienz. Sie stärkt zudem die energiepolitische Zusammenarbeit mit Entwicklungsländern. Demgegenüber beschäftigt sich der Weltenergierat mit globalen Fragen zu Energietechnik, -wirtschaft und -politik.

www.iea.org
www.weltenergierat.de

Breite Aufmerksamkeit erlangt die Arbeit solcher Institutionen immer dann, wenn die Ergebnisse groß angelegter Studien veröffentlicht werden. Oft werden dadurch wichtige Diskussionen in der Gesellschaft angestoßen, beispielsweise über die Notwendigkeit von Klimaschutzmaßnahmen oder den Umgang mit steigenden Rohstoffkosten.

22 Billionen benötigt
[...] Die Internationale Energieagentur (IEA) erwartet bis 2030 einen Anstieg des Energieverbrauchs um 55 % und der Kohlendioxid-Emissionen um 57 % Und nach Darstellung des Weltenergierats muss sich die Energieproduktion bis 2050 sogar verdoppeln.
Ob die Zahlen verlässlich sind, sei dahingestellt. [...] Aber ob es nun einige Prozentpunkte mehr oder weniger sind, ist in Anbetracht der Dimensionen irrelevant. Fakt ist: Der Verbrauch wird dramatisch steigen. Das liegt vor allem am Wirtschaftsboom in den bevölkerungsreichsten Staaten, China und Indien. Ein Drittel der Menschheit verlangt aber auch überhaupt einen Zugang zur Elektrizität. Energie hat auch eine soziale Dimension.
Die Herausforderung besteht darin, dafür zu sorgen, dass der Anstieg von Verbrauch und Emissionen zumindest gebremst wird und beherrschbar bleibt. Dafür sind gewaltige Anstrengungen nötig, sprich hohe Investitionen. Die IEA schätzt den Bedarf bis 2030 auf 22 Billionen Dollar.
Quelle: Flauger, Jürgen in: Handelsblatt Nr. 221 vom 15.11.2007, S. 8

Durch die Veröffentlichung solcher Studien kann eine Regierung auch unter Handlungs- oder Rechtfertigungsdruck geraten. Indirekt können internationale Organisation wie die IEA also durchaus (nationale) politische Entscheidungen beeinflussen. Sichtbares Ergebnis ist zumeist ein Gesetz oder eine vergleichbare Regelung. Das gilt nicht nur für Vorgänge auf nationaler Ebene. Angesichts der Tatsache, dass Staaten zum Teil über verschiedene Ausgangssituationen verfügen und dementsprechend unterschiedliche Interessen verfolgen, ist leicht vorstellbar, dass die politischen Entscheidungsprozesse auf europäischer und erst recht auf globaler Ebene sehr vielschichtig und zeitaufwendig sind. Gemeinsame Entscheidungsprozesse verlaufen unter diesen Umständen nicht immer konfliktfrei. Hinzu kommt, dass innerhalb der Staaten durchaus unterschiedliche Meinungen zu einem Thema existieren und zumindest in demokratischen Ländern in den politischen Diskurs einfließen. „Politik machen" stellt oft ein zähes Ringen um Kompromisse dar, an dessen Ende in den meisten Fällen eine Einigung steht.

Nationale Energiepolitik im europäischen und internationalen Rahmen

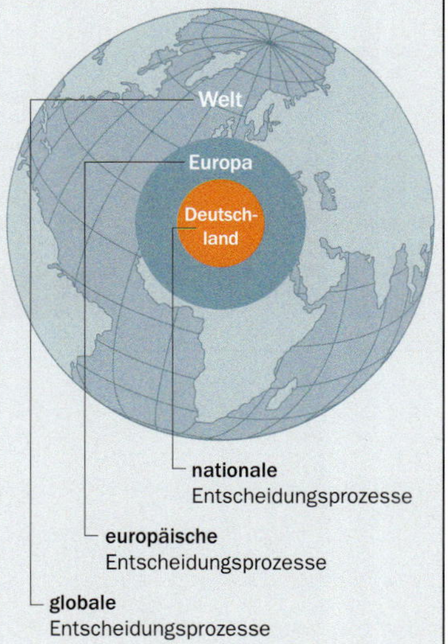

Interessengruppen

Bürgerinitiativen, Umweltschutzorganisationen, Wirtschafts- und Unternehmensverbände – sie vertreten für ihre Mitglieder Meinungen (nicht nur) zu energiewirtschaftlichen Themen und bringen diese in den öffentlichen Diskurs ein. Die Ansichten unterscheiden sich oft sehr deutlich: Eine Umweltschutzorganisation wird eine andere Position in Diskussionen um Tempolimits auf Autobahnen vertreten als der Verband der Automobilindustrie oder der Allgemeine Deutsche Automobilclub (ADAC). Gemeinsam ist allen, dass sie versuchen, die Interessen einzelner Personen oder Personengruppen zu bündeln, um die jeweiligen Zielvorstellungen leichter zu realisieren. Man spricht deshalb von Interessenvertretungen. In Deutschland sind über 5.000 Verbände mit politischen Interessen registriert. Dazu zählen u. a. Gewerkschaften, Verbraucherschutzorganisationen sowie auch öffentliche Institutionen wie Industrie- und Handelskammern. Daneben gibt es noch Bürgerinitiativen auf kommunaler oder regionaler Ebene. Sie entstehen oft spontan und beschäftigen sich in der Regel nur mit einem bestimmten Thema – beispielsweise weisen sie auf Missstände hin wie den Mangel an Kindergartenplätzen oder artikulieren Protest gegen ein geplantes Bauprojekt.

1. Welche Folgen ergeben sich aus den Entwicklungen auf den Weltenergiemärkten für ein Land wie die Bundesrepublik?

Wollte man eine Liste der Interessenvertretungen anfertigen, die in energiepolitischen Diskussionen anzutreffen sind, wäre diese sehr lang. Nachfolgend sind daher nur die wichtigsten Akteure in Gruppen zusammengefasst.

Wichtige Interessengruppen in der Energiepolitik

Umweltverbände	Branchenverbände	Bürgerinitiativen	Weitere Gruppen
z.B. Greenpeace, Robin Wood, NABU	z.B. Bundesverband Erneuerbare Energie (BEE), Bundesverband Energie- und Wasserwirtschaft (BDEW)	z.B. Saubere Energie in Dörpen, Bremer Gaspreisinitiative	z.B. ADAC, Verbraucherschutzbund, Industriegewerkschaft Bergbau, Chemie, Energie (IGBCE)

Spannend ist die Frage, wie Interessenverbände überhaupt arbeiten. Ihnen stehen nämlich zahlreiche Möglichkeiten zur Verfügung, um sich an politischen Willensbildungs- und Entscheidungsprozessen zu beteiligen.

Verbände und ihre Einflussnahme

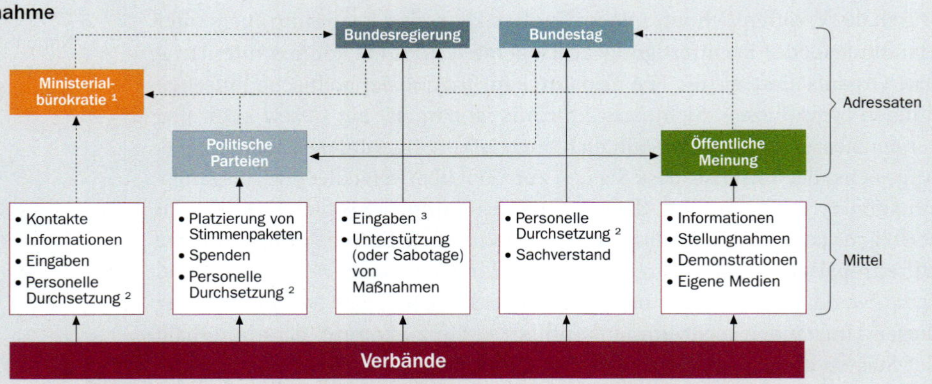

[1] Ministerialbürokratie = Verwaltungsapparat in den Ministerien des Bundes und der Länder

[2] Personelle Durchsetzung = gezielte Mitarbeit von Verbandsvertretern in Parteien, Bundestag und Ministerialbürokratie

[3] Eingaben = Herantragen eines Anliegens (z. B. Wünsche, Beschwerden etc.)

Interview mit Dr. Werner Brinker

Dr. Werner Brinker ist Vorsitzender des Vorstandes der EWE AG und ehemaliger Präsident des Bundesverbandes der Energie- und Wasserwirtschaft (BDEW) und heutiges Mitglied des Präsidiums.

Herr Dr. Brinker, der BDEW vertritt als Bundesverband der Energie- und Wasserwirtschaft die Interessen der Branchen Strom, Fernwärme, Gas, Wasser und Abwasser. Können Sie kurz erläutern, welche konkreten Aufgaben der Verband für seine Mitglieder wahrnimmt?

Antwort: Im Bundesverband der Energie- und Wasserwirtschaft (BDEW), Berlin, sind 1.800 Unternehmen ganz unterschiedlicher Größenklassen und Organisationsformen organisiert. [...] Der BDEW ist zentraler Ansprechpartner für alle Fragen rund um Erdgas, Strom und Fernwärme sowie Wasser und Abwasser. Die Energiewirtschaft hat damit ihre Kräfte gebündelt und entwickelt energieträgerübergreifende Konzepte. Die Wasserwirtschaft mit ihrem eigenen ordnungspolitischen Rahmen nutzt die erheblichen Synergien, die ein großer Verband bietet. Das gemeinsame Leitmotiv „Energie. Wasser. Leben" zeigt sowohl den Wirkungskreis als auch den Anspruch des

Verbandes: Seine Mitgliedsunternehmen sichern mit ihren Produkten und Dienstleistungen die Lebensqualität der Menschen – heute und in Zukunft. Der Branchenverband BDEW setzt sich für eine nachhaltige Energie- und Wasserversorgung sowie Abwasserentsorgung ein. Daneben hält der BDEW auch für seine Mitgliedsunternehmen ein umfangreiches Dienstleistungsspektrum vor. Es werden Informations- und Weiterbildungsveranstaltungen ebenso angeboten wie die Erstellung von z. B. Musterverträgen, Leitfäden zur Anwendung bestimmter Gesetze usw.

Dr. Werner Brinker

Ein häufig diskutiertes Thema ist natürlich die Beziehung zwischen Interessengruppen auf der einen Seite und der Politik auf der anderen. Bezogen auf den BDEW: Wie gestaltet sich konkret die Zusammenarbeit mit politischen Akteuren und wer profitiert davon?
Antwort: Der Verband vertritt die Interessen seiner Mitgliedsunternehmen national und international gegenüber Politik, Ministerien, (Regulierungs-) Behörden, Gerichten und der Öffentlichkeit. Durch den BDEW kann die Branche mit „einer Stimme" gegenüber der Politik sprechen, und auch die Politik hat einen kompetenten Ansprechpartner. Die Arbeit mit der Politik gestaltet sich vielfältig: Es werden z. B. zu einem bestimmten Thema Informationsveranstaltungen angeboten, auf denen man sich informieren, aber auch in den Dialog treten kann. Der BDEW koordiniert Stellungnahmen zu bestimmten Themen oder auch Gesetzesvorhaben, um die Meinung der Branche auch gegenüber der Politik zum Ausdruck zu bringen. Der BDEW ist auch beteiligt, wenn Ministerien oder andere politische Kreise zu Gesprächen einladen. In diesem gemeinsamen Dialog profitieren alle Seiten. Der Informationsaustausch ist für alle Beteiligten von großer Bedeutung, um z. B. Gesetze praktikabel zu gestalten.

Können Sie einen Fall schildern, in dem die Politik auf das im BDEW vorhandene Fachwissen zurückgegriffen hat?
Antwort: Da muss man keinen konkreten Fall herausgreifen. Der BDEW und die Politik stehen regelmäßig im Dialog zu den Themen, die die Energiewirtschaft und die Energiepolitik betreffen.

Immer wichtiger wird neben Landes- und Bundespolitik die europäische Ebene. Welche Bedeutung hat diese Entwicklung für die Arbeit von Verbänden und wie hat der BDEW darauf reagiert?
Antwort: Die Wichtigkeit von Brüssel hat auch der BDEW erkannt und ein eigenes Büro in Brüssel eingerichtet. Dort werden nun direkt die Informationen aus Brüssel gefiltert und aufgearbeitet, bevor sie nach Berlin bzw. in die Mitgliedsunternehmen des BDEW gelangen. In Brüssel werden der direkte Kontakt und der Dialog zur Politik genauso geschätzt und bearbeitet wie in Berlin.

Allein in Deutschland gibt es rund 14.000 Verbände. Ergeben sich für den BDEW oft Berührungspunkte oder Ebenen der Zusammenarbeit mit anderen Verbänden? Gibt es auch Organisationen, deren Ziele denen des BDEW tendenziell entgegengesetzt sind?
Antwort: Der BDEW arbeitet im Bereich der Energiewirtschaft mit anderen Verbänden zusammen, solange es die Interessen zulassen. Es gibt dann z. B. gemeinsame Stellungnahmen oder gemeinsame Dialoge.

1. Diskutieren Sie in der Klasse darüber, welche Medien Einfluss auf politische Prozesse und Entscheidungen haben.

Grundgesetz Artikel 21

(1) Die Parteien wirken bei der politischen Willensbildung des Volkes mit. Ihre Gründung ist frei. Sie müssen über die Herkunft und Verwendung ihrer Mittel sowie über ihr Vermögen öffentlich Rechenschaft geben.

(2) Parteien, die nach ihren Zielen oder nach dem Verhalten ihrer Anhänger darauf ausgehen, die freiheitliche demokratische Grundordnung zu beeinträchtigen [...] sind verfassungswidrig. [...]

Im Zusammenhang mit der Beteiligung verschiedener Interessenverbände an politischen Entscheidungen wird häufig von Lobbyarbeit gesprochen. Konkret wird damit der direkte Kontakt von Verbandsvertretern und Abgeordneten in Berlin oder Brüssel bezeichnet. Die Befürchtung einseitiger Einflussnahme auf politische Entscheidungen führt oft zu Kritik. Auf der anderen Seite gelten Verbandsvertreter aufgrund ihrer branchenspezifischen Kenntnisse als Experten, die Entscheidungsträger mit wichtigen Informationen versorgen und sie so in ihrer Arbeit unterstützen. In den Geschäftsordnungen des Bundestages und der Bundesregierung ist deren Mitarbeit sogar ausdrücklich vorgesehen. Ministerien sind beispielsweise angehalten, bei der Vorbereitung von Gesetzen Vertreter der Spitzenverbände als Experten heranzuziehen.

Politische Parteien

Die Einflussmöglichkeiten einzelner Bürgerinnen und Bürger auf politische Willensbildungsprozesse erschöpft sich nicht nur in Verbandsarbeit. Gerade politische Parteien stellen eine wichtige Form der Organisation gemeinsamer Interessen dar und sind ein notwendiger Bestandteil unserer freiheitlichen demokratischen Grundordnung.

Ihre Aufgabe ist es, die gegensätzlichen Interessen in unserer Gesellschaft in den politischen Willensbildungs- und Entscheidungsprozess einzubringen und dort zu vertreten. Durch die Parteiprogramme werden die Interessen der Bevölkerung zum Ausdruck gebracht, wobei natürlich umgekehrt diese Programme die Willensbildung der Bürger beeinflussen und damit den Volkswillen formen. So nehmen sie nicht nur Einfluss auf die Gestaltung der öffentlichen Meinung, sondern auch auf die politischen Entscheidungen in Parlament und Regierung.

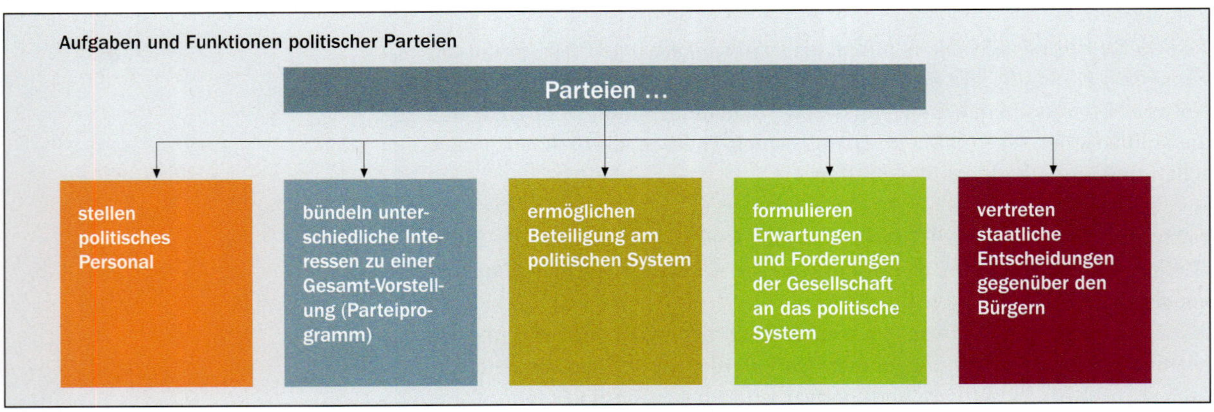

Parteien unterscheiden sich in wichtigen Punkten von Interessenverbänden: In der Regel werden recht spezielle Einzelinteressen von Verbänden vertreten. Demgegenüber stehen die relevanten Parteien vor der Aufgabe, den unterschiedlichen Ansichten und Ansprüche ihre Wählerschaft zu entsprechen. Ihre (schwierige) Aufgabe ist es dann, einen gemeinsamen parteipolitischen Willen zu formen und entsprechende Ziele zu formulieren. Weiterhin: Während Verbände lediglich die Mandatsträger in Regierung und Parlament zu beeinflussen versuchen, stellen Parteien das Personal für viele politische Ämter in Bund, Ländern und Gemeinden. Ohne Parteien könnte das Volk politisch also überhaupt nicht agieren und seinen politischen Willen in die Wirklichkeit umsetzen.

Die Vorstellungen der Parteien bezüglich der Gestaltung der „richtigen“ Energiepolitik gehen dabei – wie auch bei vielen anderen gesellschaftspolitischen Themen – auseinander. Das zeigen etwa die verschiedenen Positionen zur Nutzung der Kernenergie in Deutschland, die immer wieder Mittelpunkt kontroverser Diskussionen ist. Möglicherweise sorgen veränderte Rahmenbedingungen oder neue Argumente dafür, dass Parteien von ihrem Standpunkt abweichen.

Wer will was? Positionen der Parteien zum Thema Kernenergienutzung

- **… Im Rahmen unserer Klimaschutzstrategie streben wir eine Laufzeitverlängerung von sicheren Kernkraftwerken an …**
  … aus dem Grundsatzprogramm der CDU/CSU 2007
- **… Die SPD-Bundestagsfraktion hält daher auch aus Gründen des Klimaschutzes am Ausstieg aus der Atomenergie fest …**
  … aus dem Beschluss der SPD-Fraktion zur Klimaschutz- und Energiepolitik in Deutschland (2007)
- **… Aus Sicht der FDP sollten die bestehenden Kernkraftwerke so lange betrieben werden dürfen, wie ihr Betrieb den Sicherheitskriterien entspricht und genehmigungsfähig ist …**
  … aus dem enerie-politischen Programm der FDP vom 04.07.06
- **… Der Ausstieg aus der Atomenergie ist gemeinsames Ziel der europäischen Grünen …**
  … aus dem Grundsatzprogramm Bündnis 90/Die Grünen (2002)
- **Übergeordnete Ziele sind der schnelle Ausstieg aus der Atomenergienutzung und die weitgehende Überwindung der fossilen Energiewirtschaft bis Mitte dieses Jahrhunderts.**
  … aus dem Beschluss des Parteivorstandes DIE LINKE „Energiesicherheit – gerecht und umweltverträglich“ vom 04.12.06

Je besser es den Parteivertretern gelingt, die Maßnahmen der Politik in Einklang mit Vorstellungen ihrer Mitglieder und der Wähler zu bringen, desto besser steht natürlich die Chance auf Zustimmung etwa bei Wahlen. In diesem Zusammenhang können dann auch bei (energie-)politischen Entscheidungen Motive, wie z. B. die Sicherung der eigenen Position und Glaubwürdigkeit, eine Rolle spielen. Ob auf Verbands-, Parteien-, Ministerien- oder Regierungsebenen – letztlich agieren immer Individuen mit besonderen Funktionen. Wie alle Menschen verfolgen sie dabei auch persönliche Interessen und können darüber hinaus Fehleinschätzungen unterliegen.

Zusammenfassend kann man Folgendes festhalten: Politische Entscheidungsprozesse laufen immer vor dem Hintergrund unterschiedlicher Interessen ab und werden von vielen Seiten beeinflusst. Am Willensbildungs- und Entscheidungsprozess sind nicht nur Menschen mit besonderen Funktionen innerhalb staatlicher Institutionen, sondern viele verschiedene Interessensgruppen beteiligt. Die Grafik zeigt, welche Akteure auf die energiepolitischen Handlungen der Bundesregierung einwirken:

1. Bilden Sie vier gleich große Arbeitsgruppen zu dem Thema „Was wollen Parteien?“. Je eine Gruppe arbeitet mithilfe des Internets die Position der fünf Parteien zu den folgenden Themen heraus: soziale Sicherheit, Subventionen, Bildung und Klimaschutz.
2. Stellen Sie Ihre Ergebnisse den anderen Gruppen vor, und diskutieren Sie über auffällige Übereinstimmungen bzw. Gegensätze.

Energiepolitik auf Bundesebene und deren Einflusskräfte

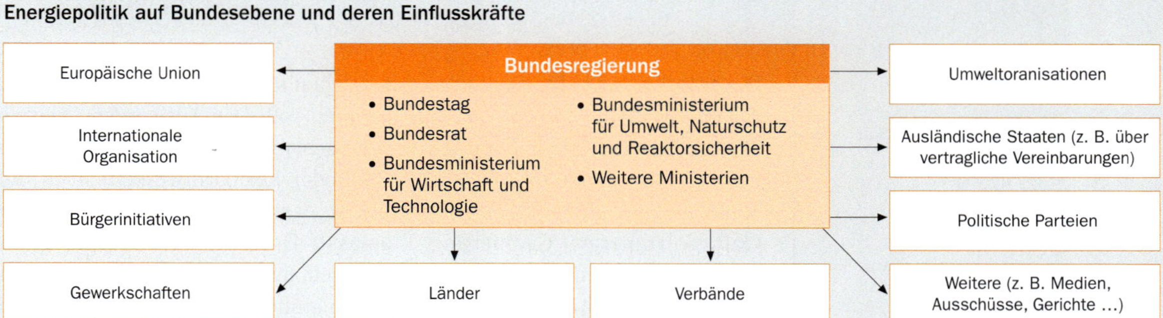

2.4 Das EEG – ein wirtschaftspolitisches Instrument in der Praxis

Ein großer Bereich innerhalb der Energiepolitik betrifft den Umwelt- und Klimaschutz. Exemplarisch werden wir uns daher im Folgenden ausführlicher einem wirtschaftspolitischen Instrument widmen, das in den letzten Jahren für viele Diskussionen und erhebliche Veränderungen in der Stromerzeugung gesorgt hat – dem Erneuerbare-Energien-Gesetz (EEG). Im Vordergrund stehen dabei neben der Zielsetzung und den Inhalten des EEG vor allem seine Wirkungen.

In Kraft getreten ist das Gesetz im Jahr 2000, wobei es mittlerweile schon mehrfach überarbeitet und weiterentwickelt wurde. Das EEG geht auf das Stromeinspeisegesetz von 1990 zurück, das einen wichtigen Grundstein zur staatlich veranlassten Finanzierung regenerativer Energieträger darstellt. Die Stromversorger wurden verpflichtet, für jede Kilowattstunde aus erneuerbaren Quellen erzeugten Stroms einen festen Preis an die Kleinanbieter zu zahlen.

Fast zeitgleich mit dem EEG trat auf europäischer Ebene die Richtlinie für erneuerbare Energien in Kraft, die den einzelnen Mitgliedstaaten Richtwerte für die Steigerung ihres Anteils an der gesamten Stromproduktion vorgab. EU-weit soll Strom aus Wind, Sonne, Biomasse und ähnlichen Quellen im Jahr 2020 bis zu ein Fünftel des europäischen Verbrauchs decken. Dem Charakter einer europäischen Richtlinie entsprechend müssen die Vorgaben in nationales Recht umgesetzt werden, wobei die Mitgliedstaaten bei der Wahl der Methode zur Zielerreichung Spielräume haben. Kommen wir zurück zur deutschen Regelung. Der erste Paragraf des EEG aus dem Jahr 2009 verrät die grundlegenden Absichten des Gesetzgebers:

Externe Effekte:
Positive oder negative Auswirkungen einer wirtschaftlichen Aktivität (Produktion, Konsum) auf unbeteiligte Dritte, die nicht durch den Verursacher kompensiert wird.

§ 1 Zweck des Gesetzes.
(1) Zweck dieses Gesetzes ist es, insbesondere im Interesse des Klima-, Natur- und Umweltschutzes eine nachhaltige Entwicklung der Energieversorgung zu ermöglichen, die volkswirtschaftlichen Kosten der Energieversorgung auch durch die Einbeziehung langfristiger externer Effekte zu verringern, fossile Energieressourcen zu schonen und die Weiterentwicklung von Technologien zur Erzeugung von Strom aus Erneuerbaren Energien zu fördern.
(2) Um den Zweck des Absatzes 1 zu erreichen, verfolgt dieses Gesetz das Ziel, den Anteil Erneuerbarer Energien an der Stromversorgung bis zum Jahr 2020 auf mindestens 30 % und danach kontinuierlich weiter zu erhöhen.

Die entscheidende Frage ist nun, mit welchen konkreten Mitteln der Ausbau der erneuerbaren Energien erreicht werden soll. Das Ausgangsproblem ist, dass die erneuerbaren Energien in Deutschland gegenüber der konventionellen Stromerzeugung (etwa in Kohle- oder Kernkraftwerken) noch nicht konkurrenzfähig sind. Damit ist gemeint, dass die aus Wasserkraft, Windkraft, Solarenergie, Geothermie, Biomasse, Deponie- oder Klärgas gewonnene Elektrizität in der Produktion derzeit teurer ist. Aus diesem Grund schreibt das EEG ihre Abnahme und eine einheitliche Vergütung durch die Netzbetreiber gesetzlich vor. Was heißt das?

Wenn die Betreiber einer Anlage ihren aus erneuerbaren Quellen erzeugten Strom in das Netz einspeisen, erhalten sie für einen Zeitraum von 20 Jahren eine garantierte Vergütung. Deren Höhe hängt von mehreren Faktoren ab – zum Beispiel von dem Jahr der Inbetriebnahme und der eingesetzten Technologie. Wichtig sind diese beiden Punkte, weil der Gesetzgeber den technologischen Fortschritt berücksichtigt. Moderne Anlagen auf dem neuesten Stand können Strom nämlich in den meisten Fällen günstiger produzieren als alte. Um zusätzlich Anreize für Investitionen in neue Technologien zu schaffen, sieht das EEG eine jährlich Degression der Vergütungstarife vor: Die Summe, die der Betreiber einer Anlage für seinen eingespeisten Strom erhält, sinkt kontinuierlich. Auf diese Weise besteht also die Notwendigkeit, die Kosten zu senken und die Effizienz im Zeitverlauf zu steigern. Daneben werden zusätzlich unter bestimmten Voraussetzungen Boni gezahlt, wenn z. B. die bei der Stromerzeugung häufig anfallende Abwärme genutzt wird.

Einen kleinen Einblick in die genauen Bestimmungen vermittelt die folgende Tabelle. Hier werden allerdings nur die detaillierten Werte für den aus Solarenergie gewonnenen Strom angegeben.

Gebäudeanlagen	**Vergütung in Cent pro kWh**			
Anteil kleiner 30 kWp	57,40	54,53	51,80	49,21
Anteil 30 kWp bis 100 kWp	54,60	51,87	49,28	46,82
Anteil über 100 kWp	54,00	51,30	48,74	46,30
„Fassadenbonus"	5,00	5,00	5,00	5,00
Freiflächen-Anlagen				
Mindestvergütung	45,70	43,42	40,60	37,96
Inbetriebnahmejahr	**2004**	**2005**	**2006**	**2007**

KWp
Die Abkürzung steht für den Begriff Kilowatt-Peak. Gemeint ist damit die Leistung, die eine Solaranlage unter optimalen Bedingungen produzieren kann. In Deutschland kann mit einer 1 kWp-Anlage etwa 800 Kilowattstunden Strom im Jahr erzeugt werden.

Rechte und Garantien für die eine Seite bringen natürlich Pflichten und Auflagen für die andere Seite mit sich. Der Netzbetreiber ist gesetzlich dazu verpflichtet, den in seinem Einzugsgebiet aus erneuerbaren Quellen erzeugten Strom vorrangig zu behandeln: Wenn für die Einspeisung ein Ausbau der Netze erforderlich ist, hat dieser zu erfolgen. Bei Auslastung müssen die konventionellen Kraftwerke, in denen Kohle, Erdgas oder Uran zur Energieerzeugung eingesetzt werden, für eine Zeit ihre Produktion senken.

Natürlich wird in manchen Regionen viel mehr Strom aus erneuerbaren Energiequellen erzeugt als in anderen, im Norden gibt es zum Beispiel besonders große Windparks an der Küste. Die Betreiber dieser Anlagen erhalten ihre Vergütungen von den Netzbetreibern vor Ort. Damit diese regional aktiven Unternehmen keine Wettbewerbsnachteile erfahren, weil sie besonders viel teuer erzeugten Strom bezahlen müssen, gibt es die folgende Regelung: Die Kosten werden weitergegeben, bis sie bei den großen Betreibern der Übertragungsnetze angekommen sind. Weil auf dieser Ebene nur vier Unternehmen aktiv sind, ist die gegenseitige Erstattung der Kostendifferenzen gut zu realisieren. Auf diese Weise findet ein bundesweiter Ausgleich statt.

Wie sieht es nun mit den Wirkungen des EEG aus? Festgeschrieben ist direkt im Gesetz, dass vom Bundesministerium für Umwelt, Naturschutz und Reaktorsicherheit regelmäßig Erfahrungsberichte vorzulegen sind, von denen der erste Ende 2007 veröffentlicht wurde. Darin heißt es:

Q

Entwicklung der Erneuerbaren Energien:
Ziel für 2010 schon vorzeitig erreicht
Seit Inkrafttreten des EEG im Jahr 2000 hat sich der Anteil der Erneuerbaren Energien am Primärenergieverbrauch von 2,6 % auf rund 5,8 % im Jahr 2006 und am gesamten Endenergieverbrauch von 3,8 % auf rund 8,0 % im Jahr 2006 mehr als verdoppelt. Fast verdoppelt hat sich der Anteil der Erneuerbaren Energien am gesamten Bruttostromverbrauch: von 6,3 % im Jahr 2000 auf rund 11,6 % im Jahr 2006. Für 2007 werden über 13 % erwartet, womit das Ausbauziel des EEG bis 2010 bereits 2007 überschritten wird. [...]

Wirkungen des EEG
Ökologische Effekte
Durch die Förderung der Erneuerbaren Energien im Strombereich konnten im Jahr 2006 rund 44 Millionen Tonnen CO_2 eingespart werden (2005: 38 Millionen Tonnen CO_2). Bislang hat kein anderes Instrument [...] zu vergleichbaren CO_2-Einsparungen geführt. [...]

Ökonomische Effekte
Weiterhin gehen vom EEG erhebliche Impulse auf Innovation, inländische Wertschöpfung und Beschäftigung aus. Nach einer aktuellen Analyse stieg der Inlandsumsatz aus der Errichtung und dem Betrieb von Anlagen zur Nutzung von Erneuerbaren Energien von 18,1 Milliarden Euro im Jahr 2005 auf rund 22,9 Milliarden Euro im Jahr 2006, wovon rund 14,2 Milliarden Euro auf das EEG zurückzuführen sind. Zukünftig wird dem Export steigende Bedeutung zukommen. In der Windenergiebranche lag die Exportquote im Jahr 2006 bereits bei rund 70 %, bei der Fotovoltaik noch bei rund 30 %.

Damit verbunden ist auch ein deutlicher Beschäftigungszuwachs. Die Zahl der Beschäftigten in allen Bereichen der Erneuerbaren Energien stieg von 160.000 im Jahr 2004 auf rund 236.000 im Jahr 2006. Etwa 134.000, d. h. fast 60 % davon, sind dem EEG zuzurechnen. Neben den genannten positiven Beschäftigungswirkungen hat der Ausbau der Erneuerbaren Energien auch negative Arbeitsplatzeffekte. Diese ergeben sich aus volkswirtschaftlicher Sicht insbesondere daraus, dass die aktuellen Mehrkosten der EEG-Förderung zu Kaufkraftverlusten und – hieraus resultierend – Arbeitsplatzverlusten in anderen Branchen führen. Wichtig ist in diesem Zusammenhang allerdings, dass in einer Netto-Betrachtung auch dann eine Zunahme der Beschäftigung zu verzeichnen ist, wenn die durch den Ausbau Erneuerbarer Energien wirksamen negativen Beschäftigungseffekte berücksichtigt werden.

Laut aktuellen Studien beläuft sich der Netto-Beschäftigungseffekt im Jahr 2006 auf 67.000 bis 78.000 Arbeitsplätze. [...]

Daneben sind als Wirkungen des EEG noch nennenswerte Einsparungen beim Import von Steinkohle und Gas sowie die Vermeidung externer CO_2-Schadenskosten durch die Substitution fossiler Stromerzeugung zu verzeichnen. [...]
Quelle: Bundesministerium für Umwelt, Naturschutz und Reaktorsicherheit (Hg.): Erfahrungsbericht 2007 zum Erneuerbare-Energien-Gesetz, Zusammenfassung, S. 9–12

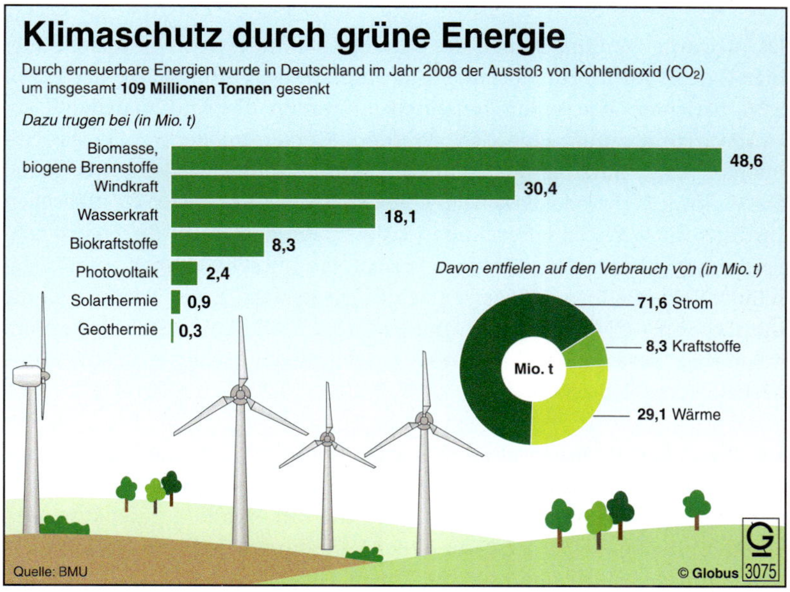

Aus Sicht des Ministeriums ist damit eindeutig, dass der Nutzen des EEG deutlich höher ausfällt als die verursachten Kosten. Viele andere europäische Länder haben sich in der Zwischenzeit an den deutschen Vorschriften orientiert und ähnliche Gesetze erlassen.
Natürlich fallen die Bewertungen anderer Akteure nicht unbedingt genauso aus: Dass in der Energiepolitik immer wieder unterschiedliche Interessen aufeinanderstoßen und kontrovers diskutiert werden, haben wir bereits erfahren. Gleiches gilt selbstverständlich auch für die Erarbeitung von Gesetzestexten in diesem Bereich: Die Mehrstufigkeit der Verfahren, die Vielzahl von Beteiligten auf den verschiedenen Ebenen, die komplexen Zusammenhänge und die grundlegende Bedeutung der Energie für die gesamte Gesellschaft machen Gesetzgebung und Rechtsprechung zu schwierigen Aufgaben.

Nicht immer sind die Gesetze, die am Ende zäher Verhandlungen stehen, für alle Seiten akzeptabel. Oft hört man zum Beispiel Beschwerden über Benachteiligungen bestimmter Wirtschaftszweige, Nationalitäten oder Personengruppen. Eine mögliche Argumentationslinie wäre: Wenn die Haushalte über den Strompreis die Förderung der erneuerbaren Energien zahlen müssen, haben sie ein geringeres Budget für andere Güter (z. B. Lebensmittel, Kleidung, Autos) zur Verfügung. Durch diesen Effekt werden an anderer Stelle Arbeitsplätze verloren gehen – und zwar mehr, als durch das EEG geschaffen wurden. Ob das tatsächlich zutrifft, darüber sind sich die Experten noch nicht einig.

Anteil der erneuerbaren Energien am Bruttostromverbrauch in Deutschland (in%)

1990	3,4
1991	3,2
1992	3,8
1993	4,0
1994	4,3
1995	4,7
1996	4,2
1997	4,5
1998	4,8
1999	5,5
2000	6,3
2001	6,7
2002	7,8
2003	8,1
2004	9,5
2005	10,4
2006	11,7
2007	14,2
2008	15,3

Quelle: BMU

Beklagt wird auch häufig, dass eigentlich notwendige Reformen nur halbherzig betrieben und grundsätzlich richtige Ansätze durch die konkreten Gesetze verfälscht würden.

Auch über einzelne Teile und Regelungen des EEG wird immer wieder diskutiert. Als Beispiel kann ein kontrovers geführter „Dialog" zwischen der Redaktion der Wirtschaftszeitung „Handelsblatt" und einem Leser gelten. Auslöser für den Schlagabtausch war ein im August 2007 veröffentlichter Artikel, der sich mit der Förderung von Solarenergie beschäftigte.

Der ehemalige Bundesumweltminister Sigmar Gabriel (SPD)

Darin wurde von den Plänen des damaligen Bundesumweltministers Sigmar Gabriel (SPD) zur Absenkung der Mindestvergütungssätze nach dem EEG berichtet. Wie schon beschrieben, werden die verschiedenen Ökostromvarianten unterschiedlich gefördert. Gerade an der vergleichsweise üppigen Unterstützung der Fotovoltaik wurde immer wieder Kritik geübt. Die Zeitung berichtete, dass nach einer Studie des Rheinisch-Westfälischen Instituts für Wirtschaftsforschung (RWI) „... die Kosten für die Fotovoltaik-Förderung in keinem vernünftigen Verhältnis zu Beschäftigungs- und Klimaschutzeffekten stünden. Jeder einzelne Arbeitsplatz in der Branche werde mit 128.000,– € subventioniert und jede Tonne CO_2, die durch Solarstrom vermieden werde, kostet rund 90,– €. Von ökonomischer Effizienz könne deshalb keine Rede sein."

Das Handelsblatt führte weiterhin aus, dass viele Fachleute die hohe Einspeisevergütung für Strom aus Sonnenenergie für überholt hielten, da die Kosten für die Herstellung der Module jedes Jahr um etwa 10 % gesenkt werden könnten. Im Vergleich dazu würde der Vergütungssatz für Solarstrom aus neuen Anlagen jährlich nur um 5 % sinken. Die Pläne des Bundesumweltministers würden ab 2009 eine Absenkung der Förderung von 7 bis 8,5 % pro Jahr in Abhängigkeit von Anlagentyp vorsehen.

Fotovoltaikanlage – Stromerzeugung auf dem Hausdach

Q

Solarenergie: Wie viel Förderung ist sinnvoll?
Die Solarenergie ist eine deutsche Erfolgsgeschichte. Mit einem Schönheitsfehler: Der Staat sorgt für Subventionen, das heißt: Die Unternehmen kassieren, und die Verbraucher werden zur Kasse gebeten.

Leser: Die Weichen stellen
Ihr Beitrag vom 15.8.2007 erweckt den Eindruck, die Solarstromförderung sei ineffizient und nähre den unstillbaren Subventionshunger einer wohlgenährten Branche. Was Sie dabei übersehen haben: Die Förderung der Markteinführung von Solarstrom durch das Erneuerbare-Energien-Gesetz (EEG) ist keine Alimentierung auf Ewigkeit, sie ist eine effiziente und degressiv gestaltete Anschubhilfe für die Entwicklung einer Zukunftstechnologie in Deutschland.

Jedes Jahr reduziert sich die Vergütung des Solarstroms um nominal 5–6,5 % schneller als bei allen anderen erneuerbaren Energien. Auf dieser Basis hat die Solarindustrie in den vergangenen zehn Jahren ihre Kosten um über

50 % gesenkt, Fertigungskapazitäten im industriellen Maßstab aufgebaut und 40.000 zukunftsfähige Arbeitsplätze geschaffen. Bis zum Jahr 2020 könnten in Deutschland mehr als 100.000 Menschen in der Solarbranche beschäftigt sein. [...]

Eine langfristig sichere und bezahlbare Energieversorgung braucht die Solarenergie – in Deutschland und weltweit. Nur wenn wir heute die Weichen richtig stellen und in den Aufbau einer heimischen Solarindustrie investieren, können wir morgen die Früchte einer „Leitindustrie Solartechnik" auch weltweit ernten. (Carsten Körnig)

Redaktion: Hoher Preis, wenig Effekt
Die Vorteile der Solarstromgewinnung sind unbestritten. Es muss aber die Frage erlaubt sein, ob diese Vorteile nicht zu teuer erkauft werden.
Das Erneuerbare-Energien-Gesetz (EEG) mit seinen garantierten Einspeisevergütungen hat den Herstellern von Solarmodulen kräftigen Rückenwind gegeben. Die Unternehmen konnten ihre Produktion in den vergangenen Jahren stark erhöhen und die Stückkosten senken. Endkunden spüren davon indes nicht sehr viel. Solarmodule kosten heute ungefähr so viel wie 2004.

Man könnte auch salopp formulieren: Die Hersteller nutzen die starke Nachfrage, die durch das EEG ausgelöst wird, um kräftig zu kassieren. Tatsächlich haben sich ihre Margen in den vergangenen Jahren verdoppelt. Selbst dagegen ist im Prinzip nicht viel einzuwenden – so funktioniert der Markt eben. Aber warum muss jeder einzelne Stromverbraucher dies über die EEG-Umlage mitbezahlen?

Nach Berechnungen des RWI wird sich die EEG-Förderung für die bis heute installierten Solaranlagen auf insgesamt gut 14 Milliarden Euro summieren. Würden die derzeitigen Förderbedingungen für die Fotovoltaik bis 2020 fortgeschrieben, müssten die Verbraucher laut RWI sogar 63 Milliarden Euro zusätzlich zahlen. Der Klimaschutzeffekt stünde dazu in keinem vernünftigen Verhältnis.

Es ist daher nur konsequent, dass sich Union und SPD bereit in ihrer Koalitionsvereinbarung auf eine Revision der EEG-Vergütungen verständigt haben. [...] (Klaus Stratmann)
Quelle: „Rede und Antwort", Handelsblatt Nr. 158 vom 17., 18., 19.08.2007, S. 19

Entwicklung der Stromerzeugung aus Wind- und Solarenergie

	Windenergie (GWh)	Fotovoltaik (GWh)
1990	40	1
1991	140	2
1992	230	3
1993	670	6
1994	940	8
1995	1.800	11
1996	2.200	16
1997	3.000	26
1998	4.489	32
1999	5.528	42
2000	7.550	64
2001	10.509	116
2002	15.786	188
2003	18.859	313
2004	25.509	557
2005	27.229	1.282
2006	30.710	2.220
2007	39.500	3.500

1. Erläutern Sie mit eigenen Worten, welche Ziele mit dem EEG verfolgt und erreicht werden sollen.
2. Welche Eckpunkte des energiepolitischen Zieldreiecks treffen hier konflikthaft aufeinander?
3. Stellen Sie die Argumente der Befürworter und der Kritiker des EEGs gegenüber. Vergleichen Sie diese und nehmen selbst Stellung zum EEG.

Mit dem EEG wurde nur eines von vielen energiepolitischen Instrumenten vorgestellt. In anderen Zusammenhängen begegnen uns weitere wichtige Regelungen. Sowohl auf Bundes-, Landes- als auch auf kommunaler Ebene gibt es seit einigen Jahren Förderprogramme für Energiesparmaßnahmen zur Stärkung des Wettbewerbs auf den Strom- und Gasmärkten in Deutschland. Ein erst seit wenigen Jahren in der Praxis verwendetes Instrument zum Schutz unserer Umwelt ist der Handel mit Emissionszertifikaten. Die entsprechende Rechtsgrundlage – das Treibhausgas-Emissionshandelsgesetz (TEHG) – wurde im Jahr 2004 verabschiedet und ist auf die Initiative der EU zurückzuführen. Durch diese Regelung soll ebenfalls erreicht werden, dass weniger CO_2 freigesetzt wird.

Am Ende des Kapitels sollten Sie die soziale Marktwirtschaft als eine konkrete Ausprägung einer Wirtschaftsordnung kennen sowie anhand bestimmter Kennzeichen beschreiben können. Außerdem sollten Sie in der Lage sein, die aktuelle Diskussion um die Ausgestaltung der sozialen Marktwirtschaft nachzuvollziehen.
Sie haben erfahren, dass die Energiepolitik ein bedeutendes wirtschaftspolitisches Feld ist. Ziele, wichtige Akteure bzw. Akteursgruppen und wirtschaftspolitische Maßnahmen können Sie charakterisieren. Mit dem EEG haben Sie Einblick in die konkrete wirtschafts- und energiepolitische Arbeit und den damit verbundenen Schwierigkeiten erhalten.

Mit folgenden Aufgaben können Sie eigenständig Ihr Wissen prüfen und vertiefen:

1. Erstellen Sie eine Tabelle zum Vergleich der Merkmale von sozialer Marktwirtschaft und Zentralverwaltungswirtschaft.

2. Manchmal wird die soziale Marktwirtschaft auch als „Dritter Weg“ zwischen Marktwirtschaft und Zentralverwaltungswirtschaft („Planwirtschaft“) bezeichnet. Erläutern Sie, welche Überlegungen sich hinter dieser Aussage verbergen.

3. Nennen und beschreiben Sie drängende Probleme, mit denen sich die soziale Marktwirtschaft aktuell auseinandersetzen muss.

4. Recherchieren Sie aktuelle Beispiele für wirtschaftspolitische Maßnahmen aus den bekannten drei Handlungsfeldern. Stellen Sie Ihr Ergebnis der Klasse vor.

5. Benennen und erläutern Sie die drei Seiten des energiepolitischen Zieldreiecks.

6. Energiepolitische Aktivitäten in Deutschland sind eng mit europäischen Vorgaben verbunden. Finden Sie mindestens zwei weitere Politikfelder, in denen wichtige Impulse von der EU ausgehen. Erörtern Sie anhand Ihrer Beispiele, wie die Abstimmung zwischen der nationalen und europäischen Politik aussieht.

7. Stellen Sie sich vor, energiepolitische Entscheidungen würden sich nur an dem Kriterium „Umweltverträglichkeit“ orientieren. Wie würde die deutsche Energieversorgung dann aussehen? Entwickeln Sie ein Bild und erörtern Sie die damit verbundenen Vor- und Nachteile.

8. Gestalten Sie Informationsmaterial zu einem konkret in Sachsen-Anhalt kontrovers diskutieren energiepolitischen Sachverhalt. Dabei kann es sich beispielsweise um eine Broschüre, eine Wandzeitung, einen Spot usw. handeln. Es soll über den Gegenstand, die beteiligten Akteure sowie deren Argumente Auskunft geben.

9. Erläutern Sie, welche Probleme sich bei der Umsetzung konkreter energie- bzw. wirtschaftspolitischer Maßnahmen (z. B. Gesetze) ergeben können.

10. Welche energiepolitischen Diskussionen werden Ihrer Meinung nach von den beiden Karikaturen aufgegriffen?
Arbeiten Sie heraus, welche Eckpunkte des energiepolitischen Zieldreiecks hier in Konflikt geraten.

Checkliste zur Interpretation von Karikaturen

Karikaturen enthalten oftmals viel mehr Details, als auf den ersten Blick ersichtlich ist. Möchte man die Aussagen einer Karikatur erkennen, muss man schon genau hinschauen. Es ist gar nicht notwendig, direkt am Anfang alles auf einmal zu erfassen und zu verstehen. Vielmehr bietet es sich an, den Weg zur Deutung einer Karikatur in verschiedenen Schritten zu gehen:

- **Wahrnehmung der Karikatur:** Hier geht es zunächst nur darum, zu beschreiben, was man sieht. Wichtig ist, dass man genau hinschaut, damit keine, auf den ersten Blick unscheinbaren Details außer Acht gelassen werden. Es hilft, wenn man sich vorstellt, man müsse die Karikatur jemandem beschreiben, mit dem man telefoniert, der sie also nicht sehen kann.

- **Analyse der Karikatur:** In einem zweiten Schritt wird die Kernaussage der Karikatur gedeutet. Was will uns der Zeichner sagen? Mit welchen Stilmitteln arbeitet er?

- **Interpretation der Karikatur:** Jede Karikatur ist ein gezeichneter Kommentar. Der Karikaturist bezieht damit eine Position, und es ist wichtig, die Aussage der Karikatur in einen übergeordneten Zusammenhang einzubetten.

Arbeitsteilung
Beschreibt die Zerlegung der ursprünglich von einer Person durchgeführten Arbeitsprozesse in voneinander getrennte Teilprozesse auf innerbetrieblicher, zwischenbetrieblicher und internationaler Ebene. Über die verschiedenen Formen der Arbeitsteilung sollen Produktivitätsfortschritte erzielt werden.

(Denk-)Modelle
Hierbei handelt es sich um eine vereinfachte Darstellung der Wirklichkeit, um die Komplexität der Realität zu reduzieren. Es sollen nur einige, für den Untersuchungszweck als wesentlich angesehene Beziehungen betrachtet werden. Bei dieser rein formalen Erfassung der Realität, werden in einer isolierten Betrachtung oft nur die entscheidenden Variablen untersucht.

Distributionspolitik
Alle Maßnahmen, die festlegen, wie die Produkte zu den Käufern gelangen.
(→ Marketinginstrumente)

Energiewirtschaftsgesetz
Es enthält die grundlegenden Regelungen über die Bereitstellung von Strom und Gas.

Faktormarkt
Markt, auf dem Produktionsfaktoren gekauft und verkauft werden. Typische Faktormärkte sind der Arbeitsmarkt, der Grundstücksmarkt und Finanzmärkte.

Gütermarkt
Markt, auf dem Güter gekauft und verkauft werden.

Institutionen
Institutionen lassen sich als Spielregeln einer Gesellschaft verstehen, die den Handlungsrahmen für die Akteure im Wirtschaftssystem bestimmen. Mit ihrer Hilfe soll die Unsicherheit der Beteiligten am Wirtschaftsprozess verringert werden. Es handelt sich z. B. um Entscheidungssysteme wie Märkte und Wahlen, aber auch um Traditionen und Gesetze. Auch Unternehmen und der Staat gelten als Institutionen.

Knappheit
In jeder Gesellschaft besteht ein Missverhältnis zwischen den Bedürfnissen der Menschen und den zu ihrer Befriedigung geeigneten Gütern; dies wird als Knappheit bezeichnet. Von einer absoluten Knappheit wird dann gesprochen, wenn ein Gut bzw. eine Dienstleistung nur in begrenzter Anzahl vorhanden ist.

Kommunikationspolitik
Alle Maßnahmen, die ergriffen werden, um ein Produkt bzw. eine Leistung am Markt bei den Zielgruppen darzustellen, z. B. Werbung, Verkaufsförderung, Öffentlichkeitsarbeit.
(→ Marketinginstrumente)

Liberalisierung
Im Allgemeinen bedeutet der Begriff „von Einschränkungen freimachen". Unter wirtschaftlicher Liberalisierung versteht man den Abbau von staatlichen Vorschriften (z. B. Zölle).

Makroökonomie
Sie befasst sich mit der Volkswirtschaft als Ganzes, indem sie gleichartige Wirtschaftssubjekte zu Sektoren (z. B. Unternehmen, Staat) zusammenfasst. Die Makroökonomie interessiert sich dann insbesondere für die Entwicklung wesentlicher Schlüsselvariablen (z. B. Bruttoinlandsprodukt oder Arbeitslosenquote).

Marke
Markenprodukte werden von den Nachfragern als besonders geeignet wahrgenommen, auch wenn die Produkte dieselben Basisbedürfnisse erfüllen wie andere Produkte (z. B. Jeans). Aus der Sicht der Nachfrager verfügen Marken über zusätzlich hinzugefügte Eigenschaften, wie z. B. ein besonderes Image oder eine sehr gute Qualität.

Marketing
Marktbezogene Denkhaltung und Leitlinie für unternehmerisches Handeln. Ausgangspunkt aller unternehmerischer Aktivitäten sind die Bedürfnisse der Nachfrager.

Marketinginstrumente
Es sind diejenigen Marketingmittel und -maßnahmen, mit denen ein Unternehmen seine Märkte bearbeitet, d. h. Produktpolitik, Preispolitik, Distributionspolitik, Kommunikationspolitik. Man spricht auch von absatzpolitischen Instrumenten.

Marktforschung
Sie ist die Erforschung des Marktgeschehens. Besonders wichtig sind Informationen über die Zielgruppen der Unternehmen. Die Informationen dienen dazu, Marketingentscheidungen abzusichern, z. B. Entscheidungen über die → Produktpolitik.

Marktwirtschaft
Marktwirtschaft bezeichnet einen Ordnungstyp, in dessen Rahmen die individuellen Handlungen der am Wirtschaftsprozess teilnehmenden Akteure vor allem über Märkte koordiniert werden. Wesentliche Merkmale sind die Sicherung des Privateigentums, die Preisbildung über Märkte, die dezentrale Planung und Lenkung sowie die betriebliche Ergebnisrechnung nach dem Gewinnprinzip.

Mikroökonomie
In der Mikroökonomie werden die Entscheidungen einzelner Wirtschaftssubjekte (z. B. eines Unternehmens, eines privaten Haushalts) sowie das Zusammentreffen der Aktivitäten auf Märkten analysiert.

Nutzen
Dabei handelt es sich um ein zentrales Maß für die Bedürfnisbefriedigung, die ein Individuum aus dem Konsum eines Gutes zieht. Maßgebend ist die Einschätzung des Einzelnen hinsichtlich der Eignung eines Gutes zur Erfüllung seines subjektiven Bedürfnisses.

Opportunitätskosten
Bei der Wahl zwischen Handlungsalternativen entstehen Opportunitätskosten aus dem Verzicht auf Nutzen, der durch alternative Verwendung von Kapital, Zeit und materiellen Mitteln (Ressourcen) entstanden wäre.

Preis
Der in Geldeinheiten ausgedrückt Tauschwert eines Gutes oder einer Dienstleistung. Der Preis, bei dem die angebotene Menge und die nachgefragte Menge eines Gutes auf einem Markt, z. B. dem Automobilmarkt, übereinstimmen, ist der Gleichgewichtspreis.

Preispolitik
Sie beschäftigt sich mit der Frage, wie der Preis eines Gutes gestaltet sein muss, damit die Nachfrager das Gut kaufen und die Unternehmen einen Gegenwert zu ihrem Leistungsaufwand erhalten.
(→ Marketinginstrumente)

Produktpolitik
Alle Maßnahmen, die im Zusammenhang mit einem Produkt bzw. Leistungsangebot eines Unternehmens getroffen werden, z. B. Gestaltung der Qualität, Verpackung, Markenbildung (Markenartikel), Garantie.
(→ Marketinginstrumente)

Subvention
Bezeichnung für direkte und indirekte Zuwendungen (z. B. Finanzhilfen, steuerliche Nachlässe), die der Staat Unternehmen oder bestimmten Wirtschaftsbereichen (z. B. Bergbau) ohne Gegenleistung zahlt.

Werbekonzeption
Eine Werbekonzeption beantwortet alle Fragen, die sich stellen, wenn ein Unternehmen Werbemaßnahmen durchführen möchte (z. B. Anzeigen schalten). Fragen sind z. B.: Welche Zielgruppe soll angesprochen werden? Was ist das Werbeziel? Wie hoch ist das Werbebudget? Eine Werbekonzeption ist gewissermaßen der rote Faden, an dem sich alle orientieren müssen, die Werbemaßnahmen für ein Produkt oder eine Leistung gestalten und umsetzen. Dadurch soll die Werbung langfristig und planvoll ausgerichtet werden.

Wirtschaftsordnung
Das Wirtschaftsgeschehen eines Landes wird durch die Regelungen einer Wirtschaftsordnung koordiniert. In ihr wird geregelt, welche Sachgüter und Dienstleistungen wann, wo, wie, für wen produziert bzw. bereitgestellt werden. Diese Koordination kann idealtypisch in Form einer zentralverwaltungswirtschaftlichen oder in einer marktwirtschaftlichen Ordnung erfolgen.

akg images, Berlin: 9 M1, 22 M1, 125 M1, 134.2, 139 M1, 193.1
andersARTig GmbH, Braunschweig: 8 M2, 153.1

Baaske Cartoons, Müllheim: 12.1 (P. Butschkow), 118 M1 + M2 (T. Plaßmann), 144.1 (K. Espermüller)
Bergemann, N., Berlin: 134.3
Bildarchiv Steffens, Mainz: 10 M1
BilderBox Bildagentur, A-Thening: 215 M1

CORBIS, Düsseldorf: 74.1 (Bettmann)

Das Fotoarchiv, Essen: 208.1 (T. Gremme)
ddp Nachrichtenagentur, Berlin: 190 M2 (K. Lenz)
Degling, R., Rastede: 51.1–6, 52.1–6
dpa-Infografik, Hamburg: 127.1, 133.1, 136.1, 147.1, 149 M1, 150.1, 157.1, 159.1, 196.1, 198.1, 202.1, 217.1, 231.1

Egbert, M., Ibbenbühren: 167 M1

Fabian, M., Hannover: 134.1
Fotolia.com: 40 M1 (RRF)
Fotostudio Druwe + Polastri, Weddel: 6.1, 29 M1 + M2, 31.1 + 2, 32.1–4, 33.1–3, 35.1, 46.1, 67 M1, 82 M1, 95.1

Haus der Geschichte der Bundesrepublik Deutschland, Bonn: 161 M1 (P. Leger)
Hoffmann, H.: 64
HOLMER Maschinenbau GmbH, Eggmühl: 154 M1

Illuscope, A-Waidhofen: 218.2 (Wienersleid)
Imhoff, U., Buxtehude: 163.1–4
Institut für ökonomische Bildung, Oldenburg: 225 M1
Interfoto, München: 25 M1 (Sammlung Rauch), 72.1 (Sammlung Rauch)

Janssen Kahlert, Hannover: 192.1, 211 M1, 212 M1, 214 M1, 216.1 + M1, 218.1, 219.1, 222.1, 223 M1, 224.1, 226.1, 227.1, 228.2
Jupiterimages, Ottobrunn: 190 M1 (Schösser)

Knaußmann, K., Mediendesign, Gifhorn: 117.1
Köcher, U., Hannover: 187 M1
Kohn, K.G., Braunschweig: 39 M1, 80 M1
Kreuzke, H.-J., Magdeburg: 14.2

Langner + Partner, Hemmingen: 120.1
LOKOMOTIV Fotografie, Essen: 213 M1 (T. Willemsen)

mauritius images, Mittenwald: 14.1 (D. Weber), 15 M2 (Ripp), 21 M1, 180 M1 (C. Bergmann), 217 M1 (Phototheque), 232 M2 (Ypss)
mediacolor's, Zürich: 186 M1
Minearlquellen Wüllner, Bielefeld/ Frese & Wolf, Oldenburg: 171.1 + 2 + M1, 173 M1, 175 M1, 176 M1

Picture Alliance, Frankfurt/M.: 5.1 (dpa/P. Steffen), 8 M1 A(ZB/ A. Landner), 8 M3 (dpa/B. Thissen), 27.1 (akg/E. Lessing), 41 M1 (ZB/J.P. Kasper), 58 M1 (ZB/ K. Schindler), 61 M1 (akg-images), 101 M1 (akg- images/E. Lessing), 119 M1 (akg-images), 122 M1 (dpa/H. Sanden), 124 M1 (dpa/F. Rumpenhorst), 128 M1 (dpa/B. Thissen), 133 M1 (dpa/A. Rüsche), 133 M2 (Fotoreport EZB), 134.4 (dpa/Photoshot), 134.5 (Keystone/ G. Bally), 134 M3 (dpa/B. Roessler), 135 M1 (Landov/De Tienda), 141.1 (Photoshot), 144 M1 (epa/S. Thew), 179 M1 (ZB/A. Burgi), 179 M2 (dpa/J. Kalaene), 182 M1 (EPA/ O. Hoslet), 185.1 (dpa/F. Gambarini), 193 M1 (dpa), 197 M1, 205 M1 (KPA/HIP/Museum of London), 205 M2 (ZB/B. Wüstneck), 206 1 (dpa/A. Dedert), 221 M1 (dpa/ J. Schmitt), 232 M1 (dpa/T. Brakemeier)

Presse- und Informationsamt der Bundesregierung, Bundesbildstelle, Berlin: 160 M1, 219 M1 (B. Kühler)
project photos, Augsburg: 180 M2 (R. Eisele)

Sakurai, H., Köln: 115.1, 152.1 + 2
Schmidt, R., Brunsbüttel: 235.1
Seidel, J., Köln: 91 M1
Stiftung Warentest, Berlin: 180 M1
Stuttmann, K., Berlin: 235.2
Süddeutsche Zeitung Photo, München: 13 M1 (S.M.), 65 M1 (K. Brenninger)

TransFair, Köln: 127 M1

ullstein Bild, Berlin: 126.1 (BNP), 142 M1

Verbraucherzentrale Bayern e.V., München: 7 M1

WANIT FULGURIT, Dietzenbach: 209 M1
Wernicke, Dagebüll: 189 M2

© ZAHLENBILDER, Erich Schmidt Verlag, Berlin: 124.1

alle übrigen: Westermann Archiv/ Technisch Graphische Abteilung, Braunschweig